Zugänge zur Rechtssemantik

linguae & litterae

Publications of the School of Language & Literature
Freiburg Institute for Advanced Studies

Edited by
Peter Auer, Gesa von Essen, Werner Frick

Volume 53

Zugänge zur Rechtssemantik

Interdisziplinäre Ansätze
im Zeitalter der Mediatisierung

Herausgegeben von
Friedemann Vogel

DE GRUYTER

ISBN 978-3-11-034745-6
e-ISBN [PDF] 978-3-11-034894-1
e-ISBN [EPUB] 978-3-11-038405-5
ISSN 1869-7054

Library of Congress Cataloging-in-Publication Data
A CIP catalog record for this book has been applied for at the Library of Congress.

Bibliografische Information der Deutschen Nationalbibliothek
Die Deutsche Nationalbibliothek verzeichnet diese Publikation in der Deutschen Nationalbibliografie; detaillierte bibliografische Daten sind im Internet über http://dnb.dnb.de abrufbar.

Satz: jürgen ullrich typosatz, Nördlingen
Druck: Hubert & Co. GmbH & Co. KG, Göttingen
♾ Gedruckt auf säurefreiem Papier
Printed in Germany

www.degruyter.com

Vorwort

Der vorliegende Band knüpft an bisherige Versuche der interdisziplinären Verständigung zwischen Sprach-, Medien-, IT- und Rechtswissenschaften an und bemüht sich um einen reflektierten Beitrag zu einer Methodologie der Rechtssemantik. Einerseits geht es dabei um die originär linguistische Frage, was man im Rahmen der juristischen Fallarbeit unter „Bedeutung" verstehen und wie sich die damit verbundenen interpretativen Konstitutionsprozesse makro- wie mikroskopisch angemessen beschreiben lassen: Recht als institutionalisierte Sprachspiele. Andererseits geht es im Recht nie einfach nur um „Spiele", sondern um rechtsstaatliche Grundsätze sprachlich-medial vermittelter Gewalt und Gesellschaftssteuerung. An dieser Schnittstelle bewegen sich die hier zusammengeführten Beiträge und üben sich in einer „Theorie der Praxis als Praxis" (Bourdieu).

Ein Teil der Beiträge folgt der Diskussion, wie sie im April 2013 im Rahmen einer Tagung am Institute for Advanced Studies der Universität Freiburg (FRIAS) begonnen wurde (www.korpuspragmatik.de). Im Zentrum dieser Diskussion stand und steht weiterhin vor allem das Recht im Kontext (s)einer zunehmenden Mediatisierung aller Lebensbereiche. Welche Folgen hat die Digitalität für die bisher „analoge" juristische Textarbeit? Welche methodischen Möglichkeiten wie Risiken ergeben sich aus neuen Rechtstextdatenbanken, computergestützter Datenstrukturierung oder dem Recht als Hypertext?

Versuche der interdisziplinären Verständigung zwischen so unterschiedlichen Fächerkulturen wie der eher deskriptiv orientierten Linguistik und Medienwissenschaft, der normativ orientierten Jurisprudenz und der eher anwendungsorientierten IT-Forschung, gab es in der Vergangenheit bereits wiederholt. Dennoch gelang es nur selten, die verschiedenen Denkmodelle und Fachsprachen auf Augenhöhe und themenfokussiert so miteinander zu verzahnen, dass neue, gemeinsame Einsichten möglich wurden. Wenn genau dies hier zumindest teilweise gelungen sein könnte, stimmte das zuversichtlich für die ansonsten zur Fragmentierung tendierende Wissenschaftslandschaft.

In diesem Sinne gilt mein besonderer Dank neben den Beitragenden dieses Bandes zum einen dem Juristen und Philosophen Ralph Christensen (Mannheim), der unermüdlich kommunikative Anschlüsse vor allem zwischen Rechts- und Sprachwissenschaft vermittelt; zum anderen Peter Auer als ehemaligem Direktor des FRIAS und seiner Unterstützung, Fragen wie den hier diskutierten den optimalen Freiraum zu ermöglichen. Antonia Bahria danke ich schließlich für die Unterstützung bei der Einrichtung dieses Bandes.

Juni 2014, Freiburg im Breisgau
Friedemann Vogel

Inhaltsverzeichnis

I Zur Einführung

Friedemann Vogel

Zwischen Willkür, Konvention und Automaten

Die interdisziplinäre Suche nach Bedeutungen in Recht und Gesetz

1 Sprache und Rechtsstaat oder die Medialität gesellschaftlicher Steuerungsversuche

Wer sich nicht gerade unmittelbar im Arbeitsbereich etwa der Fachsprachenforschung oder der Rechtstheorie bewegt, dem springt das gegenseitige Interesse von Linguistik und Rechtswissenschaft nicht unbedingt gleich ins Auge. Gründe sind mindestens die folgenden zwei: Zum Ersten übersehen wir leicht den konstitutiven Zusammenhang von Sprache und Recht, insbesondere dann, wenn wir mit letzterem in Konflikt geraten. Der Phänomenbereich ‚Sprache' wird meist eher assoziiert mit Literatur und Schöngeisterei, Weltenbummler und Kulturverständigung – Aspekte, die wir nur schwer mit der ‚Gewalt des Gesetzes' in Verbindung bringen wollten. Gesetze sind keine ‚schöne Literatur', im Gegenteil, sie sind dem Laien in der Regel unverständlich. Zum Zweiten sind Rechtswissenschaft und Linguistik auch in der Wissenschaft noch gar nicht allzu lange miteinander im Gespräch. Das liegt zunächst an der unterschiedlichen Ausrichtung dieser beiden Disziplinen. Rechtswissenschaft wird ähnlich etwa wie die philosophische Ethik als normative Wissenschaft eingeordnet, während die Sprachwissenschaft sich (zumindest in Abgrenzung von laienlinguistischer und puristischer Sprach- als Kulturkritik) vor allem als deskriptive Wissenschaft versteht (vgl. dazu kritisch Vogel 2014). Darüber hinaus prägen diese beiden Disziplinen auch sehr unterschiedliche Methodentraditionen und Fachlexika, was eine Verständigung bis heute regelmäßig zur Herausforderung für alle Beteiligten macht.

Es verwundert daher auch nicht, dass im Grunde erst seit den 1970er Jahren interdisziplinäre Gehversuche zum Thema Sprache und Recht unternommen werden und sich seitdem die Rechtslinguistik als gemeinsame Teildisziplin von Rechts- und Sprachwissenschaft zu etablieren sucht (vgl. Felder und Vogel (Hg.) in Vorb., Vogel im Druck). Im Unterschied zur „forensischen Linguistik"[1] interessiert sich die Rechtslinguistik für die Sprache der Institution Recht selbst.

---

1 Die Forensische Linguistik wendet im Wesentlichen sprachwissenschaftliche Methoden auf kriminalistische Fragestellungen anwenden (z. B. Tätertext- oder Sprecher-Erkennung); die Arbeitssprache des Rechts selbst ist nicht ihr Gegenstand.

> Die moderne Rechtslinguistik beschäftigt sich als etablierte Teildisziplin von Sprach- und Rechtswissenschaft mit der sprachlich-kommunikativen Verfasstheit der gesellschaftlichen Institution Recht. Sie untersucht empirisch mit Hilfe qualitativer und quantitativer Methoden sprachliche wie multimediale Formen und ihren zeichenhaften Gebrauch von Akteuren im Kontext von Gesetzgebung, Gerichtswesen und Verwaltung, rechtswissenschaftlicher Forschung und Lehre wie Kommentarliteratur. (Vogel im Druck)

Rechtslinguisten sind Fachsprachen-, Fachkommunikations- oder Fach-Laien-Kommunikationsforscher, ohne dabei notwendigerweise eine rein sprachwissenschaftliche Profession zu verfolgen.[2] Im Fokus ihrer Arbeit stehen Fragen wie die Folgenden:

- Fachwortschatz bzw. Lexik: Aus welchen Wörtern besteht die juristische Fachsprache und welche historische Herkunft bzw. Entwicklung haben diese Wörter im Einzelnen (Etymologie)? Welche verschiedenen Varietäten (d. h. Bündel aus sprachlichen Merkmalen) lassen sich innerhalb der juristischen Fachsprache differenzieren, z. B. Sprache der Rechtsprechung versus Sprache der Verwaltung? Und in welchem Verhältnis stehen juristischer Fachwortschatz und der Wortschatz von juristischen Laien?
- Syntax, Grammatik, Rhetorik: Was sind grammatische Besonderheiten der juristischen Fachsprache, wie werden Sätze gebildet im Vergleich zu anderen Varietäten? Welche rhetorischen Figuren bzw. Argumentationsmuster (Topoi) werden eingesetzt?
- Texte- und Textsorten: Wie sind juristische Texte aufgebaut (formale wie inhaltlich-thematische Systematik von Rechtstexten) und welche Texttypen lassen sich differenzieren (Normtextentwürfe, Normtexte, Verwaltungstexte, Gesetzeskommentare, Urteilstexte usw.)?
- Sprachhandlungs- und Gesprächsanalyse (Pragmatik): Wie lassen sich juristische Sprechakte (*Im Namen des Volkes ergeht folgendes Urteil* u.ä.) als Formen institutionalisierten, sprachlichen Handelns und Konstituenten von Normativität beschreiben? Wie kommunizieren Anwälte, Richter und juristische Laien vor Gericht miteinander? Und wie lässt sich die Interaktion zwischen Experten und Laien vor Gericht oder zwischen Sprechern unterschiedlicher Sprachen (Multilingualität) verbessern?
- Semantik: Wie entsteht juristische Bedeutung, oder genauer: Nach welchen Verfahrensroutinen schreiben Rechtsarbeiter bestimmten Texten und Ausdrücken eine spezifische Bedeutung zu und generieren damit im Grunde erst „Normativität“? Welches verstehensrelevante Fach- und Weltwissen („Fra-

2 Vgl. etwa die Heidelberger Arbeitsgruppe der Rechtslinguistik, der sowohl Linguisten, als auch Juristen und Philosophen angehören.

mes“ oder „Schemata“) benötigen Rechtsarbeiter, um einen Normtext im Hinblick auf einen zu entscheidenden Fall angemessen zu interpretieren? Wie wird Fachwissen überhaupt ‚vermittelt‘?

- Diskursanalyse: Mit welchen sprachlichen Strategien versuchen widerstreitende Diskursakteure (in der Regel Gruppen, Institutionen oder Teile davon) ihre jeweils präferierten handlungsleitenden Konzepte bzw. Ideologeme dominant zu setzen? Wie konstituieren sie im Diskurs die Sachverhalte in der Welt und instantiieren Geltungsansprüche bzw. damit verbundene Herrschafts- und Regelungsentwürfe?
- Normgenese und Gesetzgebung: Mit welchen sprachlichen Verfahren werden ‚Gesetze gemacht‘ bzw. wird Recht gesetzt? Welchen Beitrag können Sprachwissenschaftler zur Verständlichkeit von Normtexten allgemein sowie zur Normgenese im Hinblick auf spezifische Adressaten leisten (Antizipation unterschiedlicher Lesarten von Texten und damit Vermeidung von vorhersehbaren Interpretationswidersprüchen u.ä.)?
- Beitrag zu juristischer Theorie und Methodik: Welche implizite und explizite Sprachtheorie verfolgen rechtstheoretische Denkmodelle und wie sind diese aus Sicht heutiger Linguistik zu bewerten (etwa Modelle zu den Kanones der Auslegung oder der sog. Wortlautgrenze)? Wie lassen sich auf juristische Texte bezogene Interpretations- bzw. Auslegungsverfahren transparenter gestalten und verbessern?

Wie an dieser (unabgeschlossenen) Aufzählung schon deutlich wird, geht es rechtslinguistischer Forschung nicht nur um distanzierte Beschreibung und konzeptuelle Fassung der juristischen Fachsprache und Textarbeit. Das auch, aber es geht – wenn man diese emphatische Phrase zulässt – um mehr: es geht ums Ganze, nämlich um die *Möglichkeiten und Grenzen der sprachlich konstituierten Gesellschaftssteuerung durch „Recht und Gesetz“*. Mit anderen Worten: Wie sind Demokratie und Rechtsstaatlichkeit möglich trotz (= Perspektive traditioneller Rechtstheorie) oder gerade wegen (= Perspektive moderner Rechtslinguistik) ihrer sprachlichen Verfasstheit. Dies erfordert einige Erläuterungen:

Sprache und Recht haben gemein, dass sie Spuren und Konstituenten gesellschaftlicher Ordnungen sind. „Sprache“ und „Recht“ als solche gibt es aber nicht. Wie ist dieser Widerspruch aufzulösen? – „Sprache“ und „Recht“ sind heuristische Bezeichnungen für ein fiktiv jeweils als Systemganzes Vorgestelltes. „Die“ Sprache und „das“ Recht stehen uns nie direkt zur Verfügung, sondern sind immer nur in konkreten, überschaubaren und idealiter empirisch kontrollierten Beobachtungsausschnitten zugänglich.

(a) In dieser mikroskopischen Perspektive löst sich „Sprache“ zunächst auf in Sprachen (Varietäten): Bei etwa 7 Milliarden Menschen sind das etwa 7 Milliarden

Sprachen (oder „Ideolekte"). Diese individuellen Sprachen lassen sich jeweils als Gesamtheit von Regeln beschreiben, nach denen einem verbalen, sinnlich wahrnehmbaren Ausdruck eine bestimmte Bedeutung zugeschrieben werden kann. Das mikroskopische System liegt darin, dass die einzelnen Ausdrucks-Bedeutungs-Relationen in Folge von Ähnlichkeit bzw. Opposition jeweils aufeinander verwiesen sind, um ihre Identität in der Gesamtheit zu gewährleisten. Die mikroskopische Perspektive verlassen wir aber unmittelbar, wenn wir berücksichtigen, dass diese 7 Milliarden Einzelsprachen sich tatsächlich nicht voneinander isolieren lassen. Andernfalls wäre Verständigung unmöglich. Sprache aber ist ein soziales Phänomen, die Ideolekte lösen sich auf in „Soziolekte", also Gruppensprachen. Ausdrucks-Bedeutungs-Relationen sind keine quasiontischen Entitäten, die metaphysisch oder genetisch einzelne Hirne besiedelten. Sie werden erlernt, trainiert und bei Bedarf auch verlernt von Kindesbeinen auf in sozialen Praxen, in einer Vielzahl von Versuchen, sich interaktiv mit anderen sozialen Individuen auszutauschen und zu verständigen. Damit sind wir auf einer Mesoperspektive und im Zentrum dessen, was wir als Sprache bezeichnen: Die interaktive Hervorbringung von sprachlichen Konventionen durch konkrete Sprecher in konkreten Situationen unter fortwährender Berücksichtigung und Aktualisierung vorausgegangener Kommunikationserfahrungen, kurz: Kommunikation als Zug um Zug in Sprachspielen (Wittgenstein 2003/1953). Sprache in diesem Sinne lässt sich dabei kaum „steuern" und – abgesehen von künstlichen (Programmier-)Sprachen – niemals endgültig durch ein abschließendes Set an Regeln erfassen, quasi ‚festschreiben'. Erst wenn wir auf einer Makroperspektive von der Sozialität und damit von kontextueller Konventionalität und Kontingenz (d.h. auch Widersprüchlichkeit) sprachlicher Phänomene abstrahieren, wird Sprache zu einem Reservoir sprachlicher Zeichen, zu einem Archiv (Foucault 1973) sozial-kommunikativer Praxis und zum Konstitutivum gesellschaftlicher Ordnung: Sprache einer ‚Nation', Sprache einer ‚Epoche', Sprache einer ‚Gesellschaft' usw.

(b) Auch „das" Recht lässt sich als instrumentelle Fiktion (Augsberg 2009: 39; Vogel 2012: 392) in einer Mikro- und Mesoperspektive auflösen: Recht als ‚System' von rechtlichen Normen, d.h. Sollenssätzen zur sanktionsbewährten Orientierung von sozialem Verhalten in einer Gesellschaft, ist zunächst eine Sammlung von Konzepten oder Wissensrahmen (Barsalou 1992: 31), die erstens individuell gelernt sowie zweitens in sozialen Gruppen geteilt, verarbeitet und tradiert wird. Die Bedingungen für Erlernen und Verarbeitung von rechtlichen Normen durch das einzelne Individuum unterscheiden sich dabei erheblich im Hinblick auf den Grad ihrer Institutionalisierung (privat vs. formell, universitär vs. gerichtlich usw.), ihrer Legitimation (Privatperson vs. ernannte Richter vs. gewählte Abgeordnete) und Reichweite (z.B. Kontrolle individueller Lebensumfelder vs. behördliche Sanktionierbarkeit von gruppenübergreifenden Kontexten). Entsprechend gravierend unterscheidet sich auch das Normwissen eines Fachjuristen von dem eines juristischen Laien (ausführlich hierzu Vogel 2012: 338 ff.; Engel 2008).

Gemein haben juristische Experten und Laien, dass sie dieses Normwissen im Wesentlichen erst durch sprachliche Zeichen verarbeiten und tradieren können. Dem Laien stehen dabei im Grunde alle Möglichkeiten offen: Einem Kleinkind kann er das Diebstahlverbot durch eine Phrase wie *Das tut man nicht!* oder *Fremde Sachen darf man nicht wegnehmen!* oder auch einfach durch kontextsensitives *Nein!* zu vermitteln suchen. Angehörige der Jurisprudenz als die institutionell (durch Examen, Berufung usw.) legitimierten Akteure sind dagegen verpflichtet, ihre Normkonzepte in einer innerhalb der Institution nachvollziehbaren Art und Weise sprachlich zu verarbeiten, d. h. nach allen Regeln der (methodischen) Kunst plausibel einem Normtext zuzuschreiben (Art. 20 Absatz 3 Grundgesetz). Das Prädikat der *Zuschreibung* signalisiert dabei bereits den springenden Punkt: Normtext und Normkonzept stehen zueinander im gleichen Verhältnis wie andere Ausdrücke zu Bedeutungen, nämlich in einem konventionellen. Juristen müssen sich über die Bedeutung eines Normtextes einigen. Die Interpretation von Normtexten muss argumentativ gerechtfertigt und in der Community der juristischen Institution vertreten und durchgesetzt werden. Die juristische Arbeit mit Normen ist also eine Arbeit in, mit und an sprachlichen Zeichen: Arbeit *in* sprachlichen Zeichen, insofern Juristen rechtliche Normen und damit überformte Lebenssachverhalte erst im selektiven Zugriff auf ausgewählte sprachliche Formulierungen hervorbringen, sie sprachlich „zubereiten" (Jeand'Heur 1998: 1292); Arbeit *mit* Sprache, insofern diese Zubereitung mit Hilfe sprachlicher Zeichen methodisch kontrolliert in den argumentativen Streit um die Sache eingeführt werden muss; Arbeit *an* der Sprache, insofern die konstitutive Begegnung von rechtlicher Normzubereitung mit sprachlichen Zeichen letztere nicht unberührt lässt, sondern ihnen durch jeden Akt der juristischen Textarbeit an Konventionalität etwas ‚nimmt' oder ‚hinzufügt'. Institutionell getragene Interpretationen sind und bleiben damit immer prinzipiell kontingent und nur solange als Konvention wirksam, wie sie aktiv reproduziert und in der Semiose des Rechts (Felder 2012) gestützt werden.

(c) Eben diese Dialektik von struktureller Offenheit und systeminterner Stabilität leistet der moderne Rechtsstaat als „Textstruktur" (Müller, Christensen und Sokolowski 1997: 116). Im ‚verfassten', demokratischen Rechtsstaat bilden Normtexte, also durch institutionalisierte Verfahren in Geltung gesetzte Artefakte, die Bezugs- und Fluchtpunkte semantischer Kämpfe um die Deutungshoheit unserer Welt und um die Normen, nach denen diese Welt einzurichten ist.

> Außerhalb der im engeren Sinn parlamentarischen Vorschriften ist überhaupt das wirksamste Mittel, ein gewisses Maß an demokratischer Bestimmung der gesellschaftlichen Verhältnisse durchzusetzen, eben die Normtextgruppe, die man die rechtsstaatliche nennt. Das Setzen von Normtexten rechtfertigt sich allgemein dadurch, dass die vorgesehenen Verfahren durch die zuständigen Organe eingehalten werden und dass die Textergebnisse dieser Verfahren nicht Texten des Grundgesetzes widersprechen. Das Setzen solcher Texte ist in aller Regel jahrelang [...] umkämpft, bis in kleinste Nuancen der Formulierung und ihrer Systematik umstritten. Die so fixierten Impulse wirken sich aber nur dann tatsächlich aus, wenn sich die damit befassten Juristen in Exekutive und Justiz, aus Respekt vor ihrer demokratischen Erzeugung, in strikt rechtsstaatlicher Arbeitsmethodik auf sie verpflichtet sehen. *Soweit* Gesellschaft *überhaupt* durch Recht gesteuert, beeinflusst wird, liegt in ehrlich rechtsstaatlichem methodischem Handeln der Rechtsarbeiter die einzige Chance *demokratischer* Mitbestimmung dessen, was vor sich geht. (Müller 1997: 40; Hervorh. im Original)

Der verfasste Rechtsstaat bildet einerseits einen durch Sprache (anstelle von reiner Gewalt) konstituierten Orientierungsrahmen für das soziale Verhalten der ihm Unterworfenen. Andererseits zwingt er im Falle des sozialen Konfliktes die Kontrahenten in das durch Sprache und Argumentation geleitete Verfahren. Das gerichtliche Verfahren faltet den Konflikt in die sprachliche Auseinandersetzung um das bessere Argument. „In der Trias Recht – Sprache – Gewalt sind die zweite und die dritte ursprüngliche Phänomene; das Recht ist die Arena ihres Zusammentreffens, und im Rechtsstaat: ihrer methodischen Bearbeitung." (Müller 1997: 47) Die richterliche Entscheidung verknüpft also den singulären Streit mit der Gesamtheit der rechtsstaatlichen Textstruktur und schreibt sich ihr durch diskursive Anschlusszwänge ein: Er zwingt die Streitenden dazu, Eingaben im konkreten Fall (Anträge und Argumentation), Zurechnungstexte (Gesetze, Verordnungen usw.) sowie vorausgegangene Sprechakte (präjudizierende Normtextinterpretationen) aufeinander zu beziehen.

Was für die moderne Rechtslinguistik seit rund 30 Jahren allgemein anerkannt ist, stellt Teile der traditionellen Rechtstheorie bis heute vor große Schwierigkeiten. Die Arbitrarität und Konventionalität von Ausdruck und Bedeutung sowie die aktive Rolle des Interpreten (des entscheidenden Richters) erscheint ihr als Willkür und Verstoß gegen Wortlautgrenze und Bestimmtheitsgebot. Die Flucht nach hinten aber führt in die falsche Hoffnung auf eine vermeintlich stabile Sprache, auf Prinzipienlehre (vermeintlich jenseits der Sprache) und Automaten.

2 Die enttäuschte Hoffnung der traditionellen Rechtstheorie: Formale Sprache und Automaten als Garanten für absolute Gerechtigkeit

Aus Sicht der traditionellen Rechtslehre ist die Interpretation von Normtexten oder gesetzlichen Ausdrücken eine Frage der Rechtserkenntnis. Normen sind in dieser Vorstellung keine Zurechnungs-, sondern absolute Größen, die sich fest im Wortlaut des Gesetzes „auffinden" lassen. Ja, einige Theoretiker sind gar der Auffassung, „dass es eine Bedeutung sprachlicher Ausdrücke gibt, die diese für sich haben. [...] Von diesem Gegebenen wird schlicht ausgegangen" (Bertram 2000: 4ff.). Die Sprache des Gesetzes wird zum Normbehälter oder zum Teppich, der nur richtig „auszulegen" sei.

> Damit ist die Identität von kommunikativer Mitteilungsintention eines sich sprachlich äußernden Individuums und dem Verstehen [...] beim Rezipienten behauptet, die bar jeder Beweisgrundlage ist. Man könnte ein solches Modell ironisch auch als ‚Topftheorie' der Kommunikation bezeichnen, da offenbar davon ausgegangen wird, dass eine ‚Information' (als dabei identisch bleibende) von der sprachlichen Äußerung lediglich ‚transportiert' wird. (Busse 1992: 14)

In dieser Lesart gibt der Richter als *bouche de la loi* („Mund des Gesetzes", Montesquieu) nur wieder, was „der" Gesetzgeber zuvor in den Normbehälter hineingegeben hat. Er wird zum „Subsumtionsautomaten", frei von jeglicher Verantwortung für sein Tun. Damit fallen Ausdruck und Bedeutung, Normtext und Rechtsnorm, Textproduzent und -rezipient in eins. Eine abbildtheoretisch gefasste und ontologisch stilisierte Sprache und damit eine als transzendent unterstellte „Steuerungskraft der Semantik" (Klatt 2004: 21) werden zu vermeintlichen Garanten für Rechtsstabilität. Je nach Rechtslehre liegt die magische Quelle zementierter Semantik entweder in dem Ursprungsmythos eines als Einheit gedachten Gesetzesautors, des „Gesetzgebers" (sog. „Subjektive Lehre"), oder in einem von jeglichem Autor abstrahiertem, objektiviertem Einheitstext. Die sog. „Objektive Lehre" lehnt dann auch jeglichen Normemittenten ab und postuliert ein objektives, dem Gesetzestext selbst immanentes Sinnzentrum. Beide Vorstellungen gehen an der Realität juristischer Textarbeit vorbei (Christensen und Kudlich 2002). An die Stelle von interpretationstransparenter Argumentation treten dann häufig formelhafte Topoi wie die „Natur der Sache" oder als transdiskursiv gedachte (und damit in die Nähe geistiger Ideenlehre tretende) „Prinzipien", die die konstitutive semantische Verknüpfungsleistung des juristischen Akteurs eher verschleiern als „der Sache" ein erklärendes Moment beizufügen (vgl. ausführlich hierzu Christensen und Kudlich 2001).

Von der formalistischen Ontologisierung von Sprache und Objektivierung juristischer Textarbeit ist es nicht weit zu dem Versuch, die Auslegung eines Textes und damit die ‚Subsumtion eines Falls unter das Gesetz' einer Maschine übergeben zu wollen. Die Hoffnung auf Automaten, auf a-menschliche Entscheidungsträger wird im Grunde seit der Entwicklung der ersten IT-Systeme am Leben erhalten (vgl. schon die frühen Versuche des *Darmstädter Programms* von 1970–74; Rave, Brinkmann und Grimmer (Hg.) 1971). Bis heute bemühen sich Juristen in Kooperation mit Rechtsinformatikern und formalen Logikern um Grundlagen einer Maschine, die das Rechtssystem und die Text-Welt-Normstruktur auf wenige logische Schlussregeln reduziert (Ontologien) und automatische, berechenbare Urteile fällt (vgl. etwa Raabe et al. 2012; kritisch dazu Kotsoglou 2014). Das kann natürlich nie funktionieren. Fehler aus der Vergangenheit werden so noch 40 Jahre später wiederholt. Mehr versprechen Arbeiten aus dem Bereich Computerlinguistik, die sich um eine realistischere computergestützte Analyse und Strukturierung von juristischen Textdaten bemühen (wie das DFG-basierte Projekt „Corte" unter Leitung von Manfred Pinkal und Stephan Walter mit dem Ziel, (Legal-)Definitionen aus großen Rechtstextkorpora zu extrahieren).

3 Wege zu einer Strukturierung der juristischen Textarbeit im Kontext ihrer Mediatisierung: die Beiträge dieses Bandes

Vor dem oben geschilderten Hintergrund stellt sich – insbesondere für Rechtstheorie und Rechtsmethodik – immer von neuem die Frage nach den rechtsstaatlichen Regeln der Zuschreibung von Rechtsnorm bzw. Entscheidungsnorm (im Urteil) und Normtext. Wie lässt sich juristische Semantik adäquat untersuchen und beschreiben, ohne dabei Sprache, Richter oder Rechtsunterworfene zu überfordern?

Der vorliegende Band soll zu dieser Frage Antworten beitragen. Gemeinsamer Ausgangspunkt ist die vor allem durch die Strukturierende Rechtslehre (Müller ^{2}1994) ausgearbeitete Einsicht in die konstitutive Verschränkung von Rechtspraxen und Sprachspielen: Die juristische „Auslegung" von Normen wird verstanden als ein komplexer Prozess der Ko(n)textualisierung von Lebenswelt (zu beurteilender Sachverhalt, „Fall"), Normwelt (Gesamtheit des juristischen Fachwissens, im wesentlichen Dogmatik) und Textwelt (inter- und intratextuelle Verknüpfung von Norm- und dogmatischen Texten). Lebens- und Textwelt sind dabei nicht lediglich ‚gegeben' und „im Sinne eines kybernetischen Informationsübertragungsmodells" im Hinblick auf ‚die' Norm zu „decodieren" (so aber Baden 1977: 14ff.; vgl. dazu kritisch Busse 2005). Sie geben dem hermeneutisch tätigen Rechtsarbeiter vielmehr sinnlich wahrnehmbare Hinweisreize (Gumperz 1982:

131), die gemeinsam mit bereits bestehendem, institutionalisiertem juristischen Norm(sprach)wissen in mentalen Modellen (van Dijk 1999) sinnvoll gemacht werden können (Hörmann 1980). Rechtsnormen sind also keine absoluten Entitäten, sondern Konstituenten wie Ergebnis von normtextbezogenen, performativen Konstruktionen realer Rechtssubjekte (Müller-Mall 2012) in einem Netzwerk intertextueller Beziehungen und semantischer Verweisungsstrukturen. Wie aber sind die prinzipielle Konstruktivität rechtlicher Normen und Textarbeit zu vereinbaren mit der Hoffnung und Angewiesenheit auf einen ‚stabilen', fallunabhängig ableitbaren Sinn des Rechts? Diese Frage diskutiert **Ludwig Jäger** eingangs in diesem Band aus transkriptionstheoretischer Perspektive. Mit Rekurs auf die aktuelle rechtstheoretische und rechtslinguistische Diskussion zwischen „Rechtspositivisten" und „Dekonstruktivisten" stellt er die zentrale Frage, „wie im Zuge der richterlichen Auslegung des Gesetzestextes die Interaktion zu denken ist, die sich zwischen dem ‚Rechtsgedanken des Gesetzes' und der ‚Konkretisierung des Gesetzes im jeweiligen Fall' entfaltet". Die rechtliche Sinnkonstitution sei tendenziell als eine „Verfahrenssemantik" zu beschreiben, die sich in kontinuierlichen, performativ sich gegenseitig auch um- und überschreibenden, fallspezifischen „Sinnzuschreibungsspielen" konkretisiere. (Norm-)Text und transkriptive Lesarten seien dabei aber immer aufeinander verwiesen. „Das Spiel der Transkriptionen wird grundsätzlich von der regulativen Idee eines unterstellten (‚wahren') Textsinnes in Gang gehalten, auch wenn sich diese Unterstellung immer wieder als problematisch erweisen kann."

Diese eher makroskopisch angelegte Beschreibung der Konstitution von Sinn und Bedeutung im Recht wird im darauffolgenden Beitrag mikroskopisch enggeführt. Mit seinem auf Fillmore, Minsky, Barsalou und anderen aufbauenden Ansatz der Frame-Semantik kann **Dietrich Busse** die Filigranität und Komplexität juristischer (kognitiver) Wissensrahmen bis in die kleinsten Verästelungen sezieren. An den Beispielen des Diebstahls-, Gewalt- und Eigentumsbegriffs im Recht diskutiert er die Möglichkeiten und Grenzen auch grafischer Illustrationen einer Rechtssemantik als Frame-Semantik im Kontrast zu dagegen eher grobschlächtigen Bedeutungstheorien.

Diese grundsätzlichen theoretischen Erwägungen bedürfen in einem weiteren Schritt einer ergänzenden Aktualisierung an die veränderte Lebenswelt rechtlicher Praxis. Gemeint ist die zunehmende Mediatisierung (Krotz 2001) aller Lebensbereiche und damit auch von Norm- und Textwelt des Rechts.

> Mediatisierung meint [...], dass durch das Aufkommen und durch die Etablierung von neuen Medien für bestimmte Zwecke und die gleichzeitige Veränderung der Verwendungszwecke alter Medien sich die gesellschaftliche Kommunikation und deshalb auch die kommunikativ konstruierten Wirklichkeiten, also Kultur und Gesellschaft, Identität und Alltag der Menschen verändern. (Krotz 2008)

Martin Morlok geht diesem Problemfeld grundständig nach und fragt, wie die sich verändernde mediale Gestalt von Rechtstexten den jeweiligen Umgang mit ihnen präformiert: Herkömmlich erfolgt die juristische Arbeit nämlich unter Bedingungen begrenzter Zugänglichkeit relevanter Bezugstexte – worauf sich die Praxis einstellte. Mit der Digitalisierung fällt diese Restriktion weg, ist die Zugriffsgeschwindigkeit höher und die Verknüpfungsfähigkeit wird durch Verlinkung im Hypertext stark vereinfacht. Es stellt sich prinzipiell eine sofortige Gleichverfügbarkeit aller erheblichen Texte ein, mit potentiell positiv wie negativ zu bewertenden Folgen. Einerseits könnte der Sättigungsgrad juristischer Begründungen steigen. Andererseits sei mit einer Tendenz zum *argumentum ab auctoritate* zu rechnen, mit der normativen Aufladung von Sekundärtexten, mit einer Vernachlässigung des Einzelfalles.

Die Digitalisierung des Rechts und mittlerweile nahezu sämtlicher Texte im Rechtswesen sowie die Einführung von Datenbanken (z.B. Juris oder Beck Online) erfordern nicht nur eine Aktualisierung bisheriger Hypothesen auf der Ebene der Rechtserzeugungsreflexion. Sie fordert auch die juristische Methodik heraus bzw. sie schafft neue Möglichkeiten, etablierte Verfahren juristischer Deutungspraxis zu reflektieren und zu optimieren. Vor allem die Arbeit mit Korpora (vereinfacht gesagt: Textsammlungen) sowie computergestützten Methoden (insb. computerlinguistische Software) erlaubt einen effizienten, empirischen Zugriff auf wiederkehrenden Sprachgebrauch bzw. Textverarbeitungsmuster im Recht. *Systematisch* erstellte Korpora juristischer Texte als Basis für computergestützte Zugänge sind bislang jedoch sehr selten und bleiben in der Regel auf vereinzelte, kaum nachhaltig zugängliche Projektkorpora beschränkt (Vogel 2012a). Im Rahmen eines Projektes „Vom corpus iuris zu den corpora iurum“ unter Leitung von Friedemann Vogel (Freiburg) und Hanjo Hamann (Bonn) soll diese Lücke geschlossen werden. Das durch die Heidelberger Akademie der Wissenschaften geförderte Vorhaben (2014–2017) zielt auf die interdisziplinäre Konzeption, Aufbereitung und erste analytische Erschließung eines juristischen Referenzkorpus (JuReko) als quantitativ-empirischem Beitrag zur juristischen Methodik sowie zur Rechts-, Computer- und Korpuslinguistik (www.jureko.de).

Der dritte und größte Teil dieses Bandes dockt an dieses Erkenntnisinteresse an und widmet sich verschiedenen, interdisziplinär entwickelten Ansätzen und Fallstudien, die teils aufbereitete Korpora, teils datenbankgespeicherte Textsammlungen sowie damit verbundene Analysetools für die Untersuchung juristischer Semantik fruchtbar zu machen versuchen.

Mit Blick auf das Verhältnis von neuen Rechtsdatenbanken und die wichtige juristische Arbeit bei der Gesetzeskommentierung im gewaltenteiligen, demokratischen Rechtsstaat diskutiert **Jan Schuhr** in seinem hier vorliegenden Beitrag Potentiale und Risiken. Er mahnt dabei an, dass der alleinige Rückgriff auf bestehende Rechtstextdatenbanken wie *Juris* oder *Beck Online* leicht Modelle eines „bloßen Rechtsprechungs-Rechts" begünstigen könne. Damit aber wäre der Blick abgelenkt von der Normalität stabiler Rechtssemantik hin auf eine selektive Auswahl gerade umkämpfter und damit ‚instabiler' Rechtskonzepte. Gleichwohl: „Aus Korpora gerichtlicher Entscheidungen können sich aber durchaus Indikatoren für Semantik ergeben, die juristisch-systematische Argumente nicht verdrängen. Vor allem liefern sie Problemindikatoren." (ebd.)

Der Beitrag von **Friedemann Vogel** und **Stephan Pötters** geht der Frage nach, wie sich die Verhandlung des ‚Arbeitnehmer'-Begriffs im juristischen Fachsprachgebrauch als Spuren sedimentierter Dogmatik niederschlägt. Die Autoren greifen hierfür auf ein eigens zusammengestelltes Großtextkorpus aus Entscheidungstexten der Arbeitsgerichtsbarkeit zurück und vergleichen die daraus induktiv (anhand rekurrenter Sprachgebrauchsmuster) geschlossene juristische Fachsemantik mit der klassischen Lehrbuchdogmatik des Arbeitsrechts. Der Vergleich ermöglicht am empirischen Fallbeispiel eine Prüfung des interdisziplinären Zugriffs von Korpuslinguistik und juristischer Methodik auf Rechtssemantik und gibt Desiderata für die weiterführende Forschung auf.

Ekkehard Felder und **Janine Luth** zeigen ebenso korpusbasiert auf, welche Möglichkeiten die Diskurslinguistik unter Einbeziehung von maschinellen Suchanfragen für die Untersuchung rechtlicher Semantik eröffnet. Am Beispiel der sprachlich-diskursiven Aushandlungsprozesse zum Thema Sterbehilfe wird ein Verfahren zur Bestimmung von sog. agonalen Zentren vorgestellt. Unter „agonalen Zentren" verstehen die Autoren konfligierende handlungsleitende Konzepte um die Akzeptanz von Ereignisdeutungen, Handlungsoptionen, Geltungsansprüchen, Orientierungswissen und Werten in Gesellschaften. Im Fokus der Analyse stehen umstrittene Konzepte, wie sie sich insbesondere im sprachlichen Kontext von adversativen (*aber*, *jedoch* u. ä.) und konzessiven (*trotz*, *obwohl* etc.) Konnektoren zeigen.

Hanjo Hamann sichtet in seiner hier dokumentierten Studie (datenbankgestützt) alle Vorschriften des Bundesrechts und die knapp 9.000 wichtigsten höchstgerichtlichen Urteile der letzten zehn Jahre, um zu untersuchen, wie und warum Richter auf *Sprachgebrauch* referieren. Es zeigt sich, dass die Gerichte damit zwei kategorial verschiedene Phänomene bezeichnen: einerseits die Begriffsdefinitionen der Normsetzer, andererseits die Verständigungspraxis der Normadressaten. Letztere zieht die Rechtsprechung vor allem zur konkretisierenden Begriffsbestimmung von Gesetzesausdrücken heran und ermittelt sie vorrangig aus Wörterbüchern oder eigener Sprachkenntnis (Introspektion). Der Beitrag zeigt Bedenken gegen dieses a-methodische Vorgehen auf und erörtert Methoden, um Sprachgebrauch jenseits rhetorischer Topoi einer Beschreibung zugänglich zu machen.

Einen ähnlichen methodischen Weg schlägt **Hans Kudlich** in seinem Beitrag ein, den er analytisch einem Zentralbegriff der Rechtsphilosophie – dem der *Gerechtigkeit* – widmet. Er geht dabei empirisch der Frage nach, wie die Gerichte und hier beispielhaft der Bundesgerichtshof den Gerechtigkeitsbegriff verwendet, d.h. welche funktionale Rolle ihm in der Argumentation zukommt. Hierfür greift die Studie ebenso auf etablierte Rechtsprechungsdatenbanken und darüber auf Textsammlungen des Bundesgerichtshofs der letzten 50 Jahre zurück und sortiert die Belege nach ihrem Gebrauch als Einstieg oder Endpunkt in die Diskussion, als Leerformel oder Argument, als eigene Kategorie oder als Synonym z.B. für Menschenrechte und Gleichbehandlung.

Einen computerlinguistischen Ansatz, mit Hilfe von Automaten in Urteilstexten Entscheidungsformel (Tenor), Sacherzählung (Tatbestand) und juristische Argumentation (Entscheidungsgründe) maschinell zu identifizieren und einer Analyse ex post zugänglich zu machen, skizziert schließlich der Beitrag von **Florian Kuhn**.

Der Großteil der rechtslinguistischen Forschung widmet sich – so wie auch die vorangegangenen Beiträge dieses Bandes – analytischen Zugängen zu gesetztem, also bereits geltendem Recht (de lege lata). Die Probleme und Herausforderungen, die sich am anderen Ende der Normgenese ergeben (de lege ferenda), sind dagegen bislang kaum empirisch untersucht oder werden eher stiefmütterlich behandelt (vgl. Vogel 2012). Das stetig wachsende Textuniversum aus formellem und materiellem Recht bringt aber nicht nur Spezialisten in der Judikative an ihre Grenzen (vgl. Bryde 2000: 154). Auch die der Legislative zuarbeitenden Exekutivbehörden (Gesetzgebung) vermögen mit traditionellen Methoden – selbst wenn sie wollten – kaum mehr eine „Subsumtion ex ante", d.h. Gesetzesfolgenabschätzung (GFA) und mit ihr eine kontrollierte Antizipation von Lesarten zu leisten (vgl. Ismayr 2008: 387ff.). Seit 2009 gibt es zwar eine gesonderte, aus LinguistInnen bestehende Einrichtung beim Bundesjustizministerium, die entstehende Gesetze auf ihre sprachliche Richtigkeit, innere Textsystematik und Verständlichkeit prüft. Diese Sprachberatung – wie sie im Einzelnen im Beitrag von **Stephanie Thieme** im vierten Abschnitt dieses Bandes vorgestellt wird – kann jedoch nicht unbegrenzt in die Gesetzentwürfe eingreifen, um sie verständlicher zu formulieren. Die Arbeit am Text und mit den verschiedenen Textproduzenten ist durch die Merkmale der Textsorte ‚Gesetz' begrenzt. Um die verbleibenden Spielräume effizient zu nutzen, braucht die Sprachberatung daher (neue) Großdatenbanken, die den tatsächlichen Sprachgebrauch und mit ihm indizierte Semantiken im Recht auf Basis von kontrollierten Textkorpora empirisch erfassen lassen. Welche konkreten Fragen damit aufgeworfen und als Suchauftrag auch an die interdisziplinäre, korpuslinguistische Forschung weitergegeben werden müssen, diskutiert anschließend der Beitrag von **Antje Baumann**.

Einen alternativen Weg zur Untersuchung von Verständlichkeit von Normtexten stellt schließlich **Karin Luttermann** am Beispiel des Sprachgebrauchs im Fundrecht (§§ 965–984 BGB) vor. Auf Basis von Befragungen und mit Hilfe eines „rechtslinguistischen Verständlichkeitsmodells" untersucht sie mehrperspektivisch, wie Normformulierungen, die die Anzeigepflicht und den Eigentumserwerb des Finders begründen und die Höhe des Finderlohns definieren, von unterschiedlichen Rezipienten verstanden werden. Hierzu vergleicht sie Bedeutungsexplikationen von Juristen und juristischen Laien, schließt aus ihnen auf divergierende Wissensrahmen und leitet alternative, normtextseitige Formulierungen ab.

Literatur

Augsberg, Ino 2009: *Die Lesbarkeit des Rechts. Texttheoretische Lektionen für eine postmoderne juristische Methodologie*. 1. Aufl. Weilerswist: Velbrück.

Baden, Eberhard 1977: *Gesetzgebung und Gesetzesanwendung im Kommunikationsprozess. Studien zur jur. Hermeneutik u. zur Gesetzgebungslehre*. 1. Aufl. Baden-Baden: Nomos-Verlagsgesellschaft.

Barsalou, Lawrence W. 1992: Frames, Concepts, and Conceptual Fields. In: Adrienne Lehrer und Eva Feder Kittay (Hg.): *Frames, fields, and contrasts. New essays in semantic and lexical organization*. Hillsdale, N.J: L. Erlbaum Associates, S. 21–74.

Bertram, Georg W. 2000: *Prolegomena zu einer Rekonstruktion der linguistisch-epistemischen Wende – von Quine und Sellars zu Husserl und Derrida*. In: Journal Phänomenologie 13, S. 4–15.

Bryde, Brun-Otto 2000: Juristensoziologie. In: Horst Dreier und Edgar Michael Wenz (Hg.): *Rechtssoziologie am Ende des 20. Jahrhunderts. Gedächtnissymposium für Edgar Michael Wenz*. Tübingen: Mohr Siebeck, S. 137–155.

Busse, Dietrich 2005: Ist die Anwendung von Rechtstexten ein Fall von Kommunikation? Rechtslinguistische Überlegungen zur Institutionalität der Arbeit mit Texten im Recht. In: Kent D. Lerch (Hg.): *Die Sprache des Rechts. Recht Vermitteln: Strukturen, Formen und Medien der Kommunikation im Recht*. (Die Sprache des Rechts, 3). Berlin, New York: Walter De Gruyter S. 23–54.

Busse, Dietrich 1992: *Textinterpretation. Sprachtheoretische Grundlagen einer explikativen Semantik*. Opladen: Westdeutscher Verlag.

Christensen, Ralph und Hans Kudlich 2001: *Theorie richterlichen Begründens*. Berlin.

Christensen, Ralph und Hans Kudlich 2002. Die Auslegungslehre als implizite Sprachtheorie der Juristen. In: *Archiv für Rechts- und Sozialphilosophie* (ARSP) 2, S. 230–246.

Engel, Christoph 2008: *Learning the law*. In: JOI 4 (3), S. 275. DOI: 10.1017/S1744137408001094.

Felder, Ekkehard 2012: Unendliche Semiose im Recht als Garant der Rechtssicherheit. In: Carsten Bäcker, Matthias Klatt und Sabrina Zucca-Soest (Hg.): *Sprache – Recht – Gesellschaft*. [versammelt die Ergebnisse einer interdisziplinären Tagung, die im Juli 2010 im Gästehaus der Universität Hamburg stattfand]. Tübingen: Mohr Siebeck, S. 141–162.

Felder, Ekkehard, Marcus Müller und Friedemann Vogel (Hg.) 2012: *Korpuspragmatik. Thematische Korpora als Basis diskurslinguistischer Analysen*. Berlin [u. a.]: De Gruyter.

Felder, Ekkehard und Friedemann Vogel in Vorb.: *Handbuch Sprache im Recht.* Reihe Handbücher Sprachwissen, Band 12. Berlin, New York: De Gruyter.
Foucault, Michel 1973: *Archaeologie des Wissens.* 1. Aufl. Frankfurt a. M.: Suhrkamp (Theorie).
Gumperz, John Joseph 1982: *Discourse strategies.* Cambridge [u. a.]: Cambridge University Press.
Hörmann, Hans 1980: Der Vorgang des Verstehens. In: Wolfgang Kühlwein (Hg.): *Sprache und Verstehen.* Tübingen: Narr (Kongreßberichte der Jahrestagung der Gesellschaft für Angewandte Linguistik GAL e. V), S. 17–29.
Ismayr, Wolfgang 2008: Gesetzgebung im politischen System Deutschlands. In: Wolfgang Ismayr (Hg.): *Gesetzgebung in Westeuropa. EU-Staaten und Europäische Union.* 1. Aufl. Wiesbaden: VS Verl. für Sozialwiss, S. 383–409.
Jeand'Heur, Bernd 1998: Die neuere Fachsprache der juristischen Wissenschaft seit der Mitte des 19. Jahrhunderts unter besonderer Berücksichtigung von Verfassungsrecht und Rechtsmethodik. In: Lothar Hoffmann, Armin Burkhardt, Gerold Ungeheuer, Herbert Ernst Wiegand, Hugo Steger und Klaus Brinker (Hg.): *Fachsprachen: ein internationales Handbuch der Fachsprachenforschung und Terminologiewissenschaft.* Handbücher zur Sprach- und Kommunikationswissenschaft, Bd. 1. Berlin: De Gruyter, S. 1286–1295.
Klatt, Matthias 2004: Theorie der Wortlautgrenze. Baden-Baden.
Krotz, Friedrich 2008: Kultureller und gesellschaftlicher Wandel im Kontext des Wandels von Medien und Kommunikation. In: Tanja Thomas und Marco Höhn (Hg.): *Medienkultur und soziales Handeln.* 1. Aufl. Wiesbaden: VS Verl. für Sozialwiss (Medien – Kultur – Kommunikation), S. 44–62. Online verfügbar unter http://www.medien-gesellschaft.de/html/krotz.html, zuletzt geprüft am 10.04.2014.
Krotz, Friedrich 2001: *Die Mediatisierung kommunikativen Handelns. Der Wandel von Alltag und sozialen Beziehungen, Kultur und Gesellschaft durch die Medien.* 1. Aufl. Wiesbaden: Westdeutscher Verlag.
Kotsoglou, Kyriakos N. 2014: Subsumtionsautomat 2.0. Über die (Un-)Möglichkeit einer Algorithmisierung der Rechtserzeugung. In: *Juristenzeitung* 69 (9), S. 451–457.
Müller, Friedrich 1997 Demokratie, Rechtsarbeit, Volksgemurmel. In: Friedrich Müller und Ralph Christensen (Hg.): *Methodik, Theorie, Linguistik des Rechts. Neue Aufsätze (1995–1997).* Berlin: Duncker & Humblot (Schriften zur Rechtstheorie, 181), S. 20–35.
Müller, Friedrich ²1994: *Strukturierende Rechtslehre.* Berlin: Duncker & Humblot.
Müller, Friedrich, Ralph Christensen und Michael Sokolowski 1997: *Rechtstext und Textarbeit.* Berlin: Duncker & Humblot (Schriften zur Rechtstheorie).
Müller-Mall, Sabine 2012: *Performative Rechtserzeugung. Eine theoretische Annäherung.* Weilerswist: Velbrück.
Raabe, Oliver, Richard Wacker, Daniel Oberle, Christian Baumann und Christian Funk 2012: *Recht ex machina. Formalisierung des Rechts im Internet der Dienste.* Berlin, Heidelberg: Springer Vieweg.
Rave, Dieter, Hans Brinkmann und Klaus Grimmer (Hg.) 1971: *Paraphrasen juristischer Texte.* Darmstadt: Deutsches Rechenzentrum.
van Dijk, Teun Adrianus 1999: Context Models in Discourse Processing. In: Herre van Oostendorp und Susan R. Goldman (Hg.): *The construction of mental representations during reading.* Mahwah, NJ: Erlbaum, S. 124–148.
Vogel, Friedemann 2012: *Linguistik rechtlicher Normgenese. Theorie der Rechtsnormdiskursivität am Beispiel der Online-Durchsuchung.* Berlin [u. a.]: De Gruyter (Sprache und Wissen, 9).
Vogel, Friedemann 2012a: Das Recht im Text. Rechtssprachlicher Usus in korpuslinguistischer Perspektive. In: Ekkehard Felder, Marcus Müller und Friedemann Vogel (Hg.): *Korpusprag-*

matik. Thematische Korpora als Basis diskurslinguistischer Analysen. Berlin [u. a.]: De Gruyter, S. 314–353.

Vogel, Friedemann 2014: Linguistik als Kampfsport. Auf der Suche nach Paradigmen demokratischen Sprechens in Alltag, Medien und Recht. In: *Linguistik online* 69 (7).

Vogel, Friedemann im Druck: Rechtslinguistik. Bestimmung einer Fachrichtung. In: E. Felder und F. Vogel (Hg.): *Handbuch Sprache im Recht*. Berlin, Boston: De Gruyter.

Wittgenstein, Ludwig 2003 [1953]: *Tractatus logico-philosophicus. Tagebücher 1914–1916. Philosophische Untersuchungen*. 15. Aufl. Hg. v. Joachim Schulte. Frankfurt a. M.: Suhrkamp (Suhrkamp-Taschenbuch Wissenschaft, 501).

II Zur Konstitution von Sinn und Bedeutungen im Recht

Ludwig Jäger

Textsinn und Verfahrenssinn

Überlegungen zum Problem der Transkriptivität des Rechts

1 Problemaufriss: Textsemantik versus Verfahrenssemantik

Ich versuche im Folgenden ein theoretisches Problem in einer transkriptionstheoretischen Perspektive[1] zu diskutieren, das in den letzten Jahren im Rahmen des Rechtsdiskurses verschiedentlich fokussiert worden ist, zugleich aber auch zu den klassischen Problemstellungen der Rechtshermeneutik gehört (vgl. Gadamer ²1965: 307 ff.). Das Problem betrifft eine wesentliche Frage der Rechtstheorie, die Frage nämlich, welches das Verhältnis ist, in dem der *Gesetzestext* als rechtsnormativer Text zu der Entscheidung und ihren textlichen Begründungen steht, die im Rahmen eines *Gerichtsverfahrens* hinsichtlich eines bestimmten Falles gefällt wird. Die Frage, die sich hier stellt, ist also die, wie im Zuge der richterlichen Auslegung des Gesetzestextes die Interaktion zu denken ist, die sich zwischen dem ‚Rechtsgedanken des Gesetzes' (Gadamer 1965: 311) und der ‚Konkretisierung des Gesetzes im jeweiligen Fall' (Gadamer 1965: 312 f.) entfaltet. Zu diesem Verhältnis und seiner theoretischen Bestimmung gibt es verschiedene Positionen, von denen mich besonders zwei interessieren, weil hier die Fragen der Rechtstheorie die der Zeichen-, Sprach- und Verstehenstheorie allgemein tangieren. Stark vereinfacht lassen sich die beiden Positionen so charakterisieren:

(1) Die erste, die von manchen ihrer Kritiker ‚rechtspositivistisch' genannt wird, sieht die alleinige Grundlage des gerichtlichen Entscheidungsverfahrens in der Semantik des Gesetzestextes, der auf den jeweiligen Fall nur angewendet wird und der durch in ihn eingeschriebene „semantische Grenzen" gegen Fehlinterpretationen geschützt ist (Klatt 2005: 358 ff.). Diese Position beruhe, wie Müller, Christensen und Sokolowski (1997: 22) formulieren, auf der Voraussetzung, „daß sich eine volle und mit sich selbst identische Textbedeutung als sicherer Ausgangspunkt für weitere Ableitungen nachweisen lässt". Sie gehe davon aus, dass der im Gesetzestext unversehrt aufbewahrte Sinn für jeden erneuten Zugriff des Richters im Verfahren „erhalten und bereit" zur Verfügung stünde (Christensen, Lerch und Sokolowski 2006: 43). Die Frage, welche Vorgaben der Gesetzestext für eine juristische Entscheidung macht, werde hier also eindeutig beantwortet: „Der

1 Vgl. hierzu den folgenden Abschnitt 2.

Gesetzestext bedeutet die hinter ihm stehende Rechtsnorm"; und es ist „genau diese in der Textbedeutung objektivierbar vorgegebene Rechtsnorm", die auf den Fall anzuwenden ist (Müller, Christensen und Sokolowski 1997: 19). Vor dem Hintergrund der im Rahmen dieser Position vertretene These von der prioritären Valenz der Semantik des Gesetzestextes lässt sich vielleicht auch Gadamers Position verstehen, der in seinen Überlegungen zur Rechtshermeneutik zwar durchaus von einer konstitutiven Spannung zwischen dem Gesetzestext und „dem Sinn [...], den seine Anwendung im konkreten Augenblick der Auslegung erlangt" ausgeht, aber gleichwohl daran festhält, dass es der semantische „Anspruch [ist], den der Text erhebt", der jeweils „in jeder konkreten Situation, neu und anders verstanden werden muß" (Gadamer 1965: 292). Verstehen und Auslegen eines Gesetzestextes heißt deshalb für Gadamer, „einen geltenden Sinn erkennen und anerkennen" (Gadamer 1965: 311).

(2) Eine zweite Position, die mitunter ‚dekonstruktivistisch' genannt wird (vgl. Klatt 2005: 349),[2] sieht den Konstitutionsort der richterlichen Entscheidung sowie die rechtssemantische Grundlage, auf die sie sich stützt, nicht ohne weiteres im zugrundeliegenden Gesetzestext. Für einen jeweils neuen Fall, dessen Entscheidung anstehe, wisse man – so Christensen und Kudlich – noch gar nicht „was das Gesetz bedeutet" (Christensen und Kudlich 2002: 241). Zu Beginn eines Verfahrens sei die Rechtsnorm „in Bezug auf diesen Fall und in dieser Phase der Entscheidung noch nicht vorhanden" (Christensen und Kudlich 2002: 238) Sie werde vielmehr erst im *Verfahren* der Entscheidungsfindung konstituiert. Insofern werde „im Verfahren Recht nicht angewendet, sondern erzeugt" (Christensen und Lerch 2006: 53). Hieraus folgt für die Verfechter dieser Position: „Als Anknüpfungspunkt juristischer Textarbeit kommt somit nicht die Bedeutung [des Normtextes] in Betracht. Sie steht erst am Ende der juristischen Arbeit und ist gerade keine Voraussetzung" (Christensen und Kudlich 2002: 239).

Die beiden Positionen des Rechtsdiskurses lassen sich vielleicht – wie ich vorschlagen möchte – als *textsemantische* und als *verfahrenssemantische* Position unterscheiden, wobei die erste – etwa Matthias Klatt – sich auf die sprachanalytisch hergeleiteten Begriffe der ‚semantischen Grenze' bzw. der ‚semantischen Normativität' stützt,[3] während die zweite – etwa Christensen und Lerch – sich dezidiert an den performanztheoretischen Diskurs der Medienwissenschaften anschließt (Christensen und Lerch 2005: 55–132).

---

2 Klatt spricht hier von einer „dekonstruktivistischen Herausforderung"; Christensen und Lerch entfalten etwa Derrida als ‚dekonstruktivistischen Ansatz'; vgl. etwa Christensen und Lerch 2005, 79 ff.

3 Vgl. etwa Klatt 2005: 349: „Die Basis für eine analytische Rekonstruktion semantischer Grenzen bildet semantische Normativität".

Ich möchte im Folgenden mit Blick auf beide Positionen einige transkriptionstheoretische Überlegungen anstellen – dies nicht zuletzt auch deshalb, weil die verfahrensemantische Position hinsichtlich ihres performanztheoretischen Ansatzes mitunter die Transkriptionstheorie als Bezugstheorie in Anspruch nimmt. Dabei wird es mir weniger (und kann es auch gar nicht) um einen eigenen rechtstheoretischen Beitrag gehen, als darum, mit den Mitteln der Transkriptionstheorie den bereits skizzierten, zentralen medien- und semantiktheoretischen Diskussionsgegenstand in den Blick zu nehmen: die Frage nämlich, ob Rechtsquellen unabhängig von den Verfahren ihrer Auslegung bereits Bedeutung zugeschrieben werden kann (und muss) oder ob ihnen diese erst im Zuge dieser Verfahren zukommt – genauerhin aber die Frage, ob eine solche wechselseitig exkludierende Alternierung von *Textsinn* und *Verfahrenssinn* überhaupt ihrerseits Sinn macht.

2 Transkription und Transkriptivität

Bevor nun aber die beiden kontroversen rechtstheoretischen Positionen näher ins Auge gefasst werden können, scheint es mir sinnvoll, zunächst einen Blick auf das theoretische Konzept zu werfen, das meiner Analyse zugrunde liegen wird, das Konzept nämlich der ‚Transkription' bzw. der ‚Transkriptivität'.[4] In der Tat möchte ich hier die These vertreten, dass sich das im ersten Abschnitt skizzierte rechtshermeneutische Problem transkriptionstheoretisch in einer aufschlussreichen Weise reformulieren läßt. Was also soll unter ‚Transkription' verstanden werden? Die Idee der Transkription ist mit der Beobachtung verbunden, dass die kulturelle Semantik bei ihren Operationen der Speicherung, Distribution, Übertragung und Genese von Sinn verschiedene Verfahren anwendet, die den Raum des Medialen insgesamt bestimmen. (1) Einmal das Verfahren der *intra*medialen, rekursiven Selbstbezugnahme, also das Verfahren, in dessen Vollzug sich Medien – etwa auch und vielleicht vor allem die Sprache[5] – rekursiv auf sich selbst zurückbiegen und so die eigene Zeichenprozessierung fortlaufend zum Gegenstand von weiteren thematisierenden, kommentierenden, explizierenden oder auch arkanisierenden Zeichenverwendungen machen.[6] Textauslegungen und

---

4 Vgl. etwa Jäger 2002, 2004a,b,c, 2008, 2010, 2012.

5 Die transkriptive Rekursivität ist nicht nur eine Eigenschaft der Sprache, sondern etwa auch für die Bildmedien oder Musik charakteristisch.

6 Auch Luhmann hebt in seinen kommunikationstheoretischen Überlegungen diese Eigenschaft der Sprache hervor: „Sie [die Sprache, L.J.] bietet zu jedem Zeitpunkt die Möglichkeit, angehalten oder reflexiv auf sich selber zurückgeführt zu werden. Man hat nicht verstanden und fragt nach. Eine mitgeteilte Information wird abgelehnt, und man fragt: Warum?" (Luhmann 1995:

Textkommentierungen sind in diesem Sinne klassische Formen der intramedialen Transkription. Rekursive Selbstbezugnahmen dieses Typs heben gewissermaßen die semantische Transparenz von Zeichen bzw. von Zeichenaggregaten, also deren ‚ungestörte' Verwendung bzw. Lektüre, auf und machen die Zeichensemantik selbst zum Thema kommunikativer Zuwendung. Davon zu sprechen, dass die unproblematische Zeichenverwendung im Zuge dieses Verfahrens ‚gestört'[7] wird, macht insofern Sinn, als der Übergang vom *Zeichengebrauch* zur *Zeichenthematisierung* sich in der Tat als eine Art von ‚Störung' des Zeichengebrauchs verstehen lässt.[8] Zeichen bzw. Zeichenaggregate werden durch Stillstellung bzw. durch Markierung aus dem normalen Zeichengebrauch herausgelöst und im Hinblick auf veränderte Anwendungsbedingungen kommunikativ ‚bearbeitet'. Dabei können der gestörte Zeichengebrauch bzw. die irritierte Semantik der Zeichen sowohl affirmiert, als auch transformiert werden, wobei sie aber in der Regel immer wieder dazu tendieren, in den Status ungestörter Transparenz zurückzupendeln. Ein Kommentar oder eine Auslegung mögen dem Bezugstext eine neue Semantik (Lesart) geben, diese wird sich freilich nicht selten ihrerseits wieder normalisieren. Die Logik der Transkriptivität ist also theoretisch ausdrücklich nicht mit der Idee der Auflösung semantischer Bewegungen in der Fluktuanz ihrer Performativität verbunden. (2) Zum zweiten verstehe ich unter Transkription ein *inter*mediales Verfahren, das Symbolsysteme verschiedener medialer Provenienz so zueinander positioniert, dass sie sich gegenseitig – oder asymmetrisch eines das andere – semantisch erschließen. Transkription wird also insgesamt als ein Verfahren aufgefasst, das durch die Koppelung differenter Medien bzw. durch rekursive Bezugnahme eines Mediums auf sich selbst die Lesbarkeit unlesbar gewordener Ausschnitte des jeweils transkribierten symbolischen Systems für bestimmte Adressaten wiederherstellt (oder auch umgekehrt seine Lesbarkeit arkanisiert). Transkription kann in der Tat *inkludierend* operieren, wenn sie die Gelingensunwahrscheinlichkeit der Kommunikation[9] für möglichst viele Adressaten herabsetzt also etwa in der Popularisierung komplexer Sachverhalte für ein größeres

---

31); „Jede Kommunikation kann ihrerseits Thema einer Kommunikation werden" (Luhmann 1997a: 888).

7 Zu dem hier verwendeten Begriff der ‚Störung' vgl. Jäger 2004b.

8 Zitate etwa lassen sich insofern als ‚Störungen' verstehen, als sie in einer gewissen Hinsicht die Überführung von Zeichengestalten aus einem ‚normalen Kontext' ihres Gebrauchs in den durch Anführungszeichen markierten Status des ‚Erwähnt Werdens' darstellen. Es ist insofern kein Zufall, dass das Verhältnis von ‚Gebrauchen' und ‚Erwähnen' in der sprachphilosophischen Literatur zum Zitat als ein zentrales Thema diskutiert wird (vgl. Goodman 1990: 59ff.; sowie Davidson 1986).

9 Vgl. zum Problem der Gelingensunwahrscheinlichkeit von Kommunikation etwa Luhmann 1997: 190ff.

Allgemeinpublikum, aber auch *exkludierend*, wenn sie im Hinblick auf den Erfolg der Kommunikation möglichst viele Adressaten ausschließt. In jedem Falle ist sie ein für die Sinnkonstitution grundlegendes Verfahren. Rekursionsfreie bzw. monomediale Semantik kann es nicht geben. Die Prozesse der Ratifizierung und Fortschreibung von Sinn sind prinzipiell durch eine transkriptive Logik bestimmt, weil diskurstranszendente Quellen der kulturellen Semantik, die ihrer Genese jenseits der Transkriptivität zugrunde lägen, nicht zur Verfügung stehen.

Bereits mündliche Kulturen greifen zur Speicherung, Tradierung und Fortschreibung kulturellen Wissens auf das intramediale und intermediale Zusammenspiel verschiedener Symbolsysteme zurück, ein Verfahren, das sich dann in den literalen Kulturen ausdifferenziert und auch noch die Logik der medialen Verhältnisse im Zeitalter der ‚Neuen Medien' bestimmt (vgl. Bolter und Grusin 2001). Offensichtlich konstituiert sich Sinn in menschlichen Gesellschaften in einer wesentlichen Hinsicht erst dadurch, dass verschiedene Symbolsysteme zueinander in transkriptive Beziehung gebracht werden. Dieses Verfahren ist umso einleuchtender, als es in allen Kulturen eine Asymmetrie des Zugangs zu den semantischen Ressourcen des kulturellen Gedächtnisses gibt. Die Zugangsberechtigungen zu den Schnittstellen kulturellen Wissens unterliegen weder in stratifikatorisch noch in funktional organisierten Gesellschaften dem Prinzip der egalitären Verteilung. Dies gilt natürlich gerade auch für rechtliches Wissen, das ohne die Institutionen und Medien seiner Transkription nicht in der gebotenen Weise zugänglich wäre. Medien nehmen also durch die symbolisch-diskursiven Ereignisse, die in ihnen und durch sie stattfinden, auf sich selbst und auf andere Medien Bezug. Sie treiben so die Prozesse der ‚kulturellen Rekonzeptualisierung' (vgl. Manovich 2001) voran, wobei sie in ein unabschließbares Geschäft des Übersetzens, Rekonzeptualisierens und Transkribierens verstrickt sind. Transkription meint dabei – und dies ist gerade auch für das Problem der Auslegung eines Rechtsgedankens im Medium des Urteils von Belang – nicht einfach die ‚Übertragung' eines ‚Inhaltes' aus einem Medium in ein anderes. Tatsächlich bringt die Transkription das Transkribierte in einer gewissen Weise (durch Rekonzeptualisierung bzw. durch Readressierung) erst hervor, verliert aber paradoxerweise, indem sie es konstituiert, zugleich die alleinige Macht über das Produkt, das sie hervorgebracht hat.[10] Die Zuschreibung von Sinn erzeugt in einem Text dadurch

10 Luhmann hat auf dieses Paradox im Hinblick auf die Eigenschaften der Schrift hingewiesen: „Gerade die schriftliche, im Buchdruck für anonyme Leser erreichbare Fixierung von Gedankengut hat ihrerseits das Gewicht einer Tradition und hat die Macht des (zu unterstellenden) Bekanntseins für sich; sie bietet andererseits aber auch den Anreiz, andere Einstellungen zum selben Sachverhalt oder zum selben Problem zum Ausdruck zu bringen. Man kann im Gedruckten latente Potentialitäten für andere Meinungen entdecken und aktualisieren" (vgl. Luh-

‚Eigensinn‘, dass gerade die bestimmte Text-Auslegung, die die Transkription als angemessene behauptet, den transkribierten Text für alternative Lesarten öffnet. Die Transkription konstituiert also das Skript, das sie transkribiert, eröffnet diesem aber, gerade durch die Transkription, einen Möglichkeitsraum alternativer Sinnzuschreibungen, der für den (noch) nicht transkribierten Text (das Präskript) zuvor noch nicht bestanden hätte. Auch Rechtstexte werden durch ihre Auslegungen (Transkriptionen) in einem gewissen Sinne erst konstituiert, erhalten aber durch diese zugleich einen ‚Eigensinn‘, der sie für alternative Sinnzuschreibungen öffnet.

Wie meine bisherigen Bemerkungen deutlich machen sollten, kann also kultureller Sinn (Semantik) prinzipiell nur da entstehen, wo Medien bzw. Symbolsysteme transkribierend auf das multimediale Universum gegenwärtiger oder vergangener Kommunikate zurückgreifen. Alle Stillstellungs-Artefakte unserer medialen Kulturen (Skripturen) – Redeausschnitte, Bilder, Texte, Partituren, Speicherungen jedweder Art – dürfen so verstanden werden als Adressen möglicher Bezugnahmen (vgl. Jäger 2012), die in den Diskurswelten rezenter Kulturen zirkulieren oder in den Archiven des kulturellen Gedächtnisses gespeichert sind; sie sind ihrerseits Derivate vergangener Transkriptionsprozesse, die jederzeit herausgegriffen und neuen semantischen Zirkulationsbedingungen unterworfen werden können. In die Konstitution von Sinn ist also immer eine mediale *Bewegung* eingeschrieben, in deren Vollzug sich Medien in einer rekursiven Geste auf sich selbst oder auf andere Medien beziehen. Eine bezugnahmefreie Konstitution von Sinn kann es nicht geben.

Für unseren Zusammenhang ist nun, wie ich oben bereits angedeutet habe, von entscheidender Bedeutung, dass Transkriptionen zwar ihre Bezugsgegenstände in einer gewissen Weise hervorbringen und insofern über eine quasi-transzendentale Mächtigkeit zu verfügen scheinen, dass ihre Erzeugnisse aber in dem Moment beginnen, Eigensinn zu entfalten, in dem sie transkriptiv konstituiert sind. Transkriptive Bezugnahmen greifen auf historisch sedimentierten Sinn zu und konstituieren ihn neu im Rahmen je rezenter Zirkulations- und Anwendungsbedingungen. Gleichwohl ist es gerade die Abhängigkeit der transkriptiven Sinnkonstitutionen von kulturellen Lagen, Aufmerksamkeitsökonomien, Interessenkonstellationen, insbesondere – wie etwa im Diskurs des Rechts – von Interessenkollisionen, die transkriptive Sinnzuschreibungen letztlich fragil und störbar macht. Sobald Transkriptionen etabliert sind, setzen sie sich Anschlusstranskriptionen, intervenierenden Diskursen aus, in denen ihre Konstitutionsleistung im

mann 1997/1: 543f.). Sobald sich durch eine Transkription die Lesart eines Textes etabliert hat, setzt sie zugleich „Potentialitäten für andere Meinungen“, für Sinnalternativen frei.

Lichte neuer Interessen und Aufmerksamkeiten in Frage gestellt werden kann. Gerade in dieser Eröffnung eines Möglichkeitsraumes alternativer Sinnzuschreibung, in dem Transkriptionen in ihren semantischen Machtgesten in Frage gestellt, bestritten und delegitimiert werden können, zeigt sich also eine wahrheitsfördernde Epistemologie der Transkriptivität, der sich zugleich auch die Unabschließbarkeit des Prozesses transkriptiver Sinnkonstitution in den Operationen der kulturellen Semantik verdankt.

3 Die verfahrenssemantische Kritik der textsemantischen Position

Kehren wir nun also nach unseren transkriptionstheoretischen Vorüberlegungen zu unserer Problemfrage zurück, der Frage nämlich, ob (1) Rechtsquellen unabhängig von den Verfahren ihrer Auslegung bereits Bedeutung zugeschrieben werden kann oder (2) ob ihnen diese erst im Zuge dieser Verfahren zukommt. Der verfahrenssemantische Ansatz votiert hier nachdrücklich für die zweite Alternative und verbindet sein Votum mit einer grundsätzlichen Kritik der textsemantischen Position. Da diese Kritik einige transkriptionstheoretische Argumente aufnimmt, ist es naheliegend, die transkriptionstheoretische Position durch eine kritische Diskussion des verfahrenstheoretischen Ansatzes zu illustrieren.

Der verfahrenssemantische Ansatz geht von einer Reihe von begrifflichen Entgegensetzungen aus, in die implizit theoretische Wertungen eingeschrieben sind: er unterscheidet ‚kontemplatives' von ‚praktischem' Verstehen sowie ‚die gedankliche Struktur des Gesetzestextes' von dem ‚Verfahren' als dem eigentlichen Ort der Sinngeneration. Die Kritik am textsemantischen Programm lautet dann so: „Nach wie vor wird im Recht Verstehen aber nicht praktisch, sondern kontemplativ gefasst. Es bezieht sich auf die gedankliche Struktur des Gesetzestextes und ist von der Durchführung des Verfahrens vollkommen unabhängig" (Christensen und Lerch 2005: 70). Die „vorgeordnete Struktur des Rechts" bleibe insofern „von ihrer Realisierung unberührt" (ebd.: 72), während tatsächlich der Sinn der Kommunikation nicht vorausgehe, sondern „erst in der Performanz geschaffen" werde (ebd.: 82). Aufgrund dieser verfahrenstheoretischen Wende, kann dann „das Verfahren als Performanz des Rechts (...) nicht länger die Exekution einer [gedanklichen] Struktur" – und dieser untergeordnet – sein (ebd.: 87). Vielmehr müsse das Gesetz nun „als Aufforderung zur Inszenierung verstanden werden. Es muss als Rechtsquelle im Verfahren inszeniert werden" (ebd.: 85f). Da also der Sinn des Gesetzes aus dem Text in das Verfahren verschoben ist, lässt er sich im Text auch nicht mehr auffinden. Kategorisch heißt es: „Texte führen keinen Sinn als gegenwärtigen mit sich" (ebd.: 92). Oder an anderer Stelle: „Vom

Text her gesehen tritt an die Stelle der Bedeutung, die es durchzuführen gilt, eine Wirkung, die in Szene zu setzen ist“ (ebd.: 93).

Obgleich nun die skizzierte verfahrenssemantische Kritik am textsemantischen Konzept des juristischen Diskurses durchaus in einigen Hinsichten für plausibel gehalten werden kann, wirft sie doch ihrerseits Probleme auf, die im Folgenden etwas näher in Augenschein genommen werden sollen. Nachvollziehen läßt sich diese Kritik zunächst insoweit, als sie einmal die Idee eines ‚hinter‘ dem Gesetzestext liegenden *sprachtranszendenten* Sinns sowie zum zweiten das Konzept einer von ihren *Prozessierungsbedingungen unabhängigen* Bedeutung für problematisch hält. Mit beiden Momenten der Kritik kann eine transkriptionstheoretische Theorie kultureller Semantik durchaus übereinstimmen. Der verfahrenssemantische Ansatz begibt sich aber auf theoretisch schwieriges Terrain, wenn er aus der richtigen Feststellung, dass Sinn grundsätzlich *medienimmanent* und in Abhängigkeit von seinen Prozessierungsbedingungen konstituiert wird, schließt, es handele sich bei *Sinn* um ein ausschließlich *performativ prozedurales* Phänomen. Dass die Konstitution von Textsinn als medienimmanentes Verfahren gedacht werden muss und dass ein solches Verfahren grundsätzlich auf paratextuelle – oder, wenn man so will – dispositive Rahmungen (Jäger 2013) angewiesen ist, in denen sich seine performative Prozessierung vollzieht, ändert – wie ich glaube – nichts daran, dass Textsinn immer da adressiert werden muss, wo allein er sich adressieren lässt: im Text. Textsinn sedimentiert in Texten und er wird rekonzeptualisiert in performativen Verfahren, die insgesamt die Eigenschaft haben, transkriptiv zu operieren – ohne dass dies freilich bedeutete, dass die Kategorie des Textsinns obsolet geworden wäre. Performative Zugriffe des Verstehens und Auslegens von bzw. auf Textsinn konstituieren diesen zwar in der jeweiligen Perspektive des Zugriffs, sie treffen aber dabei immer schon auf Skripturen, die bereits unabhängig von den Verfahren des Verstehens und Auslegens bestehen und die gerade durch die und im Zuge der performativen Exegesen eine gewisse Autonomie gegenüber den transkriptiven Zugriffen erlangen. Die im Zuge der Exegese erfolgende Zuweisung von Sinn erzeugt – wie sich im Abschnitt 2 gezeigt hat – im auszulegenden Text eine spezifische Resonanz, einen Eigensinn, der u. U. auch alternative Auslegungen auf den Plan ruft. Betrachten wir also zunächst die beiden konsensfähigen kritischen Argumente, die die verfahrenssemantische Position gegen das textsemantische Konzept vorbringt: (1) die Kritik des *sprachtranszendenten* Sinns und (2) die Kritik der *performativitätsfreien* Textsemantik.

3.1 Sprachtranszendenter versus sprachimmanenter Sinn

Es ist eine nicht nur in Teilen der kognitivistischen Linguistik, der Sprachphilosophie sowie der Zeichentheorie weit verbreitete, sondern offenbar auch in der Rechtstheorie vorzufindende epistemologische Überzeugung, dass das Verhältnis der Sphären des *Kognitiv-Mentalen*[11] und des *Symbolisch-Medialen* durch eine konstitutive Nachträglichkeit des Medialen bestimmt sei. Für diese Epistemologie geht der ‚Geist' den Medien seines Ausdrucks immer als autonomes Regime voraus. Er wäre insofern auch im Horizont entsprechender rechtstheoretischer Vorstellungen – als das ‚geistige Sein' des Rechts,[12] bzw. als die „semantische Reproduktion ontologisch vorgegebener Realitäten" (vgl. Broekmann 1992: 346) – den möglichen Formen seines medialen Erscheinens transzendent. Auch in Teilen der Rechtstheorie scheint das Recht als eine kognitive Domäne, als eine semantische Sphäre, konzeptualisiert zu sein, die von den sprachlichen Formen ihrer Repräsentation unabhängig ist und dieser vorausgeht. Der ‚Geist', so wie er im Horizont dieses Paradigmas adressiert wird, ist umgeben von einer präkommunikativen, medienindifferenten Aura. Er ‚spricht' – eben etwa auch als normativ-kognitive Sprache des Rechts – jenseits aller historisch-individuellen Sprachen und unabhängig von allen historischen und sozialen Erscheinungsformen seine eigene amodale und universale Sprache.[13]

Gegen eine solche – wie man sie nennen könnte – aristotelische Epistemologie (Graeser 1996: 36f.), in deren Horizont Sinn nur als *(medien-)transzendenter* Sinn konzeptualisiert werden kann, wendet sich die Position der verfahrenstheoretische Semantik des juristischen Diskurses. Sie kritisiert mit Recht, dass der Sprache und den symbolischen Medien insgesamt hier allenfalls eine, wie Brandom formuliert, „sekundäre, zeitlich nachgeordnete, bloß instrumentelle Rolle" zukomme (Brandom 2001: 14), nämlich die, im Geist vorliegenden mentalen Repräsentationen – also etwa rechtliche Normen – in einem zweiten Schritt noch einmal semiotisch zu repräsentieren. Zurückgewiesen wird also von einer verfahrenssemantischen Theorie – wie ich glaube mit Recht – die Vorstellung, die Sprache repräsentiere nur nachträglich einen Geist, der in seinem transzendenten Jenseits ihren Einflüssen gänzlich entzogen bleibe.

11 Ich verwende den Terminus „Mentalität" im Anschluss an Rorty 1987, hier insbesondere das Kapitel „Die Erfindung des Mentalen": 27–84.

12 Vgl. zu der an Nicolai Hartmann orientierten Idee „des Rechts als geistiges Sein" Baratta und Wagner 1992: 283; ebenso Neumann 1992: 296.

13 Vgl. zum Terminus „Sprache des Geistes" etwa Fodor 1975. Hierzu Linz 2004; vgl. zum Folgenden Jäger 2004c.

Dass sich dagegen ‚geistige Bedeutungsgehalte' grundsätzlich nur im Horizont sprachimmanenter Semantiken, oder wie man auch sagen könnte, als *Eigensinn* (Jäger 2005) entfalten können, hat etwa Cassirer im Anschluss an Humboldt in seiner „Philosophie der symbolischen" Formen gezeigt (Vgl. hierzu näher Jäger 2013): Für ihn kann Sinn nicht mehr einfach an einer bereits vorsymbolisch strukturierten Welt und deren universaler Semantik abgelesen werden. Sinn organisiert sich vielmehr erst im Horizont „symbolischer Formen", im quasitranszendentalen Rahmen unterschiedlicher Sprachspiele, die von den Diskursen der Wissenschaften, der Geschichtsschreibung und des Rechts bis zu denen des Ästhetischen und des Fiktionalen reichen: alle diese unterschiedlichen ‚Energien des Geistes' (Cassirer 1965: 175) entfalten ihre weltstrukturierende Funktion in je unterschiedlichen Verfahren der *Eigensinnproduktion*. Symbolische Formen sind die kulturellen Erzählungen, in denen je individuelle Welten generiert werden, narrative Formate, in denen – um mit Goodman zu reden – verschiedenen „Weisen der Welterzeugung" (vgl. Goodman 1990) prozessiert werden. Es ist gerade ihre ‚weltkonstitutive' Leistung, die die Diskurse der kulturellen Semantik zu symbolischen Formen macht: „nicht in dem Sinne, daß sie ein vorhandenes Wirkliches [...] bezeichnen, sondern in dem Sinne, daß jede von ihnen eine eigene Welt des Sinnes erschafft [...]" (Cassirer 1965: 79) – eben jeweils eine Welt des ‚Eigensinns'. Im Horizont dieser Annahme wäre dann auch die Sphäre der Rechtssemantik, – oder besser –, wären die Sphären verschiedener kultureller Rechtssemantiken unterschiedliche Regionen von Eigensinn.

3.2 Statischer Textsinn versus transkriptiver Sinn

Auch in einer zweiten Hinsicht muss man der verfahrenssemantischen Position der Rechtstheorie aus der Perspektive eines transkriptionstheoretischen Ansatzes zustimmen. Textsinn lässt sich nicht als ‚statischer' Textsinn konzeptualisieren. Er muss, ohne dass er freilich gänzlich zugunsten eines verfahrensgenerierten Sinnes theoretisch ausgeschieden werden dürfte, als prozeduraler Sinn – oder, wie ich sagen möchte – als transkriptiver Sinn konzeptualisiert werden. Bezogen auf die Semantik von Rechtstexten bedeutete dies: Sinn ‚wohnt' nicht – gleichsam bewegungslos und unabhängig von der Geschichte seiner Auslegungen – in den Texten, sondern er muss in transkriptiven Bewegungen immer wieder erzeugt werden. Dies gilt, wie bereits Gadamer gezeigt hat, für die Semantik des Rechts ebenso, wie für die der Religion: Sowohl für die juristische Hermeneutik wie für die theologische Hermeneutik sei – so Gadamer – „die Spannung konstitutiv, die zwischen dem gesetzten Text – des Gesetzes oder der Verkündigung – auf der einen Seite und auf der anderen Seite dem Sinn besteht, den seine Anwendung im konkreten Augenblick der Auslegung erlangt, sei es im Urteil, sei es in der Predigt." Das schließe – so Gadamer weiter – „in beiden Fällen ein, daß der Text, ob Gesetz oder Heilsbotschaft, wenn er angemessen verstanden werden soll, d.h. dem Anspruch, den der Text erhebt, entsprechend, in jedem Augenblick, d.h. in jeder konkreten Situation, neu und anders verstanden werden muß. Verstehen ist immer schon Anwenden" (vgl. Gadamer 1965: 292). Gewiss meine – so Gadamer – „der Jurist stets das Gesetz selbst. Aber sein normativer Gehalt ist auf den gegebenen Fall hin zu bestimmen, auf den es angewandt werden soll" (ebd.: 309f.) Gadamer entfaltet dabei die transkriptive Bewegung des hermeneutischen Prozesses in der begrifflichen Trias: ‚verstehen' – ‚auslegen' – ‚anwenden' (ebd.: 173f., 290ff.). Erst im Durchlaufen aller drei Momente des hermeneutischen Verfahrens konstituiert sich Sinn. Ohne das Moment der Applikation läßt sich also die Semantik des Gesetzestextes nicht herstellen: ohne die auf den konkreten Fall hin erfolgende anwendungsorientierte Auslegung (und ohne die Geschichte solcher Auslegungen) bliebe der Textsinn gleichsam unadressiert und insofern in gewissem Sinne ‚leer' – und dies vor allem deshalb, weil „Erkenntnis des Sinnes eines Rechtstextes und Anwendung desselben auf den konkreten Rechtsfall nicht zwei getrennte Akte sind, sondern ein einheitlicher Vorgang" (ebd.: 293). Gleichwohl gilt aber umgekehrt, dass es die Semantik dieses Textes ist, die im Applikationsverfahren in Bewegung gesetzt, das heißt verstanden und ausgelegt werden muss. Textsinn ist also zwar im Hinblick auf die hermeneutische Triade nicht ‚statisch'; er muss nämlich immer im Hinblick auf *neue* Anwendungskontexte und zugleich im Lichte der Geschichte seiner Explikationen verstanden und ausgelegt werden, wobei er im Zuge dieser performativen Adressierungen ‚bewegt', d.h. in seiner Semantik verschoben und verändert werden kann. Gleichwohl ist er aber auch immer wieder das sedimentierte, kurz- oder längerfristig konsensuell unstrittige Sediment dieser hermeneutischen Bewegungsprozesse.[14] Die semantische Bewegung folgt also – könnte man sagen – prinzipiell einem inhärenten ‚teleologischen' Prinzip der ‚Sedimentierung', so fragil und bewegungsanfällig diese Sedimente auch immer sein mögen. Die kulturelle Semantik macht im Zuge ihrer Bewegungen immer wieder selektive Ausschnitte ihrer Bestände zum Objekt kommunikativer Thematisierungen, in denen Semantiken desedimentiert und rekonzeptualisiert werden, um dann wieder in den Status unproblematischer ‚Vertrautheit'[15] abzusinken. Auch wenn, wie Saussure gezeigt hat, die Bedeutung immer von der Seite kommt (de Saussure [1974] ^{2}1990: 18, N 7,

14 Vgl. zum Problem der ‚Medienbewegungen' Jäger, Fehrmann und Adam 2012; hierin etwa: Jäger 2012.

15 Zum Begriff der Vertrautheit und zum Problem des Verhältnisses von Vertrautheit und Relevanz vgl. etwa Schütz 1971; vgl. hierzu auch Jäger 2004b: 62ff.

3293.5), also nie im Zeichen selbst verbürgt und insofern ständig Identitätsverschiebungen ausgesetzt ist, erzeugen diese semantischen Bewegungen der „aparten" Semantik[16] doch immer wieder aufs Neue ‚Gleichgewichtszustände', in denen sich die semantischen Verhältnisse als – freilich unaufhebbar fragile – sedimentierten Sinnstrukturen re-etablieren (vgl. zu Saussure Jäger 2010). Insofern ist Textsinn als ‚transkriptiver' Sinn immer eingespannt in die Dialektik von performativer Bewegung und semantischer Re-Sedimentierung, die ihrerseits freilich wieder ‚bewegt werden kann'. Sinn sedimentiert sich also immer wieder in den Medien seiner Speicherung und Archivierung, er vermag aber seine grundsätzliche Fragilität und die mit dieser verbundenen Notwendigkeit seiner ständigen Rekonzeptualisierung nicht abzuschütteln. Stets von Neuem gerät er jenseits der Phasen sedimentärer ‚Ruhe' in Bewegung, in die Bewegungen der intramedialen (rekursiven) Selbstbezugnahme oder der intermedialen Bezugnahme von Medien auf Medien, Bewegungen, die sich in einem gewissen Sinne als *Übersetzungsprozeduren* verstehen lassen. Bereits Jakobson hat die Verfahren der Sinnkonstitution als Übersetzungsverfahren verstanden: Bedeutung vermag sich – so Jakobson – nur in Formen der „Übersetzung" von Zeichen durch Zeichen zu konstituieren (vgl. Jakobson 1991: 104 sowie Holenstein 1975: 163). Auch für ihn gibt es – wie Peirce dies formuliert hatte – „keine Ausnahme von dem Gesetz, daß [in den Prozessen der Semiose, L. J.] jedes Gedanken-Zeichen durch ein folgendes übersetzt oder interpretiert worden sein muß, es sei denn, alles kommt zu einem abrupten Ende durch den Tod." (Peirce 1984: 224) Insofern ist Sinn also grundsätzlich ein Erzeugnis semiologischer *Bewegung*, aber er löst sich nicht in dieser auf. Stets münden nämlich diese Bewegungen, die Phasen performativer ‚Aufstörung', in sedimentären Phasen semantischer ‚Ruhe', in denen, so fragil sie auch immer sein mögen, die Bewegungsmaschine des Performativen innehält. Textsinn und performativer Sinn sind also keine sich wechselseitig exkludierende theoretische Alternativen; sie stehen vielmehr in der kulturellen Semantik in einem spannungsreichen Wechselverhältnis.

4 Textsinn – Verfahrenssinn: Die transkriptionstheoretische Position

Meine These lautet also, dass transkriptive semantische Bewegungen, wie sie für das oszillierende Verhältnis von juristischem Textsinn und den Verfahren seiner Auslegung charakteristisch sind, eine gewisse Analogie zu den semantischen

---

16 Zum Begriff der ‚aparten Semantik' vgl. Jäger 2015 [im Druck].

Bewegungen aufweisen, die das Verfahren des Übersetzens charakterisieren. Freilich gilt diese Analogie nur, wenn ‚Übersetzen' nicht in einem klassisch translatorischen Sinne verstanden, sondern transkriptionstheoretisch rekonzeptualisiert wird. Ich möchte dies im Hinblick auf die verhandelten Fragen der Rechtssemantik etwas näher erläutern. Die Idee der Transkription ist – wie ich im zweiten Abschnitt bereits zu zeigen versucht habe – mit dem Gedanken verbunden, dass die kulturelle Semantik prinzipiell als ein Effekt entweder rekursiver Bezugnahme von Medien auf sich selbst oder von Bezugnahmen verstanden werden sollte, in denen Medien andere Medien adressieren. Auslegungen, Kommentierungen und Erläuterungen etwa eines kanonischen religiösen oder Rechts-Textes sind insofern klassische Fälle von Transkription. Insofern lässt sich auch das Verfahren der Rechtsanwendung als ein Prozess der Rekonzeptualisierung des Rechts unter den jeweiligen Aktualbedingungen seiner Anwendung verstehen – ebenso wie dies für andere Formen der ‚Welterzeugung' in den Sprachspielen der kulturellen Semantik gilt. Alle diese Formen der Rekonzeptualisierung von Sinn, der Transkription, können in der Tat in einem gewissen Sinne als Fälle des Übersetzens aufgefasst werden, als Fälle also, wie wir sie paradigmatisch im Transfer zwischen verschiedenen Sprachen und Kulturen vorfinden. Freilich sind die Begriffe der Transkription und der Übersetzung – zumindest wenn man gängige Theorien der Translation zugrunde legt – nicht problemlos wechselseitig substituierbar. Ein transkriptionstheoretischer Übersetzungsbegriff müsste nämlich eine Reihe von impliziten (epistemologischen) Annahmen vermeiden, von der die klassische Translationsidee (noch) weithin beherrscht wird:

(1) Zunächst die Annahme, dass es sich bei Übersetzungen um *sekundäre* Erschließungsformen von Artefakten, etwa von Texten handelt, die als sie selbst, in ihrer ‚Originalität', für ein bestimmtes Publikum nicht in wünschenswerter Weise zugänglich sind, sei es aufgrund ihrer kulturellen Fremdheit oder ihrer historischen Distanz, sei es aufgrund ihrer Komplexität etc. Verstünde man Übersetzung so, käme sie also im Hinblick auf das vorgängige Original gewissermaßen immer zu spät: Der ‚wahre Geist' ruhte, wie Humboldt formuliert – und das gälte dann etwa auch für die Semantik von Gesetzestexten – „allein in der Urschrift" (Humboldt 1973: 87). Ein Gerichtsverfahren wäre insofern eine Übersetzungsagentur, die Recht unter bestimmten aktuellen Bedingungen für bestimmte Adressaten *übersetzt*, ohne dass ihre Exegesen im Hinblick auf den auszulegenden Sinn den Charakter des Sekundären und Nachträglichen je verlieren könnten. Der in einem Rechtstext aufbewahrte ursprüngliche Sinn des Rechts wäre im Hinblick auf die kontingenten Aktualbedingungen seiner (nachträglichen) Übersetzung als er selbst prinzipiell uneinholbar.

(2) Die zweite in einem transkriptionstheoretischen Horizont zu vermeidende Annahme der klassischen Translationsidee ist eng mit der ersten verknüpft. Sie

besteht in der Überzeugung, dass die vorgängige ‚Urschrift', die der Übersetzung zugrunde liegt, in Bezug auf letztere unabhängig, also *autonom* ist. Eben an diesem Punkt setzt die Kritik der verfahrenssemantischen Position der Rechtstheorie legitimerweise ein. Unabhängig davon, wie angemessen und gelungen sich die Übersetzung – bzw. im Rechtsfall die anwendungsbezogene Auslegung – ihrem Bezugsgegenstand, also etwa dem Gesetzestext annähert, dieser fungiert unaufhebbar als das normative (‚originale') Urbild dessen, was zu übersetzen bzw. auszulegen ist. Das urbildliche Bezugsobjekt selbst bleibt immer *übersetzungs-* und *auslegungstranszendent*, in einem semantischen Jenseits, das sich der hermeneutischen Anstrengung in seiner Originalität entzieht: Insbesondere im Kontext der Übersetzbarkeit poetischer Texte ist diese These von der Literaturtheorie kategorisch postuliert worden: „Das poetische Werk besitzt" – wie etwa Blanchot formuliert – „eine Bedeutung, deren Struktur original und irreduzibel ist"[17] (Blanchot 1943: 289, zit. n. Genette 1993: 289 f.). Ebenso originär und irreduzibel ist für die textsemantische Position der in einem besonderen Fall auszulegende Gesetzestext.

(3) Die dritte für einen transkriptionstheoretischen Übersetzungsbegriff unverträgliche Annahme folgt unmittelbar aus der zweiten: für die klassische Translationstheorie erweist sich das Bezugsobjekt der Übersetzung prinzipiell als von allen verschiedenen Formen seiner möglichen Transkription unberührt und durch sie hindurch *mit sich identisch*. Diese greifen immer auf *dasselbe* Zielobjekt zu, ohne dass die Zugriffsbewegungen, die auslegenden und übersetzenden Bezugnahmen in seinen ‚ontologischen Bestand' eingriffen. Der zu verstehende Sinn wird durch die verschiedenen auslegenden und übersetzenden Bezugnahmen in seiner Selbigkeit nicht tangiert. Die Geschichte seiner Auslegungen ist nicht relevant für die Identität der auszulegenden Textsemantik. Auch hier ist der Blick auf den Rechtsdiskurs aufschlussreich. Auch für die Rechtstheoretiker der textsemantischen Fraktion scheint kein Zweifel daran zu bestehen, dass die Auslegung des Rechts ‚das Recht selbst' und auch dieses in seiner Identität und semantischen Autonomie untangiert lasse.

(4) Die *Unberührbarkeit* und *Selbstidentität* des ‚Originals', auf das nur *sekundäre* und *nachträgliche* Zugriffe möglich sind, führt schließlich zu der vierten Annahme, die mit einem transkriptionstheoretischen Übersetzungsbegriff inkompatibel ist. Dieser Annahme gemäß ist nämlich das Bezugsobjekt der Übersetzung – also etwa der Gesetzestext – nicht nur *ursprünglicher* als die Übersetzung und in Beziehung auf diese *autonom*, es ist in dieser Autonomie auch für die

17 Vgl. Maurice Blanchot, La poésie de Mallarmé est-elle obscure ? In: Ders. Faux Pas, Paris: Gallimard 1943: 289, hier zitiert nach Genette 1993: 289 f.

Übersetzung letztlich *unerreichbar*. Was auch immer die Auslegung auslegt und die Übersetzung übersetzt, kann seinen Ersatzcharakter nicht abschütteln. Auslegung und Übersetzung sind ‚Ersatzvornahmen', die nie an dasjenige, was sie ‚ersetzen' wirklich heranreichen. Die ‚Urschrift' ist in ihrer ‚Originalität' letztlich – wie Humboldt formuliert – unerreichbar und „unübersetzbar" (vgl. Humboldt 1973: 80).

Alle vier impliziten Annahmen eines an der klassischen Idee der Übersetzung orientierten Translationsbegriffs, die der *Nachträglichkeit* der Übertragung bzw. Auslegung, sowie die der *Autonomie*, der *Selbstidentität* und der *Unübersetzbarkeit* des Bezugsobjektes, postulieren ein Ungleichgewicht zwischen dem (vorgängigen) ‚Original' und seiner (nachträglichen) ‚Übersetzung', das im Sinne einer epistemologischen Hierarchie zwei Ebenen des Sinns einführt: eine erste des ursprünglichen, originären und durch Bezugnahmen unverwundbaren Sinns und eine zweite der nachträglichen hilfsweisen und mehr oder minder unangemessenen Nacherzählung dieses originären Sinns. Natürlich ist *Transkription* in dem von mir vorgeschlagenen zeichen- und medientheoretischen Sinn mit einer solchen Epistemologie der Übersetzung nicht kompatibel und mit dem Gedanken unverträglich, dass es ein autonomes und transkriptionstranszendentes Objekt der Transkription gibt, das der eigentliche Ort des Sinns wäre. Wenn wir also Verstehen und Auslegen als eine Form des Übersetzens begreifen wollen, dann nicht im Sinne einer Translationsidee, die durch die vier skizzierten epistemologischen und zeichentheoretischen Annahmen bestimmt wäre. Vielmehr werden in der hier vorgeschlagenen Perspektive einer transkriptionstheoretisch konzeptualisierten Übersetzungsidee Transkriptionsobjekte (‚Urtexte', ‚Originale') immer erst durch die transkriptive Bezugnahme auf sie konstituiert.[18] Sie sind nach dieser Bezugnahme nicht mehr in einen Status quo ante zurückzuversetzen und sie sind nicht mehr mit dem Objekt identisch, das sie waren, bevor sie transkribiert wurden. Das gilt natürlich insbesondere für Gesetzestexte, die von den Verfahren ihrer Auslegung und Anwendung nicht untangiert bleiben, ja die sich – wie man sagen könnte – in der Wirkungsgeschichte ihrer Auslegungen allererst konstituieren. Das gilt im Übrigen auch für die ‚Originale' von zwischensprachlichen Übersetzungen im klassischen Sinne, die sich von ihren Übertragungen nicht mehr trennen lassen: „In ihnen erreicht" – wie Benjamin formuliert – „das Leben des Originals seine erneute späteste und umfassendste Entfaltung." Oder – wie es auch heißt – „in seinem Fortleben [...] ändert sich das Original" (vgl. Benjamin 1973: 159 f.).

---

18 Sie sind dann allerdings als konstituierte durchaus ‚eigensinnig' im Hinblick auf ihre Transkription. Vgl. hierzu die unten folgenden Bemerkungen.

Aber auch hier muss noch einmal wiederholt werden: Auch wenn der Ausgangstext einer Transkription in seiner Identität von den jeweiligen Bewegungen der Transkription nicht zu trennen und von ihr tangiert ist, löst er sich doch nicht in den semantischen Bewegungen gleichsam performativ auf. Vielmehr konstituiert die Transkription ihren Bezugstext (Skript/Präskript) jeweils in einer Weise, die diesen in eine Autonomie gegenüber den transkribierenden Zugriffen versetzt. Die von Transkriptionen transkribierten Bezugstexte erhalten im Zuge dieser Zugriffe einen Status von *Eigensinn*, der sie gegenüber ihren Transkriptionen verselbständigt und sie so gegen diese interventionsfähig macht (vgl. Jäger 2002: 19–41).[19] Ein durch eine Auslegung oder eine Übersetzung konstituierter Text kann nun im Hinblick auf die Angemessenheit dieser Auslegung gegen diese ins Spiel gebracht werden. Die textkonstitutive Auslegung wird durch den ausgelegten Text angreifbar. Sinnauslegung und ausgelegter Sinn treten also in ein komplexes Wechselverhältnis, in dem beide ‚Spieler' aufeinander angewiesen bleiben. Dies ist auch der Grund, warum eine verfahrenssemantische Performativitäts-Idee für unangemessen gehalten werden muss, die *Textsinn* und *performativen Sinn* als Konzeptualisierungen auffasst, die sich gegenseitig exkludieren und die dann die theoretische Favorisierung des performativen Sinns mit der Aussortierung von Textsinn verbindet. Eine Konzeptualisierung von Sinn, in der dieser nur *prozessiert* wird, ohne je die Phasen sedimentärer ‚Ruhe' in den Medien seiner Speicherung – wie dies etwa *Texte* sind – zu durchlaufen, der sich also – um dies in meiner Terminologie zu formulieren – beständig im Zustand der *Störung* befände, ohne je den der *Transparenz* bzw. der *semantischen Evidenz* zu erreichen (vgl. Jäger 2004b), ist meines Erachtens theoretisch unangemessen. Auslegungen und Übersetzungen müssen in ihren Bezugstexten immer je stillgestellte, ‚eigensinnige' Semantiken vorfinden, auf die sie dann transkribierend (affirmierend oder transformierend) Bezug nehmen. Das gilt natürlich auch für das Dispositiv des Rechts, das Rechtstexte und Verfahren ihrer Auslegung zueinander in Beziehung setzt: auf stillgestellte Semantiken wird in Verfahren ihrer Auslegung so Bezug genommen, dass diese wieder in Bewegung versetzt und in einer möglicherweise rekonzeptualisierten Form erneut sedimentiert werden. Hier zeigt sich eine Logik der kulturellen Semantik, die ich Logik der Transkription genannt habe.

---

19 Vgl. hierzu auch oben Abschnitt 2.

5 Der „fromme Wunsch der Juristen nach Sinn"

Kommen wir vor dem Hintergrund der bisherigen Überlegungen zur Logik der Transkriptivität abschließend noch einmal zurück zu der Frage, ob Rechtstexten, also etwa dem Gesetzestext in einem Gerichtsverfahren, vorab Sinn zugeschrieben werden muss, oder ob allein dessen performative Applikation im Vollzug des Verfahrens der Ort ist, an dem Sinn generiert wird. Müller, Christensen und Sokolowski haben für diese Fassung der Verfahrenssemantik argumentiert und die These vertreten, am schriftlichen Text sei „ein Sinnzentrum nicht festzumachen". Die Annahme eines solchen „Sinnzentrums" sei Ausdruck des ‚frommen Wunsches von Juristen nach der objektiven und stabilen Bedeutung' (Müller, Christensen und Sokolowski 1997: 26). Nun haben wir oben gesehen, dass dem verfahrenssemantischen Ansatz sowohl in seiner Kritik eines transzendenten, als auch eines ‚unbeweglichen' unprozeduralen Sinnes durchaus zugestimmt werden kann. Freilich lässt sich umgekehrt der Textsinn eines Gesetzestextes nicht in der Prozeduralität seiner Anwendung auflösen. Auch wenn es Transkriptionen sind, die den Textsinn konstituieren und auch wenn die so konstituierten Semantiken als fragil und störbar, kurz als anfällig für jeweils konkurrierende Anschlusstranskriptionen betrachtet werden müssen, sind es doch *Text*semantiken, die eine wesentliche Rolle im Verfahren der Transkription spielen. Es hieße – auch wenn die Bedeutung eines Textes keine hinter ihm liegende und den Verstehensprozessen der Leser entzogene Entität darstellt – doch das Kind mit dem Bade auszuschütten, wenn man aus verfahrenssemantischen Gründen bestreiten wollte, dass sich Sinn auch am schriftlichen Text festmachen läßt. Natürlich kann eingeräumt werden, dass es sich bei diesem Sinn nicht um eine transzendente Bedeutung jenseits der Deutungshandlungen der Leser (und jenseits der Wirkungsgeschichte der Texte) handelt. Gleichwohl werden etwa die im Rechtsverfahren auftretenden Deutungskontroversen *am Text* und nur hier verhandelt. Lesarten und Interpretationen des Textes sind zwar Transkriptionen, das heißt, Konstitutionen des Textes unter einer bestimmten Lesart; aber diese Lesarten sind Lesarten *des Textes*. Indem sie ihn in einer bestimmten Lesart konstituieren und mit dieser Wahrheitsansprüche erheben, eröffnen sie das Feld möglicher alternativer Transkriptionen (Postskripte) und betreten insofern das Feld der semantischen Autonomie des Textes, einer Autonomie, die sich nicht in den Lesarten auflöst, sondern für deren jeweilige semantische Geltung mit Gründen argumentiert werden kann. Sinnzuschreibungen erzeugen in den je adressierten Zuschreibungsadressen eine von den Semantisierungsakten nicht manipulierbare Textautonomie. Jede Deutungshandlung generiert einen Sinn, der im Akt der Konstitution gegenüber seiner Hervorbringung selbständig wird. Insofern ist das Sinnzuschreibungsspiel eine interaktives Spiel zwischen Text und transkriptiven

Lesarten, in dem der gedeutete Text nicht nur ein Manipulationsopfer ist, sondern jeweils die Differenz sichtbar macht, die möglicherweise zwischen dem Sinn des Textes und den transkriptiven Sinnzuschreibungen auftritt. Semantische Kontroversen hinsichtlich der Angemessenheit von Deutungs-Transkriptionen machen nur Sinn unter der Voraussetzung, dass ‚an dem Text ein Sinn festzumachen' ist, der zwar möglicherweise nicht als Sinnzentrum, aber gleichwohl doch als ein konstitutives Element des performativen Verfahrens angesehen werden muss. Das Spiel der Transkriptionen wird grundsätzlich von der regulativen Idee eines unterstellten (‚wahren') Textsinnes in Gang gehalten, auch wenn sich diese Unterstellung immer wieder als problematisch erweisen kann.

Literatur

Baratta, A. und H. Wagner 1992: Rechtsidee. In: Joachim Ritter und Karlfried Gründer (Hg.): *Historisches Wörterbuch der Philosophie*, Bd. 8: R–Sc. Darmstadt: Wissenschaftliche Buchgesellschaft, S. 281–284.

Benjamin, Walter 1973:Die Aufgabe des Übersetzers. In: Hans Joachim Störig (Hg.): *Das Problem des Übersetzens*. Darmstadt: Wissenschaftliche Buchgesellschaft, S. 59 ff.

Blanchot, Maurice 1993: *La poésie de Mallarmé est-elle obscure?* In: Ders.: Faux Pas. Paris: Gallimard 1943, 289, hier zitiert nach Gérard Genette, Palimpseste. Literatur auf zweiter Stufe, Frankfurt a. M.: Suhrkamp.

Bolter, Jay David und Richard Grusin 2001: *Remediation. Understanding New Media*. London, Cambridge (Mass.): MIT Press.

Brandom, Robert B. 2001: *Begründen und Begreifen. Eine Einführung in den Inferentialismus*. Frankfurt a. M.: VERLAG.

Cassirer, Ernst 1965: Der Begriff der symbolischen Form im Aufbau der Geisteswissenschaften. In: Ders.: *Wesen und Wirkung des Symbolbegriffs*. Darmstadt: Wissenschaftliche Buchgesellschaft, S. 169–200.

Christensen, Ralph und Hans Kudlich 2002: Die Auslegungslehre als implizite Sprachtheorie. In: *Archiv für Rechts- und Sozialphilosophie* 88, S. 230–246.

Christensen, Ralph und Kent D. Lerch 2005: Performanz. Die Kunst, Recht geschehen zu lassen. In: Kent D. Lerch (Hg.): *Die Sprache des Rechts. Recht vermitteln – Strukturen, Formen und Medien der Kommunikation im Recht*. Berlin, New York: De Gruyter, S. 55–132.

Christensen, Ralph und Kent D. Lerch 2006: Transkriptionen. Das Umschreiben des Rechts im Verfahren. In: *Paragrana* 15 (1), S. 41–60.

Davidson, Donald 1990: *Zitieren*. In: Ders.: *Wahrheit und Interpretation*, Frankfurt a. M.: Suhrkamp.

Fodor, Jerry A. 1975: *The Language of Thought*. New York: VERLAG.

Gadamer, Hans-Georg ^{2}1965: *Wahrheit und Methode. Grundzüge einer philosophischen Hermeneutik*. Tübingen: Mohr.

Genette, Gérard 1993: *Palimpseste. Literatur auf zweiter Stufe*. Frankfurt a. M.: Suhrkamp.

Goodman, Nelson 1990: Probleme des Zitierens. In: Ders.: *Weisen der Welterzeugung*, Frankfurt a. M.: Suhrkamp, S. 59 ff.

Graeser, A. 1996: Aristoteles. In: T. Borsche (Hg.): *Klassiker der Sprachphilosophie von Platon bis Noam Chomsky*. München: VERLAG, S. 36 ff.

Holenstein, Elmar 1975: *Roman Jakobsons phänomenologischer Strukturalismus*. Frankfurt a. M.: Suhrkamp.

Humboldt, Wilhelm von 1973: Einleitung zu „Agamemnon". In: Hans Joachim Störig (Hg.): *Das Problem des Übersetzens*. Darmstadt: Wissenschaftliche Buchgesellschaft, S. 71–96.

Jäger, Ludwig 2002: Transkriptivität. Zur medialen Logik der kulturellen Semantik. In: Ludwig Jäger und Georg Stanitzek (Hg.): *Transkribieren – Medien/Lektüre*. München: Fink, S. 19–41.

Jäger, Ludwig 2004a: Die Verfahren der Medien: Transkribieren – Adressieren – Lokalisieren. In: Jürgen Fohrmann und Erhard Schüttpelz (Hg.): *Die Kommunikation der Medien*. Tübingen: Niemeyer, S. 69–79.

Jäger, Ludwig 2004b: Störung und Transparenz. Skizze zur performativen Logik des Medialen. In: Sybille Krämer (Hg.): *Performativität und Medialität*. München: Fink, S. 35–74.

Jäger, Ludwig 2004c: Wieviel Sprache braucht der Geist? Mediale Konstitutionsbedingungen des Mentalen. In: Ludwig Jäger und Erika Linz (Hg.): *Medialität und Mentalität. Theoretische und empirische Studien zum Verhältnis von Sprache, Subjektivität und Kognition*. München: Fink, S. 15–42.

Jäger, Ludwig 2005: Vom Eigensinn des Mediums Sprache. In: Dietrich Busse, Thomas Niehr und Martin Wengeler (Hg.): *Brisante Semantik. Neuere Konzepte und Forschungsergebnisse einer kulturwissenschaftlichen Semantik*. Tübingen: Niemeyer, S. 45–64.

Jäger, Ludwig 2008: Transkriptive Verhältnisse. Zur Logik intra- und intermedialer Bezugnahmen in ästhetischen Diskursen. In: Gabriele Buschmeier, Ulrich Konrad und Albrecht Riethmüller (Hg.): *Transkription und Fassung in der Musik des 20. Jahrhunderts. Beiträge des Kolloquiums in der Akademie der Wissenschaften und der Literatur, Mainz, vom 5. bis 6. März 2004*. Stuttgart: Franz Steiner, S. 103–134.

Jäger, Ludwig 2009: Intermedialität – Intramedialität – Transkriptivität. Überlegungen zu einigen Prinzipien der kulturellen Semiosis. In: Arnulf Deppermann und Angelika Linke (Hg.), *Sprache intermedial: Stimme und Schrift – Bild und Ton. Jahrbuch des Instituts für Deutsche Sprache 2009*. Berlin, New York: De Gruyter, S. 301–324.

Jäger, Ludwig 2012a: Bezugnahmepraktiken. Skizze zur operativen Logik der Mediensemantik. In: Ludwig Jäger, Gisela Fehrmann und Meike Adam (Hg.): *Medienbewegungen. Praktiken der Bezugnahme*. München: Fink, S. 13–41.

Jäger, Ludwig 2012b: Transkription. In: Christina Bartz, Ludwig Jäger, Marcus Krause und Erika Linz (Hg.): *Handbuch der Mediologie. Signaturen des Medialen*. München: Fink, S. 306–315.

Jäger, Ludwig 2013: Symbolizität. Anmerkungen zu Cassirer, Kant und Humboldt. In: Jürgen Brokoff, Elke Dubbels und Andrea Schütte (Hg.): *Spielräume. Ein Buch für Jürgen Fohrmann*. Bielefeld: Aisthesis, S. 181–201.

Jäger, Ludwig 2014: Die ‚Apartheit der Semantik'. Bemerkungen zur Referenz – und ihrem narrativen Fundament. In: Michael Schwarze und Axel Rüth (Hg.): *Erfahrung und Referenz*. München: Fink 2014 [im Druck].

Jäger, Ludwig, Gisela Fehrmann und Meike Adam (Hg.) 2012: *Medienbewegungen. Praktiken der Bezugnahme*. München: Fink.

Jakobson, Roman 1992: Peirce, Bahnbrecher in der Sprachwissenschaft. In: Elmar Holenstein (Hg.): *Roman Jakobson Semiotik. Ausgewählte Texte 1919–1982*, Frankfurt a. M.: Suhrkamp, S. 99–107.

Klatt, Matthias 2005: *Die Wortlautgrenze*. In: Kent D. Lerch (Hg.): *Recht verhandeln. Argumentieren, Begründen und Entscheiden im Diskurs des Rechts*. Berlin, New York: De Gruyter.

Krämer, Sybille (Hg.) 2004: *Performativität und Medialität*. München: Fink.

Linz, Erika 2004: „Language of Thought" – mentale Symbole oder mediale Zeichen. In: Ludwig Jäger und Erika Linz (Hg.): *Medialität und Mentalität. Theoretische und empirische Studien zum Verhältnis von Sprache, Subjektivität und Kognition*. München: Fink, S. 45–68.

Luhmann, Niklas 1995: *Die Kunst der Gesellschaft*. Frankfurt a. M.: Suhrkamp.

Luhmann, Niklas 1997: *Die Gesellschaft der Gesellschaft*. Frankfurt a. M.: Suhrkamp.

Luhmann, Niklas 1997a: *Die Gesellschaft der Gesellschaft*. Zweiter Teilband. Frankfurt a. M.: Suhrkamp.

Manovich, Lev 2001: *The Language of New Media*. London, Cambridge (Mass.): MIT Press.

Müller, Friedrich, Ralph Christensen und Michael Sokolowski 1997: *Rechtstext und Textarbeit*. Berlin: Duncker & Humblot.

Neumann, Ulfried 1992: Rechtsontologie. In: Joachim Ritter und Karlfried Gründer (Hg.): *Historisches Wörterbuch der Philosophie*, Bd. 8: R–Sc, Darmstadt: Wissenschaftliche Buchgesellschaft, S. 294–297.

Peirce, Charles S. 1984: *Some Consequences of Four Incapacities*. In: Charles Sanders Peirce: Writings of Charles S. Peirce. A Chronological Edition, Vol. 2. Bloomington: VERLAG?, S. 1867–1871.

Ritter, Joachim und Karlfried Gründer (Hg.) 1992: *Historisches Wörterbuch der Philosophie*, Bd. 8: R-Sc. Darmstadt: Wissenschaftliche Buchgesellschaft.

Rorty, Richard 1987: *Der Spiegel der Natur: Eine Kritik der Philosophie*. Frankfurt a. M. Suhrkamp.

Saussure, Ferdinand de 1974: *Cours de linguistique générale. Édition critique par Rudolf Engler. Tome 2: Appendice. Notes de F. de Saussure sur la linguistique générale*, 21990, 18, N 7, *3293.5*. Wiesbaden: Harrassowitz.

Schütz, Alfred 1971: *Das Problem der Relevanz*. Frankfurt a. M.: Suhrkamp.

Dietrich Busse

Juristische Semantik als Frame-Semantik

1 Einleitung

Es ist eine diskutierenswerte Frage, ob die Rechtssemantik, d.h. die semantische Analyse des Bedeutungsgehalts von Rechtsbegriffen, -sätzen und -texten, spezifische theoretische und methodische Fragen aufwirft, die mit dem Instrumentarium der linguistischen, philosophischen oder logischen Mainstream-Semantik nicht zureichend beantwortet werden können. (Eine solche These wurde in Busse 1991a/2014, Busse 1992 und Busse 1993/2011 vertreten und ausführlich begründet.) Dabei mögen Linguisten, Sprachphilosophen oder Juristen jeweils unterschiedliche Standpunkte vertreten und das, was man mit einem äußerst unscharfen Sammelbegriff „Semantik“ nennt, in höchst unterschiedlicher Weise fokussieren und konzeptualisieren. Die nachfolgenden Überlegungen und Ausführungen sind aus einer sprachtheoretisch (und -philosophisch) reflektierten sprachwissenschaftlichen Perspektive formuliert, beruhen aber auf einer detaillierten wissenschaftlichen Beobachtung des tatsächlichen Umgangs mit Phänomenen wie „Begriff“, „Bedeutung“ oder „Text“ in der gesellschaftlichen Institution *Recht*. Im Fokus standen dabei in erster Linie die „Bedeutung“, „Interpretation“ bzw. „Anwendung“ von Gesetzestexten und -begriffen. Im Zuge dieser Beobachtungen und Analysen stellte sich relativ schnell (siehe Busse 1991 und 1992) heraus, dass eine Beschreibung der „Semantik“ von Begriffen und Textbestandteilen im Recht letztendlich darauf hinausläuft, das *Wissen* und die *Wissensbestandteile* zu beschreiben, das im Zuge der Interpretation bzw. Anwendung der Gesetzestexte und/oder -begriffe von den Anwendern aktiviert wird (bzw. für eine „zureichende“, d.h. instanzenfeste Deutung und Anwendung aktiviert werden muss). Dadurch geriet die Analyse von *Wissensrahmen* in den Fokus der linguistischen Semantik von Gesetzesbegriffen und -texten (siehe dazu Busse 1992, 179ff.). Im Rahmen eines größeren interdisziplinären Forschungsverbunds von Linguisten, Philosophen, Psychologen und Neurologen zur Frame-Analyse von Begriffen, kognitiven Konzepten und ihrer neurologischen Verankerung wurden diese Überlegungen wieder aufgegriffen mit dem Ziel, auf der Basis eines systematischen frame-analytischen Ansatzes beispielhaft Rechtsbegriffe aus verschiedenen Rechtsgebieten und mit unterschiedlichen methodischen und deskriptiven Zielsetzungen wissensanalytisch zu beschreiben. Über Ergebnisse und Herangehensweisen dieses Forschungsansatzes wird in diesem Papier berichtet; im Arbeitsprozess aufgetretene Fragen werden diskutiert. Dass für dieses Vorhaben Begriffe aus der gesellschaftlichen Sprachgebrauchsdomäne *Recht* (und nicht irgendeiner anderen Domäne) ausgewählt wurden, ist dabei alles andere als zufällig, weil davon ausgegangen wurde und wird, dass die Leistungsfähigkeit der theoretischen Idee wie der empirischen Methode der Frame-Semantik (siehe dazu ausführlich Busse 2012) sich an den komplexen Wissensstrukturen, die hinter Gesetzesbegriffen stehen, besonders gut entfalten lässt. Potential und Grenzen dieses Modells und seiner Anwendung werden im Schlussabschnitt des vorliegenden Textes noch etwas ausführlicher besprochen.

2 Einige Überlegungen zu Grundzügen der Rechtssemantik

Eine Beschreibung und Diskussion der Grundlagenfragen der Rechtssemantik muss, auch wenn sie aus linguistischer Perspektive erfolgt, von den Leistungen ausgehen, die sprachliche Entitäten (Texte und Begriffe) innerhalb der Institution Recht erfüllen sollen. Dabei hat die Institutionalität der Rechtstexte eine normative und eine faktisch-soziologische Facette. Zunächst einmal ist festzustellen, dass das Recht eine gesellschaftliche Institution ist, deren dominanter Handlungsmodus der Modus des Entscheidens ist. Alle anderen häufig genannten Wesenszüge des Rechts, z.B. die häufig bemühte Aufgabe, „gesellschaftlich allgemeine und anerkannte Regeln des Verhaltens" zu formulieren und durchzusetzen, sind aus dieser Grundfunktion abgeleitet. Das Ausgangsproblem jeder rechtlich zu behandelnden Situation ist also nicht: „Darf ich meinen Bruder erschlagen?" (der Kasus Kain und Abel) oder „Darf ich meinem Nachbarn seine Ziege wegnehmen", sondern: Was passiert in einer Gesellschaft, wenn A den B erschlägt oder A dem B seine Ziege wegnimmt. Vorausgesetzt ist also eine gesellschaftliche Konfliktsituation und – daraus folgend – das Bedürfnis nach einer Lösungsstrategie.

Gesetzestexte können dann betrachtet werden als Sammlungen sprachlicher Formulierungen, die (je nach Gusto) die Funktion haben, Einheitlichkeit und Verlässlichkeit von Rechtsentscheidungen herbeizuführen, zu unterstützen oder zu garantieren. Eine mögliche Lesart der Funktion von Gesetzestexten in einem Rechtssystem des bei uns geltenden Typus ist daher: Sie sollen garantieren bzw. erzwingen, dass die aufgrund der zentralen gesellschaftlichen Sollenssätze ergangenen Rechtsentscheidungen nach einem einheitlichen, vom Gesetzgeber vorgegebenen Muster erfolgen. Ziel dieser Funktionsgebung ist, ganz klar erkennbar, die Kontrolle der konkreten rechtlichen Einzelentscheidungen bis in die untersten Instanzen und kleinsten Fälle hinein. Die juristische Rede vom „Wortlaut des Gesetzes" und dem „Wortlaut als Grenze der Auslegung einer Rechtsnorm" bekommt nur vor diesem Funktionshintergrund ihren Sinn: Die im Gesetzestext festgeschriebene, kodifizierte Normformulierung soll Garant sein der einheitlichen und sich am sog. „Willen des Gesetzgebers" orientierenden Rechtsentscheidung. Die zentrale rechtslinguistische Frage lautet daher in Rechtssystemen des normtextbasierten Typs: Kann eine sprachliche Formulierung es leisten, die Einheitlichkeit von Rechtsentscheidungen in einer Vielzahl von zeitlich z.T. weit auseinander liegenden Entscheidungssituationen mit divergierenden lebensweltlichen Detailmerkmalen zu garantieren? Bzw. anders gefasst: Was ist notwendig (muss hinzukommen), damit eine sprachliche Formulierung dies leisten kann? Die sich dabei aufzwingende nächste Frage wäre dann: Wie funktionieren sprachliche Formulierungen (also Texte und ihre Bestandteile) in gesellschaftlichen Lebenszusammenhängen, und: können sie (allein, oder wenn nicht: zusammen mit welchen Faktoren) die Leistungen erbringen, die ihnen offenbar von unserem Rechtssystem und der dahinter stehenden Rechtsidee aufgebürdet werden?

Die dafür notwendigen grundlegenden sprachtheoretischen, texttheoretischen und verstehenstheoretischen Voraussetzungen können hier nur äußerst verknappt angesprochen werden. (a) Jeder Text existiert zunächst nur als sprachliche Ausdrucksform („*Textformular*" im Sinne von S.J. Schmidt 1976: 150f.). Zu einem bedeutungstragenden Text in vollem Sinne wird er nur in sinnfüllenden Akten der Textrezipienten. Daraus folgt: Jeder Text ist auslegungs*fähig* und vor allem auslegungs*bedürftig*. (b) Jedes Textformular kann nur auf der Grundlage einer bestimmten *Wissensbasis* mit Sinn gefüllt werden. Das heißt: Keine sprachliche Formulierung ist ohne Bezug auf eine bestimmte Wissensbasis verstehbar bzw. verständlich; dieser Bezug muss vom Textrezipienten bzw. -anwender immer erst hergestellt werden (z.B. durch eigene kognitive Akte in Form von Inferenzen/Schlussfolgerungen). Ein Text hat damit erst dann „Bedeutung" in vollem Sinne, wenn er in eine vorausgesetzte Wissensbasis eingefügt (durch sie plausibilisiert) ist. (c) Jeder Schrifttext, der über einen längeren Zeitraum hinweg existiert und benutzt wird, erhält eine *Auslegungsgeschichte* (Juristen und Theologen nennen dies: Dogmatik). Jede Auslegungsgeschichte hält eine Mehrzahl an möglichen Textdeutungen parat, zwischen denen sich ein Textanwender (z.B. ein juristischer Entscheider) entscheiden muss. (d) Bei der Interpretation von Texten (vor allem bei zentralen gesellschaftlichen Texten, wie z.B. Gesetzestexten) muss mit dem Problem der *Mehrfachadressierung* gerechnet werden. D.h. es ist nicht von vorneherein garantiert, dass die Formulierungen z.B. eines Gesetzestextes allein aus der Perspektive der funktionalen Aufgabe eines Rechtsentscheiders heraus gestaltet wurden. (e) Gesetzestexte haben nicht vorrangig die Funktion der „Informationsübermittlung", sie haben noch nicht einmal allein oder vorrangig die Funktion, ihre Deutung eindeutig festzulegen; sie haben häufig viel eher die Funktion, semantische Interpretationsspielräume in gewissen Grenzen zu *öffnen* und damit die Funktionalität des Textes im Hinblick auf unterschiedliche Entscheidungssituationen und Lebensweltsachverhalte offenzuhalten. (f) Die häufig geforderte, zur Erreichung der institutionellen Ziele der Rechtstexte notwendige Verfahrensfestigkeit der Gesetzessprache wird weniger über semantische Eindeutigkeit in einem naiven informationstheoretischen Sinne erreicht; sie wird vielmehr durch die Etablierung einer institutionell gebundenen Auslegungs- und Anwendungspraxis der Gesetzesformulierungen und -begriffe angestrebt, deren Ausdruck und Ergebnis die sog. juristische Dogmatik ist.

Nach einem gängigen, gerade auch unter Juristen und Rechtstheoretikern sehr beliebten Missverständnis verfügen sprachliche Zeichen über mehr oder weniger feste und verbindliche Bedeutungen. Die Konstitution von eindeutigen bzw. in ihrer Bedeutung festgelegten Sätzen und Texten aus diesen Zeichen erscheint dann (ganz im Sinne des auch in der Linguistik beliebten Kompositionalitätsprinzips der Semantik) lediglich als eine Frage der Formulierungstechnik (in lexikalischer, syntaktischer und textstilistischer Hinsicht). Diese Automatenillusion der Rechtsprechung scheitert indes hart an der sprachlichen Wirklichkeit. Dies hat Gründe, die mit den skizzierten sprach- und texttheoretischen Grundannahmen eng zusammenhängen: Sprachliche Zeichen und die aus ihnen bestehenden Sätze und Texte müssen, um ihre Funktion erfüllen zu können, in den kognitiven bzw. epistemischen Horizont eines verstehenden Individuums eingefügt werden. Diese Einfügung ergibt sich als eine Mischung aus quasi automatisierten, selbstverständlichen und unhinterfragten Aktualisierungen von Wissenselementen einerseits und aktiven, bewussten oder teilbewussten Inferenzen und Kontextualisierungsleistungen andererseits. Stets handelt es sich aber um Leistungen der *Wissensaktivierung* und *Kontextualisierung* der beim Textrezipienten einlaufenden Sprachdaten im Rahmen der bei ihm verfügbaren Wissensrahmen und deren Konstellation. Damit verbunden ist die unhintergehbare Einsicht in den strikt subjektiven Charakter jeder Textdeutung.

Für die zu lösenden rechtslinguistischen Grundlagenfragen ergibt sich daraus folgende Konsequenz: Wenn Gesetzestexte und andere Rechtstexte die Funktion haben, eine tendenzielle Einheitlichkeit und darum Vorhersehbarkeit und Verlässlichkeit von Rechtsentscheidungen zu gewährleisten, dann ist diese Gewährleistungs-Leistung ganz offensichtlich tatsächlich an die unterstellte Einheitlichkeit einer Interpretationsgemeinschaft bzw. angezielten Adressatengemeinschaft in epistemischer Hinsicht delegiert. Unterstellt wird also vorab (und möglicherweise kontrafaktisch) ein weitgehend einheitlicher Wissensbestand bei den Interpreten und Anwendern des Gesetzestextes. Sprachphilosophen sprechen diesbezüglich in jüngerer Zeit vom „common ground“. Damit wird aber die Aufgabe, die „Bedeutung“ eines Gesetzesbegriffes oder -textes zureichend zu beschreiben, zu der Aufgabe, den konsensuellen Bereich des Wissens zu erfassen und in seinen Strukturen zu beschreiben, der von diesen Begriffen oder Texten evoziert wird bzw. der von den „Interpreten“ bzw. „Anwendern“ aktiviert werden muss, wenn ihre darauf fußenden rechtlichen Entscheidungshandlungen im Bereich des institutionellen Konsenses verbleiben sollen. „Bedeutung" einer Sprachformulierung heißt dann, dass Rezipienten des Textformulars in der Lage sind, diesem durch Aktivierung eines Geflechts vorgegebener Wissenselemente und -rahmen einen Sinn zuzuweisen. Dies geschieht teils „unbewusst", weitgehend „automatisiert", teils auf der Basis mehr oder weniger explizit und bewusst vollzogener Inferenzen bzw. verstehenden Schlussfolgerungen.

Es wurde bereits darauf hingewiesen: Jede Formulierung, und mag sie den „Textverfassern" zunächst auch noch so eindeutig und einfach erscheinen, wird in unserem Rechtssystem über kurz oder lang eine Auslegungsgeschichte erhalten. Das ist notwendiges Ergebnis der Tatsache, dass die Deutungen der Gesetzestexte und -begriffe immer der Konkurrenz konfligierender *Interessen* ausgesetzt sind. Zum Wissen um die „Bedeutung" eines Rechtstextes (-begriffes) gehört dann eben nicht nur die Kenntnis der sprachlichen Ausdrucksketten und der deutschen Standardsprache, sondern zugleich entscheidend und notwendigerweise mindestens die Kenntnis der Auslegungs- und Rechtsentscheidungsgeschichte in Hinblick auf diesen Text (bzw. Begriff). Erst die in der Dogmatik notifizierte Entscheidungs- und Rechtsanwendungsgeschichte kann jene relative und immer nur zeitweise sich einstellende Verlässlichkeit und Einheitlichkeit der juristischen Entscheidungstätigkeit herstellen, von der die idealistischen Ideengeber der der Begriffsjurisprudenz verpflichteten deutschen Rechtskonzeption immer meinten, sie verdanke sich dem kodifizierten Rechtstext selbst. Die Aufgabe einer empirischen, deskriptiven Rechtssemantik wäre es dann, aus den Texten dieser kanonisierten Interpretation(sgeschichte) diejenigen Wissensrahmen und -elemente zu identifizieren und in ihrer inneren Struktur zu beschreiben, die gemäß der kanonischen Interpretation aktiviert und auf den zu entscheidenden Rechtsfall angewendet werden müssen, wenn denn die zu fällende Rechtsentscheidung im Einklang mit der Rechtsprechung erfolgen soll.

3 Grundzüge der Framesemantik

In den traditionellen, bis heute dominanten Ansätzen der linguistischen, philosophischen und logischen Semantik ist die Komplexität und Subtilität des Wissens, welches aktiviert (oder beschrieben) werden muss, wenn man das, was landläufig „die Bedeutung" eines Wortes („Begriffes") genannt wird, angemessen „verstehen" (oder eben beschreiben) will, um Dimensionen unterschätzt worden. Übliche Semantik wird dadurch zu etwas, das man in einem vielleicht treffendsten Bild als „Eisbergspitzen-Semantik" metaphorisieren kann, also einer Bedeutungsauffassung oder Bedeutungsbeschreibung, die in der Theorie wie in der Deskription von dem verstehensermöglichenden und verstehensnotwendigen Wissen nur dasjenige erfasst, was „über der Wasseroberfläche sichtbar ist“, und das ist bei einem Eisberg nun einmal der allerkleinste Teil der Gesamtmasse. Diesem aus wissensanalytischer und wissens-semantischer Sicht im Grunde unverzeihlichen Reduktionismus ist seit ihren ersten Anfängen die Wissensrahmen- oder Frame-Theorie (auch in Gestalt einer Frame-Semantik) entgegengetreten. In ihrer heutigen Form ist Frame-Semantik das Ergebnis einer Konvergenz mehrerer Strömungen. Etwa zeitgleich haben zu Beginn der 1970er Jahre der Linguist Charles J. Fillmore und der Kognitionswissenschaftler und KI-Forscher Marvin Minsky ihre jeweiligen Frame-Auffassungen unabhängig voneinander, aber in Kenntnis der Überlegungen des jeweils anderen entwickelt. Beim Linguisten Fillmore führte zunächst die Erkenntnis der zentralen Rolle sog. Satzrahmen beim Verstehen von Sätzen zur Berücksichtigung der zentralen Rolle von Wissensrahmen in Sprachverstehen und Bedeutungsanalyse. Dieser Gedanke wurde dann schnell auf die Semantik auch von einzelnen Wörtern (vor allem Nomen und Verben, aber auch Adjektiven, Adverbien, Präpositionen und anderen Wortarten) übertragen („Wörter evozieren Frames“ lautete Fillmores spätere Parole). Der Frame-Begriff beim KI- und Kognitionsforscher Minsky war dagegen von Anfang an breiter und als wissenstheoretischer Grundlagenbegriff mit umfassendem Erklärungsanspruch angelegt. Einer der Vorläufer von Minskys Frame-Verständnis war der erkenntnispsychologische Schema-Begriff von Bartlett 1932. Danach findet jede Kognition, jedes Wissen und jede Wissensaktivierung im Format von Schemata oder eben Wissensrahmen (Frames) statt. Insbesondere diese wissens- und kognitionstheoretische Verallgemeinerung des Frame-Begriffs wurde dann später durch den Kognitionspsychologen Barsalou 1992 weiter ausgeführt und präzisiert.

Im heutigen Verständnis sind Frames (Wissensrahmen) Strukturen aus Wissenselementen, bei denen mit Bezug auf einen den „Gegenstand“ bzw. das „Thema“ des Frames bildenden Bezugspunkt (bei Barsalou 1992 ohne weitere Erläuterung dieses Terminus „Kategorie“ genannt) weitere Wissenselemente angeordnet sind, die sich in Bezug auf den „Frame-Kern“ als „Attribute“ der durch den Frame zu spezifizierenden Kategorie beschreiben lassen. Diese Attribute sind, der Überzeugung der Frame-Theoretiker folgend, nun aber keine epistemisch voll spezifizierten Wissenselemente, sondern sozusagen Wissens-Hülsen, die zwar einen Teil der verstehensrelevanten Wissenselemente spezifizieren, im Wesentlichen aber Anschlussmöglichkeiten für weitere, konkretisierende Wissenselemente bereitstellen. Verbreitet sind daher auch die Termini „Leerstellen“ bzw. „slots“ (statt, wie bei Barsalou 1992, „Attribute“). Diejenigen Wissenselemente, die durch einen solchen „slot“ an den Frame angeschlossen werden, werden bei Barsalou „Werte“ genannt, oder in der „slot“-Terminologie auch als „filler“ („Füllwerte“) bezeichnet. Diese Füllwerte können begrifflich (oft auch lexikalisch-semantisch) festgelegt sein (wie beim Frame für die Kategorie *Milch*, wo das Attribut FARBE den festgelegten Füllwert *weiß* an den Frame anschließt), oder aber auch nur einen Bereich möglicher Werte öffnen, die dann bei einer objektbezogenen Konkretisierung jeweils (z.B. durch sinnliche Anschauung) „ausgefüllt" werden. So hat eine Kategorie wie *Strumpf* zwar auch einen Slot für das Attribut FARBE, jedoch werden durch den Kategorien-Frame in diesem Falle die Werte dieses Attributs (*schwarz, weiß, braun, bunt* ...) nicht spezifiziert. Typisch ist jedoch die Situation, in der es für viele Attribute von Frames zwar keine festgelegten einzelnen Werte (wie bei *Milch*), aber doch Standardwerte gibt, so etwa für *Schultafel* Werte wie „grün" oder „schwarz".

Frames werden dann meist verstanden als Strukturen aus (dann als rein epistemische Größen aufgefassten) *Konzepten*, die, da alle Konzepte selbst wiederum in Form von Frames strukturiert sind, sich als Strukturen aus Frames herausstellen. Insofern Frames im Wesentlichen (epistemische) Anschlussmöglichkeiten und -zwänge (für weitere Detail-Frame-Elemente) spezifizieren, ist ihre Struktur beschreibbar als ein Gefüge aus epistemischen Relationen (zu den angeschlossenen Elementen und unter diesen). Der Begriff „Frame" wird dabei als epistemologischer bzw. kognitiver Grundbegriff verstanden. Das heißt für eine linguistische Anwendung der Frame-Theorie: Es ist davon auszugehen, dass Frame-Strukturen nicht nur bei Nomen oder Verben festzustellen sind, sondern bei allen Typen sprachlicher Zeichen (Lexemklassen), also auch bei Adjektiven, Adverbien, Präpositionen, Partikeln usw. Da Frames Grundstrukturen(-elemente) der Kognition/des Wissens sind, und damit auf allen Ebenen von deren Beschreibung anzusetzen sind, ergibt sich zwingend, dass verschiedene Ebenen und Typen von Frames (und Frame-Analyse) angesetzt werden müssen. Im Rahmen einer linguistischen Anwendung der Frametheorie kennzeichnen etwa folgende Dichotomien Ebenen-Differenzen, die Frame-theoretisch und Frame-analytisch beachtet werden müssen: *individuell vs. sozial, Kurzzeitgedächtnis (bzw. Arbeitsgedächtnis) vs. Langzeitgedächtnis, token vs. type, aktuell (bzw. „okkasionell") vs. usuell, konkret vs. allgemein, Exemplar vs. Kategorie.*

Ein wichtiger Grundgedanke der Frame-Theorie, den insbesondere Barsalou 1992 stark gemacht hat, ist dasjenige, was er in Anlehnung an Vorbilder aus der Satzgrammatik die *Rekursivität* von Frame-Strukturen nennt. Damit ist gemeint, dass allen Frame-Elementen, also Attributen wie auch Werten (bzw. slots wie auch Füllwerten) diese Funktion, also Attribut oder Wert in einer gestuften Frame-Struktur zu sein, nicht absolut zukommt, sondern immer nur relativ gesehen, also in Beziehung auf ein jeweils übergeordnetes oder untergeordnetes Wissenselement in der Frame-Struktur. Jedes Attribut ist nach Barsalou selbst wieder ein Konzept, das – in dieser Perspektive bzw. diesem Ausschnitt betrachtet –, das Attribut zum Frame-Kern (Kategorie bei Barsalou) macht und damit dasjenige, was in vorheriger Betrachtung als „Werte" des Attributs gesehen wurde, nunmehr selbst zu Attributen macht, die dann selbst wieder Werte untergeordneter Ebene an sich binden. Anders ausgedrückt: Jedes Attribut (jeder slot) ist in anderer Betrachtung („nach oben hin" in einer hierarchisch aufgebauten Frame-Struktur gesehen) als Wert betrachtbar; jeder Wert (jeder Filler) kann („nach unten hin" gesehen) selbst wieder die Position eines Attributes oder slots einnehmen. Dabei gilt: jede Ebene (Attribute und Werte sämtlicher hierarchischer Stufen in der Wissensanordnung eines Frames) wird als Konzept betrachtet. Jeder Frame ist eine Ansammlung von Konzepten, jedes Konzept ist selbst wieder ein Frame. Daraus folgt zwingend, es gibt Frames größeren und kleineren Zuschnitts. Was jeweils als „ein Frame X oder Y" betrachtet wird, wird damit auch zu einer Frage des Blicks auf die gegebene Wissensstruktur. In der Betrachtung semantischer (bzw. semantisch relevanter oder verstehensrelevanter) Frames geben die Wörter eines Wortschatzes dabei gewisse Grenzen für Frames vor, da sie die ihnen zuzuordnenden Frames unter eine bestimmte Perspektive stellen und diese zugleich in gewisser Weise begrenzen.

Frames können auch betrachtet werden als in sich in verschiedene Strukturebenen gegliedert. Ein wichtiger Typus von innerer Struktur von Frames kreist um das Begriffspaar *type-token*. Eine sich darauf beziehende Unterscheidung könnte dabei die Unterscheidung von *abstrakten Muster-Frames* und *konkreten Exemplar-Frames* sein. Streng genommen ist dies aber keine Unterscheidung innerhalb eines einzelnen Frames, sondern eine Unterscheidung, die sich auf verschiedene Typen oder Ebenen von Frames bezieht. Das Verhältnis beider Ebenen ist nicht nur eine Differenz zwischen einer Struktur aus leeren Slots (oder lediglich mit Standardwerten gefüllten Slots) und einer Struktur aus (mit konkreten Werten) gefüllten Slots. Vielmehr können Exemplar-Frames einem Muster-Frame zusätzliche Slots hinzufügen, wenn sie gehäuft (über eine größere Zahl von Exemplaren, oder in besonders salienten Exemplaren) auftreten. Frames (auf der Ebene allgemeiner gesellschaftlicher Wissensstrukturen, d. h. Muster oder *types*) sind auch keine einfachen und geschlossenen Strukturen. Vielmehr muss mit erheblicher gesellschaftlicher Varianz im Grad der „Granulierung" und Ausdifferenziertheit der Frames gerechnet werden. Aufgrund des allgemeinen Prinzips der Rekursivität sind Frames prinzipiell unendlich verfeinerbare Wissensstrukturen. Dies schlägt sich darin nieder, dass in gesellschaftlichen Domänen mit unterschiedlichem Wissensbedarf auch die Differenziertheit der Frames variiert (typischerweise bekannt als sog. Experten-/Laien-Divergenz).

Frames sind nicht nur ein zentrales Modell der modernen allgemeinen Kognitionstheorie, sondern haben, wie gezeigt, insbesondere in der linguistischen und kognitiven Semantik zu zahlreichen wichtigen neuen Einsichten und einer Neuorientierung der Semantik geführt. Interessant ist in unserem Kontext dabei, dass bei der Begründung der Frame-Semantik gerade auch Beispiele aus der juristischen

Sprache und dem Wissensbereich *Recht* neben anderen immer auch als Beispiel und teilweise sogar als Grund für diese Neuausrichtung angeführt wurden. Dies legte es nahe, einmal in einem ausführlichen Forschungszugang die Anwendbarkeit der Frame-Theorie im Bereich der juristischen Semantik zu erproben.

4 Frame-analytische Zugänge zu juristischer Semantik

Man könnte in Bezug auf die Aufgaben und Interessen einer spezifisch juristischen Semantik nun die Frage stellen: Erbringt die Anwendung der Frame-Theorie und insbesondere der Frame-Semantik zu Zwecken der Rechts-Semantik besondere theoretische Erkenntnisgewinne und hat sie analytisch-methodische Vorteile gegenüber anderen Semantik-Konzeptionen und/oder Analyse-Ansätzen, und wenn ja, welche? Aus Sicht des Verfassers wären diese Fragen insofern falsch herum gestellt, als es für ihn ja gerade das Ergebnis einer langjährigen intensiven theoretischen wie analytisch-methodischen Beschäftigung mit Fragen genau und speziell der juristischen Semantik war, den Gedanken einer Zuwendung zu frame-theoretischen Überlegungen erstens überhaupt zu erwägen und dann schließlich auch theoretisch wie praktisch-analytisch zu vollziehen. Gerade die spezifischen Probleme der juristischen Semantik legen es ja nahe, den Bedeutungsbegriff über die klassischen reduktionistischen Mainstream-Positionen hinaus in Richtung auf eine das gesamte verstehensrelevante Wissen einbeziehende semantisch-epistemologische Analyse auszuweiten.

Aufgrund ihrer meist hohen begrifflichen Komplexität und epistemischen Verdichtung sind Rechtsbegriffe (insbesondere Gesetzesbegriffe in ihrer kanonischen Auslegung) ein besonders geeigneter Gegenstand für eine frame-analytische Betrachtung und für eine praktische Erprobung der Methoden der Frame-Analyse. Die Frame-Analyse ist dabei nicht nur ein hilfreiches Erschließungs-Instrument für begriffsnotwendige Wissensbestandteile, sondern auch ein Mittel der Darstellung und Veranschaulichung komplexer Wissensstrukturen. Insbesondere dieses hohe Maß inhaltlicher Komplexität speziell der Rechtsbegriffe hat schon früh zu der Einsicht geführt, dass für ihre Analyse und Interpretation gängige Modelle und Methoden der Begriffsanalyse und der Semantik, wie sie in der Regel an Wörtern der Alltagssprache oder klar definierten Termini entwickelt worden sind, nicht geeignet sind, da sie deren Rahmen eindeutig zu sprengen scheinen.[1] Dabei wurde insbesondere deutlich, dass der Umfang des begrifflichen

1 Zur Auseinandersetzung mit diversen Bedeutungstheorien und zur Prüfung von deren Eignung für Zwecke der juristischen Semantik siehe Busse 2011.

Wissens, das für eine angemessene Anwendung solcher Rechtsbegriffe in der juristischen Alltagsarbeit notwendig ist, mit einem gängigen Begriff von „Wortbedeutung" nicht mehr zu fassen ist. Geeigneter schien es, auf das in der kognitiven wie in der interpretativen bzw. verstehenstheoretisch reflektierten Semantik zugleich entwickelte Modell der Frames bzw. Wissensrahmen zurückzugreifen.[2]

Nachfolgend soll an ausgewählten Beispielen über den Versuch berichtet werden, komplexe Rechtsbegriffe mit den Mitteln der Frame-Semantik in ihrer semantischen bzw. epistemischen Struktur zu erfassen und zu beschreiben. Bei den Analysen waren – im Unterschied zu anderen Formen linguistischer semantischer Analysen – stets ganze Gesetzes-Paragraphen, deren Frame-Struktur die Basis für die Beschreibung des semantischen Potentials der involvierten Rechtsbegriffe ist, der Ausgangspunkt. Das heißt: Zugriffsobjekte der Analyse waren nicht abstrakte Wortschatzeinheiten bzw. Lexeme im Sinne isolierter Begriffe (rekonstruierbar als Frame-Strukturen mit solchen *slots* bzw. Attributen, die mit Variablen oder prototypischen Default-Werten gefüllt sind), sondern *instantiierte Begriffe* als *„gefüllte" Frames*, deren Attribute bzw. Frame-Elemente immer schon (über gerichtliche Präzedenz-Entscheidungen) mit konkreten Werten gefüllt sind. Dabei ist für die semantische Struktur von Gesetzes-Paragraphen und der zentralen, deren Bedeutung tragenden Begriffe typisch, dass sie sich nicht allein über die im Text selbst verbalisierten Begriffe erfassen lässt. Vielmehr muss davon ausgegangen werden, dass zentrale Bedeutungsaspekte erst in Explikationsbegriffen erster, zweiter, dritter usw. Stufe erfassbar sind, die selbst nicht Teil des Wortlauts des Gesetzes sind. Explikationsbegriffe nenne ich solche Begriffe, die nicht selbst in den fraglichen Gesetzespassagen vorkommen, sondern die im Zuge der Gesetzesauslegung und -anwendung benutzt werden, um die Gesetzesbegriffe zu explizieren. Z.B. wird bei *„Diebstahl"* – § 242 StGB – der Gesetzesterminus *„wegnimmt"* = *„Wegnahme"* u.a. expliziert mithilfe des Explikations-Terminus *„Bruch des Gewahrsams"*, der wiederum expliziert wird mithilfe von *„tatsächliche Sachherrschaft"*.[3]

Eine Analyse der Begriffs- bzw. Wissensstrukturen von Rechts- oder Gesetzesbegriffen auf der Basis des Frame-Modells müsste das gesamte Frame-Gefüge rekonstruieren, das hinter einem Gesetzesbegriff steht, weil nur auf diese Weise die (rechtliche) „Bedeutung" des betreffenden Begriffs vollständig erfasst werden kann. Bei der Analyse der bei der Auslegung eines Gesetzesparagraphen benutz-

2 Dies wurde erstmals in Busse 1992 vorgeschlagen und – auf der Basis eines noch stark vereinfachten Modells – an Beispielen aus der Satzsemantik umgesetzt. Vgl. dazu auch Busse 2008a. – Als „interpretive" (Fillmore 1970: 271 und 1975) oder „understanding semantics" (Fillmore 1975: 135ff. und 1985) charakterisierte Fillmore selbst seinen Ansatz der Frame-Semantik.

3 Vgl. dazu Busse 1992: 136ff. und zusammenfassend Busse 2002.

ten Rechtsbegriffe und Konzepte (seien sie explizit im Text ausgedrückt oder implizit in der in Kommentaren, Gerichtsurteilen und Fachliteratur explizierten kanonischen Auslegung enthalten) wird davon ausgegangen, dass sich jedes für die Interpretation und Anwendung eines Rechtsbegriffs relevante Bedeutungselement („Konzept" im Sinne von Barsalou) selbst wieder als Sub-Frame (Attribut-Werte-Struktur bzw. slot-filler-Struktur) analysieren lässt. Der Bereich der bedeutungsrelevanten Sub-Frames geht allerdings – gerade bei Rechtsbegriffen – dabei meist deutlich über den engeren Bereich der im herkömmlichen linguistischen Sinne verstandenen „lexikalischen Bedeutung" hinaus; eindeutige Grenzen zwischen „sprachlicher Bedeutung" und „enzyklopädischem/fachlichen Wissen" lassen sich nicht ziehen. Dennoch ist eine Frame-Analyse unverzichtbar, wenn man das semantische Potential der meist hoch-komplexen und semantisch/konzeptuell stark verdichteten Rechtsbegriffe auch nur annähernd angemessen erfassen will. Im Bezug auf die hochkomplexe Semantik juristischer Fachbegriffe und vor allem der Gesetzestexte (um die es hier geht) bietet ein frame-semantischer Ansatz erhebliche Vorzüge gegenüber den sonst meist angewendeten, eher intuitiv-hermeneutischen Verfahrensweisen. Mithilfe eines frame-bezogenen abstrakten Darstellungsformats können Bezüge und Strukturen im semantisch relevanten Wissen (und Konzeptsystem) offen gelegt und in ihren Querbezügen und Einbettungsverhältnissen präzise beschrieben werden. Eine formalisierte Darstellungsweise der für die Semantik wichtiger Rechtsbegriffe zugrunde zu legenden Konzeptstruktur erlaubt zudem beispielsweise eine bessere Vergleichbarkeit juristischer Konzepte über Sprachgrenzen hinweg. Insbesondere eignet sich eine frame-semantische Analyse aber dazu, verschiedene Auslegungs- bzw. Bedeutungsvarianten eines (z.B. juristischen) Begriffs voneinander abzugrenzen und dabei präzise zu beschreiben, wie sich die begrifflichen bzw. Wissenselemente jeweils in der hinter der Begriffsvariante stehenden Wissensstruktur verschieben. Die besondere Leistungsfähigkeit der Frame-Analyse zeigt sich daher insbesondere auch bei der Beschreibung von Begriffs- und Bedeutungswandel.

Nachfolgend sollen einige Beispiele für frame-semantische Analysen von Rechtsbegriffen kurz vorgestellt und anschließend hinsichtlich der bei der Analysearbeit gemachten Erfahrungen mit einer praktischen Frame-Analyse diskutiert werden. Zunächst ein Beispiel für eine sich auf das Frame-Modell stützende Analyse der Begriffsstruktur eines vollständigen Gesetzesparagraphen, hier demonstriert am Diebstahlparagraphen § 242 StGB bzw. seines zentralen Begriffs „*Wegnahme*". Der Paragraph hat folgenden Wortlaut:

> § 242 Abs. 1 StGB *Diebstahl*: „Wer eine fremde bewegliche Sache einem anderen in der Absicht wegnimmt, die Sache sich oder einem Dritten rechtswidrig zuzueignen, wird mit Freiheitsstrafe bis zu fünf Jahren oder mit Geldstrafe bestraft."

Das Nomen bzw. Substantiv *Wegnahme*, bzw. seine sprachliche Wurzel, das Verb *wegnehmen*, ist ein Handlungsbegriff. Bezeichnet wird ein dynamischer Vorgang, der aus mehreren Teil-Zuständen besteht. Kanonisch wird der Begriff „Wegnahme" in Kommentaren und Rechtsprechung definiert bzw. paraphrasiert als „Bruch fremden und Begründung neuen Gewahrsams". Dies legt es nahe, eine Grundstruktur von *Wegnahme* als Kombination zweier Teilhandlungen bzw. Handlungsaspekte, nämlich Bruch und Begründung, darzustellen (siehe Abb. 1). Zentral für den Bruch des Gewahrsams ist die *Aufhebung* bestehenden Gewahrsams des ursprünglichen Gewahrsamsinhabers einer Sache durch den Täter. Die Aufhebung des Gewahrsams bzw. der Sachherrschaft wird im Frame als Effekt der Bruchhandlung dargestellt. Effekt des Bruchs ist der Gewahrsamsverlust. Da ein Gewahrsamsbruch im Sinne der Auslegung von § 242 StGB nur vorliegt, wenn der ursprüngliche Gewahrsamsinhaber nicht in die Veränderung des Gewahrsams eingewilligt hat, wird ein Teilframe Einwilligung (in den Bruch des Gewahrsams) notwendig, den wir folgendermaßen modelliert haben. Patiens des Gewahrsamsverlusts ist der Geschädigte. Die Einwilligung des Geschädigten am Verlust ist nicht gegeben (Wert: negativ). Die Berechtigung des Geschädigten am Gewahrsam an der Sache (dem Tatobjekt) ist gegeben (Wert: positiv). Der Teilframe Begründung (des Gewahrsams) bindet drei Frame-Elemente bzw. Attribute (oder genauer: Attribut-Werte-Paare). Einen Agens mit dem Wert Täter, das Tatobjekt und als Effekt die begründete Sachherrschaft. Ein zentraler Punkt im Zusammenhang mit der Unterscheidung von Bruch und Begründung ist der damit ausgedrückte Gewahrsamsübergang. Dessen Darstellung ist folgendermaßen zu lesen: Der Täter, sowohl Agens der Bruchhandlung als auch Agens der Begründung, erlangt die Sachherrschaft über das Tatobjekt durch das Zusammenwirken von Bruch und Begründung. Das heißt, der Effekt der Bruchhandlung: der Gewahrsamsverlust seitens des Geschädigten als Patiens im Hinblick auf das Tatobjekt, ist die Voraussetzung für die Möglichkeit der Begründung neuen Gewahrsams, mit dem Resultat, dass der Täter (von nun an) als Inhaber der Sachherrschaft über das Tatobjekt gelten kann. Zusammengenommen umfassen beide Aspekte den Übergang des Gewahrsams (am Tatobjekt) vom Geschädigten zum Täter.

Es fehlt noch die Integration des sog. „Subjektiven Tatbestands" in den *Diebstahl*-Frame, genauer: die *Absicht der rechtswidrigen Zueignung* des Tatobjekts durch den Täter. Dies geschieht durch Ergänzungen zum Teil-Frame Täter. Agens des Bruchs (sowie der Begründung) ist der Täter. Um als Täter einer *Wegnahme* im Sinne des § 242 StGB gelten zu können, müssen dem Täter bestimmte Einstellungen zuschreibbar sein. Der Täter begeht den Bruch mit der Absicht (Attribut) der Zueignung (Wert), in dem Wissen, dass die Zueignung rechtswidrig ist. Die ‚dahinter stehende' Motivation (Attribut) ist der Eigentumswille (Wert).

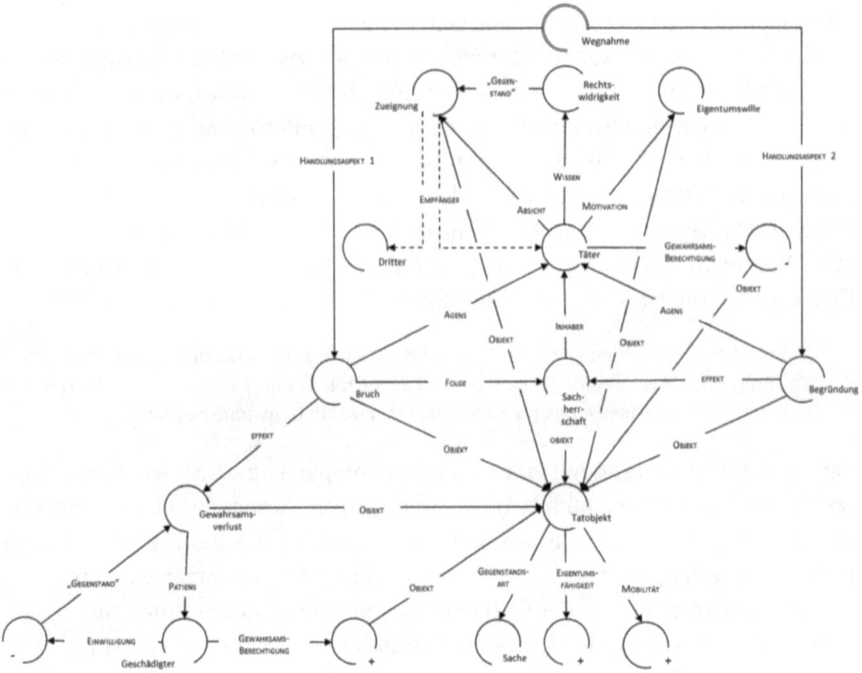

Abb. 1: Gesamt-Frame des *Diebstahl*-Begriffs nach § 242 StGB.

Schaut man sich die Relationen an, die vom Knoten Täter ausgehen oder sich auf ihn beziehen, dann zeigt sich, dass das Frame-Element Täter das zentrale, den *Diebstahl*-Frame bzw. die Begriffsstruktur des *Diebstahl*-Konzepts organisierende Element im Gesamt-Frame ist. Das könnte typisch für die Begriffsstruktur von Strafrechts-Begriffen sein, und ist ein vielleicht nicht so überraschendes, in dieser Deutlichkeit dann aber doch von uns zuvor nicht unbedingt erwartetes Ergebnis der Bemühungen um eine angemessene frame-semantische Darstellung von § 242 StGB. Trotz dieser zentralen Stellung des Täter-Frame-Elements im *Diebstahl*-Frame ist dasjenige Frame-Element, auf das noch mehr Relationen im Gesamtframe-zulaufen als auf den Täter-Knoten, das Frame-Element bzw. der Knoten Tatobjekt. Und das ist, wenn man vom Regelungszweck des § 242 StGB, den Eigentumsschutz an der im Eigentum des Opfers befindlichen Sache, ausgeht, dann doch ein kaum überraschendes Ergebnis.

Besondere sichtbar wird die Leistungsfähigkeit frame-semantischer Analysen bei begriffsvergleichenden Untersuchungen. Der Vergleich kann etwa begriffsgeschichtlich-diachron erfolgen, wenn sich die Bedeutung (bzw. kanonische Auslegung) eines Terminus über verschiedene Stufen einer längeren Auslegungsgeschichte hin verändert hat (Begriffs- oder Bedeutungswandel); er kann aber auch bei synchroner Betrachtung sinnvoll sein, wenn etwa zu einem Gesetzesbegriff im Diskurs verschiedene konkurrierende Deutungs- bzw. Bedeutungsvarianten simultan präsent sind (oder wenn es um semantisch eng verwandte Begriffe geht, wie z. B. bei *Eigentum* vs. *Besitz*). Bei der Analyse unterschiedlicher Auslegungsvarianten der begrifflichen Bestimmung *mit Gewalt* im Nötigungsparagraphen 240 StGB kommt beides zusammen. Gerade bei einem solchen Begriffsvergleich zeigt sich m. E. die besondere Aufschließungskraft und Erklärungsstärke frame-analytischer Methoden und v. a. Darstellungsweisen, wie sich am Vergleich verschiedener Definitionen von *mit Gewalt* im Nötigungs-Paragraphen 240 StGB zeigen lässt.

> § 240 Abs. 1 StGB *Nötigung* „Wer einen Menschen rechtswidrig mit Gewalt oder durch Drohung mit einem empfindlichen Übel zu einer Handlung, Duldung oder Unterlassung nötigt, wird mit Freiheitsstrafe bis zu drei Jahren oder mit Geldstrafe bestraft."

Gerade dieser Paragraph hat eine besonders komplexe und strittige Auslegungsgeschichte.[4] U.a. kann mittels der Frame-Analyse besonders gut gezeigt und anschaulich gemacht werden, wo in der jeweiligen Begriffs- bzw. Wissensstruktur Änderungen erfolgt sind und in welcher Form diese vorgenommen wurden.

Deutlich wird an den Frame-Darstellungen, wie stark der durch die richterliche Auslegung entstandene Bedeutungswandel sich auf die interne semantische bzw. konzeptuelle Struktur dieses Gesetzesbegriffs ausgewirkt hat. Aus relativ klaren und einfachen Frame-Strukturen entstehen über die Jahrzehnte hinweg komplexe konzeptuelle Gebilde, deren Unterschiede insbesondere durch die frame-semantische Darstellungsweise schlagartig ersichtlich werden. So kann z. B. gezeigt werden, dass das früher zwingende Begriffsmerkmal *Ausübung einer körperlichen Kraft* je nach Auslegungsstand an unterschiedliche Frame-Elemente angebunden worden ist (zuerst: TÄTER, dann: INSTRUMENT, dann: OPFER) bzw. in der neueren Auslegung schließlich ganz wegfällt. In Abb. 2 wird der „klassische" Gewalt-Begriff nach § 240 StGB dargestellt, der in einer vielzitierten Definition so bestimmt wurde:

> *Gewalt* ist „die durch Anwendung körperlicher Kraft erfolgte Beseitigung eines tatsächlich geleisteten oder bestimmt erwarteten und deshalb von vornherein durch Körperkraft zu unterdrückenden Widerstandes" (RGSt 56 (1921), 87 f.)

4 Unsere Beispiele zeichnen mit Frame-semantischen Mitteln den Bedeutungswandel nach, den der Rechts-Begriff *(mit) Gewalt* im Nötigungsparagraphen (§ 240) des deutschen Strafgesetzbuches seit Verabschiedung 1890 bis zum „Höhepunkt" des Bedeutungswandelprozesses (in der juristischen Literatur als sog. „Vergeistigung des Gewaltbegriffs" bezeichnet), erfahren hat. (Zu Details der Geschichte des Gewalt-Begriffs in § 242 StGB – noch ohne frame-semantische Darstellung – siehe auch Busse 1991).

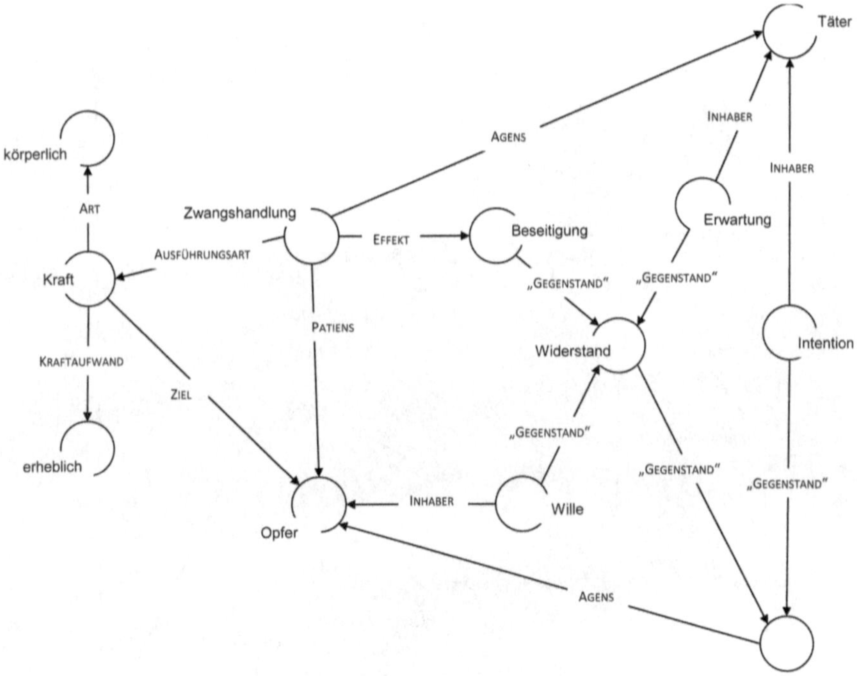

Abb. 2: Frame für *klassischer Gewaltbegriff* i.S.v. § 240 StGB *Nötigung*.

Während in Abb. 2 das in der frühen Rechtsprechung *zu mit Gewalt nötigen* nach § 240 StGB zentrale begriffliche Element „Aufwendung erheblicher körperlicher Kraft" noch eine zentrale Rolle im Begriffs-Frame einnimmt und so, wie es den ersten Urteilen entspricht, an den Täter als Ausübenden der Kraft gebunden ist, „wandert" dieses Merkmal in späteren Urteilen in der Begriffs- bzw. Wissensstruktur zu anderen Positionen, bis es zunächst beim Opfer angedockt wird, um schließlich ganz aufgegeben zu werden.

Abb. 3 zeigt eine „moderne" Version des Gewalt-Begriffs aus der Auslegungsgeschichte von § 240 StGB:

> *Gewalt* ist „jede körperliche Tätigkeit, durch die körperlich wirkender Zwang ausgeübt wird, um geleisteten oder erwarteten Widerstand zu überwinden" (Rengier, Strafrecht BT 2, § 23 Rn 23)

Ein Vergleich beider Frames zeigt nicht nur den Wegfall von früher für unverzichtbar gehaltenen Begriffselementen, sondern auch, dass die Wissensstruktur hinter dem Begriff in erheblicher Weise ergänzt und „umorganisiert" wurde. Insgesamt wurden von uns 14 verschiedene Deutungs- und Bedeutungs-Varianten von *mit Gewalt* nach § 240 StGB frame-analytisch beschrieben.

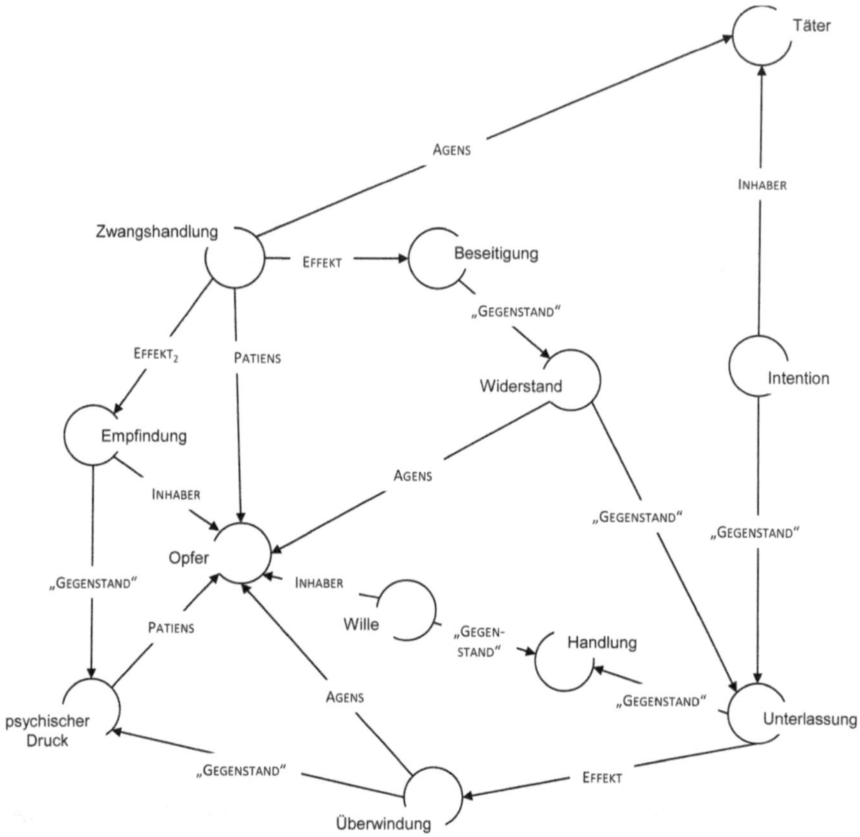

Abb. 3: Frame für neuere Auslegung des *Gewalt*-Begriffs im Zusammenhang mit § 240 StGB *Nötigung* – Szenario: das Blockieren von Straßenbahngleisen als *Nötigung mit Gewalt* (BGHSt 23, 46).

Die Leistungsfähigkeit und insbesondere das Veranschaulichungs-Potential einer frame-semantischen Begriffsanalyse zeigt sich nicht nur, wie bei der Deutungsgeschichte von *mit Gewalt* zu § 240 StGB mit ihrer Vielzahl an diachronen und aber auch synchron konkurrierenden Auslegungs- bzw. Begriffs-Varianten, sondern etwa auch bei der Beschreibung von begrifflichen Differenzen wie Übereinstimmungen von semantisch nahe verwandten Begriffen eines zusammenhängenden Wort- bzw. Begriffsfeldes. Dies wurde von uns exemplarisch anhand von Begriffen aus einem anderen der großen Rechtsgebiete, dem Zivilrecht, untersucht. Besonders geeignet ist das Begriffsfeld um die von Laien häufig verwechselten Begriffe *Besitz* und *Eigentum* nach dem BGB.

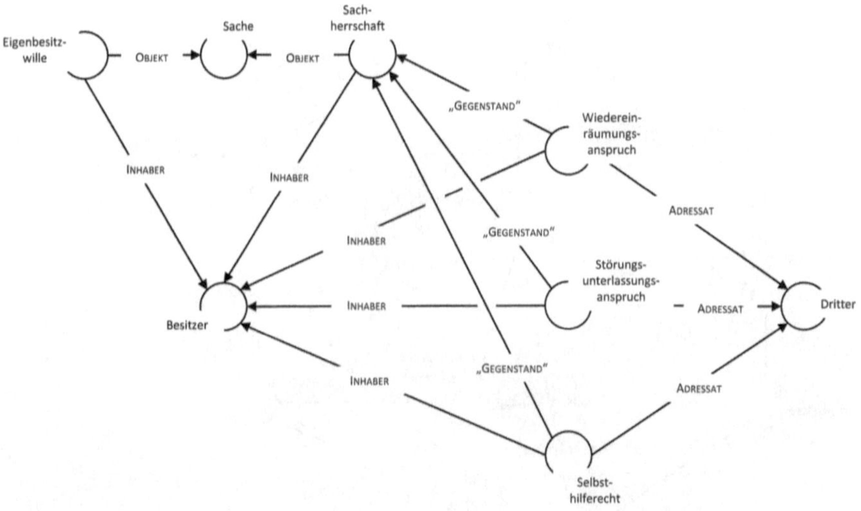

Abb. 4: Frame für *unmittelbarer Eigenbesitz* im Sinne von § 872 BGB.

Während der Frame in Abb. 4 die Begriffsstruktur des aus der Auslegung der §§ 854 und 872 BGB resultierenden Auslegungsbegriffs *unmittelbarer Eigenbesitz* modelliert, der hier als „Kern" der verschiedenen Begriffe des Begriffsfeldes um *Besitz* aufgefasst wird (zu dem etwa Begriffe gehören wie *Eigenbesitz, Teilbesitz, Mitbesitz, mittelbarer/unmittelbarer Besitz, fehlerhafter Besitz* sowie ihre begrifflichen „Satelliten" wie z.B. *Besitzerlangung, Besitzdiener, Dienergewahrsam*, diverse *Besitzschutz*-Begriffe wie *Wiedereinräumungsanspruch, Störungsunterlassungsanspruch* und *Selbsthilferecht* im Fall von *Besitzentziehung* oder *Besitzstörung*), wird in Abb. 5 der Begriff *Mitbesitz* nach § 866 BGB dargestellt. Abb. 6 stellt im Vergleich dazu den Nachbar-Begriff *Eigentum* nach § 903 BGB dar.

Der *Eigentums*-Frame modelliert das Verhältnis zwischen Eigentümer und Eigentum (Sache), so wie es in § 903 Satz 1 zum Ausdruck kommt. Im Normtext wird zunächst das Recht (die Befugnis) des Eigentümers herausgestellt, (i) mit der *Sache nach Belieben* [*zu*] *verfahren* sowie (ii) *andere* [d.h. Dritte] *von jeder Einwirkung* [*auf die Sache*] *aus*[*zu*]*schließen*. Diese zwei dem Eigentümer zunächst grundsätzlich zuerkannten Rechte sind in zweierlei Hinsicht eingeschränkt, und zwar (i) in Bezug auf gesetzliche Einschränkungen und (ii) in Bezug auf mögliche Rechte Dritter. Gesetzliche Einschränkungen sowie Rechte Dritter können dementsprechend (i) das Recht des Eigentümers, mit der Sache *nach Belieben* [*zu*] *verfahren* sowie (ii) des Recht des Eigentümers, *andere von jeder der Einwirkung* [*auf die Sache*] *aus*[*zu*]*schließen*, betreffen.

Der Frame ist perspektiviert auf den Eigentümer, dem zwei Rechte (Befugnisse) zuerkannt werden. Das Recht, mit der Sache nach Belieben zu verfahren, wird

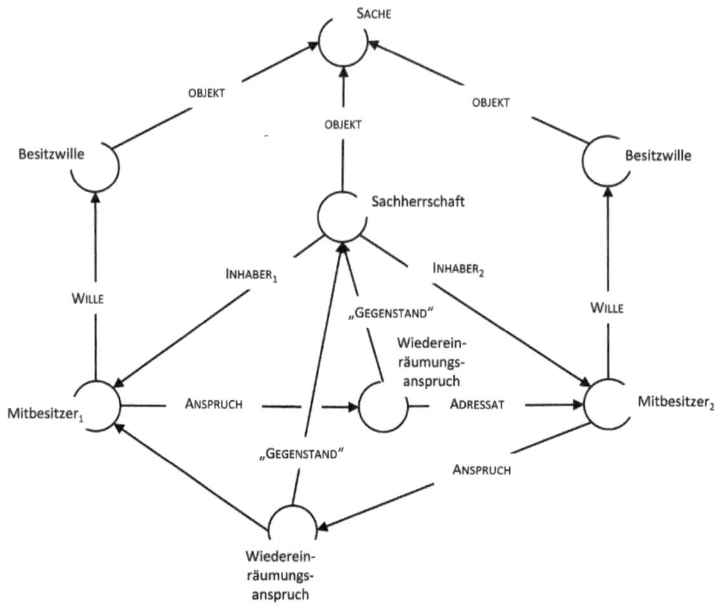

Abb. 5: Frame für *Mitbesitz* nach § 866 BGB.

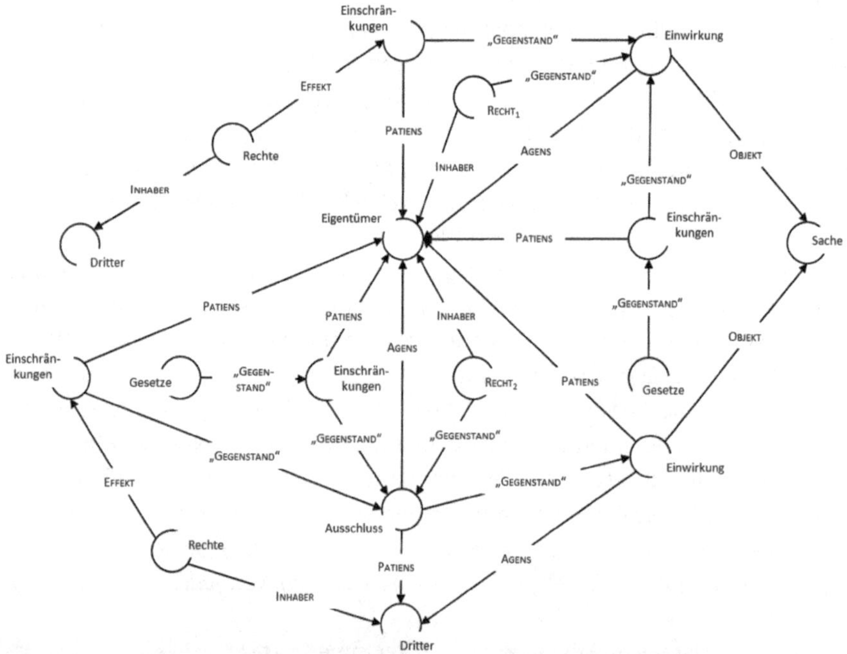

Abb. 6: Frame für *Eigentum* im Sinne von § 903 BGB *Befugnisse des Eigentümers*.

in Soergel (§ 903, Rn 33ff.) *Nutzungsrecht* genannt, das Recht, andere von der Einwirkung auf die Sache auszuschließen, wird *Ausschlussrecht* genannt (vgl. Soergel § 903, Rn 40ff.). Staudinger (§ 903, Rn 10ff.) unterscheidet diesbezüglich zwischen *Einwirkungsrechten* und *Ausschließungsrechten*. Das Recht, mit der Sache *nach Belieben* [*zu*] *verfahren*, ist im Frame analog zur Begrifflichkeit in Staudinger als Recht, *auf die Sache ein*[zu]*wirken*, wiedergegeben. Vgl. Staudinger (§ 903, Rn 10):

> „Der Eigentümer kann mit der Sache nach Belieben verfahren, durch Handlungen oder Unterlassungen demnach in beliebiger Weise auf die Sache einwirken."

Als Beispiele werden unter anderem genannt: *Nutzung, Veränderung, Verbrauch, Beschädigung* oder *Vernichtung* sowie, in rechtlicher Hinsicht u.a.: *Übertragung, Belastung, Aufgabe* (vgl. Staudinger § 903, Rn 10).

Die hier wiedergegebenen Darstellungen der Frame-Struktur wichtiger Rechtsbegriffe (hier: Gesetzesbegriffe) aus dem deutschen Straf- und Zivilrecht sind nur eine kleine Auswahl der bei der Analyse-Arbeit erstellten Frame-Beschreibungen. Da die Untersuchung der Rechtsbegriffe auch dem Ziel der Anwendung, Erprobung und Weiterentwicklung neuer frame-analytischer Verfahren diente, wurden auch zahlreiche Darstellungs-Varianten erprobt. Da eine Darstellung von Bedeutungs- bzw. Begriffsstrukturen im Frame-Format insbesondere bei Begriffen, die epistemisch so komplex sind, wie dies für Gesetzesbegriffe gilt, schnell einen hohen Grad an Komplexität und damit zunehmender Unübersichtlichkeit erreicht, empfiehlt es sich, wie wir dies in vielen Fällen praktiziert haben, für Teilaspekte auch Teil-Frame-Darstellungen und -Analysen zu erstellen. Unsere Beschreibungen der mit *Diebstahl* zusammenhängenden Begriffe, der Konzepte *Eigentum* und *Besitz* mit allen „Besitzarten" sowie der wichtigsten Varianten der Auslegung von *mit Gewalt* nach § 240 StGB haben insgesamt fast 100 Frames bzw. Teil-Frames oder Frame-Varianten ergeben.

5 Eigenschaften von Frames und die Aspekte einer genuin juristischen Semantik

Die intensive Beschäftigung mit einer angewandten Analyse und Beschreibung von semantischen Frames am Beispiel speziell juristischer Begriffe hat einige Fragen aufgeworfen, von denen die im Kontext der Rechtssemantik wichtigsten und interessantesten hier kurz angesprochen werden sollen.

(1) *Prototypikalität und Standardwerte (defaults)*: Prototypikalität ist von allen wichtigen Frame-Theoretikern als zentrale (wenn nicht sogar als die wichtigste) Eigenschaft von Frames (im Sinne von Wissensstrukturen) hervorgehoben wor-

den. Prototypikalität hängt eng mit der Muster-Exemplar- (oder *type-token-*)Problematik zusammen und berührt auch die darstellungspraktisch wichtige Frage der Wertebereiche. Dabei ist es sinnvoll, in Bezug auf Frames verschiedene Ebenen der Prototypikalität zu unterscheiden. Wichtig für uns ist insbesondere die Frage, wie sich der offenkundig prototypikalische Charakter von Frames und Begriffsstrukturen zu den Eigenschaften und Strukturen speziell der juristischen Begrifflichkeit verhält. Wurde in der linguistischen Prototypensemantik eine Zeit lang angezweifelt, ob Prototypikalität überhaupt für Abstrakt-Begriffe (wie sie im Recht unzweifelhaft vorherrschen) angenommen werden könne, so lässt sich mit Bezug auf Rechtsbegriffe umso deutlicher feststellen, dass diese offenbar eine besonders starke Affinität zur Prototypikalität haben. Insbesondere im Strafrecht beschreibt im Grunde jede Gesetzesnorm mit den Tatbestandsmerkmalen den Prototyp einer Straftat; noch deutlicher wird dies in der Regel in den konkretisierenden Tatbestandsmerkmalslisten und -definitionen in der Kommentierung (Rechtsprechung und Dogmatik). Frame-Darstellungen für solche Rechtsbegriffe erfassen dabei nicht nur prototypische Werte oder Füllungen; die Prototypisierung kann sich durchaus auch auf die Ebene der Frame-Elemente (oder slots/ Attribute) selbst beziehen.

(2) *Type-token-Problematik*: An diesem Punkt berührt der Aspekt der Prototypikalität besonders im Falle der Rechtsbegriffe eng die Muster-Exemplar- (oder *type-token-*) Problematik. Mit diesen Begriffen wird die in der traditionellen Semantik und Begriffsanalyse durchweg ungeklärte Beziehung zwischen verschiedenen Ebenen bezeichnet, die schon beim Begründer der modernen Linguistik, Saussure, mit den Begriffen *langue* (Sprachsystem) und *parole* (Sprachgebrauch) avisiert worden ist (wenn auch in theoretisch recht unzureichender Form). In der Semantik tritt sie als Beziehung von (abstrakter) *lexikalischer Bedeutung* und (konkreter) *Text- bzw. Situationsbedeutung* (bzw. als Gegensatz von *usueller* und *okkasioneller Bedeutung* bei Hermann Paul) auf. Es fragt sich vor allem, wie sich Rechtsbegriffe – zum einen als Normbegriffe und zum anderen in ihrer jeweiligen Auslegung bzw. Anwendung – zu den Ebenen von *type* (Muster) und *token* (Musteranwendung) verhalten und welche Fragen sich daraus für eine frame-theoretische Analyse und Beschreibung von Rechtsbegriffen bzw. juristischem Begriffswissen ergeben. Dabei ist zunächst folgendes wichtig: Die *type-token-* / Muster-Exemplar-Problematik ist nicht rein dichotomisch zu verstehen (mit binären Werten), sondern aufgrund der Rekursivität (und damit Unabschließbarkeit) der Frame- bzw. Konzept-Strukturen (und des gesamten Wissens) als ein Problem *relativer Zuordnung* aufzufassen. Dabei spielen taxonomische Aspekte (abstrakter und hierarchischer Wissens- und Begriffs-Ordnungen) ebenso eine Rolle wie die in der kognitiven Realität vorfindlichen Unterschiede im Grad der Ausdifferenzierung von Wissensstrukturen im Zuge der situationsbezogenen

Wissensaktualisierung. (Zur Klarstellung könnte man daher statt nur *Muster* und *Exemplar* zu unterscheiden, eine Abstufung mindestens von *Muster, Exemplar-Typ* und *konkretem Exemplar* vornehmen. Eine solche Abstufung wäre aber nicht absolut zu verstehen, sondern rekursiv. Das heißt: Hinsichtlich der Muster-Exemplar-(*type-token*-)Problematik gibt es keine eindeutigen bzw. absoluten Zuordnungen bestimmter Wissensaspekte zu einer der Ebenen.)

Dies kann am Beispiel von Strafrechtsbegriffen und ihrer Auslegung besonders gut exemplarisch verdeutlicht werden. Wenn Juristen von der „Beziehung zwischen Normtext(-begriff) und Fall" sprechen, dann ist – zumindest in der Dogmatik und höchstrichterlichen Rechtsprechung – die Ebene der *token* oder Anwendungsfälle meist nicht die elementare Ebene tatsächlicher Lebenssachverhalte (wie sie dem Gericht zur Entscheidung vorgelegt werden) und ihrer Detail-Eigenschaften (wie sie sich aus den Akten ergeben). Vielmehr liegen die „konkreten Anwendungsfälle" der Kommentierung in der Regel eher auf einer Ebene, die man als „idealisierte Falltypen" bezeichnen könnte. Solche idealisierten Falltypen verhalten sich aber zu den tatsächlichen Lebenssachverhalten selbst wie ein Muster (*type*) zu einem Exemplar, während sie gegenüber dem abstrakten Normbegriff (z.B. *Gewahrsam*) wiederum die Position eines *token* im Sinne von konkretisierten Anwendungsfällen des allgemeinen Begriffs(-frames) einnehmen. In der frame-analytischen Darstellung würde man dies daran erkennen, dass die Struktur an Frame-Elementen bei konkreten Lebenssachverhalten quantitativ umfassender und nach „unten" hin (zu den Werten bzw. Fillern bzw. Subslots und Subfillern) ausdifferenzierter sein würde. Zugleich würde man, je höher man in der *type-token*-Hierarchie nach „oben" steigt, eine stetig abnehmende Zahl von Frame-Elementen und „Beschreibungsdichte" feststellen.

Im Vergleich zu einer Beschreibung „lexikalischer Bedeutungen" (oder dem, was viele Linguisten oder Philosophen dafür halten) ist die Beschreibung der Bedeutung von Rechtsbegriffen in vielen (wenn nicht sogar den meisten) Fällen eher auf einer Ebene angesiedelt, die man als *token*-Ebene bezeichnen müsste: es handelt sich um „instantiierte" Begriffe im Sinne von textbezogen spezifizierten Anwendungen von begriffsrepräsentierenden Wortformen, die bereits einen vergleichsweise hohen Grad an Kontextabhängigkeit und epistemischer Ausdifferenzierung aufweisen. So macht es wenig Sinn, nach der „allgemeinen" Bedeutung des Wortes *Gewalt* im deutschen Strafrecht zu fragen, da dieser Ausdruck je nach Paragraph oder Teilabschnitt des StGB eine nur punktuell und bestenfalls kleinräumig geltende Auslegung erhalten hat. Im Vergleich zu dem, was der Kognitionswissenschaftler Barsalou unter „Exemplaren" (also den *token*) eines *concepts* (d.h. der mentalen Realisierung eines als kognitive Größe aufgefassten Begriffs) versteht, wäre selbst die Beschreibung einer solchen kontextuell spezifizierten Begriffsverwendung aber immer noch vergleichsweise abstrakt und „musterhaft", also in dieser Betrachtung und Relation eher als *type* anzusehen. Auch wenn die Muster-Exemplar-(oder *type-token-*)Problematik auf der Ebene der Frame-Theorie noch keineswegs zufriedenstellend geklärt ist,[5] so bietet eine frame-analytische Herangehensweise doch besser als andere Modelle die Möglichkeit, die Unterschiede zwischen verschiedenen begrifflichen Ebenen (von abstrakter Lexem-Ebene über semi-instantiierte Begriffe im oben erwähnten Sinne bis hin zur konkreten Anwendung eines Textwortes auf einen konkreten Lebenssachverhalt) analytisch vergleichsweise präzise zu identifizieren und in einer Beschreibung darzustellen.

(3) *Spezielle Typen von Frame-Elementen*: Zum Begriffswissen von Rechtsbegriffen gehören in größerem Umfang als vielleicht bei Standard-Lexemen der Alltagssprache (die meist allein im Fokus semantischer Theorien sind) Wissenselemente, zu deren adäquater Beschreibung bisher im Rahmen der Frame-Semantik noch keine Vorbilder vorliegen. Dies gilt nicht nur für Elemente, die *Quantitäten, Kosten, Nutzen, Ziele, Intentionen, Erwartungen, Einstellungen, Zwecke, Funktionen* betreffen; diese ließen sich bei entsprechender Erweiterung und Modifikation der frame-analytischen Modelle noch sozusagen als „normale" Frame-Elemente darstellen. Semantisch und frame-theoretisch gesehen komplexer wird es, wenn es um solche Elemente des verstehensrelevanten Wissens geht, die Aspekte wie *Sprechereinstellungen zum Inhalt, Bewertungen, Wissensmodi, Gewissheitsgrade* oder etwas, das man eine *Fiktionalitätsannahme* nennen könnte, geht. Beim Beispiel des *Diebstahl*-Paragraphen sind über das Begriffselement „Absicht rechtwidriger Zueignung" *Intentionen* als begriffswesentliche Wissenselemente integriert (wie es für Strafrechtbestimmungen typisch ist). Eine wissensanalytische Beschreibung dieses Elements erfordert nicht nur eine Erfassung der „Absicht der Zugeignung", sondern impliziert auch ein „Wissen der Rechtswidrigkeit der Tathandlung bzw. des Tateffekts", obwohl ein Element wie „Wissen" in der Oberflächenstruktur des Paragraphen gar nicht thematisch ist. Wollte man dieses Wissen in eine frame-strukturelle Beschreibung einführen, so müsste man es so darstellen, dass das Frame-Element WISSEN einen größeren Komplex der weiteren Wissensstruktur des Begriffs *Diebstahl* sozusagen zum Thema oder Gegenstand hat; in einer in der Logik üblichen Ausdrucksweise sagt man dann auch: das Element WISSEN „operiert über" einer anderen Teilstruktur (die selbst sehr komplex sein kann). In diesem Falle nicht nur die Frame-Struktur-Teile, die die Tathandlung als solche beschreiben (Wissen der Rechtswidrigkeit der Wegnahmehandlung), sondern auch die Teile, die sich auf die Rechtswidrigkeit der Zueig-

5 Vgl. zu einem Versuch der Klärung und Systematisierung aber Busse 2012, 613 ff.

nung beziehen[6] (und damit das Wissen der Rechtswidrigkeit des Ziels/beabsichtigten Effekts der Handlung implizieren). Auch wenn in Abb. 1 für diesen Aspekt dieses einen Rechtsbegriffs eine einigermaßen plausible Darstellungsform gefunden werden konnte, so gibt es doch andere frame-inhärente Wissens-Relationen, die weitaus schwieriger darzustellen sind.

Dies ist der Fall bei einem Typ von Wissens-Relation, der eigentlich für die meisten Teile von Begriffswissen zu Strafrechtsbegriffen einschlägig ist, für deren Erfassung es bisher aber noch kein allgemein anerkanntes Darstellungs- oder Analyse-Format gibt. Man könnte ihn die „GILT-ALS"-Relation nennen. Dies kann man am Element FREMD (in *fremde Sache*) in der Begriffsstruktur von §§ 242 und 246 StGB demonstrieren. Für dieses Element ist zunächst beachtenswert, dass dieses kleine Wörtchen ein zunächst sehr unscheinbar aussehendes Instrument ist, mit dem aber tatsächlich der ganze riesige Wissensbereich des Eigentumsrechts des BGB in die Wissensstruktur von Begriffen wie *Diebstahl* oder *Unterschlagung* quasi „eingeklinkt" wird. Mit einer modernen, zeitgenössischen Hypertext-Metapher könnte man es auch so auszudrücken: *fremd* ist in den §§ 242 und 246 StGB der „*link*", der zum gesamten, hoch komplexen Eigentumsrecht des BGB eine Beziehung herstellt. Damit wird aber dieses große Rechtsgebiet letztlich zum Teil des für das adäquate Verständnis von *Diebstahl* und *Unterschlagung* notwendigen Begriffs-Wissens. Linguistisch gesprochen: zum Teil von deren „Bedeutung" im weitesten Sinne. Solche Typen von Frame-Elementen sind noch wenig erforscht, obwohl sie (gerade bei Rechtsbegriffen) einen sehr wichtigen Teil der begriffsrelevanten Wissensstruktur ausmachen. Gerade in solchen GILT ALS-Elementen schlägt sich die *Institutionalität* von Rechtsbegriffen exemplarisch nieder. Sie sind Kern von deren institutionellem Charakter und zählen mit zu den Elementen im begriffsbezogenen Wissen, das die institutionell-fachliche Begriffsdeutung von einer alltagsweltlichen Deutung der nur scheinbar selben Wortformen am stärksten entfremdet.

(5) *Granularität* und *Ockhams-razor-Problematik:* Ein praktisches Problem für eine angewandte Frame-Analyse stellt die Tatsache dar, dass bei der Analyse und Beschreibung von Begriffsstrukturen (Bedeutungswissen) unterschiedliche Grade der *Granularität* (im Sinne eines begrifflichen, epistemisch differenzierenden Auflösungs- oder Feinheitsgrades) angelegt werden können. Dabei ist Granularität jedoch keineswegs nur ein Aspekt von Beschreibungen (und ihren Formaten – das auch), sondern nach Auffassung zahlreicher Wissenschaftler eine Eigenschaft bereits des Wissens selbst. Diskutiert werden solche Granularitätsgrade häufig

6 Was laut der Dogmatik zu § 242 StGB nicht dasselbe ist, auch wenn es für einen Laien aus der Perspektive des Alltagswissens auf dasselbe hinausläuft.

mit Bezug auf die Experten-Laien-Divergenz, die ja besonders auch bei Rechtsbegriffen einschlägig ist. Das mit dem Wort *wegnehmen* als Wort der deutschen Alltagssprache verbundene Wissen weist sicherlich einen viel geringeren Spezifizierungsgrad auf, als es die Explikationsstufen für den Fachbegriff *Wegnahme* im Rahmen der kanonischen Auslegung des Diebstahlparagraphen aufzeigen. Frame-Analyse ist als Instrument hervorragend dafür geeignet, solche Granularitätsgrade, die sich frame-analytisch als unterschiedliche Komplexitätsgrade bzw. unterschiedliche „informatorische Dichte" von Frame-Strukturen (als Begriffswissensstrukturen) niederschlagen, anschaulich zu machen. Dabei schlägt jedoch eine Problematik zu Buche, die ich in Anlehnung an eine entsprechende Redeweise in der (analytischen) Philosophie als *Ockhams-razor*-Problematik bezeichne. Gemeint ist mit dem Ausdruck *Ockhams razor* (Ockhams Rasiermesser) die scholastische Maxime (die angeblich Vorläufer bei William von Ockham hat): *„Entia non sunt multiplicanda praeter necessitatem"* („Entitäten dürfen nicht über das Notwendige hinaus vermehrt werden.") In einer Frame-Analyse geht es dabei konkret darum, genau welche Frame-Elemente und wie viele jeweils in einer praktischen Frame-Analyse und -Darstellung angesetzt werden sollen. Diese Problematik entfaltet sich insbesondere bei der Beschreibung von abstrakten Begriffen (wie z.B. philosophischen Begriffen, sozialhistorischen Begriffen oder eben Rechtsbegriffen) zu einem nicht zu unterschätzenden praktischen Problem. Man steht also bei jedem potentiellen Frame-Element immer vor der schwierigen Entscheidung, ob man ein bestimmtes Element – und wenn ja in welcher Form und Ausdifferenzierung – in eine Begriffs- bzw. Frame-Darstellung aufnehmen soll. Im Prinzip muss die Ansetzung jedes einzelnen Elements in Bezug auf die Zielsetzung und das zugrundeliegende Textmaterial streng geprüft und gut begründet werden.

Es ergeben sich bei der praktischen analytischen Arbeit mit dem Frame-Modell durchaus noch weitere Aspekte und Problemstellungen, die jedoch aus Platzgründen hier nicht ausgeführt werden können. Insgesamt kann aber festgestellt werden, dass bei einem frame-analytischen Vorgehen die Vorteile an Transparenz und Differenziertheit der gewonnenen Analysen und Beschreibungen die möglichen Nachteile dieses Modelltyps klar überwiegen. Insofern stellt die Frame-Semantik auch und gerade für die Erklärung und Beschreibung der inneren semantischen (epistemischen, begrifflichen) Struktur von Rechtsbegriffen ein äußerst geeignetes und passendes Instrument dar.

6 Leistungen und Grenzen der Frame-Semantik als Instrument der Analyse von Begriffs- und Wissensstrukturen

Die Frame-Theorie ist dort stark, wo sie in die erkennbaren Lücken älterer bedeutungs- und begriffs-theoretischer Konzeptionen – wie der Merkmalanalyse, der Logischen Begriffstheorie und Semantik, der wort-isolierenden lexikalischen Semantik, der logik-fundierten kompositionalistischen Satzsemantik, der wort- und begriffs-isolierenden historischen Semantik – stößt. Genauer gesagt: Überall dort, wo der Umfang, die Komplexität, die Subtilität, die Ausdifferenziertheit und die epistemische Vernetzung des verstehensrelevanten bzw. begriffsrelevanten Wissens in den älteren Modellen teilweise deutlich unterschätzt wurde. Vor allem auf dem Feld der Analyse komplexer Begriffsstrukturen, der Begriffskonkurrenz sowie des Begriffswandels kann eine Frame-Analyse ihre besondere Leistungsfähigkeit entfalten und ist m. E. anderen Ansätzen überlegen. Es steht aber zu vermuten, dass es nicht so sein wird, dass alle Arten und Komplexitätsgrade von Begriffsstrukturen (verstanden als Wissensstrukturen) gleichermaßen gut (oder überhaupt) mit ein und demselben Frame-Modell analysiert werden können. So fragt sich z. B., ob die häufig von Fillmore (1976, 1977, 1982) angesprochenen „Hintergrund-Frames" (oder „Szenen") mit einem Barsalou-Modell der Frames (dessen Anwendung wir in diesem Aufsatz demonstriert haben) überhaupt angemessen oder vollständig erfasst werden können. Fillmore hat zahlreiche Parade-Beispiele angeführt (*Waise, Witwe, Junggeselle, Vegetarier*), um die Notwendigkeit einer Erweiterung der Semantik in Richtung auf eine – frame-theoretisch reflektierte – linguistische Interpretations- und Verstehenstheorie („interpretive" oder „understanding semantics") zu begründen. Für diese gilt, dass dasjenige Wissen, auf dessen Rolle für ein adäquates Verstehen er mit diesen Beispielen anspielen will, teilweise so komplex und voraussetzungsvoll ist, dass eine angemessene Paraphrase möglicherweise jeweils zusätzlich eine größere Zahl von Frame-Elementen (-Strukturen, -Relationen) einführen muss, die selbst wieder jeweils für sich in allen ihren Elementen Frame-analytisch analysiert und bestimmt werden müssten. Dadurch käme man schnell zu einer ziemlich komplexen Beschreibung. Dasselbe gilt wie gesehen für wissensanalytisch komplexe Begriffe, wie sie typisch für das Recht sind, aber sicherlich auch für andere Typen komplexer Begriffe, wie in der Philosophie, oder die etwa von Koselleck und anderen ins Auge gefassten historisch-sozialen Grundbegriffe. So komplexe Strukturen lassen sich wohl gar nicht in einer einzigen Frame-Beschreibung erfassen (schon gar nicht, wenn diese grafisch angelegt ist), sondern müssen in zahlreiche Sub-Strukturen zerlegt werden, die dann zunächst je für sich beschrieben werden, bevor sie in einem mehrstufigen Verfahren in jeweils überordnete Strukturen eingebettet werden.

Man kann jedoch davon ausgehen, dass mit einem Frame-Modell gerade auch solche Begriffsaspekte erfasst und analytisch herauspräpariert werden können, in denen sich das niederschlägt, was ich eingangs *die Institutionalität des juristischen Begriffswissens* genannt habe. Auch wenn im Rahmen dieses Aufsatzes für die Leistungsfähigkeit des Frame-Modells gerade auch für solche Aspekte nur erste Hinweise geliefert werden konnten, so bin ich doch überzeugt davon, dass man bei einer begriffsanalytisch und wissenstheoretisch (auch: wissenssoziologisch) zugleich interessierten und orientierten Forschung noch eine Reihe von analytischen und deskriptiven Präzisierungen in Hinblick auch auf institutionenspezifische Aspekte wird erarbeiten können. Es wäre sicherlich falsch, in der Frame-Theorie ein Allheilmittel für alle linguistischen oder rechtssemantischen Fragestellungen und Untersuchungsziele zu sehen. Die Grenzen ihrer Möglichkeiten werden (und können) aber letztlich erst dann sichtbar werden, wenn diese Möglichkeiten in empirischen Analysen unterschiedlichster Form auf breitem Felde umgesetzt und praktisch erprobt wurden. Eine so interessierte Forschung hat indes aber gerade erst begonnen.[7]

Danksagung: Ich danke den Projektmitarbeitern Detmer Wulf M.A. und Michaela Graewer M.A. für die Erstellung der hier verwendeten Frames sowie ihre zugehörigen verbalen Beschreibungen bzw. Erläuterungen, die teilweise hier übernommen worden sind. Ein Teil der Arbeiten, über deren Ergebnisse hier berichtet wird, wurde von der Deutschen Forschungsgemeinschaft (DFG) im Rahmen des Sonderforschungsbereichs 991 „Die Struktur von Repräsentationen in Sprache, Kognition und Wissenschaft" im Rahmen des Teilprojekts B 05 „Frame-Analyse von Rechtsbegriffen im Deutschen" finanziell und materiell unterstützt. Ergebnisse der vielfältigen und teilweise mehrjährigen Diskussionen im und in Vorbereitung auf diesen SFB sind in das Projekt-Design von B 05 eingeflossen. Für dabei gegebene Anregungen danke ich den Kollegen und Kolleginnen des SFB 991.

Literatur

Barsalou, Lawrence W. 1992: Frames, concepts, and conceptual fields. In: Adrienne Lehrer und Eva. F. Kittay (Hg.): *Frames Fields and Contrasts*. Hillsdale, N.J.: Erlbaum.

Bartlett, Frederick C. 1932: *Remembering: A Study in Experimental and Social Psychology*. Cambridge: Cambridge University Press.

7 Zu einem Gesamtüberblick über die bisherige Frame-Theorie und Modelle der angewandten Frame-Analyse, über ihre Fallstricke und Erweiterungsmöglichkeiten, sowie zahlreiche interessante theoretische Fragen in ihrem Umfeld, siehe Busse 2012.

Busse, Dietrich 1991a: *Textinterpretation. Sprachtheoretische Grundlagen einer explikativen Semantik.* Opladen: Westdeutscher Verlag.
Busse, Dietrich 1991b: Der Bedeutungswandel des Begriffs „*Gewalt*" im Strafrecht. Über institutionell-pragmatische Faktoren semantischen Wandels. In: Dietrich Busse (Hg.): *Diachrone Semantik und Pragmatik. Untersuchungen zur Erklärung und Beschreibung des Sprachwandels.* Tübingen: Niemeyer, S. 259–275.
Busse, Dietrich 1992: *Recht als Text. Linguistische Untersuchungen zur Arbeit mit Sprache in einer gesellschaftlichen Institution.* Tübingen: Niemeyer. (Reihe Germanistische Linguistik, 131)
Busse, Dietrich 2002: Bedeutungsfeststellung, Interpretation, Arbeit mit Texten? Juristische Auslegungstätigkeit in linguistischer Sicht. In: Ulrike Haß-Zumkehr (Hg.): *Sprache und Recht.* (= Institut für deutsche Sprache, Jahrbuch 2001) Berlin, New York: De Gruyter, S. 136–162.
Busse, Dietrich 2008a: Semantische Rahmenanalyse als Methode der Juristischen Semantik. Das verstehensrelevante Wissen als Gegenstand semantischer Analyse. In: Ralph Christensen und Bodo Pieroth (Hg.): *Rechtstheorie in rechtspraktischer Absicht. Freundesgabe zum 70. Geburtstag von Friedrich Müller.* (Schriften zur Rechtstheorie 235) Berlin: Duncker & Humblot, S. 35–55.
Busse, Dietrich 2008b: Interpreting law: text understanding – text application – working with texts. In: Frances Olsen, Alexander Lorz und Dieter Stein (Hg.): *Law and Language: Theory and Society.* Düsseldorf: Düsseldorf University Press, S. 239–266.
Busse, Dietrich 2009: *Semantik. Eine Einführung.* München: Fink.
Busse, Dietrich 2011: *Juristische Semantik. Grundfragen der juristischen Interpretationstheorie in sprachwissenschaftlicher Sicht.* Berlin: Duncker & Humblot. [1. Auflage 1993]
Busse, Dietrich 2012: *Frame-Semantik – Ein Kompendium.* Berlin, Boston: De Gruyter.
Busse, Dietrich 2014: *Sprachverstehen und Textinterpretation. Grundzüge einer verstehenstheoretisch reflektierten interpretativen Semantik.* Wiesbaden: Springer VS (Stark erweiterte, überarbeitete und aktualisierte Neuausgabe von Busse 1991a).
Fillmore, Charles J. 1970: Subjects, Speakers, and Roles. In: *Synthèse* 21, S. 251–274.
Fillmore, Charles J. 1975: The Future Of Semantics. In: Robert Austerlitz (Hg.): *The Scope of American Linguistics.* Lisse: Peter de Ridder Press, S. 135–157.
Fillmore, Charles J. 1976: Frame semantics and the nature of language. In: Steven R. Harnad, Horst D. Steklis und Jane Lancaster (Hg.): *Origins and Evolution of Language and Speech.* (= Annals of the New York Academy of Sciences, Volume 280) New York, S. 20–32.
Fillmore, Charles J. 1977: Scenes and Frames Semantics. In: Antonio Zampolli (Hg.): *Linguistic Structure Processing.* Amsterdam, New York, Oxford: North Holland, S. 55–81.
Fillmore, Charles J. 1982: Frame Semantics. In: The Linguistic Society of Korea (Hg.): *Linguistics in the Morning Calm.* Seoul: Hanshin Publishing Corp., S. 111–137.
Fillmore, Charles J. 1985: Frames and the Semantics of Understanding. In: *Quaderni di Semantica* 6, S. 222–254.
Minsky, Marvin 1974: ‚A Framework for Representing Knowledge.' In: *Artificial Intelligence Memo No. 306*, (M.I.T. Artificial Intelligence Laboratory.) [Reprint in: Patrick H. Winston (Hg.) 1975: The Psychology of Computer Vision. New York: McGraw-Hill, S. 211–277]
Schmidt, Siegfried J. 1976: *Texttheorie. Probleme einer Linguistik der sprachlichen Kommunikation.* München: Fink (UTB).

Benutzte StGB-Kommentare/Lehrbücher:

Fischer, Thomas 2011: Strafgesetzbuch und Nebengesetze. (Beck'sche Kurz-Kommentare Band 10) 58. Auflage. München: C. H. Beck.
Joecks, Wolfgang 2010: Strafgesetzbuch. Studienkommentar. 9. Auflage. München: C. H. Beck.
Kühl, Kristian 2011: Strafgesetzbuch. Kommentar. 27. Auflage. München: C. H. Beck.Laufhütte, Heinrich Wilhelm/Rissing-van Saan, Ruth/Tiedemann, Klaus (Hrsg.) 2010: Leipziger Kommentar. Strafgesetzbuch. Band 8 §§ 242262 StGB. 12. Auflage. Berlin: de Gruyter.
Laufhütte, Heinrich Wilhelm/Rissing-van Saan, Ruth / Tiedemann, Klaus (Hrsg.) 2001: Leipziger Kommentar. Strafgesetzbuch. Band 7/2 §§ 232–241a. 11. Auflage. Berlin: de Gruyter.
Joecks, Wolfgang/Miebach, Wolfgang (Hrsg.) 2003: Münchener Kommentar zum Strafgesetzbuch. Band 3 §§ 185–262 StGB. 1. Auflage. München: C. H. Beck.
Joecks, Wolfgang/Miebach, Wolfgang (Hrsg.) 2012: Münchener Kommentar zum Strafgesetzbuch. Band 4 §§ 185–262 StGB. 2. Auflage. München: C. H. Beck.
Rengier, Rudolf 2014: Strafrecht Besonderer Teil II – Delikte gegen die Person und die Allgemeinheit. 15. Auflage. München: C.H. Beck.
Schönke, Adolf/Schröder, Horst (Hrsg.) 2010: Strafgesetzbuch. Kommentar. 28. Auflage. München: C. H. Beck.

Benutzte BGB-Kommentare/Lehrbücher:

Prütting, Hanns 2010: Sachenrecht – Ein Studienbuch. 34. Auflage. München: C. H. Beck.
Säcker, Franz Jürgen/Rixecker, Rolang (Hrsg.) 2009: Münchener Kommentar zum Bürgerlichen Gesetzbuch. Band 6 §§ 854–1269 Wohnungseigentumsgesetz – Erbbaurechtsgesetz. 5. Auflage. München: C. H. Beck.
Siebert, Wolfgang/Baur, Jürgen F. (Hrsg.) 2002: Bürgerliches Gesetzbuch mit Einführungsgesetz und Nebengesetzen. Band 14 Sachenrecht 1 §§ 854–984. 13. Auflage. Stuttgart: Kohlhammer. (zit. Soergel).
Staudinger, Julius von 2002: Kommentar zum Bürgerlichen Gesetzbuch mit Einführungsgesetz und Nebengesetzen. Buch 3 Sachenrecht §§ 903–924. Neubearbeitung 2002. Berlin: Sellier-de Gruyter.
Staudinger, Julius von 2007: Kommentar zum Bürgerlichen Gesetzbuch mit Einführungsgesetz und Nebengesetzen. Buch 3 Sachenrecht §§ 854–882. Allgemeines Liegenschaftsrecht 1. Neubearbeitung 2007. Berlin: Sellier–de Gryuter.
Staudinger, Julius von 2012: Eckpfeiler des Zivilrechts. Neubearbeitung 2012. Berlin: Sellier-de Gruyter.

Martin Morlok

Intertextualität und Hypertextualität im Recht

1 Recht ist intertextuell

1.1 Phänomene der Intertextualität im Recht

Die Arbeit des Juristen ist durch und durch intertextuell. Das normale Geschäft des Juristen besteht darin, Texte auf andere Texte zu beziehen und daraus einen neuen Text zu fertigen, im Kernbereich der juristischen Profession: die Begründung einer Entscheidung zu erstellen.[1]

Zugegeben: Das gilt für einen Schritt der juristischen Arbeit nicht, und zwar ausgerechnet nicht für das Kernstück der juristischen Entscheidungsfindung, die Subsumtion.[2] Hier wird ein Text auf einen *Lebenssachverhalt* bezogen, also nicht auf einen Text, sondern auf einen Weltausschnitt, und dann in einem Akt der Urteilskraft befunden, ob der Sachverhalt unter die rechtlichen Begriffe der herangezogenen Norm einzuordnen ist oder nicht.

Dieses Kernstück der juristischen Arbeit ist aber regelmäßig eingebunden in eine Reihe von *Texten*, die Hilfe bei der Subsumtion leisten. Anderes gilt nur in trivialen Fällen, in denen unstreitigermaßen ein Sachverhalt einen Norm erfüllt. Diese Evidenzfälle brauchen aber keine „Rechts-Wissenschaft“, nicht einmal Juristen; das Alltagswissen gibt hinreichende Subsumtionsgewissheit dafür, dass derjenige, der am Bahnhof einem Reisenden, der am Fahrkartenautomaten beschäftigt ist, die Tasche wegnimmt, einen Diebstahl – gerade auch im Sinne des Gesetzes – begeht. In schwierigen Konstellationen werden für die Subsumtion aber Definitionen der Rechtsbegriffe herangezogen – also Texte –, ebenso Typisierungen und Charakterisierungen der Lebenssituation durch die Rechtswissenschaft und die Gerichte, natürlich auch Entscheidungen (Präjudizien), in denen ein ähnlicher Sachverhalt wie der gegebene der Norm oder auch nur einem Begriff aus ihr untergeordnet wurde oder nicht, und zwar mitsamt hierfür angegebenen Gründen.

Es bleibt also bei der These: Rechtswissenschaft ist intertextuell oder sie ist nicht, will sagen, die Rechtsfindung braucht von einfachsten Fällen abgesehen

---

1 Zum Gedanken der Rechtsarbeit als Textarbeit Vogel 2012: 315 f. sowie früher schon Müller, Christensen und Sokolowski 1997.

2 Hierzu aus unterschiedlichen Perspektiven die Beiträge in Gabriel und Gröschner (Hg.) 2012; etwa Gröschner 2012: 421 ff.

wissenschaftliche Hilfestellung. Wo aber das professionelle Wissen des Juristen gefragt ist, geschieht dies in Form der Heranziehung von (anderen) Texten. Rechtstexte bestehen zu wesentlichen Teilen aus einem Geflecht anderer Rechtstexte, nicht zufällig findet sich hier auch das Wort der Collage.[3]

Im Übrigen ist auch der Sachverhalt dem Richter zum Teil, ja sogar überwiegend als Text gegeben, nämlich in Gestalt von schriftlichen Schilderungen des Sachverhaltes durch die Prozessparteien, in der Revisionsinstanz erscheint er ohnehin nur in Gestalt von Akteninhalten. Die unmittelbare Konfrontation mit Lebenssachverhalten erfährt der Richter, der hier als der paradigmatische Jurist steht, eigentlich nur bei der Beweisaufnahme, auch hier haben Vertextlichungen erhebliche Bedeutung, so bei schriftlichen Sachverständigengutachten, nur textbezogen ist der Urkundsbeweis; auch Zeugenaussagen werden protokolliert und leben als Text fort.

Diese Texte, mit denen im Rechtswesen gearbeitet wird, lassen sich klassifizieren:

- Rechtstexte im engeren Sinne, also die Texte einschlägiger *Normen*,
- Judikate, die sich auf diese Normen beziehen und sie näher erläutern, insbesondere auch in der Rolle von *Präjudizien*. Im Grundfall liegt ihr Wert gerade darin, dass eine bestimmte Entscheidung so getroffen wurde, wie sie erging. Das Präjudiz steht also dafür, dass ein bestimmtes Verständnis des Rechtsbegriffs, der in Rede steht, von einem anderen Gericht geteilt wurde. Das Präjudiz bildet also ein Beispiel für eine als richtig angesehene Verwendung des Normtextes, zugleich wird diesem Beispiel auch Autorität zugeschrieben, zumal wenn es sich um das Judikat eines Obergerichtes handelt. Darüber hinaus kann eine herangezogene Gerichtsentscheidung in ihrer Begründung auch Argumente enthalten, die beachtenswert und auch für den vorliegenden Fall erheblich sind. Oft enthalten Präjudizien auch weitere Nachweise auf andere Entscheidungen und auf Stellen in der rechtswissenschaftlichen Literatur, so dass die Intertextualität hier weitere Nahrung erfährt.
- Zu den weiteren Rechtstexten zählen, zumal in der deutschen Jurisprudenz, vorzüglich auch *Kommentare*, welche die Rechtsbegriffe der Norm erläutern und insbesondere auch Hinweise auf Literatur und Rechtsprechung geben, also auf akzeptierte Verwendungsweisen der Rechtsbegriffe. Insofern sind Kommentare eine komplexe Literaturgattung, die auf verschiedene andere Textsorten verweisen.
- Ähnliches gilt für *Texte der Rechtswissenschaft* zu einem bestimmten Problem. Hier finden sich Aufstellungen von Fallgruppen, in welche der gegebene

---

3 Siehe Augsberg 2009: 25; zu „Geflecht von Zitaten" Barthes 2006: 61.

Fall eingeordnet werden mag oder es werden Gründe entfaltet, weshalb eine bestimmte Rechtsfrage in einer empfohlenen Weise zu beantworten sei und eben nicht anders. Auch die rechtswissenschaftliche Literatur verweist typischerweise auf weitere Texte, solche wissenschaftlicher oder gerichtlicher Provenienz. Die Intertextualität unterhält sich selbst.

Meine Ausgangsthese lautet also: Die Arbeit am Recht besteht wesentlich in der Suche nach einschlägigen Bezugstexten und deren Verarbeitung in dem aktuell herzustellenden Rechtstext, typischerweise der Begründung einer Entscheidung, oft in der Form eines Zitates oder Verweises. Diese Art von Intertextualität steht im Zentrum der juristischen Arbeit (Morlok 2004: 93), sie ist kein Randphänomen, sondern zentrales Element der Arbeitsweise der Juristen. Das ist evident beim Bezug auf Normtexte, gilt aber auch für die weiteren Bezugstexte.

Dies mag illustriert werden durch ein Hauptstück der juristischen Methodenlehre, den sogenannten vier klassischen Auslegungsmethoden (vgl. Morlok 2012: 179 ff.). Sie arbeiten sämtlich mit der Heranziehung anderer Texte.

Die *Wortlautauslegung* bezieht sich auf die zu interpretierende Norm selbst, der man Bedeutung abzugewinnen versucht durch andere Textstellen, in denen sich der fragliche Begriff ebenfalls findet. Es findet also ein Textvergleich statt, der eine bestimmte Bedeutung der fraglichen Rechtsbegriffe herausarbeiten soll. So hat das Bundesverwaltungsgericht in einer Entscheidung, in der der in einer Rechtsnorm sich findende Begriff des „Bodenschatzes" zentral war, nach Belegstellen innerhalb wie auch außerhalb der Jurisprudenz gesucht, um die Bedeutung dieses Begriffs, auch des Teilbegriffes „Schatz", zu eruieren.[4] Die Heranziehung von Wörterbüchern, wiederum Texte also, ist hierfür nicht untypisch wie problematisch.

Die *systematische Auslegung* zielt auf andere Texte des geltenden Rechts ab und ist ohne weiteres als intertextuell zu qualifizieren.

Die *historische Auslegung* kann nicht unmittelbar auf die Geschichte zurückgreifen, sondern muss sich der *Texte* zur Entstehungsgeschichte eines Gesetzes (sog. genetische Auslegung) oder zu der Kontextsituation zur Zeit der Normgenese (sog. historische Auslegung im weiteren Sinne) bedienen.

Die *teleologische Auslegung* endlich arbeitet wesentlich mit dem Argument, bestimmte Rechtsnormen dienten einem bestimmten Zweck, verfolgten etwa eine bestimmte Schutzabsicht. Diese Zweckbehauptungen können (und müssen) in dem Maße plausibilisiert werden, in dem sie sich auf andere sie stützende Texte berufen können.

4 BVerwGE 85, 223 (227 ff.).

Weitere Auslegungsgesichtspunkte arbeiten ebenfalls wesentlich mit der Heranziehung von anderen Texten, das ist bei der Rechtsvergleichung der Fall – Rechtsvergleichung als „fünfte Auslegungsmethode" (vgl. Häberle 1989: 913ff.). Auch die *Folgenorientierung* bei der Rechtsfindung (vgl. Deckert 1995) wird sich auf Belege für die mutmaßlichen Folgen einer bestimmten Entscheidungsvariante stützen, will sie nicht schiere Behauptung bleiben, Belege, die wiederum textlich gegeben sind.

Ich breche hier ab. Es sollte hinreichend deutlich geworden sein: Juristische Arbeit besteht wesentlich in der Heranziehung anderer Texte und deren Verknüpfung, woraus der neue Text, die Entscheidungsbegründung, aber auch die rechtswissenschaftliche Äußerung, erstellt wird.

1.2 Die Perspektive der Intertextualität auf die juristische Arbeit

a) Das Konzept der Intertextualität kann bekannte Phänomene neu fassen und hoffentlich hilfreiche Anregungen geben. So mag die Rechtsquellentheorie mit ihrem Stufenbau der Rechtsordnung (*A. Merkl*) gedeutet werden als eine Sortierung von Bezugstexten, die einher geht mit einer Hierarchisierung der Bedeutung der Bezugstexte. Gleiches gilt für die Texte der verschiedenen Instanzen der Gerichtsbarkeit. Ähnliches gilt auch für die unterschiedliche Reputation der wissenschaftlichen Autoren und auch für das Ansehen der unterschiedlichen Publikationsorte. Berühmte Großkommentare haben ein anderes Gewicht als ein Text aus der uferlosen Produktion alltäglicher Ausbildungsliteratur.

b) Dieses Bewusstsein darüber, wie die Juristen mit unterschiedlichen Texten arbeiten und welche relative Bedeutung diese Texte haben, kann auch für die *juristische Ausbildung* sehr nützlich sein. Der Blick auf den intertextuellen Charakter kann ein Metabewusstsein verschaffen, welches das Hineinwachsen in die juristische Arbeitstechnik erleichtert. So kann man einen Überblick geben über die möglicherweise einschlägigen Rechtstexte oder über die als Bezugstext tauglichen Rechtstexte im weiteren Sinne, man kann auf Zeitschriften und Bibliographien hinweisen und diese auch klassifizieren. Diese möglichen Bezugstexte können also qualitativ strukturiert werden, etwa zitierwürdige und weniger zitierwürdige Literatur unterschieden werden. Nicht zuletzt geht es um die Erarbeitung kritischer Maßstäbe für diese Beurteilung der Literaturgattungen. Diese Maßstäbe sind ihrerseits wiederum zu begründen. Warum ist das Amtsgericht Neumünster weniger wichtig als das Bundesverfassungsgericht? Das ist sicher einerseits institutionell (oder machttheoretisch) begründbar, aber auch andere Begründungen und Erklärungen sind hier durchaus denkbar. Kurz gefasst: Das juristische Wissen, das insbesondere im Studium erworben wird, besteht zu einem nicht unerheblichen Teil aus einem Wissen über Textsorten und deren Rang. Das explizit zu machen dürfte der Ausbildung zugutekommen und auch die Rationalität der alltäglichen Arbeit befördern.

Wenn es stimmt, dass die Arbeit des Juristen zentral eine intertextuelle ist, so liegt die Frage nahe, wie sich der Siegeszug elektronischer Textspeicherungs-, Textfindungs- und Textverarbeitungssysteme auf die juristische Arbeit und die sie anleitende Methodenlehre auswirkt.

2 Die Medien des Rechts und die Rechtsarbeit

2.1 Die Bedeutung der Medien für die geistige Arbeit

Die Arbeit am Recht geschieht nicht in einem luftleeren Raum. Juristische Entscheidungstätigkeit braucht Ressourcen, zumal solche textlicher Art. So ist ein Gericht in einer modernen Gesellschaft ohne Entscheidungssammlungen schlechthin nicht vorstellbar. Diese Rechtstexte sind in einer bestimmten *medialen Gestalt* gegeben. Die Bedeutung, welche diese Trägermedien haben, wird nun in einer durchaus nicht mehr schmalen Literatur untersucht.[5] In welcher Weise genau die Art und Weise der Gegebenheit der Texte den Umgang mit ihnen präformiert, ja sich auch auf das Denken auswirkt, ist hier nicht abschließend zu klären. Jedenfalls hat das eine erhebliche Plausibilität, dass alles Wissen die Spur seines Mediums in sich bewahrt (vgl. Krämer 1998: 73, 79; und Augsberg 2009: 38). Solche am Medium der Rechtstexte ansetzenden Untersuchungen werden sich demgemäß auch mit der elektronischen digitalisierten Bereitstellung von Rechtstexten auseinander zu setzen haben.

Derselbe Befund mag auch konzeptionell anders erfasst werden. Die Art und Weise, wie die Rechtstexte gegeben sind, prägen die Situation, in der der Jurist arbeitet. Diese Situation ist also ein Kontext, in dem die Auslegung geschieht. Diese Kontexte können auch mit dem Konzept des Rahmens, des „frame“ (vgl. Goffmann 1974)[6] erfasst werden – unter der Vermutung, dass unterschiedliche Rahmungen zu unterschiedlichen Ergebnissen führen. Jedenfalls gibt es starke Anhaltspunkte dafür, dass die Art der medialen Gegebenheit der Rechtstexte und

---

5 Für die Rechtswissenschaft ist insbesondere hinzuweisen auf Vesting 2011. In welcher Weise genau die Art und Weise der Gegebenheit der Texte den Umgang mit ihnen präformiert, ja sich auch auf das Denken auswirkt, ist hier nicht abschließend zu klären.

6 Vgl. auch den Beitrag von Dietrich Busse in diesem Band.

der dabei verfügbaren Techniken wichtige Gegebenheit sind, um die konkrete Art und Weise des juristischen Arbeitens zu verstehen. Gegebenenfalls wird eben auch die Methodenlehre darauf zu reagieren haben.

2.2 Restriktionen der juristischen Arbeit

Die rechtliche Entscheidungsfindung steht unter zwei Ansprüchen, nämlich richtig, das heißt gemäß dem Gesetz zu entscheiden, und weiter, auch gerechte Entscheidungen zu treffen. Diese Entscheidungstätigkeit erfolgt aber unter restriktiven Bedingungen.

Zum einen stellt die nur *begrenzte Zugänglichkeit relevanter Bezugstexte* ein Problem dar. Man könnte auch von Ressourcenknappheit bei der Rechtsarbeit sprechen. Zwar mag jeder für einschlägig erachtete rechtliche Text grundsätzlich zu beschaffen sein, aber nicht in der zur Verfügung stehenden Zeit. Paradigmatisch dafür sei an die Dauer von Fernleihbestellungen bei Monographien erinnert. Dieser Engpass bildet für die Entscheidungspraxis der Juristen ein wichtiges selektives Kriterium für die Heranziehung von Rechtsprechung und Literatur, also für den Rückgriff auf Bezugstexte. Eine zweite Einschränkung ist damit auch schon benannt, nämlich die zeitlichen Ressourcen. Typischerweise haben die Entscheider nicht unbegrenzt viel Zeit zur Verfügung (vgl. Bronner 1973: 20 ff.). Selbst wenn alle gewünschten Bezugstexte erreichbar sind, so fehlt doch oft die Zeit, sich mit allen, gar gründlich, auseinanderzusetzen.

Die Rechtspraxis hat nun für die begrenzte Zugänglichkeit von Literatur und die knappen Zeitrahmen eigene Vorgehensweisen entwickelt. Diese Strategien sind solche der suboptimalen Entscheidungen.[7] Der Richter versucht eben nicht, alles zu lesen, sondern orientiert sich zuvörderst, und falls keine außergewöhnlichen Probleme von ihm wahrgenommen werden, an der zur Verfügung stehenden Standardliteratur. In einer empirischen Untersuchung über die tatsächliche Vorgehensweise bei der gerichtlichen Rechtsfindung haben meine Mitarbeiter und ich herausgefunden (Morlok, Stegmaier und Berndt 2009: 210 ff.), dass es eine Staffelung der Literatur und Rechtsprechung, also der Bezugstexte gibt, welche für die Vorgehensweise typisch ist. So finden sich auf dem Schreibtisch normalerweise Kurzkommentare, in die gern ein schneller Blick geworfen wird. Die Texte, die im Regal an der Wand stehen, werden schon seltener befragt, erst recht gilt dies für Quellen, die man in der Bibliothek aufsuchen muss. Unter der Hand hat sich so eine Hierarchie der Zugriffswahrscheinlichkeit herausgebildet.

7 Wegweisend Simon 1957: 241 ff.; für die deutsche Rezeption Luhmann 1960: 150 ff.

Ehe man aufwändigere Textbeschaffung unternimmt, wird kritisch geprüft ob man auf jene entfernteren Quellen tatsächlich zurückgreifen muss. Das Ideal der allseitigen Informiertheit des Richters wird durch solche Alltagsroutinen also deutlich verfehlt – aber eben mit dem Gewinn, in begrenzter Zeit die anstehende Arbeit bewältigen zu können.

2.3 Digitalisierung der Rechtstexte

Im Hinblick auf diese Beschränkungen der Rechtsarbeit bringt die Digitalisierung der Rechtstexte beachtliche Veränderungen mit sich. Mit „Digitalisierung" ist hier gemeint, dass die Rechtstexte im weiteren Sinne, also Normtexte, Gerichtsentscheidungen und rechtswissenschaftliche Abhandlungen, auf elektronischen Speichermedien sich finden und über Zugriffssysteme dem Nutzer rasch verfügbar sind. Das Speichermedium selbst spielt als solches keine Rolle.

Die Digitalisierung der Texte steigert zum einen die Zugänglichkeit dieser Texte. Angesichts der enormen Speicherkapazitäten kann beinahe davon ausgegangen werden, dass alle relevanten Bezugstexte für den Benutzer verfügbar sind. Dies gilt jedenfalls für diejenigen Quellen, die im Internet greifbar sind. Mit dieser leichten Zugänglichkeit verbunden ist zum zweiten die Schnelligkeit der Zugriffsmöglichkeit. Pointiert formuliert: Alle gewünschten Bezugstexte sind sofort verfügbar. Hinzu kommt als Drittes deren leichte Verknüpfbarkeit.

Wenn wir in der Praxis der Vergangenheit die Gattung der Schreibtischliteratur beobachten konnten, so wird jetzt dieser Unterschied eingeebnet. Im Grundsatz gibt es eine neue Gleich-Verfügbarkeit der rechtserheblichen Texte. Der Unterschied zwischen dem Handkommentar auf dem Schreibtisch und dem Großkommentar in der Bibliothek verschwindet, wenn beide auf Knopfdruck auf dem eigenen Bildschirm aufgerufen werden können.

2.4 Hypertextualität

Die elektronische Verfügbarkeit der rechtserheblichen Texte geht häufig auch einher mit der im gegebenen Text hervorgehobenen Verweisung, gar Verlinkung auf andere mögliche Bezugstexte. Der hypertextuelle Charakter elektronisch verfügbarer Rechtstexte bedeutet also unmittelbar eine *bessere Kenntnis* über Bezugstexte. Hypertextualität erweitert das Wissen über Bezugstexte. Die Gestaltung der Texte spielt dafür ersichtlich eine maßgebliche Rolle. Diese weiterweisende Informationsfunktion wird in dem Maße erfüllt, in dem ein Text eben auf weitere Bezugstexte hinweist. Herkömmlich geschah dies über Fußnoten.

An dieser Stelle ist eine Warnung vor einer Überschätzung des Neuen angebracht. Rechtsarbeit war immer schon intertextuell, Rechtstexte sind in langer Tradition als Hypertexte verfasst. Der Fußnotenreichtum jedenfalls deutscher Rechtstexte steht dafür, aber auch die alte Praxis, die überlieferten Texte des römischen Rechtes mit Glossen zu versehen und diese in Gestalt von Postglossen weiter zu kommentieren (vgl. Lange 1997 sowie Lange und Kriechbaum 2007). Rechtstexte lebten so betrachtet seit vielen Jahrhunderten in einem Kontext im wörtlichen Sinne: in einer Umgebung von anderen Texten.

Die neue Qualität, welche die Digitalisierung der Rechtstexte bewirkt, liegt in der *Verlinkung*, also in der umstandslosen Verfügbarkeit über die Bezugstexte. Die im Text sichtbaren Links machen die immer schon praktizierte Intertextualität juristischen Arbeitens buchstäblich sichtbar. Dieser intertextuelle Charakter, die Tatsache, dass Rechtstexte in einem Gewebe anderer Texte stehen – Text heißt bekanntlich Gewebe[8] –, kann jetzt kaum mehr geleugnet werden. Wer sich bislang einredete, er judiziere aus dem Gesetz und aus nicht viel mehr, kann angesichts der auf seinem Bildschirm aufscheinenden Bezugstexte dieser Vorstellung kaum mehr treu bleiben, und zwar auch dann, wenn diese Bezugstexte nicht aufgerufen werden. Sie sind aber, jedenfalls im Kopf des ausgebildeten Juristen, immer schon – gegebenenfalls nur halb bewusst – vorhanden. Die Selbstverständlichkeit, mit der bestimmte Auslegungsvarianten gewählt werden, weil sie der herrschenden Meinung und/oder der obergerichtlichen Rechtsprechung entsprechen, mag diese Bezüglichkeit im Bewusstsein des Einzelnen häufig verdeckt haben.

Im Weiteren sollen nun die Chancen wie die Risiken abgeschätzt werden, die mit der digitalen Verfügbarkeit der Rechtstexte einhergehen. Dies muss notgedrungen auf der Grundlage von eher ungesicherten Annahmen geschehen. Wie sich die Rechtspraxis tatsächlich entwickeln wird, muss abgewartet werden. Meine positiven wie negativen Beurteilungen basieren mithin auf Spekulationen.

3 Lob der Digitalisierung des Rechtes

3.1 Jeder Jurist ein juristischer Herkules

Das erste Urteil über die Digitalisierung der Rechtstexte wird wohl positiv ausfallen müssen. Die bessere Zugriffsmöglichkeit auf Bezugstexte stellt eine Erleichterung der juristischen Arbeit dar. Im Grenzfall sind, wie gesagt, sämtliche rechtlichen Bezugsakte einfach, schnell und simultan verfügbar. Damit kann sich der

8 Vom lateinischen Textus: Gewebe, Geflecht.

normale Jurist dem von *R. Dworkin* beschriebenen Ideal des „juristischen Herkules" (Dworkin 1984: 182ff.) annähern, also demjenigen Juristen, der alle relevanten Rechtstexte, Entscheidungen und wissenschaftliche Stellungnahmen kennt.

Allerdings: Diese Sicht blendet die Notwendigkeit, die verfügbaren Texte auch zu verarbeiten, aus. Lektüre und gegebenenfalls das Nachdenken darüber kostet Zeit. Die (fast) grenzenlose Erreichbarkeit von Bezugstexten begründet ein Problem umgekehrter Art zur früheren Knappheit an Informationen: das Problem des „Information Overload". Wenn mehr Texte zur Verfügung stehen als vernünftig verarbeitet werden können, so stellt sich wiederum ein Selektionsproblem. Dieses ist jetzt allerdings nach selbstgesetzten Maßstäben zu bearbeiten und nicht nach den mitunter eben sich aus der Natur der Sache ergebenden Zwängen, wie etwa dem Zwang der Größe der zur Verfügung stehenden Bibliothek oder der Tatsache, dass Werke dort gerade anderweitig ausgeliehen sind. Auch dieser Aspekt sollte am Rande festgehalten werden: Texte können jetzt simultan mehreren Lesern zur Verfügung stehen.

Der mit allen digitalisierten Rechtstexten ausgestattete Jurist wird wegen seiner begrenzten Informationsverarbeitungskapazität also noch nicht ohne weiteres zum juristischen Herkules im Sinne von *Dworkin*. Auch wenn man diese empirische Einschränkung ausklammert, wenn man annimmt, alle wünschenswerten Rechtstexte nicht nur erreichen sondern auch verarbeiten zu können, so bleiben immer noch genug Spielräume für die Entscheidung des aktuellen Falles. Jenseits der Bezugstexte bleibt noch die Arbeit des Juristen zu tun, die darin besteht, für die Lösung des jeweiligen Falles *Argumente* zu finden, um dessen Besonderheiten gerecht zu werden. Ob ein Bezugstext eine bestimmte Falllösungsvariante stützt oder gegen sie spricht, ist eben mit Hilfe von solchen Argumenten zu beurteilen und letztlich zu entscheiden. Auch der ideal ausgestattete Jurist bedarf schließlich seines Kopfes, seines Urteilsvermögens.

3.2 Verfestigung von Vorformulierungen

Unterhalb dieses Anspruches dürfte die mit digitalen Speichermedien und Zugriffshilfen erleichterte Verfügbarkeit von Bezugstexten dazu führen, dass Rechtsprechung (Präjudizien) und Literatur häufiger zitiert werden.

Die leichte Zugänglichkeit und Heranziehbarkeit der Bezugstexte erleichtert eine „Bausteintechnik". Damit ist gemeint, dass andernorts vorgefertigte Texte ohne oder mit kleinen Veränderungen in die Produktion des aktuellen Textes übernommen werden können. Die Intertextualität wird technisch leichter realisierbar. Im Grenzfall beschränkt sich der aktuelle Autor darauf, andere Texte nur nachzuweisen, ohne sie selbst auch inhaltlich teilweise zu zitieren.

Die Bausteintechnik bedeutet eine Anreicherung der Wissenschaft wie der Entscheidungspraxis; dies in dem Sinne, dass Begründungsbausteine für eine (nicht offensichtliche, erst zu konstruierende) Anspruchsgrundlage oder für die Entscheidung einer heiklen Rechtsfrage fertig zur Verfügung stehen und ohne weiteres abgerufen und in den eigenen Text eingebaut werden können. Wenn hier auf gute Vor-Texte zugegriffen wird, dürfte die dogmatische Durchdringung des Rechts und damit auch die Qualität seiner Entscheidungen steigen. Bausteine kommen in diesem Sinne dem aktuellen Rechtstext zugute. Deswegen ist grundsätzlich an einer solchen Bausteintechnik auch nichts zu kritisieren, im Gegenteil.

3.3 Steigerung der Erwartbarkeit gerichtlicher Entscheidungen

Die Rechtswissenschaft arbeitet mit, ja sie braucht Standardisierungen. Eine notwendige Erwartung an das Recht ist, dass es Rechtssicherheit bietet. Dies bedeutet, dass die Gerichte sich nicht durch Originalität ihrer Entscheidungen auszeichnen sollen, sondern durch deren Vorhersehbarkeit, durch deren Erwartbarkeit in beidem, ihrem Entscheidungsausspruch wie in ihrer Begründung. Damit ist zugleich auch dem Postulat der Gleichheit vor dem Gesetz genüge getan. Wenn eine informationstechnisch gestützte Entscheidungspraxis mit dazu beiträgt, dass die Gerichte in Flensburg, Cottbus und Waldshut-Tiengen gleiche Fälle gleich entscheiden, so ist dies nur begrüßenswert.

Insgesamt dürfte durch die digitale Speicherung und Heranziehbarkeit von rechtserheblichen Texten die juristische Arbeit zu größerer Klarheit ihrer Besonderheiten kommen. Dies dürfte auch Rückwirkungen auf die Ausbildung haben. Schon bisher konnte man den Studenten empfehlen, bestimmte Textbausteine herzustellen, im Kopf zu speichern und bei Bedarf, insbesondere in der Klausur, abzurufen. Ganze Sätze, etwa zur Einleitung der Zulässigkeits- oder Begründetheitsprüfung in einem bestimmten Typus von Klausur, konnten so vorfabriziert werden. Diese Vorgehensweise wird jetzt durch ihren elektronischen Nachbau plausibler und dürfte noch mehr an Überzeugungskraft gewinnen.

Die Digitalisierung des Rechts, so also meine Vermutung, dürfte zur stärkeren Vereinheitlichung und Standardisierung der Rechtsfindung beitragen. Dies dient einer wesentlichen sozialen Funktion des Gerichtssystems.

4 Gefahren der Digitalisierung der Rechtstexte

Alles hat seinen Preis. Andere Arten der Verfügbarkeit von Texten führen zu anderen Arten der Lektüre, zu einem veränderten Umgang mit den Texten. In großer Masse zur Verfügung stehende Texte werden nicht nur einer „Lektüre" im klassischen Sinne unterzogen, vielmehr bilden sich größere Freiheiten des Lesens heraus, entwickeln sich bereits bisher bekannte unterschiedliche Lesestile weiter; man kennt ja auch bislang die minutiöse Lektüre oder das kursorische Lesen, man beschränkt sich bisweilen auf einen Blick in das Inhaltsverzeichnis oder schaut nur nach den Fußnoten oder anderes mehr.[9] Die neuen Möglichkeiten der Lektüre – und der Texterstellung – sind auch mit spezifischen Gefahren verbunden.

4.1 Präjudizienfixiertheit

Wenn Entscheidungen, die als Präjudizien fungieren können, umstandslos und in großer Menge herangezogen werden können, so liegt es nahe, hiervon auch tatsächlich Gebrauch zu machen. Die Digitalisierung der Rechtstexte dürfte also, so die Vermutung, zu einer verstärkten Abstützung der eigenen Entscheidung durch andere Entscheidungen führen. Freilich, in dem Maße, in dem diese ohne Mühe und in großer Zahl auffindbar sind, in dem Maße liegt es nahe, diese nicht gründlich zu analysieren, sondern sich gegebenenfalls auf sie zu beziehen und sie zur Stützung der eigenen Entscheidung heranzuziehen, ohne sie tatsächlich (sorgfältig) auszuwerten. Die Leichtigkeit des Auffindens und Heranziehens dürfte einhergehen mit der Gefahr der unkritischen Berufung auf sie.

Diese Gefahr ist durchaus realistisch. Schaut man nämlich einmal kritisch in die heutigen Standardkommentare und die dort aufgeführten Ketten von Belegentscheidungen, so stellt man bei einer gründlichen Lektüre dieser angeblichen Präjudizien häufig fest, dass die genannten Entscheidungen nur zum Teil oder auch gar nicht das aussagen, wofür sie herangezogen werden. Die Kommentarliteratur scheint auch bislang daran zu leiden, dass ältere Judikate nicht nachgelesen werden, sondern aus der Vorauflage oder aus anderen Kommentaren übernommen werden. Dieses Problem der unkritischen Heranziehung von Gerichtsentscheidungen steigt fast zwangsläufig mit der Menge der leicht verfügbaren Präjudizien.

9 Vgl. für solche Lektürearten etwa Hess-Lüttich 1997: 53, zitiert nach Christensen und Lerch 2005: 104.

4.2 Tendenz zum argumentum ab auctoritate

Die Leichtigkeit, mit welcher Belegstellen herangezogen und auch textlich in die Entscheidungsbegründungen inkorporiert werden können, dürfte eine Tendenz zum verstärkten Einsatz des *argumentum ab auctoritate* bewirken. Damit ist gemeint, dass weniger zum Problem selbst hin argumentiert wird und die einzelnen Argumente nach ihrer Durchschlagskraft beurteilt werden. Vielmehr gewinnen Obergerichte und anerkannte Stimmen in der (eben so leicht verfügbaren) Literatur fast zwangsläufig größere Bedeutung – schon allein deswegen, um die Überfülle der Bezugstexte zu strukturieren und unter ihnen eine Auswahl zu treffen. Je mehr potentiell einschlägige Bezugstexte zur Verfügung stehen, desto stärker dürfte das relative Reputationsgewicht der jeweiligen Quelle sich als praktisches Selektionskriterium auswirken. Ich sehe also eine Tendenz zur Vernachlässigung der Prüfung der in den Bezugstexten vorgebrachten Argumente.

Das, was oben als Vorteil der Digitalisierung der Rechtstexte gesehen wurde, nämlich die Erwartbarkeit und Standardisierung von Entscheidungen durch die leichte Verfügbarkeit von Präjudizien, hat in dieser verstärkten Autoritätsorientierung seine Schattenseite, jedenfalls dann, wenn man nicht allein auf die formale Autorität abhebt, sondern auf die Kraft der Argumente, was ja der Beruf eines Rechtswissenschaftlers an der Universität ist.

Diese Gefahr wird eben durch die Technik verstärkt. Mit „copy und paste" wird es eben weniger notwendig, Bezugstexte vor der Übernahme gründlich zu durchdenken und zu reformulieren. Die technikgestützte plagiatorische Praxis, wie sie *zu Guttenberg* geübt hat, hat dies bekanntlich einem breiten Publikum vor Augen geführt. Wer früher inhaltlich „abschreiben" wollte, musste seinen Vor-Text erst im wörtlichen Sinne abschreiben, dies ergab die Möglichkeit und damit fast auch die Notwendigkeit, ihn zu reformulieren, zu durchdenken, im besten Falle, ihn sich selbst anzuverwandeln. Die technisch einfache Heranziehung von Bezugstexten dürfte also verbunden sein mit einer verringerten kritischen Durchdringung der Bezugstexte.

Die digitale Verfügbarkeit dürfte weiter eine Tendenz zur *Zerstückelung* bewirken. Nur die gesuchte oder passende Passage wird gesehen und übernommen, der sachliche Zusammenhang, so meine Befürchtung, tritt in den Hintergrund. Wohingegen in einem Buch und in einem gedruckten Aufsatz der umgebende Text ein beinahe notwendig zu sehender Kontext ist, kann dieser bei der elektronischen Verfügbarkeit der Texte leichter ausgeblendet werden. Ich mache mir dabei keine Illusionen, auch bei herkömmlicher Textgegebenheit kann der Sinnzusammenhang zerrissen werden, kann ohne Rücksicht auf diesen zitiert werden, die technische Gegebenheit der Texte stärkt aber diese Gefahr. Digital verfügbare, zumal über Links herangezogene Textteile dürften deswegen die Gefahr der Dekontextierung erhöhen.

4.3 Gefahr der literarischen Engführung durch Machtpositionen von Verlagen

Eine mit dem Medium nicht unmittelbar zusammenhängende Bedrohung der Vielfalt der Textgrundlage, aus der geschöpft wird, soll nicht unerwähnt bleiben. Die Digitalisierung der Rechtstexte hat, so jedenfalls meine Beobachtung, zu einer verstärkten Konzentrationswirkung im Verlagswesen geführt. Während es noch relativ billig war und ist, ein Buch oder eine Zeitschrift herzustellen und zu verbreiten, mögen die Kosten für eine konkurrenzfähige Internetpräsentation größer sein. Wie dem auch sei, es hat den Anschein, dass große Verlagshäuser auf dem juristischen Internetmarkt eine noch stärkere Stellung haben als auf dem Markt der Druckerzeugnisse. Die Verlage bieten kostenpflichtige Plattformen mit ihren Produkten an. Marktführer ist hier „beck-online“. Angesichts der Kosten liegt es nahe, dass öffentliche Institutionen nicht sämtliche entsprechenden Produkte sich halten, zumal, so der Anschein, bei „beck-online“ sich ja ohnehin alles Wesentliche findet. Falls meine Beobachtungen und Befürchtungen zutreffen, so droht eine Engführung der Literaturgrundlagen entlang den Verlagsgrenzen. Es mag auch mit der Bequemlichkeit der Benutzer zu tun haben: Wer sich gerade auf einer Plattform bewegt und dort eine Reihe von Nachweisen findet, mag weniger motiviert sein, auf den Plattformen anderer Verlage zu suchen. Die Differenz zwischen „Schreibtischliteratur“ und „Bibliotheksliteratur“, die man bislang beobachten konnte, mag insofern in anderer Gestalt reproduziert werden.

4.4 Normative Aufladung von Sekundärtexten

Wenn Gerichtsentscheidungen wie rechtswissenschaftliche Texte leicht und in großer Zahl verfügbar sind, so können sie sich vor die Primärtexte – die verbindlichen Normen selbst – schieben und diese verstellen. Der über zahllose Sekundärtexte verfügende Jurist ist dann in der Versuchung, sich stark auf diese zu stützen und den Blick auf den eigentlichen Normtext zu vernachlässigen. Dies geschieht in begrenztem Maße bereits bislang; die überbordende Fülle der juristischen Literatur, wie sie in Deutschland zur Verfügung steht, und die Menge der Judikate geben hierfür Beispiele. Es wird bereits nötig, hin und wieder den „Durchgriff auf den Text“ anzumahnen. Ein frischer Blick auf den Normtext und die damit verbundene Distanznahme zu den bisherigen Äußerungen zu einem Rechtsproblem kann durchaus fruchtbar sein.

Die leichte Verfügbarkeit vieler Sekundärtexte ist mithin mit der Gefahr verbunden, die eigentlich nur der Erläuterung dienenden Texte ihrerseits (quasi) normativ aufzuladen. Ebenso wenig wie Präjudizien in der deutschen Rechtsordnung haben auch wissenschaftliche Stellungnahmen keine verpflichtende Bedeutung. Eine unvermittelte Betrachtung des Problems wird mit der Überfülle der zu Gebote stehenden Texte weniger wahrscheinlich. Wo die Not an Fremdinformationen zum Selberdenken zwang, besteht nun das Risiko, wegen einer Überfülle an Texten das eigenständige Denken zu unterlassen oder jedenfalls zu begrenzen. Diese Gefahr der Verwischung der Differenz von Normtext und erläuternden Texten wird durch die Textgestalt bei der Hypertextlektüre nahegelegt. Während herkömmlich der Normtext im Gesetzbuch aufgesucht wird oder immerhin im Kommentar textlich deutlich hervorgehoben ist, nivelliert der Bildschirm in der Art der Darstellung die Textsorten. Die Digitalisierung ist ein großer Leveller, jedenfalls in den Augen des Lesers wird der Unterschied von Text und Bezugstext tendenziell nivelliert, die Textsorten nähern sich an (vgl. Morlok 2004: 93) Man mag es auch mit dem großen Wort formulieren, dass der Rechtstext mit der Digitalisierung seiner Aura verlustig geht, die in Stein gemeißelten Zehn Gebote machten den Gegensatz von Rechtstext und sonstigen Zutaten noch greifbar.[10]

4.5 Verlust des Einzelfalles

Die umstandslose Verfügbarkeit von Präjudizien und anderen Textbausteinen hat eine weitere negative Konsequenz zu gewärtigen: Der aktuell zu entscheidende Fall droht in den Hintergrund zu treten und überstrahlt zu werden von den bereits bekannten entschiedenen und kommentierten Fällen. Damit steigt die Gefahr, dass die Besonderheit des Einzelfalles hinter der leichten Heranziehbarkeit von angeblich bereits Entschiedenem verschwindet. Demgegenüber ist auf der *Dignität des Einzelfalles* zu bestehen. Die Rechtswissenschaft, jedenfalls die Gerichte, haben ihre Besonderheit darin, dem Einzelfall verpflichtet zu sein und ihn gerecht zu entscheiden. Das ist eine Kernaufgabe des Richters, darauf zielt das Pathos des gerechten Richters.[11]

---

10 Siehe dazu Augsberg 2009: 123 ff. unter Bezug auf Graf 2006: 44. Festzuhalten ist jedenfalls, dass die spezifische Medialität, also die Materialität der Textgrundlage immer auch Bedeutung mit transportiert.

11 Vgl. Stammler 1902: 221; Augsberg 2009: 59 ff.; zum Anspruch an das Recht, auch Gerechtigkeitserwartungen zu entsprechen, ja selbst Richtigkeitsanspruch zu erheben, siehe Larenz 1979: 37 ff. sowie Alexy 1978: 273 ff., ders. 1992: 64 ff.

Das angelsächsische Recht hat angesichts der dort herrschenden Präjudizienbildung die Kunst des *Distinguishing* entwickelt und pflegt sie. Wenn es zutrifft, dass mit erleichterter Heranziehung von (möglicherweise) einschlägigen Präjudizien und rechtswissenschaftlichen Texten zum gegebenen Problem eines Falles die Gefahr wächst, dass auch Unpassendes zur Begründung der Entscheidung des aktuellen Falles herangezogen wird, so ist dem mit einer Forcierung der Kunst des Distinguishing auch in unserer Methodik entgegen zu wirken.[12] An diesem Punkt ist daran zu erinnern, dass die Rechtswissenschaft nicht nomothetisches Wissen produziert, sondern eine Kunstlehre darstellt, die auf Unterschiede im Einzelfall achten muss und die abstraktes Wissen eben mit Urteilskraft im Einzelfall zu applizieren hat. Darin liegt die besondere Aufgabe der Jurisprudenz – zugleich auch ihre Schwierigkeit. Urteilskraft ist aber im Einzelfall aufzubringen und kann nicht durch vorgefertigte Bausteine ersetzt werden. In soziologischer Betrachtung sei hier daran erinnert, dass solche Akte der Urteilskraft typischerweise den klassischen *Professionen*[13] anvertraut werden, die eben in Unabhängigkeit ihrer Aufgabe nachgehen können. Damit wird nicht bestritten, dass es für die Besonderheiten, die in einem gegebenen Fall vorliegen, auch durchaus Vorstücke geben mag, gar Textbausteine, die diese Besonderheiten gut entfaltet und auf einen prägnanten Begriff gebracht haben. Es bedarf allerdings der je sorgfältigen Prüfung, ob dem so sei.

An dieser Stelle soll noch eine Frage angeschnitten werden: Sind die Auswirkungen der Digitalisierung der Rechtstexte für die gerichtliche Praxis und die rechtswissenschaftliche Arbeit dieselben? Dem ersten Blick nach ist ein wesentlicher Unterschied zwischen diesen beiden Arten rechtswissenschaftlichen jurisprudentiellen Bemühens[14] der, dass die gerichtliche Praxis typischerweise unter engeren Zeitvorgaben steht und, insbesondere dem Rechtsverweigerungsverbot unterliegt, also unter Entscheidungszwang steht.[15] Der Wissenschaftler, der eine schwierige Frage nicht zufriedenstellend zu beantworten weiß, muss sich dazu nicht öffentlich verhalten. Auch kann er warten, bis er alle ihm nötig erscheinende Literatur erhalten hat. Der Zeitgewinn durch die elektronische Verfügbarkeit

---

12 Zu den Techniken des distinguishing und des overruling siehe Alexy 1978: 339 ff.; Augsberg 2009: 88.

13 Maßgeblich die Formierung des Konzeptes durch Parsons 1978: 45 ff.; siehe weiter etwa Hesse 1968; Pfadenhauer 2005.

14 Empirisch zu den Unterschieden im Informationsverhalten zwischen Praktikern und Universitätsjuristen s. Infra-Text, Informationsverhalten und Informationsbedarf von Juristen, 2 Bände, 1973, 1976.

15 Dazu Luhmann 1993: 310 ff.; vgl. auch die Auseinandersetzung von Dworkin 1984: 144 ff. mit „schwierigen Fällen“ (hard cases).

von Texten dürfte für ihn insofern keine so große Rolle spielen wie für den Rechtspraktiker. Nicht weiter vertiefen möchte ich die Frage, ob die Gerechtigkeitserwartungen, die an den Richter adressiert sind, auch für den Rechtswissenschaftler gelten.

5 Ausblick

Angesichts der beschränkten Erfahrungsgrundlage mit digital zur Verfügung stehenden Rechtstexten (im weiteren Sinne) und erst recht auch systematisch erhobenem Wissen über die Konsequenzen dieser veränderten Materialität der Textgrundlagen musste ein Großteil meiner Einschätzungen relativ bleiben. Solche Spekulationen mögen aber auch anregend sein.

5.1 Auswirkungen auf die Innenausstattung des Menschen

Bekanntlich sind wir Menschen einigermaßen plastische Gestalten, wir verändern uns in Wechselwirkung mit unserer Umwelt. Dies gilt auch für unsere Innenausstattung. Beispielhaft sei an den von *Norbert Elias* beschriebenen „Prozess der Zivilisation" (Elias 1969) erinnert. Insofern ist – ich folge hier *Thomas Vesting* (Vesting 2011: 76 f.) – mit Ernst nach den Auswirkungen zu fragen, welche mit der Digitalisierung der Textgrundlagen auf uns Menschen einhergeht und auch auf die juristische Arbeitstechnik. Man mag gar nach Konsequenzen für die Hirnentwicklung fragen.[16]

5.2 Herausbildung neuer Kulturtechniken und juristischer Arbeitstechniken

Diese Überlegungen sind zwangsläufig sehr unbestimmt. Mit großer Bestimmtheit ist aber zu vermuten, dass die Computerisierung von Schreib- und Lesetechnik begleitet wird von der Herausbildung neuer Kulturtechniken ebenso wie auch von sozialen Normierungen, einschließlich solcher der fachinternen Methodik. Ein Charakteristikum der Textgegebenheit auf digitaler Grundlage ist, dass die *Linearität* des Lesens sehr viel stärker unterbrochen wird durch die Verlinkung, als dies herkömmlich durch die Fußnoten (sic!) der Fall ist, die eben nur am Fuß der Seite oder gar als Endnoten eine Randexistenz führen, wohingegen die Links mitten im

16 Zur Auswirkung der Schrift auf mentale Prozesse Vesting 2011: 78.

Text aufscheinen und zum Nachgehen, sprich zum Abschweifen einladen. Damit wird die Rolle des Lesers[17] nochmals erheblich gestärkt. Der Text, den der Einzelne tatsächlich liest, ist in erheblichem Maße von ihm selbst komponiert, nämlich aus den per Verlinkung verfügbaren Komponenten erstellt. Ähnliches gilt auch für das Schreiben im Hypertext.

Aus der bisherigen Mediengeschichte wissen wir, dass technische Fortschritte neue Chancen eröffnen, die von ihren Benutzern allmählich erschlossen und auch ausgeweitet werden. Die vervielfältigten und erleichterten Möglichkeiten der Textsuche, der Textfindung und der Textrepräsentation werden einhergehen mit neuen Praktiken und Routinen des Lesens und Schreibens. Dies dürfte angesichts der Überfülle der eröffneten Möglichkeiten insbesondere auch in die Richtung neuer Ordnungssysteme und Übersichtshelfer gehen. Beispielhaft sei auf das Aufkommen von sogenannten Suchmaschinen verwiesen. Die neue Fülle braucht neuartige Methoden der Reduktion.

Technisch neue Möglichkeiten werden nach einiger Zeit von der sozialen Normierung eingefangen. Das mögen Höflichkeitsformen für den Gebrauch von Mobiltelefonen sein, das können aber auch Rechtsnormen sein, so etwa zum Datenschutz. Ähnliches steht auch für den Umgang mit digitalisierten rechtlichen Texten zu erwarten. Die erleichterten Möglichkeiten, sich fremde Texte anzueignen und als eigene auszugeben, haben bereits dazu geführt, dass an Universitäten Qualifikationsarbeiten in elektronischer Form eingereicht werden müssen – um damit mindestens eine elektronische Kontrolle auf Plagiate anzudrohen.

Zu welchen normativen Entwicklungen die neuen Textgrundlagen in der Methodenlehre führen werden, ist derzeit schlecht absehbar. Vermutlich dürften Arbeitsregeln betont werden im Sinne des „Selbstlesens!“, also Redlichkeitspostulate aufgestellt werden. Wie mit der enorm gesteigerten Vielfalt der möglichen Bezugstexte methodisch umzugehen sein wird, ist derzeit noch kaum abzusehen, die Form des Kommentares, die die deutsche Rechtswissenschaft entwickelt hat, in welcher Informationen gerade zum Normtext und hier auch zu einer bestimmten Stelle angesammelt werden, dürfte sich bei größeren Textmengen erst recht bewähren. Hinzutreten mögen abstrakte Ordnungsbegriffe der Dogmatik in spezifischen rechtswissenschaftlichen Suchmaschinen.

17 Im Sinne von Eco 1998.

5.3 Die soziale Konstitution der rechtlichen Normativität

Rechtsnormen per se binden nicht, Texte allein haben keine normative Kraft. Solche wächst ihnen erst durch und in der *sozialen* Welt zu. Normativität hierbei verstanden als die Proposition und Verteidigung von *normativen Erwartungen*, das sind solche Erwartungen, die im Enttäuschungsfalle nicht (lernend) revidiert werden, sondern trotzig oder standhaft, aber jedenfalls kontrafaktisch weiter aufrecht erhalten werden.[18] Es ist eine alte Frage, wodurch die Verpflichtung auf die Rechtsnormen, – vereinfachend gesagt – die „Bindung an das Gesetz" bewirkt werde. In diesem Kreis bedarf es keiner weiteren Darlegung, dass die sprachliche Fassung einer Norm, mithin ihr semantischer Gehalt, das nicht leistet. Über die Bedeutung der Rechtsnorm und einzelner Begriffe wird vielmehr in einem vielstimmigen Interpretationsprozess entschieden, der von einer bestimmten *Interpretationsgemeinschaft* getragen wird.

Jedenfalls für das Recht und im Recht ist der maßgebliche Träger der Interpretation nicht ein Individuum, sondern ein strukturiertes Kollektiv, im Falle des Rechts sogar eine hierarchisch institutionalisierte Interpretationsgemeinschaft. Die Gerichte in ihren Zuständigkeiten und ihrer Rangordnung sind hier wesentliche Interpreten, abgestuft auch die Autoren der Rechtswissenschaft, schließlich darf auch das öffentliche Echo auf die Entscheidungen des Rechtssystems nicht außer Betracht bleiben. Die Gesamtheit dieser Interpretationen – mit ihrer unterschiedlich starken Bedeutung – legt einen einigermaßen bestimmten Rahmen dessen fest, was akzeptabel ist und was nicht, was „geht" und was „nicht geht", was rechtlich „abwegig" ist, genauer: was als abwegig gilt.

Diese Aussage stützt sich auf die Erkenntnis, dass *Bedeutung* durch eine bestimmte Kommunikationsgemeinschaft zugeschrieben wird, hier eben durch die zuständigen Interpreten des Rechts. Gerichtsentscheidungen, die einen Rechtsbegriff in bestimmter Weise auslegen, bilden so verstanden Referenzfixierungsakte; die Bedeutung wird durch sie nicht erkannt, sondern für die rechtliche Interpretationspraxis festgelegt, jedenfalls wird ein Vorschlag zum Verständnis des in Rede stehenden Rechtsbegriffs der Interpretationsgemeinschaft unterbreitet. In dem Maße, in dem dieser Vorschlag Anklang, also Nachahmer – eine soziale Kategorie! – findet, in dem Maße bekommt der Rechtsbegriff für die Rechtspraxis – in ihrer Fachsprachlichkeit – eben diese Bedeutung.

Innerhalb der Interpretationsgemeinschaft halten soziale Mechanismen und Kontrollen das Gesamtsystem auf dem eingeschlagenen Kurs, gewährleisten die Rechtssicherheit, freilich mit Abschwächungen, was auch positiv formuliert wer-

18 Zu diesem Verständnis von Normativität siehe Luhmann 1969: 28 ff.

den kann: mit Variations- und Innovationsmöglichkeiten. Die relative Einheitlichkeit innerhalb dieser Interpretationsgemeinschaft ist also sozial vermittelt:

- In der Ausbildung wird gelernt, wie das Recht „richtig" zu verstehen und anzuwenden ist – bei Strafe des scheiternden Ausbildungserfolges;
- In der Berufspraxis dominiert regelmäßig die Orientierung an der obergerichtlichen Rechtsprechung. Rechtsanwälte, die dies nicht tun, sich nicht mindestens mit Argumenten darauf beziehen, haben keinen Erfolg. Richter werden auch an der Quote der Urteile beurteilt, in der ihre Entscheidungen bei der übergeordneten Instanz standhalten. Die berufseigenen Gratifikationsmuster stellen also starke Anreize für die Orientierung an der üblichen Interpretationspraxis dar;
- In der Rechtswissenschaft können Außenseitermeinungen zwar Anerkennung finden – sofern sie sich nicht zu weit vom Mainstream entfernen und insbesondere, solange sie sich hier und dort als anschlussfähig an die herrschenden Vorstellungen erweisen.

Kurz, die relative Homogenität der juristischen Interpretationspraxis ist sozial konstruiert (vgl. Lee 2010).

Wir handeln hier von Texten, deswegen zurück zur Textwissenschaft. Auch hier ist die Figur der Interpretationsgemeinschaft wohl bekannt. So ist beispielsweise im Judentum die Interpretation der Heiligen Texte wie auch des Rechtes ausgesprochenermaßen in eine Interpretationsgemeinschaft eingestellt. Der Sinn der Texte wird – je in ihrer Zeit – von dieser Interpretationsgemeinschaft hervorgebracht.[19] Für meine These ist diese Erkenntnis insofern zentral, als die maßgebende Interpretationsgemeinschaft textlich die Gestalt eines Textgewebes hat: Die soziale Einbindung wird sichtbar in der Form von Intertexten und von Hypertexten. Ein Rechtstext ist (fast) immer eingestellt in ein Netz von Bezugstexten, die als maßgeblich weithin anerkannt sind, und weitere, deren Relevanz jedenfalls diskutabel ist. Die Aussage „Recht ist Hypertext" (vgl. Christensen und Lerch 2005: 55, 120 und Augsberg 2009: 137 ff.) bringt dies auf den Begriff.

Noch eine Ergänzung: Dieses Verständnis bietet auch einen konzeptionellen Rahmen, um die These von *Peter Häberle* zu erörtern, die Gemeinschaft der Verfassungsinterpreten sei eine offene (vgl. Häberle 1975: 297 ff.). Er will damit darauf aufmerksam machen, dass jedenfalls die Verfassungsinterpretation nicht allein von „zünftigen" Juristen legitimerweise betrieben wird, sondern eben auch mindestens potentiell Sache aller Bürger ist. Diese Aussage dürfte sich im Kern auch

---

19 Dazu bei Vesting 2011: 48 (Schrift) mit weiteren Nachweisen; s. weiter Luhmann 1993: 338 ff., 2000: 166, 262 und allgemein 328 ff.

auf andere Rechtsgebiete erstrecken lassen, insofern jedenfalls, als die Nichtjuristen eben auch Adressaten des Rechtes sind und in einen offenen Diskussionsprozess über dessen Bedeutung legitimerweise eintreten dürfen (vgl. Augsberg 2009: 191 ff.).

5.4 Die soziale Funktion des Rechts

Nicht zu vergessen ist schließlich die soziale Funktion des Rechtes.

Die Rechtsarbeit darf nicht nur in textwissenschaftlicher Perspektive gesehen werden. Das Recht hat zuvörderst wichtige soziale Funktionen zu erfüllen. Von daher ist auch der soziologische Blickwinkel unverzichtbar, um ein angemessenes Verständnis des Rechts zu gewinnen. Mit meinen Bemerkungen zur sozialen Konstitution rechtlicher Normativität versuchte ich, einen solchen Bezug herzustellen.

Eine weitere markante Eigenschaft des Rechts ist die, dass es in Entscheidungen angewandt, ja zu erheblichen Teilen auch produziert wird. Das, was Juristen betreiben, kann wegen des durchgängigen intensiven Textbezuges auch textwissenschaftlich analysiert werden; diese Betrachtung der Rechtswissenschaft stellt bislang sicher einen vernachlässigten Zweig dar innerhalb der Subdisziplinen der „Rechtswissenschaften“, die sich ja zu Recht diese Pluralbezeichnung geben. Daneben sind aber auch andere interne wie externe Betrachtungsweisen fruchtbar, nicht zuletzt auch diejenige, die Arbeit der Rechtswissenschaftler unter dem Aspekt der Entscheidungsfindung zu sehen. Gerade für unser Thema der Digitalisierung rechtlicher Texte ist dieser Blickwinkel wichtig. Die Aufgabe der rechtlichen Dogmatik ist daher, den praktischen Entscheidern Hilfestellungen bei ihren Entscheidungen zu geben. Hier könnten sich Berührungspunkte zu den Textwissenschaften ergeben: Jurisprudenz als textbezogene Entscheidungswissenschaften.

Literatur

Alexy, Robert 1978: *Theorie der juristischen Argumentation*. Frankfurt a. M.: Suhrkamp.

Alexy, Robert 1992: *Begriff und Geltung des Rechts*. Freiburg, München: Alber.

Augsberg, Ino 2009: *Die Lesbarkeit des Rechts*. Weilerswirst: Velbrück.

Barthes, Roland 2006: Der Tod des Autors. In: ders. (Hg.): *Das Rauschen der Sprache*, Frankfurt a. M.: Suhrkamp.

Christensen, Ralf und Kent D. Lerch 2005: Performance – Die Kunst, Recht geschehen zu lassen, In: K. D. Lerch (Hg.): *Die Sprache des Rechts*, Bd. X. Berlin, New York: De Gruyter.

Deckert, Martina Renate 1995: *Folgenorientierung in der Rechtsanwendung*. Univ., Diss. München, 1994. München: C.H.Beck (Münchener Universitätsschriften Reihe der Juristischen Fakultät, 108).

Dworkin, Ronald 1984: *Bürgerrechte ernstgenommen*, Frankfurt a. M.: Suhrkamp.
Eco, Umberto 1990: *Lector in fabula*. München: dtv.
Elias, Norbert 1969: *Über den Prozess der Zivilisation*. 2. Aufl. 2 Bände. Basel: Haus zum Falken.
Gabriel, Gottfried und Rolf Gröschner (Hg.)2012: *Subsumtion. Schlüsselbegriff der Juristischen Methodenlehre*. Tübingen: Mohr Siebeck.
Goffman, Erving 1974: *Frame analysis. An essay on the organization of experience*. ORT: Harper & Row.
Graf, Friedrich Wilhelm 2006: *Moses Vermächtnis*. München: C.H. Beck.
Gröschner, Rolf 2012: *Logik und Dialogik der Subsumtion*, In: Gottfried Gabriel und Rolf Gröschner (Hg.): *Subsumtion*. Tübingen: Mohr Siebeck.
Häberle, Peter 1975: Die offene Gesellschaft der Verfassungsinterpreten. In: *Juristenzeitung* (JZ) 30, S. 297.
Häberle, Peter 1989: Grundrechtsgeltung und Grundrechtsinterpretation im Verfassungsstaat – Zugleich zur Rechtsvergleichung als „fünfter" Auslegungsmethode. In: *Juristenzeitung* (JZ) 44, S. 913.
Hesse, Hans Albrecht 1968: *Berufe im Wandel*. Stuttgart: Enke.
Hess-Lüttich, Ernest W. B. 1997: Text, Intertext, Hypertext, In: Jürgen Söring und Reto Sorge (Hg.): *Androïden*. Frankfurt a. M. [u.a: Peter Lang].
Krämer, Sybille 1998: Das Medium als Spur und als Apparat. In: dies. (Hg.): *Medien, Computer, Realität. Wirklichkeitsvorstellungen und Neue Medien*. Frankfurt a. M.: Suhrkamp, S. 73–94.
Lange, Hermann und Maximilian Kriechbaum 2007: *Die Kommentatoren*. 2 Bände. München: C.H. Beck (Römisches Recht im Mittelalter, 2).
Lange, Hermann 1997: *Die Glossatoren*. 2 Bände. München: C.H. Beck (Römisches Recht im Mittelalter, 1).
Larenz, Karl 1979: *Richtiges Recht, Grundzüge einer Rechtsethik*, München: C.H. Beck.
Lee, Kye Il 2010: *Die Struktur der juristischen Entscheidung aus konstruktivistischer Sicht*. Tübingen: Mohr Siebeck.
Luhmann, Niklas 1969: *Normen in soziologischer Perspektive*. Soziale Welt 20.
Luhmann, Niklas 1993: *Das Recht der Gesellschaft*. Frankfurt a. M.: Suhrkamp.
Luhmann, Niklas 2000: *Die Religion der Gesellschaft für die jüdische Religion*. Frankfurt a. M.: Suhrkamp.
Luhmann, Niklas 2007: Kann die Verwaltung wirtschaftlich handeln? In: *Politische Planung: Aufsätze zur Soziologie von Politik und Verwaltung*. Wiesbaden: VS Verlag für Sozialwissenschaften.
Morlok, Martin 2004: Der Text hinter dem Text. Intertextualität im Recht. In: Alexander Blankenagel, Ingolf Pernice und Markus Kotzur (Hg.): *Verfassung im Diskurs der Welt. Liber Amicorum für Peter Häberle zum siebzigsten Geburtstag. Unter Mitarbeit von Peter Häberle*. Tübingen: Mohr Siebeck, S. 93–136.
Morlok, Martin 2012: Die vier Auslegungsmethoden – was sonst? In: G. Gabriel und R. Gröschner (Hg.), *Subsumtion. Schlüsselbegriff der Juristischen Methodenlehre*. Tübingen: Mohr Siebeck.
Morlok, Martin, Peter Stegmaier und Thorsten Berndt 2009: *Recht als soziale Praxis, DFG-Projekt*, unv. Arbeitspapiere.
Müller, Friedrich, Ralph Christensen und Michael Sokolowski 1997: *Rechtstext und Textarbeit*. Berlin: Duncker & Humblot (Schriften zur Rechtstheorie).
Parsons, Talcott 1978: Research with Human Subjects and the „Professional Complex". In: ders. (Hg): *Action Theory and the Human Condition*. New York: Free Press.

Pfadenhauer, Michalea 2005: *Professionelles Handeln*, Wiesbaden: VS Verlag für Sozialwissenschaften.

Simon, Herbert A. 1957: *Models of Man: Social and Rational*. New York: Wiley.

Stammler, Rudolf 1902: *Die Lehre vom richtigen Rechte*. Berlin: Guttentag.

Vesting, Thomas 2011: Band I *Sprache*, Band II *Schrift*. Weilerswirst: Velbrück.

Vogel, Friedemann 2012: Das Recht im Text. Rechtssprachlicher Usus in korpuslinguistischer Perspektive. In: Ekkehard Felder, Marcus Müller und Friedemann Vogel (Hg.): *Korpuspragmatik. Thematische Korpora als Basis diskurslinguistischer Analysen*. Berlin [u. a.]: De Gruyter, S. 314–353.

III (Be)Deutungen de lege lata: Korpora, Datenbanken und Sprachgebrauchsmuster als Quellen rechtslinguistischer Bedeutungsanalyse

Jan C. Schuhr

Datenbanken gerichtlicher Entscheidungen als Zugang zu juristischer Semantik?

Bemerkungen zur Kommentierung von Gesetzen im gewaltenteiligen, demokratischen Staat

1 Einleitung: Die Suche nach dem maßgeblichen Gebrauch der Rechtssprache

Nach Wittgenstein ist die Bedeutung eines Ausdrucks sein regulärer Gebrauch in der Sprache (Wittgenstein 1953: § 43). Gesetzestexte werden in höchst unterschiedlicher Weise von höchst unterschiedlichen Akteuren gebraucht. So könnte man einen Gebrauch des Gesetzes durch Gerichte, seinen Gebrauch in anwaltlicher Argumentation, seinen Gebrauch durch (zumindest gelegentlich) rechtliche Direktiven suchende Bürger, durch die Einzelfallregelungen treffende Verwaltung etc. unterscheiden und weiter differenzieren. Das würde auf die Unterscheidung verschiedener juristischer Semantiken hinauslaufen und mag linguistisch aufschlussreich sein. Dem juristischen Zweck des Gesetzes liefe das aber zuwider. Das Gesetz hat u.a. auch die Aufgabe, unterschiedliche Gebrauchsweisen von Recht zu einer konsistenten Praxis zusammenzuführen, denn diese Konsistenz ist Voraussetzung eines rationalen und rational einzurichtenden Staates – einer Kernforderung der Aufklärung.

Das Gesetz „soll" deshalb von unterschiedlichen Akteuren – insbesondere von Gericht und Bürger – zumindest insoweit nicht in unterschiedlicher Weise verstanden werden, wie sie sich in ihrem Verhalten aufeinander und auf das Gesetz beziehen. Damit aber stellen sich Sonderprobleme an der Schnittstelle von Linguistik und Rechtswissenschaft: Semantik ist ein deskriptives Konzept, man mag es pointiert gar als „naturalistisch" bezeichnen (Searle 1983: 160 [Chapt. 6.1]). An den Umgang mit Gesetzestexten und in diesem Sinne auch an ihre Bedeutung stellt das Recht (bzw. unsere Konzeption des Staates und der Rechtsbetrieb in ihm) aber normative Anforderungen. Diese binden zwar nicht Linguisten, die „extern" die Rechtssprache bzw. ihren Gebrauch untersuchen, sie binden aber Juristen, die das Gesetz interpretieren und dabei nach der Bedeutung des Gesetzestextes suchen. Zu diesen Anforderungen gehört, dass die Bedeutung des Gesetzes zwar nach Anwendungssituationen differenziert darzulegen ist, dabei aber nicht von unterschiedlichen, einander widersprechenden Bedeutungen desselben Gesetzes ausgegangen werden darf, denn solche können nicht gleichzeitig Geltung beansprucheN. In diesem Sinne müssen Juristen davon ausgehen, dass es nur „eine“ juristische Semantik geben kann.

Damit entsteht das „juristisch-linguistische“ Problem, wie sich diese juristische Semantik konstituiert. Dass dabei deskriptive und normative Vorgaben miteinander zu verbinden sind, ist kein durchgreifendes Hindernis, nicht einmal eine Besonderheit dieser Problemstellung. Das pragmatische Konzept der Semantik sieht den Gebrauch der Sprache als konstitutiv für ihre Bedeutung an. Diese deskriptive Fassung des Konzepts setzt aber eine Antwort auf die normative Frage voraus, welches Verhalten dabei zu betrachten ist, d.h. welche einzelnen Verhaltensweisen welcher Akteure den für die Bestimmung der Bedeutung maßgeblichen Gebrauch der Sprache konstituieren. Dass der Gebrauch von Wörtern in der Sprache zu betrachten ist, gibt hierauf keine Antwort, denn die Bedeutung manifestiert sich nicht unmittelbar in der Aussprache oder dem Niederschreiben des einzelnen Wortes, sondern sowohl in seiner Umgebung im Text als auch in anderen, mehr oder minder auf solche Sprechakte sowie nonverbalen Sprachgebrauch bezogenen Handlungen; es geht um „das Ganze: der Sprache und der Tätigkeiten, mit denen sie verwoben ist“ (Wittgenstein 1953: § 7). Die für die Semantik maßgebliche Praxis der Sprache besteht auch in nicht-sprachlichen Handlungen, wenn nicht gar der „Lebensform“ der Beteiligten (Wittgenstein 1953: §§ 19, 23). Diese Weite des Gegenstandes aber zieht unweigerlich ein Grenzziehungsproblem nach sich, und hier kommen die normativen Vorgaben zum Tragen.

Diese Frage nach dem für die juristische Semantik maßgeblichen Gebrauch der Rechtssprache ist eine Frage der Methodik, mittels derer juristische Semantik – je nach Perspektive – zu ermitteln und zu explizieren oder auch herzustellen ist. Damit ist sie eine praktische Frage und muss – auch weil das Konzept der Semantik selbst pragmatisch ist – auf konkrete juristische Zielsetzung und einigermaßen umgrenzte Gebrauchsszenarien bezogen werden: Es wird im Folgenden um das Kommentieren von Gesetzen gehen, d.h. das Schreiben eines juristischen Buches, in dem die Bedeutung eines Gesetzestextes expliziert werden soll. Für den Kommentator stellt sich dabei die Frage, welchen Gebrauch der im Gesetz verwendeten Sprache er als für dessen Bedeutung maßgeblich anzusehen hat (welche Rolle also welche weiteren Quellen für die Interpretation des Gesetzes spielen). Im Folgenden wird v.a. der Frage nachgegangen werden, welcher Stellenwert dabei dem Gebrauch der Rechtssprache durch die Gerichte (insbesondere gerichtlichen Entscheidungen, die die Norm „anwenden“) beizumessen ist. Er wird in juristischen Datenbanken bereits recht umfänglich erfasst, und diese Datenbanken ermöglichen schon eine gewisse computer-unterstützte Analyse sprachlicher Kontexte.

Diese vorläufige Fassung erklärt die Problemstellung aus ihrem theoretischen Hintergrund. Ihr liegen aber etliche implizite Voraussetzungen zugrunde, u.a. bzgl. des Inhalts und der Funktion von Kommentaren sowie bzgl. des juristischen

Quellenmaterials und der technischen Werkzeuge zu seiner Analyse. Um die bestehende Praxis hinterfragen und einen Ausblick auf Gefahren und Chancen künftiger Entwicklungen geben zu können, sind in einem ersten Schritt (unten 2) einige Hintergrundinformationen einschließlich gegenwärtiger methodischer Ungenauigkeiten zusammenzustellen und dann die Fragestellung noch etwas zu präzisieren. Dabei ist auch darzustellen, wie sich der sprachtheoretische Hintergrund und die juristisch-pragmatische Aufgabenstellung im Beispiel der Kommentierungen unter Verwendung juristischer Datenbanken zu einer korpuspragmatischen Fragestellung zusammenfügen. Sodann wird (unten 3) das Modell eines Rechts- und Staatsaufbaus entwickelt, in dem die sprachliche Praxis der Gerichte tatsächlich der für die juristische Semantik maßgebliche Sprachgebrauch wäre. Diesem lassen sich anschaulich die normativen Vorgaben gegenüberstellen, die aus dem Anspruch von Volksouveränität und Gewaltenteilung folgen (unten 4). Solche Vorgaben weisen dem Bürger eine herausgehobene Stellung zu, auch wenn seine Aktivitäten schwer zu erfassen sind (unten 5). Inwieweit gerichtlichen Entscheidungen im Hinblick auf juristische Semantik eine maßgebliche Rolle zukommt, lässt sich erst auf dieser Grundlage erörtern (unten 6) und schließlich die Ausgangsfrage beantworten (unten 7).

2 Kommentar und Datenbank

2.1 Hintergrund: Kommentar und Semantik – Datenbank und Korpus

Juristische Kommentare erläutern Vorschriften und behandeln dabei insbesondere deren Problemfelder. Sie ordnen die Vorschriften und die einzelnen Problemfelder möglichst systematisch ein, stellen Streitstände einschließlich der wesentlichen Argumente dar. Der Autor bezieht dabei selbst Position und weist mehr oder minder viele weiterführende Fundstellen nach. Gehalten ist die Darstellung oft im Duktus der Erläuterung einzelner Wörter des Gesetzestextes, ihrer „gemeinten Bedeutung". Auch wenn Juristen recht selten das Wort „Semantik" verwenden, erfasst es einen wesentlichen Teil des Selbstverständnisses eines Kommentators, wenn man sagt, er expliziere die Semantik des Gesetzes. Dieselbe Haltung und einen ganz entsprechenden Duktus findet man in zahlreichen weiteren fachlichen Äußerungen von Juristen. Sie ist aber wohl für keine andere Textart so typisch wie für Kommentierungen.

Aufgabe des Autors von Kommentierungen ist es, die jeweils einschlägigen gerichtlichen Entscheidungen und Darlegungen in der juristischen Literatur in seiner Darstellung zu verarbeiten. Wichtiges und noch zunehmend wichtiger werdendes Hilfsmittel zur Recherche sind dabei juristische Datenbanken wie

Juris, Beck-Online und Jurion. Ihr Datenbestand setzt sich aus juristischen Texten zusammen, insbesondere gesetzlichen Vorschriften (ebenso Verordnungen, Richtlinien etc.), gerichtlichen Entscheidungen, Aufsätzen in Volltext oder exzerpiert, Kommentierungen und Abhandlungen in Handbüchern. Sie liegen jeweils in Form einzelner Dokumente im Datenbestand, haben sehr unterschiedlichen Umfang, und ihre Aufteilung in Einzeldokumente erfolgt höchst uneinheitlich. – So sind nicht selten einzelne Absätze einer Kommentierung als Einzeldokument abgelegt, manche Einzeldokumente umfassen aber auch Kommentierungen ganzer Gesetzesabschnitte, die in Buchform mehrere hundert Seiten einnehmen. Juristische Datenbanken sind heute im Wesentlichen sog. Text-Retrieval-Systeme; sie dienen fast ausschließlich der Suche nach Einzeldokumenten. Der Nutzer gibt in der Datenbankanfrage Suchkriterien an. Als Suchkriterien können Zeichenfolgen aus dem Volltext der Einzeldokumente angegeben werden, aber auch jeweils zu den Einzeldokumenten abgelegte Meta-Daten, z.B. bei gerichtlichen Entscheidungen der Name des Gerichts, die Bezeichnung des Spruchkörpers innerhalb des Gerichts, Datum, Aktenzeichen, die Liste der angewendeten Vorschriften, die Fundstellen (soweit die Entscheidung publiziert wurde) etc. Die Datenbank beantwortet die Suchanfrage mit einer Liste der diese Kriterien erfüllenden Einzeldokumente. Die dort aufgeführten Dokumente kann der Benutzer sich dann vollständig ausgeben lassen, soweit der von ihm bezahlte Benutzerzugang den Zugriff auf das jeweilige Dokument vorsieht (i.d.R. werden preislich gestaffelte, unterschiedlich umfängliche „Pakete“ angeboten). Wenn das Dokument im Datenbestand nur in einem Exzerpt mit Fundstellennachweis besteht, lässt sich freilich nur dieses und nicht das Original ausgeben.

Juristische Datenbanken arbeiten also mit einem Korpus juristischer Texte. Diese Operation besteht heute primär darin, jeweils anhand von Suchkriterien ein Teilkorpus zu bilden. Die Suchkriterien bestimmen dieses Teilkorpus zwar prinzipiell eindeutig und reproduzierbar, praktisch unterliegt dies aber mehreren gravierenden Einschränkungen: Der Dokumentenbestand wird permanent erweitert (um neue und „rückerfasste“ Dokumente), ebenso werden Dokumente ausgesondert (z.B. wenn die Lizenz des Datenbankbetreibers für Volltexte aus einer bestimmten Zeitschrift ausläuft). Bisweilen werden bisherige Einzeldokumente in größere Einzeldokumente kombiniert oder in kleine aufgespalten, wodurch sie bei unveränderter Suchanfrage aus dem Ergebnis herausfallen können oder sich neuerdings qualifizieren lassen (insb. wenn die Suche verlangt, dass der Volltext bestimmte Wörter enthält, diese aber nicht unmittelbar aufeinanderfolgen müssen). Oft unterliegt der Dokumentenbestand keinen nachvollziehbaren Kriterien (so sind Entscheidungen der Amtsgerichte und Landgerichte nur in Einzelfällen erfasst und nach nur höchst vage spezifizierbaren Relevanzkriterien). Der Suchalgorithmus ist lediglich partiell transparent; insbesondere bei der Volltextsuche werden die angegebenen Wörter auf grammatische Grundformen und teils auch Wortstämme zurückgeführt und um Synonyme erweitert, die angegebene einfache Zeichenkette also als wesentlich komplexere alternative Suchanfrage interpretiert, ohne dass der Nutzer erfährt, wie diese Erweiterung genau erfolgt (insb. das dabei verwendete „Wörterbuch" kann vom Nutzer i.d.R. nicht eingesehen und erst recht nicht angepasst werden). Der Dokumentenbestand juristischer Datenbanken unterscheidet sich also deutlich von einem wissenschaftlich zusammengestellten linguistischen Korpus, und die Datenbankoperationen folgen weder einem transparenten Algorithmus, noch liefern sie auch nur mittelfristig wirklich stabile Resultate, haben aber doch zu alledem eine gewisse Ähnlichkeit.

Die Ausgabe der das Teilkorpus konstituierenden Dokumentenliste erfolgt unvermeidlich in einer (ggf. ungeordneten) Reihenfolge. Praktisch immer wird als transparente Ordnung eine Sortierung nach Datum angeboten. Einige Datenbanken bieten aber auch eine Sortierung des Suchergebnisses nach „Relevanz" der „Treffer" an. Weil die Relevanzkriterien dabei nicht transparent gemacht werden, und insbesondere vom System protokolliertes Verhalten des Benutzers selbst in die Gewichtung eingehen kann, schränkt auch dies die Eindeutigkeit und Reproduzierbarkeit der Operation ein.

Zweck der Datenbanken ist es, dem Nutzer einschlägige Dokumente zu seiner Anfrage zur Verfügung zu stellen. Dabei generieren Datenbanken der hier betrachteten Art grundsätzlich keine Inhalte selbst und leiten aus dem Korpus fast keine Informationen ab. Vielmehr bleibt es dem Anwender überlassen, Dokumente aus der Liste auszuwählen, zu lesen, zu interpretieren und Schlüsse daraus zu ziehen. Ein selbständiger Informationsgehalt liegt aber darin, dass das Suchergebnis nicht nur als Trefferliste, sondern auch die Anzahl der Treffer (also die Länge der Liste) ausgegeben wird. Meist werden zusätzlich Teilsummen nach bestimmten Kriterien ausgegeben, etwa Angaben dazu, wie viele der Treffer jeweils (nach Meta-Daten der Dokumente) welchem Rechtsgebiet zuzuordnen sind und wie sie sich auf verschiedene Dokumenttypen (Rechtsnorm, Entscheidung, Aufsatz, Kommentar etc.) verteilen. – Schon hier zeigt sich unmittelbar Anwendungspotential von Verfahren, die in der computerlinguistischen Korpusanalyse eingesetzt werden: Über Wörterbücher mit Synonymen und Wörtern ähnlicher Bedeutung (die von den Suchalgorithmen ohnehin bereits zur Erweiterung der Suchanfrage verwendet werden) sowie eine metrische Funktion könnten Suchergebnisse in Datenbanken danach gruppiert werden, dass ein bestimmtes Wort jeweils in der Nähe bedeutungsähnlicher Wörter steht. Dann erhielte man etwa zum Stichwort „Versuch" eine Gruppe von Entscheidungen, die das Wort „Versuch" nach „noch kein" und ähnlichen Wendungen beinhalten, eine andere Gruppe, in der es nach „untauglicher" und ähnlichen Wendungen steht, eine Gruppe zu „unbeendeter" usw. Eine solchermaßen gruppierte Ausgabe der Trefferliste unter Angabe der jeweiligen Gruppengröße sowie der Möglichkeit, sich eine Liste der jeweiligen Kotexte in der Entscheidung und letztlich auch die Trefferdokumente insgesamt anzeigen zu lassen, würde den Überblick über das Rechercheergebnis, seine Interpretation und Anschlussrecherchen wesentlich erleichtern.

Welche Treffer juristische Datenbanken heute als Suchergebnis ausgeben, hängt nicht nur von den im Korpus enthaltenen Texten ab, sondern auch von der Aufbereitung dieser Texte für die Datenbank. Unter dem Gesichtspunkt der Bestimmtheit der Suchanfrage und der Reproduzierbarkeit des Ergebnisses wurde dies bereits behandelt, hat aber noch weitere wesentliche Konsequenzen: Suchanfragen, die bestimmte Wörter im selben Dokument (aber nicht an derselben Stelle im Dokument) verlangen, sind besonders häufig. Wenn ein Text (z. B. eine Kommentierung) in mehrere Einzeldokumente aufgespaltet wird, entgeht er daher u. a. all den Suchanfragen, die Wörter kombinieren, die zwar jedes für sich in einem der Einzeldokumente vorkommen, aber in keinem der Einzeldokumente alle gemeinsam. Der Text wird durch die Aufspaltung also tendenziell seltener überhaupt gefunden. Suchanfragen nach im Text häufiger vorkommenden Wörtern liefern nach der Aufspaltung in Einzeldokumente hingegen eine größere Anzahl von Treffern (soweit sich nun mehrere der Einzeldokumente einzeln qualifizieren). Dadurch erlangt der Text dann einen größeren Anteil an der Trefferliste, und es fällt dem Leser leichter, bei der Lektüre des Textes die einschlägigen Passagen zu finden. Dies erhöht die Erwartung, dass der Text tatsächlich berücksichtigt werden wird. Diese Effekte treten ein, obwohl insgesamt weniger Textumfang geliefert wird (wenn sich nicht alle Einzeldokumente des Textes qualifizierten, sonst bleibt der Textumfang gleich). Welche Interpretationen und Verwendungen des Rechercheergebnisses zu erwarten sind, hängt also bei demselben Textbestand und derselben Suchanfrage erheblich von der Aufbereitung der Texte ab.

Die im juristischen Arbeitsalltag eingesetzten Datenbanken stellen heute kaum Analysemittel zur Verfügung, mit denen sich lexikalische Informationen auf Basis des Korpus bzw. der durch Suchanfragen gebildeten Teilkorpora ermitteln ließen. Möglich zu machen wäre das schon: Zu denken wäre etwa an eine Ermittlung signifikanter Kookkurrenzen (d. h. zu einem gegebenen Wort die Angabe, welche anderen Wörter häufig mit ihm im selben Satz stehen; vgl. hierzu den Beitrag von Pötters und Vogel in diesem Band), Nachbarn (rechtlich interessant wären evtl. eher Nähebeziehungen als unmittelbare Wortnachbarschaft) und Graphen (die das Bestehen oder Nichtbestehen jeweils paarweiser Kookkurrenzbeziehungen zwischen einer größeren Gruppe von Wörtern darstellen) nach dem Vorbild von Projekten zur korpusbasierten Untersuchung des Wortschatzes der deutschen Allgemeinsprache (insb. Wortschatz der Universität Leipzig, DeReKo des IDS und DWDS der Brandenburgischen Akademie der Wissenschaften). Einen ersten Schritt in diese Richtung macht Beck-online mit dem Schlagwortkasten, der im jeweiligen Suchergebnis häufig vorkommende Wörter zur „Verfeinerung" des Suchergebnisses anbietet. Würden diese Analysemittel ausgebaut, könnten sie Anhaltspunkte dafür ergeben, welche rechtlichen Konzepte im jeweiligen Teilkorpus gehäuft aufeinander bezogen und auf welche Fallgestaltungen sie angewendet werden. Meist werden solche Beziehungen auch ohne Korpusanalyse den im jeweiligen Bereich tätigen Juristen wohlbekannt sein. Erstens können sich aber aus einem Korpus gerade dort, wo unterschiedliche Rechtsgebiete aufeinander treffen und auch die Juristen primär in einem Spezialgebiet „zuhause" sind, neue Überblicke über Zusammenhänge ergeben, die bislang nur unvollständig erkannt werden. Zweitens kann die in recht wenigen Worten ausgedrückte Feststellung signifikanter sprachlicher Zusammenhänge Aufschluss über rechtliche Zusammenhänge liefern. Eine entsprechende Darstellung ist für Juristen, die sich in ein ihnen neues Spezialgebiet einarbeiten möchten, nützlich, wenn sie sich gerade auf die sprachlichen Zusammenhänge (und indirekt damit auf die inhaltlichen Interdependenzen) der diesem Spezialgebiet typischen Wendungen konzentriert. So erfährt er Charakteristika des Spezialgebiets, ohne dabei ihm aus anderen Gebieten bereits bekannte Konzepte unnötig repetieren zu müssen (was mit systematischen Darstellungen für den Lehrbetrieb kaum zu vermeiden ist). Es kommt hinzu, dass auch Experten eines Gebiets ein Interesse daran haben, Häufigkeitsverteilungen ermitteln zu können. So wäre es z.B. für eine Kommentierung der Vorschriften über den Versuch einer Straftat interessant zu sehen, auf welche Delikte die höchstrichterliche Rechtsprechung zum Versuch sich konzentriert. Das gäbe Grund zur Prüfung, ob deren Versuchskonstellationen besondere Probleme aufwerfen, die auch in der Kommentierung eine vertiefte Behandlung verdienen. Ebenso aufschlussreich könnte eine Antwort auf die Frage sein, zu welchen Delikten trotz Versuchsstrafbarkeit und relevanter Delinquenz nur selten höchstrichterliche Entscheidungen ergehen, denn diese Information wäre Anlass zur Prüfung, ob die vorhandenen Regelungen dort besonders eindeutig und erfolgreich sind und sich evtl. auf problematischere Konstellationen übertragen lassen. Drittens kann die Korpusanalyse neue Entwicklungen anhand in neueren Dokumenten im Gegensatz zu älteren Dokumenten signifikant gewordener Kookkurrenzen möglicherweise früher, vollständiger und besser belegt aufzeigen, als sie Juristen im Zuge ihrer beruflichen Praxis ohnehin bewusst werden.

Inwieweit gerade diese Spekulationen sich bewahrheiten würden, ist hier unerheblich. Festzuhalten ist, dass Juristen schon heute gerade dann, wenn sie sich mit einzelnen Rechtsbegriffen, der Bedeutung juristischer Formulierungen und ihrem Anwendungsfeld beschäftigen, gezielt mit Textkorpora arbeiten. Diese sind aber nicht kritisch-systematisch zusammengestellt oder gar ediert. Auch die verfügbaren technischen Hilfsmittel zum Umgang mit diesen Korpora implementieren nicht wissenschaftlich fundierte Methoden zur Ableitung von Informationen aus dem Korpus, und Juristen werden dazu bislang auch kaum ausgebildet. Leitbild der juristischen Arbeit ist weiterhin die Bibliothek, die Texte verfügbar und auffindbar hält und einen gewissen Überblick über ihren Bestand ermöglicht, der aber stets in gewissem Umfang zufällig und zugleich nach diversen Interessen und Gelegenheiten ausgewählt ist, sich also gerade nicht zufällig-neutral verteilt (was nötig wäre, wenn quantitative Aussagen statistisch gedeutet werden sollen). Die hier skizzierten Datenbanken sind eine Art Bibliothek, die es dem Nutzer nur erspart, zum Regal zu gehen und den Band aufzuschlagen; lesen muss er weiterhin selbst. Linguistische Korpuspragmatik hat Methoden hervorgebracht, die sich eventuell für die juristische Tätigkeit nützlich adaptieren ließen (zu einem aktuellen Überblick vgl. die Beiträge in Felder, Müller und Vogel 2012). Neben technischer Implementation würde dies methodisch zusammengestellte Korpora und u.U. auch eine aufwändige weitergehende Aufbereitung der Texte selbst erfordern, z.B. um in gerichtlichen Entscheidungen Tenor, Sachverhalt, Verfahrenshistorie, Vorbringen der Beteiligten, allgemeine Wiedergabe anwendbaren Rechts und vertretener Ansichten sowie die eigene Auffassung des Gerichts zum entschiedenen Fall voneinander trennen zu können (zur technischen Realisierung siehe in diesem Band den Beitrag von Kuhn und allgemein zu Konzepten des Semantic Web Notholt 2005). Ehe sich zu erwartende Kosten und Nutzen einander gegenüberstellen lassen – ehe über mögliche Anwendungen überhaupt fundiert zu spekulieren ist –, sind etliche Vorfragen zu behandeln. Einer dieser Vorfragen widmen sich die folgenden Überlegungen. Um dies zu motivieren, genügt, dass sich überhaupt nützliche Anwendungen von einigem Gewicht vorstellen lassen.

2.2 Präzisierte Fragestellung

Im Dokumentenbestand der angesprochenen juristischen Datenbanken machen gerichtliche Entscheidungen einen hohen Anteil aus. So verzeichnet Juris – Stand 19.4.2013 – insg. 4.883.963 Dokumente. 1.594.691 davon (33%) entfallen auf Gesetze und Verordnungen. Dies sind oft sehr kurze Dokumente, die jeweils einzelne Paragraphen in jeweils jeder seit 1975 geltenden Fassung beinhalten. 1.221.537 Dokumente (25%) entfallen auf Rechtsprechung. Sie sind nicht selten besonders umfänglich. Auch die 559.466 (11%) Volltexte aus Zeitschriften enthalten teilweise gerichtliche Entscheidungen.

Sprachwissenschaftliche Arbeiten zur juristischen Semantik beziehen sich nicht selten gezielt auf gerichtliche Entscheidungen. Auch in der juristischen Methodenlehre wird immer wieder die Forderung erhoben, dass zur Interpretation – und damit auch zur Kommentierung – von Normen gerade auf die Rechtsprechung geblickt werden solle.

Unbestreitbar ist, dass die Semantik des zu interpretierenden Normtextes nicht aus diesem Text selbst abgeleitet werden kann. Die Bedeutung entwickelt und entfaltet sich in Sprachspielen, und man wird sich einschlägige Sprachspiele ansehen müssen, um die Wortbedeutungen „feststellen" zu können. Eine Form der Beobachtung solcher Sprachspiele ist die Lektüre von Texten, die mit und an dem Normtext arbeiten. Derartige Textarbeit (dazu Busse 1992: 167 ff.) findet sich in besonderem Maße in gerichtlichen Entscheidungen. Datenbanken sind ein gutes Hilfsmittel zur Suche und Selektion passender Entscheidungen.

Unbestreitbar ist auch, dass derjenige, der sich für „die Sprache der Gerichte" interessiert, deren Entscheidungen untersuchen muss. Der Fokus auf Entscheidungen entspricht schließlich dem Auftrag der Rechtsprechung, über ungeklärte Rechtsfragen zu entscheiden und dadurch das Sprachspiel und die Semantik der Rechtsbegriffe fortzuentwickeln. Diese Feststellung enthält aber ein Rollenbild, bei dem auch Vorsicht geboten ist: Die „Sprache der Gerichte" konstituiert nicht die Bedeutung des Gesetzes oder seiner einzelnen Ausdrücke, sie ist auch nicht ohne weiteres mit der Rechtssprache gleichzusetzen. Gerichte entscheiden Fälle, nicht juristische Semantik.

Dies gilt es, im Folgenden näher darzustellen, um dann der Frage nachzugehen, inwieweit Manifestationen juristischer Semantik überhaupt in einem Korpus gerichtlicher Entscheidungen zu erwarten sind und wo sie sich sonst manifestiert. Diese Fragestellung lässt sich anhand des hier zugrunde gelegten Szenarios der juristischen Kommentierung noch etwas schärfen: Inwieweit sind die jeweils anhand des Korpus ermittelbaren Tatsachen, dass in bestimmter Weise (signifikant häufig) entschieden worden ist, sowie dass die jeweiligen Entscheidungen bestimmte Formulierungen in bestimmtem Textzusammenhang (signifikant häufig) enthalten, für den Inhalt der jeweils zu kommentierenden Vorschrift konstitutiv oder sonst zum Nachweis dieses Inhalts geeignet?

Diese Frage lässt sich in eine zunächst linguistische und im weiteren Schritt technische Frage überführen: Ist zu erwarten, dass aus der Textoberfläche von Gerichtsentscheidungen mit einem formalen Verfahren konkrete Aussagen über die Semantik der angewendeten Vorschriften oder die Semantik rechtsdogmatischer Darlegungen abgeleitet werden können? Entsprechende Programme werden jedenfalls in außerrechtlichen Zusammenhängen bereits entwickelt und eingesetzt (z. B. Wortschatz Uni Leipzig und DWDS), und technisch wird ihrer Anwendung auf Rechtsprechungskorpora wohl schon mittelfristig nichts im Wege stehen. Für eine zutreffende Interpretation ihrer Ausgabe – und um Fehlsteuerungen in der Rechtsentwicklung durch Fehlinterpretation der Ausgabe (zu entspr. Gefahren auch Strauch 2007: 1003–1007) möglichst zu vermeiden – ist es wichtig, sich zu vergegenwärtigen, welche Informationen ein solches Korpus überhaupt zu liefern vermag. Formale Verfahren können Informationen aggregieren und explizieren, aber keine Information generieren, die nicht in den Ausgangsdaten zumindest latent bereits enthalten ist.

Die folgenden Überlegungen verfolgen die angegebenen Fragen, indem sie ein Modell unserer juristischen Sprachspiele entwerfen und darin einerseits nach stabilem Gebrauch der Rechtssprache suchen, in dem man juristische Semantik erwarten kann, und andererseits hinterfragen, welche semantischen Inhalte in gerichtlichen Entscheidungen zu erwarten sind.

3 „Rechtsprechungs-Recht" als einfachstes Modell

In einem idealtypischen einfachsten Modell wäre das Bild von der Rechtsprechung als „Stifterin" juristischer Semantik weitgehend unproblematisch. Dieses Modell wird im Folgenden als „Rechtsprechungs-Recht" bezeichnet. Es ist ein simplifiziertes „case law"-Modell. Durch die davon abgehobene Bezeichnung soll der Eindruck vermieden werden, es solle reale case law-Systeme adäquat abbilden. Darum geht es aber nicht, und das leistet es nicht. Es soll vielmehr juristische Semantik in gerichtlichen Entscheidungen verorten und als Gegenmodell die danach folgenden Überlegungen kontrastieren.

In diesem einfachsten Modell gibt es zunächst gar kein geschriebenes Recht. Die Gerichte formulieren bei der Entscheidung der Fälle Regeln und binden dadurch künftige Entscheidungen. Korrekturen bestehender Rechtsprechung dürfen die Obergerichte vornehmen, dann gilt künftig die neue Rechtsregel. Die Verantwortung für den Inhalt der jeweils verbindlichen Regeln liegt allein bei den Gerichten. Die Bedeutung ihrer Worte bestimmt sich danach, wie sie sie gebrauchen. Das Sprachspiel der Gerichte konstituiert die juristische Semantik, und sie sind darin die einzigen verantwortlichen Akteure. Das bedeutet nicht, dass die Gerichte in diesem Modell die Inhalte beliebig setzen dürfen. Ob man sich in einem solchen System vorstellt, die Gerichte würden ein unabhängig von ihrer Entscheidung bestehendes Recht (z.B. Naturrecht) lediglich feststellen und mit Verbindlichkeit aussprechen (und dann nicht für die der Regelung zugrunde liegenden Wertungen, wohl aber für eine methodisch korrekte Erkenntnis der Regel die Verantwortung tragen) oder Recht selbst setzen, ist für die Funktionsweise des Systems – soweit es hier interessiert – gleichgültig. Jedenfalls manifestiert sich das Recht erst in den Sprechakten des Gerichts in Zeichen, denen sowohl juristische Semantik als auch institutionelle Verbindlichkeit zukommen kann. Inwieweit dabei eine in irgendeinem Sinne schon zuvor „existierende", „wahre", „geltende", „gerechte" oder sonst besonders ausgezeichnete Idee ausgesprochen wird bzw. werden soll, ist für die hier anzustellenden Überlegungen unerheblich.

Der Gebrauch der Rechtssprache durch die Gerichte bestimmt die juristische Semantik auch hier keineswegs allein. Gerichte müssen sich bei der Abfassung ihrer Entscheidungen einer schon zuvor vorhandenen Sprache bedienen. Oft ist dies die Alltagssprache, manchmal sind es besondere Fachsprachen, u.U. auch außergerichtliche juristische Sprachspiele. Die Gerichte knüpfen damit an andere Sprachspiele an. Sie übertragen Bedeutungen von dort in ihr Sprachspiel. Wie bei jeder Transkription (dazu Jäger in diesem Band) ist das schon nicht ohne Beeinflussung der Ausgangsbedeutung möglich. Vor allem aber entscheiden die Gerichte, von wo sie welche Bedeutung übertragen und inwieweit sie sich dabei nur auf andere Sprachspiele beziehen oder zugleich eine Bedeutungsverschiebung vornehmen. Im darauf folgenden Gebrauch der Ausdrücke in Entscheidungen können sich zudem weitere – auch ungewollte – Bedeutungsverschiebungen manifestieren. Daraus rechtfertigt es sich, das in den Entscheidungen der Gerichte gespielte Sprachspiel als in diesem Modell für die juristische Semantik primäres Sprachspiel anzusehen, während alle anderen Sprachspiele nur sekundär sind.

4 Das gewaltenteilige Gesetzgebungsmodell

Das deutsche Rechtssystem – ebenso die meisten anderen kontinental-europäischen Rechtssysteme und viele Rechtssysteme außerhalb Europas – setzt sich betont vom Modell des Rechtsprechungs-Rechts ab. Die „Herstellung" von Recht und der Umgang mit dem Recht werden von vornherein auf verschiedene Akteure aufgeteilt.

4.1 Erst die Regel, dann ihre Anwendung

Nach wie vor liegt dem ein im Zuge der Aufklärung entwickeltes, seither freilich verfeinertes und modifiziertes Konzept zugrunde, dessen Ziel es ist, den Staat als rationalen Akteur auszugestalten. Konstruktionsprinzip – und Nukleus der Rationalität – ist dabei, dass der Staat zunächst einen allgemeinen Willen zu bilden und dann in den jeweils konkreten Fällen diesem entsprechend zu handeln hat. Die allgemeine Willensbildung hat dabei in Form von Gesetzen zu erfolgen; Gesetzgebung ist Willensbildung und Fixierung des Willens für spätere staatliche Handlungen. Der Staat bleibt frei, seinen Willen – d.h. hier seine Gesetze – später zu ändern, kann dies aber stets nur für die Zukunft, also nur für Fälle, die sich erst nach der Gesetzesänderung ergeben. Die Leitidee ist: „Erst die Regel, dann ihre Anwendung."

Das muss man nicht als Selbstbindung auffassen und wurde auch eher nicht so aufgefasst. Es geht vielmehr darum, einen vernünftig und frei handelnden Staat zu konstituieren: Das Verhalten des Herrschers, seiner Beamten und sonstigen Staatsdiener ist dem Staat nicht schon allein ihrer Position und Funktion wegen zuzurechnen, sondern vielmehr nur dann, wenn dieses Verhalten dem Willen des Staates entspricht. *Hobbes* machte hierzu die zentralen Schritte: Er beendete die Identifikation von Herrscher und Staat, konstruierte den Staat als rechtlich verfasstes Volk, rekonstruierte das Handeln des Herrschers als Handeln des Staates und band den Staat streng an seinen Zweck, den „Krieg" – im Sinne eines Naturzustands, in dem jederzeit existentielle Konflikte von jedem mit jedem anderen ausbrechen können, auch wenn es temporär ruhig sein mag – zu überwinden (Hobbes 1651/1668: Kap. 13–17 [110–159, 97–131]). Dies war die Grundlage dafür, dass spätere Autoren wie *Rousseau* und *Kant* dann die Bindung des Herrschers begründen konnten: Der Herrscher handelt nicht mehr qua Herrscher nach eigenem Gutdünken für den Staat. Er ist vielmehr nur noch Organ des Staates, d.h. der Staat handelt durch ihn, wenn und soweit er den Willen des Staates ausführt. Dass das Verhalten des Herrschers dem Willen des Staates entspricht, ist Voraussetzung dafür, dass dieses dem Staat und damit dem Volk zugerechnet werden kann. Die Willensbildung des Staates muss dafür vorangehen und die Beurteilung ermöglichen, ob das Verhalten des zur Exekutive gewordenen Herrschers der Willensbildung des Staates entspricht (Rousseau 1762: Liv. 1. Kap. 7, Liv. 2. passim insb. Kap. 6 sowie Liv. 3. Kap. 1; Kant 1797: §§ 44ff.). Ist das nicht der Fall, liegt ein Missbrauch von Macht vor, den der Amtsträger persönlich zu verantworten hat, nicht aber das Volk.

4.2 Das Modell der Volkssouveränität (ohne Judikative)

Das Volk kann sich überhaupt nur deshalb mittels seines Staates frei entfalten, weil die Exekutive seinen Entschluss umzusetzen hat. Deshalb wird seine Willensbildung als für die Exekutive verbindliches Gesetz konstruiert. Die Willensbildung des Staates wird dadurch zur Legislative. Zugleich büßt der Herrscher weitere Teile seiner Sonderstellung ein: War das Gesetz früher Befehl des Herrschers an die Untertanen, so ist es nun Entschluss des Staates über Verhalten in seinem Machtbereich und richtet sich gleichermaßen an Exekutive und Bürger. Soweit das Gesetz verbindliche Vorgaben für den Bürger enthält, exekutiert auch dieser staatlichen Willen.

Wenn alles so funktioniert, wie es funktionieren soll, kann man die Beschreibung des Modells hier abbrechen: Durch die Legislative trifft das Volk im Voraus alle nötigen Entscheidungen in allgemeiner Form. Bürger und Exekutive setzen sie um. Wo keine staatlichen Vorgaben nötig und daher nicht getroffen sind, hat die Exekutive nichts zu exekutieren, und der Bürger darf nach eigenem Gutdünken handeln – der Staat ist liberal. Die Legislative beobachtet das Geschehen und reagiert ggf. mit einer Ergänzung oder Abänderung ihrer Entscheidungen.

Dies ist im gewaltenteiligen Gesetzgebungsmodell der erste Entwurf für das primäre Sprachspiel des Rechts. Es ist das Modell der Volkssouveränität (Rousseau 1762: Liv. 1. Kap. 7). Die Gerichte kommen in ihm noch gar nicht vor, und doch ist es bereits ein geschlossener Entwurf.

Dieser Entwurf ist nicht etwa „nur" eine politische Utopie längst vergangener Zeiten. Wenn etwa *Habermas* vor dem Hintergrund der Finanzmarktkrisen zur Verfassung Europas Stellung bezieht, arbeitet er nach wie vor an diesem Entwurf. Der Entwurf ist auch bereits komplexer geworden. So teilt sich „der Staat" in der Europäischen Union heute zumindest in eine nationale und eine supranationale Ebene, und insbesondere zum öffentlichen Diskurs, der ein zentraler Bestandteil demokratischer Willensbildung ist und dem legislativen Akt voranzugehen hat, liegen nun ausgearbeitete Theorien vor (Habermas 2011: 46f., 62ff.). Das ändert aber nichts daran, dass das skizzierte Modell der Volkssouveränität weiterhin die Basis zumindest der „westlichen Demokratien" ist und von Vordenkern künftiger Staatlichkeit weiterhin zugrunde gelegt wird.

Diesem Modell wäre noch vieles hinzuzufügen. Insbesondere hat die Aufklärung das Ideal der Volkssouveränität untrennbar mit dem des Vernunftrechts verbunden. Der vernünftige Staat kann nicht anders als rechtsstaatlich handeln; nur so ist das Volk frei (Kant 1797: §§ 41ff.). Mit den Worten *Hegels* ([1820: 7] 1995: 22; § 3): „Daß Gewalt und Tyrannei ein Element des positiven Rechts sein kann, ist demselben zufällig und geht seine Natur nichts an." Schon hier bestand nicht mehr die Vorstellung, dass alle Regeln des Rechts in einem Naturrecht vorgegeben und nur mehr niederzuschreiben wären. Viele Handlungsoptionen lassen unterschiedliche vernünftige Entscheidungen zu. (Paradebeispiel ist die Frage, ob im Straßenverkehr rechts oder links gefahren werden soll.) Vorausgesetzt wurde aber, dass die Willensbildung nicht unvernünftig sein durfte, d.h. die Gesetzgebung dem Vernunftrecht nicht zu widersprechen hatte.

Die „Existenz" eines solchen Vernunftrechts (als Recht) wurde im Rechtspositivismus bestritten und das Modell des geltenden, „reinen" Rechts vom Vernunftrecht abgelöst (Kelsen 1934: Kap. 10). Heute kehren mit der Bindung an Grundrechte und Staatsprinzipien vernunftrechtsähnliche Bindungen wieder.

Der Ort des juristischen Sprachspiels und die Maßgeblichkeit der Akteure sind von der Annahme oder Ablehnung einer vernunftrechtlichen Überformung aber weitgehend unabhängig, denn das Vernunftrecht als solches ist noch nicht artikuliert, und es gibt kein reales Subjekt, dessen Spielzüge das Vernunftrecht konstituieren würden. Für die Untersuchung von Semantik als tatsächlichem Gebrauch von Sprache kommt es auf das tatsächliche Verhalten tatsächlicher Sprecher an. Ob diese ihr Verhalten an einem Ideal (wie dem des Vernunftrechts) ausrichten oder nicht, mag sich in ihrem Verhalten niederschlagen, betrifft aber nicht die Frage, welches und wessen Verhalten relevant ist. Auch die Frage, ob dieses Verhalten richtig ist, erlangt für diese Betrachtung nur insoweit (und damit nur indirekte) Bedeutung, wie sich eine Bewertung als richtig oder falsch im Sprachspiel selbst – durch entsprechendes Verhalten – manifestiert.

4.3 Das gewaltenteilige Gesetzgebungsmodell (mit Judikative)

Diese strikte Rückbindung an tatsächliches Geschehen, die dem Konzept des Sprachspiels immanent ist, macht für die hier zu behandelnde Fragestellung das Modell der Volkssouveränität in seiner bisher dargestellten Form problematisch: Es enthält den idealistischen Entwurf eines Sprachspiels, Entwurf und Realität stimmen aber nicht ohne weiteres überein. Das Modell bedarf daher einiger Erweiterungen und Modifikationen (die keineswegs erst heute vorzunehmen, sondern ihrerseits bereits in den Systementwürfen der Aufklärung vorgezeichnet sind).

Zunächst ist es keineswegs so, dass die Exekutive und die Bürger dem Gesetz stets alle nötigen rechtlichen Leitlinien entnehmen, ihm folgen und konfliktfrei handeln würden.

Dass das Recht in vielen Fällen keine konkrete Verhaltensweise vorgibt, sondern nur einen Rahmen des rechtlich Zulässigen mit beträchtlichen Spielräumen (für den Bürger nennen wir das Privatautonomie, für die Exekutive z. B. Ermessensspielraum) setzt, ist dabei kein Problem. Dadurch begrenzt sich nur der Bereich des Rechtlichen: In den juristischen Sprachspielen geht es um die Anwendung der Gesetze (und der sonstigen Normen der Rechtsordnung, stets einschließlich ungeschriebenen Rechts) – d. h. um die in ihnen ausgedrückten Vorgaben und den durch sie gezogenen Rahmen des Zulässigen – sowie rechtlich verbindliche Vereinbarungen zwischen den Beteiligten (insbesondere Verträge), mittels welcher sie selbst Regelungen ähnlich einem nur für die Beteiligten geltenden Gesetz treffen können. Sowohl deren Phase der Verhandlung als auch deren Anwendungsphase sind als juristisches Sprachspiel abzubilden. Diskussionen, die den rechtlichen Rahmen aber in keiner der genannten Weise betreffen – also auch nicht Streit um das rechtlich Zulässige und nicht Diskussion einer rechtsverbindlichen Einigung sind – sind keine juristischen Sprachspiele. Dort ist es vollkommen in Ordnung, wenn der Bürger sich überhaupt nicht nach rechtlichen Kriterien ausrichtet. (Für die Exekutive sind die Spielräume stärker rechtlich überformt, das Recht gibt ihr zumindest Entscheidungskriterien vor.) Die meisten Sprachspiele der Bürger sind keine juristischen Sprachspiele. Darin liegt kein Problem. Vielmehr liegt darin gerade ein wesentlicher Teil der Liberalität der Rechtsordnung. Dass die Rechtsordnung persönliche Entfaltungsspielräume wahrt, und dass sie die Frage „Was soll ich tun?", nur partiell beantwortet, sind zwei Seiten derselben Medaille. Ebenso bedeutet die Feststellung, dass der liberale Staat kein „totaler" Staat ist, zugleich, dass in ihm nur manche Sprachspiele juristisch sein können. Die Unvollständigkeit von Regeln – in der Variante des gar nicht Geregelten wie in der Variante der vagen Regelung – ist daher grundsätzlich kein Einwand gegen das Modell.

Problematisch ist aber, dass das Modell in seiner bisherigen Formulierung die Befriedungsfunktion des Rechts nur sehr unvollständig abzubilden vermag. Zwar ist es gerade auch primär Sache der Bürger und der Exekutive, ihre rechtlichen Probleme selbst zu lösen. Ein Kernsatz dieses Systems ist: „Wo kein Kläger, da kein Richter." Wenn die Streitenden sich einigen, spricht oft auch nichts dagegen, wenn sie sich völlig anders einigen, als ein Gericht entscheiden würde. Zumindest für Rechtsstreitigkeiten, in denen die Parteien sich nicht zu einigen vermögen, muss das bisherige Modell aber um eine Entscheidungsinstanz, die selbst Akteur in einem juristischen Sprachspiel ist, ergänzt werden.

Zusätzlich zur Legislative und zur Exekutive nebst Bürgern tritt daher notwendig die Judikative als weiterer Akteur auf den Plan und muss im Modell vorgesehen werden. Ihre Spielzüge im juristischen Sprachspiel sind aber mit wenigen Ausnahmen auf solche Fälle beschränkt, in denen die Streitenden sich nicht gütlich einigen können. Echte Ausnahmen gibt es in den wenigen Fällen den Richtern vorbehaltener Rechtsgestaltung; so kann eine Ehe z. B. nur gerichtlich geschieden werden. Gewisse Einschränkungen des Grundsatzes gibt es auch dort, wo staatliches Einschreiten und öffentliche Klagen rechtlich vorgesehen sind. Das ist wiederum insbesondere im Strafrecht der Fall, wo Verfolgungszwang und Amtsermittlungsgrundsatz gelten. Selbst hier bleibt der Grundsatz aber in beträchtlichen Teilen gewahrt, denn selbst der Anfangsverdacht entsteht meist erst aus einer Anzeige, und viele Taten dürfen nur auf Antrag des Geschädigten verfolgt werden.

Eine weitere Modifikation des Modells bzw. Präzisierung der Rolle der Judikative ergibt sich daraus, dass Gerichte in gewissem Umfang Konflikte auch dort zu entscheiden haben, wo keine festen rechtlichen Regeln bestehen. Der gerade dargelegte Bereich des Nicht-Rechtlichen ist weder scharf umgrenzt, noch ist er insgesamt dem staatlichen Zugriff strikt entzogen. Vielmehr können private Angelegenheiten gerade durch den Streit der Parteien zu einer Rechtssache werden.

Dabei betrifft es das Modell noch nicht, wenn rechtliche Regeln zur Anwendung kommen, die keine verbindlichen Vorgaben beinhalten und so zunächst außerhalb der bisher skizzierten Regelungen zu stehen scheinen. Solche Regeln (insbesondere die sog. abdingbaren Bestimmungen des bürgerlichen Rechts) geben Kriterien für eine gerichtliche Entscheidung in Ermangelung einer anderweitigen Vereinbarung der Parteien (welche diese ohne Bindung an jene Kriterien treffen dürften). Sie bestehen aber gerade für Situationen, wo Verträge geschlossen, Anträge gestellt wurden etc., und man kann den Inhalt dieser Regeln – soweit nicht gerade zulässigerweise etwas anderes vereinbart wurde – als Bestandteil des Vertrages, des Verwaltungsakts etc. ansehen, und damit wiederum als verbindlich.

Bisweilen sind Klagen aber auch dort zulässig, wo nicht einmal derartige Regelungen bestehen. Im Zivil-, Staats- und Verwaltungsrecht sollen etliche Konflikte der Streitparteien auch dann prospektiv behoben werden, wenn es an Regelungen fehlt. Die Leitidee „erst die Regel, dann ihre Anwendung“ wird im Strafrecht vergleichsweise streng befolgt. Dort gilt das Gesetzlichkeitsprinzip einschließlich Rückwirkungsverbot in recht strikter Form (Art. 103 Abs. 2 Grundgesetz, Art. 7 Abs. 1 Europäische Konvention der Menschenrechte). Ähnlich ist es in der Eingriffsverwaltung. Auch wenn das Ideal des vor dem staatlichen Handeln erlassenen Gesetzes bei *Rousseau* und *Kant* ohne Einschränkung auf bestimmte Rechtsgebiete formuliert wurde (Rousseau 1762: Liv. 2. Kap. 6 und Liv. 3. Kap. 1; Kant 1797: §§ 44ff.), ist die Funktion der Judikative im Modell doch so zu verstehen, dass sie Konflikte v.a. in anderen Rechtsgebieten ggf. auch ohne zuvor bestimmte rechtliche Regel zu entscheiden hat. Wie man dabei rechtlich geschützte Freiheitsspielräume, in die auch Gerichte nicht eingreifen dürfen, gegenüber den zu entscheidenden Konflikten abgrenzt, ob dazu eine Unterscheidung von „echtem staatlichem Handeln“, dem eine gesetzliche Willensbildung vorangehen muss, und „bloßer Konfliktlösung“ sachdienlich ist, und inwieweit die Entscheidung der Gerichte dabei einer Ermessensausübung der Exekutive entspricht, ist hier nicht zu vertiefen.

Dieses die Legislative, die Exekutive nebst Bürgern sowie die Judikative umfassende Modell der primären juristischen Sprachspiele in unserem Staatswesen soll hier „gewaltenteiliges Gesetzgebungsmodell“ genannt werden (nicht, weil es die Gesetzgebung modellieren würde, sondern weil es die juristischen Sprachspiele im Hinblick auf ein gewaltenteiliges System mit institutionalisiertem Gesetzgeber modelliert).

4.4 Grenzen und Normativität des Modells

Auch das gewaltenteilige Gesetzgebungsmodell ist noch ein Entwurf von Sprachspielen. Es ist der Realität zwar bereits näher als der erste Entwurf, aber auch diesem Modell korrespondieren nicht überall reale Sprachspiele. Darauf wird zurückzukommen sein. Dieses Modell wird aber genügen, um einzuordnen, wo Sprachspiele stattfinden, die juristische Semantik stiften, und um absehen zu können, inwieweit sich in gerichtlichen Entscheidungen überhaupt ein stabiler Gebrauch der Rechtssprache niederschlägt.

Auch dieses Modell ließe sich um weitere wichtige Akteure ergänzen, etwa die Wissenschaft und die freie Anwaltschaft mit ihren jeweils beratenden Funktionen. Beide können auch für die rechtliche Semantik beträchtliche Bedeutung gewinnen: Im Idealfall entscheidet der Gesetzgeber über eine wissenschaftlich ausgearbeitete Initiative, der bereits eine rechtliche Theorie mit allgemeinen Regelungen für eine größere Vielzahl thematisch verbundener Fälle zugrunde liegt. Das setzt eine entfaltete Semantik voraus. Nimmt der Gesetzgeber einen solchen Vorschlag an, dann versieht er gewissermaßen diese Theorie durch positive Normen mit Geltung, und in den darauf aufbauenden Sprachspielen manifestiert sich mehr oder minder die wissenschaftlich ausgearbeitete Theorie einschließlich ihrer Semantik. Bei Erlass des BGB etwa war das der Fall. Die meisten Gesetzesvorlagen haben freilich nicht diese Qualität. Die Rechtswissenschaft berät dann die diversen Rechtsanwender mit dem Ziel, zumindest nach und nach aus dem Gesetz ein konsistentes Regelungssystem zu entwickeln. So beeinflusst sie zumindest im Laufe der Zeit die in dieser Skizze verorteten Sprachspiele. Die vorgelagerten Sprachspiele der Theoriebildung und die nachgelagerten Sprachspiele der Beratung der Akteure sind aber sekundär in dem Sinne, dass sie die Semantik der Normen des geltenden Rechts nicht unmittelbar konstituieren, sondern die in ihnen etablierte Semantik erst durch das Verhalten der Akteure des primären Sprachspiels in dieses überführt werden muss (und diese grds. frei sind, eine solche Transkription vorzunehmen oder nicht). Deshalb muss ein Modell des primären Sprachspiels sie nicht abbilden.

Die freie Anwaltschaft berät die Bürger und gerade auch die Gerichte über anwaltliche Schriftsätze im Verfahren. Sie ist über das Verfahrensrecht in den hier dargestellten Prozess sogar institutionell integriert; in einem Verfahren mit Anwaltszwang darf das Gericht gar nicht ohne anwaltliche Beratung (einer Partei und damit indirekt auch des Gerichts) entscheiden. Das Modell muss sie aber nicht explizit als selbständige Akteure vorsehen: Das Sprachspiel der Judikative führen nicht die Gerichte allein, sondern alle Beteiligten miteinander. Auch die Entscheidung eines Gerichts ist keineswegs dessen originäre Kreation, sondern oft Produkt anwaltlicher Schriftsätze, gesetzlicher Formulierungen, wissenschaftlicher Stellungnahmen, Falldarstellung der Parteien, gerichtlicher Überlegungen etc. Die Judikative als Akteur aufzufassen, verkürzt die Zusammenhänge in gleicher Weise, wie es sie verkürzt, die Gerichte als alleinige Urheber ihrer Entscheidungen anzusehen. Diese Verkürzung ist im Kontext der hier verfolgten Fragestellung aber unschädlich.

Das gewaltenteilige Gesetzgebungsmodell liefert den nötigen Überblick über die vom Grundgesetz und ähnlichen Verfassungen intendierte Rechtserzeugung und Rechtsanwendung und ordnet sie Staatsgewalten und Bürgern zu. Sie stehen in einem geschlossenen Prozess, weil jeder der Akteure auf das Verhalten der anderen reagieren kann und soll. Deshalb kann man diesen Prozess insgesamt als Entwurf eines komplexen Sprachspiels auffassen. Man kann in ihm indes oft auch jeweils einzelne Teile selbst als Sprachspiele betrachten. Ob man daher von „dem primären Sprachspiel“ oder „den primären Sprachspielen“ spricht, bleibt sich inhaltlich gleich.

Das Modell veranschaulicht nach wie vor eine normative Intention. Es sagt, wie das Sprachspiel gespielt werden soll; es ist nicht bloße Beschreibung eines Sprachspiels als Tatsache. Der Jurist, der juristische Semantik sucht, muss zwingend diesen Weg gehen: Jede Norm benötigt eine normative Begründung. Sie kann an Tatsachen anknüpfen (und macht dies regelmäßig), die jeweilige Bedeutung der Tatsachen bestimmt aber die maßgebliche Norm. Die Semantik eines Zeichens ist sein tatsächlicher, hinreichend stabiler Gebrauch in der Sprache. Sprachspiele modellieren einen solchen stabilen Gebrauch. Sie sind etwas Tatsächliches. Als „bloße“ Tatsachen sind sie aber nicht aus sich heraus von juristischem Interesse. Die Relevanz eines Sprachspiels muss sich vielmehr innerhalb der Rechtsordnung selbst ergeben. Allein dass ein Wort der Rechtssprache in bestimmter Weise gebraucht wird, macht diesen Gebrauch ebenso wenig zu juristischer Semantik, wie ein Gesetz allein dadurch entsteht, dass die Bürger sich in einer bestimmten Weise verhalten. Nur weil etwas so ist, wie es ist, ist es noch nicht richtig, und diese Unterscheidung darf auch nicht ohne weiteres dadurch aufgehoben werden, dass die Semantik der Norm an rechtlich beliebiges oder zufällig ausgewähltes Verhalten geknüpft wird.

Ebenso, wie bei der Subsumtion eines Falles unter eine Norm und der dabei erfolgenden Auslegung der Norm und Feststellung des Sachverhalts im Einzelfall schweift auch hier der Blick zwischen Tatsachen und Norm hin und her (Engisch 1963: 14f.). Es besteht kein Vorrangverhältnis, sondern eine gegenseitige Abhängigkeit: Die Relevanz von Tatsachen kann sich nur aus einer Norm ergeben, Normen können aber nur sprachlich und unter Voraussetzung einer Semantik formuliert werden. Aufheben ließe sich diese Abhängigkeit nur, indem man sich radikal für eine der beiden Seiten entscheidet: Man kann sich die „eigentliche“ Norm als noch gar nicht in Sprache gefasste Idee vorstellen und der Norm dann den Normtext, der die Norm abzubilden versucht, aber nie ganz trifft, gegenüberstellen. Die Norm als solche wäre dann aber nicht mehr zu fassen und insbesondere nicht mehr zu artikulieren. Man kann umgekehrt auch die Geltung der Norm an ihre Wirksamkeit knüpfen. Man verliert dabei aber die Möglichkeit, ein rechtlich verbindliches Sollen auszudrücken, dem die gegenwärtige Übung in der Rechtsordnung widerstreitet. Will der Jurist keinen dieser radikalen Wege einschlagen, bleibt ihm nichts anderes, als – wie hier – den Blick zwischen Sein und Sollen hin- und herwandern zu lassen. Entsprechend ist es im Zusammenhang der hier verfolgten Fragestellung der Sinn des gewaltenteiligen Gesetzgebungsmodells, die Intention der ihrerseits auf das tatsächliche Geschehen im Staat gerichteten Rechtsordnung auszudrücken sowie die Relevanz und den Gegenstand von Sprachspielen zu bestimmen.

5 Juristische Semantik in den Sprachspielen der Bürger?

5.1 Stabiler Gebrauch von Normen und Rechtssprache

Im gewaltenteiligen Gesetzgebungsmodell findet an jeder Stelle sowohl Rechtsetzung als auch Rechtsanwendung statt: Erlässt die Legislative ein Gesetz, setzt sie dadurch Recht insb. in Anwendung der Regeln über die Gesetzgebung, Ausgestaltung der Grundrechtsordnung etc. Bürger und Exekutive haben sich zwar nach Recht und Gesetz zu richten bzw. dieses zudem zu vollziehen, schließen dabei aber Verträge, erlassen Verwaltungsakte etc. und gestalten dadurch die Rechtsordnung in verbindlicher, aber meist nur auf bestimmte Beteiligte bezogenen Weise näher aus. Indem die Judikative über einen Fall entscheidet, entscheidet sie für diesen Fall unvermeidbar auch, welche Rechtsnormen anwendbar sind und was sie bedeuten. Im Akt der Entscheidung sind Rechtsetzung (in Form der Konkretisierung allgemeiner Rechtssätze) und Rechtsanwendung untrennbar miteinander verbunden (unbeschadet der Bindung des Gerichts an Recht und Gesetz). Unmittelbare Wirkung hat die Entscheidung nur für den Einzelfall; rechtlich bindende Präzedenzentscheidungen kennt dieses Modell nicht. Entscheidungen wohnt aber die Überzeugung von ihrer Richtigkeit und die Absicht inne, „gleiche" Fälle künftig ebenso zu entscheiden, weshalb spätere Abweichungen zumindest den Begründungsaufwand erhöhen und spätere Entscheidungen sich an früheren Entscheidungen zumindest orientieren und – gerade weil die Rechtsordnung idealiter ein konsistentes System rechtlicher Regeln wäre und ihre Handhabung sie diesem Ideal möglichst nah bringen soll – daran auch orientieren sollen.

Weil überall in diesem Modell Rechtsetzung und Rechtsanwendung stattfinden, finden überall primäre Sprachspiele des Rechts statt. Gleichwohl sind diese in ihrer Bedeutung untereinander abzustufen: Die verbindliche Setzung allgemeiner rechtlicher Regeln ist vor allem Aufgabe der Legislative. Ihre Anwendung erfolgt zunächst und vorrangig durch die exekutive Gewalt sowie die Bürger. Beide haben sich gesetzeskonform zu verhalten und dabei die Bedeutung der Normen jedenfalls für sich und im Konfliktfall auch miteinander zu klären. Gerichtliche Entscheidungen ergehen hingegen in der Regel nur in den „restlichen", vergleichsweise wenigen und vor allem besonders umstrittenen Fällen. Die „typische" Anwendung einer Norm und den unumstrittenen, stabilen Gebrauch des Gesetzestextes findet man vor Gericht eher selten. Die Texte der Judikative sind im gewaltenteiligen Gesetzgebungsmodell daher keineswegs ohne weiteres geeignete Quellen für Studien der juristischen Semantik.

Der Akt der Rechtsetzung ist jeweils singulär; die Worte der Norm werden nicht jeweils in leicht unterschiedlichem Kontext wiederholt und regelmäßig gebraucht, der Spielzug des primären Sprachspiels besteht vielmehr darin, die Norm in einem einzigen Akt zu erlassen. Schon die Betrachtung als Sprachspiel und Spielzug ist daher an dieser Stelle problematisch, denn man kann mit Bezug auf die einzelne, den Juristen interessierende Norm kaum von einem regelmäßigen Gebrauch der Sprache durch die Legislative sprechen. Echte Regelmäßigkeiten bestehen hier höchstens im Vergleich zu anderen Verwendungen der Worte an anderer Stelle. Betrachtet man die Formulierung der Norm als Verwendung der Alltagssprache, löst sich damit zwar dieses Problem, man gibt aber zugleich das eigentlich verfolgte Projekt der Suche nach einer spezifisch juristischen Semantik (und die Bestimmung der juristischen Fachsprache im Gegensatz zur Alltagssprache) auf. Betrachtet man die Äußerungen im Zuge des Gesetzgebungsverfahrens, insbesondere die Gesetzesmaterialien, kommt man einer juristischen Semantik zwar schon näher, verlässt aber das primäre Sprachspiel, denn weder soweit sich die Äußerungen auf das jeweilige Gesetzgebungsvorhaben beziehen, noch soweit sie das bereits geltende Recht betreffen, sind sie konstitutiv. Sie gehen ihm voran bzw. konstatieren einen Status quo. Sie sind Diskussion über künftige Normen, an die der Gesetzgebungsakt und damit die Norm dann möglicherweise anknüpft und so Bedeutung aus einem vorgängigen, sekundären Sprachspiel ins primäre Sprachspiel transferiert. Ob dieser Transfer gelingt, lässt sich aber immer erst ex post durch Betrachtung der späteren Anwendung der Norm beurteilen. Dem neuartigen Spielzug fehlt noch die gefestigte Regelmäßigkeit; ob sie mit ihm begonnen hat, lässt sich nur im Nachhinein feststellen (Hegel [1820: XXIV] 1995: 17; Vorrede). Auch soweit die Gesetzesmaterialien gerade erläutern, wie der Gesetzgeber seine Norm versteht, haben sie den Charakter einer Spielanleitung, und der spätere Rückgriff auf die Gesetzesmaterialien hat den Charakter der Konsultation einer Spielanleitung im Spiel. Beides beeinflusst zwar das Spiel und soll es beeinflussen, ist aber nicht Teil des Spiels selbst, sondern wiederum nur ein dieses begleitender, sekundärer Vorgang. Wenn die Legislative durch ihre Teilnahme am primären Sprachspiel des geltenden Rechts im gewaltenteiligen Staat juristische Semantik etablieren oder auch nur ernsthaft beeinflussen möchte, hat sie keine andere Wahl, als die gleichen Worte in verschiedenen Gesetzgebungsakten (und d.h. in verschiedenen Normen) in der jeweils gleichen, von ihr intendierten Bedeutung zu verwenden, also selbst eine einheitliche (wenn nicht gar fachterminologische) Sprache zu sprechen. In der derzeitigen Praxis ist das nur sehr begrenzt der Fall, und Juristen neigen dazu, gleiche Worte selbst in benachbarten Vorschriften desselben Gesetzes unterschiedlich zu interpretieren und schon die Idee einer konsistenten Ausdrucksweise als Begriffsjurisprudenz zu brandmarken.

Solange das primäre Sprachspiel auf diese Weise gespielt wird, gibt es nur einen Ort, an dem ein stabiler Gebrauch der Normen und der Rechtssprache überhaupt vorstellbar ist: Die Anwendung des Rechts durch die Bürger sowie im Verwaltungsrecht durch die Exekutive. Hier liegt das Gros der Anwendungsfälle von Recht und praktisch alle Fälle unproblematischer, stabiler Rechtsanwendung verlassen diesen Bereich nicht (kommen nicht vor Gericht und der Gesetzgeber greift nicht ein). Hier – und nicht etwa vor Gericht – müssen daher die Sprachspiele stattfinden, in denen sich der Kern der rechtlichen Semantik, ihr etablierter, relativ gut gesicherter Bestand manifestiert.

Dieser Zustand wird im System selbst auch stabilisiert: Jede Rechtsordnung hat ein intrinsisches Interesse daran, dass sich fast alle Anwendungsfälle des Rechts in diesem Bereich – und nicht etwa vor Gericht – abspielen. Jedes Gerichtssystem kollabiert wegen Überlastung, wenn ein mehr als verschwindend geringer Anteil der Anwendungsfälle des Rechts zur Beschäftigung der Gerichte wird. Damit kollabiert dann das Rechtssystem insgesamt, denn die Bürger gehen ja zu Gericht, weil sie sich nicht einigen können. Eine Rechtsordnung funktioniert nur dann, wenn nahezu sämtliche Fälle von den Bürgern selbst gelöst werden. Dieser tatsächliche Zusammenhang zwingt auch den Gesetzgeber, dem es um eine stabile Rechtsordnung geht, sich um Normen zu bemühen, die möglichst nicht streitig werden. Das kann nur funktionieren, indem er selbst eine bei den jeweiligen Adressaten der Norm bereits möglichst gut etablierte Semantik (aus sekundären Sprachspielen, insbesondere der Allgemeinsprache und bei besonderen fachbezogenen Normen eine passende Fachsprache) verwendet. Hier ergeben sich also Regeln der Legistik, die indes weder unmittelbar rechtliche Regeln noch semantische Regeln sind.

5.2 Die „Lebensform" der Bürger und die Geltung und Wirksamkeit der Normen

Dieser Befund ist weder für den an einer Kommentierung arbeitenden Juristen noch für den Textkorpora analysierenden Linguisten unproblematisch. Die Verwaltung agiert zwar gar nicht selten schriftlich, schon aus ihren Einzelfallentscheidungen lassen sich aber nur schwer Textkorpora aufbauen, und solche Korpora würden nur ganz bestimmte Rechtsgebiete betreffen. Die Bürger sprechen zwar miteinander, die wenigsten ihrer Sprachspiele manifestieren sich aber schriftlich und schon gar nicht so, dass man sie gut in einer Datenbank erfassen könnte. Ihre Anwendung des Rechts erfolgt zudem recht diffus. Expliziter Normbezug wird nur selten hergestellt und die Anwendung des Rechts meist nicht einmal als solche reflektiert. Die Bürger benehmen sich so und so, weil ihre Mitmenschen sich so und so benehmen, weil ihre Arbeitgeber ihnen entsprechende Anweisungen geben etc., aber nicht unmittelbar des Gesetzes wegen. Wenn man etwa das Zeitunglesen im Café als Anwendung von § 212 StGB (Totschlag) in der Weise rekonstruierten wollte, dass man der Vorschrift das Verbot, einen anderen Menschen zu töten, entnimmt, und das Zeitunglesen im Café (durch das kein Mensch stirbt) als regelkonformes Verhalten auffasst, wird der Normbezug doch nur nachträglich hergestellt. Mit Blick auf die Semantik ist das noch kein grundsätzlicher Einwand, denn auch das Sprachspiel kann Regeln folgen, die den Spielern selbst nicht bewusst sind, sondern vom Beobachter erst nachträglich konstruiert werden (Wittgenstein 1954: §§ 82ff., 198ff., 630ff., 654). Es ist aber darüber hinaus auch zweifelhaft, ob hier im Hinblick auf die Tötung oder Nicht-Tötung eines Menschen überhaupt ein Sprachspiel stattfindet (denn die Tötung eines Menschen steht in der Situation überhaupt nicht im Raum). Das Verhalten aus dem Beispiel gehört wohl eher zu dem, was Wittgenstein „Lebensform" nennt und in die die Sprachspiele eingebettet sind (Wittgenstein 1954: § 23). In dieser Weise ist ein Großteil des rechtskonformen Verhaltens der Bürger schlicht Teil ihrer Lebensform (das Recht passt zu den Sitten und Gebräuchen der Einheimischen), und es ist aussichtslos, dieses in einem Textkorpus erfassen zu wollen. Erst recht gilt dies dort, wo das Recht gar kein Verhalten (nicht einmal ein Unterlassen) vorschreibt, sondern gerade Freiheiten schützt, sich in gewissem Rahmen nach eigenem Belieben zu verhalten. Sie manifestieren sich in den Akten der Ausübung dieser Freiheit, also in höchst mannigfaltiger Weise.

Dass das Verhalten der Bürger gleichwohl für die Bedeutung einer Norm maßgebliches Sprachspiel sein kann, zeigt die folgende Überlegung: (Fall 1) Der Gesetzgeber erlässt ein Gesetz, die Bürger wenden es reflektiert an und verhalten sich deshalb in einer bestimmten Weise. Ihr Verhalten zeigt die Bedeutung des Gesetzes. (Fall 2) Die Bürger verhalten sich schon immer in einer bestimmten Weise, und der Gesetzgeber erlässt ein Gesetz, das zu diesem Verhalten der

Bürger passt. Die Bürger interessieren sich nicht für das Gesetz und verhalten sich weiter wie schon immer. Die Bedeutung des Gesetzes zeigt sich gleichwohl wieder im Verhalten der Bürger und zwar selbst dann, wenn das Gesetz in einer Sprache abgefasst ist, die sie gar nicht verstehen können. Das für die Semantik entscheidende Regelfolgen im Sprachspiel erfordert nur die Regelmäßigkeit des Sprachspiels, nicht die reflektierte Anwendung der Regel – sonst gäbe es wohl gar keine Semantik der Alltagssprache (Wittgenstein 1954: §§ 82ff.).

Damit ist nicht gesagt, dass es auf die Gesetzgebung gar nicht ankäme (Fall 3): Der Gesetzgeber erlässt ein Gesetz, das den Bürgern auferlegt, ihr Verhalten zu ändern (etwa auch ausländische Käufer im Geschäftsverkehr der Industrie nicht länger zu bestechen). Die Bürger ignorieren dies. Solange gar nichts weiter geschieht – d.h. das Gesetz dauerhaft keinerlei dem Verhalten der Bürger entgegenstehende Wirksamkeit entfaltet –, kann man auf der Grundlage eines in faktischen Sprachspielen fundierten Konzepts von Semantik auch nicht feststellen, dass das Gesetz eine dem Verhalten der Bürger entgegenstehende Bedeutung hätte. Die Rechtswidrigkeit des Verhaltens festzustellen, würde voraussetzen, den semantischen Gehalt der Norm aus Sprachspielen jenseits des primären Sprachspiels im gewaltenteiligen Gesetzgebungsmodell zu beziehen. Bei einer relativ neu erlassenen Norm ist das nicht nur plausibel, sondern alternativlos: Ihre Bedeutung wird unter Bezugnahme auf sekundäre Sprachspiele etabliert. Auch bei späterer Schärfung der Bedeutungsgrenzen erfolgen solche Bezugnahmen. In diesen Phasen sind auch Diskrepanzen zwischen Geltungsanspruch und Wirksamkeit nicht nur natürlich, sondern unvermeidlich. Dauerhaft dürfen Geltungsanspruch und Wirksamkeit aber nicht auseinanderfallen.

Genauer: Eine im Wesentlichen befolgte Regel bleibt Regel, solange die Fälle ihrer Nichtbefolgung als Ausnahmen wahrgenommen werden (die Ausnahme bestätigt die Regel, weil in der Anerkennung als Ausnahme eine Anerkennung der Regel liegt, denn sie ist notwendige Voraussetzung dafür, dass überhaupt eine Ausnahme gemacht werden kann); eine Sanktionierung ist dazu nicht nötig. Geht die Regel durch ein Übermaß an Ausnahmen verloren oder fehlt das Bewusstsein, dass die Abweichung von der Regel eine Ausnahme darstellt, dann degeneriert die Regel, und Teilnehmer des Sprachspiels – Staat oder Bürger – müssen sie bewehren; andernfalls geht sie verloren. Dazu ist keineswegs immer Strafe nötig. In Fall 3 etwa wird die Regel etabliert und die Norm im Sprachspiel manifestiert, indem Mahnungen (des Arbeitgebers) erfolgen, Zahlungen nicht mehr als Betriebsausgaben steuerlich berücksichtigt werden etc. Hierdurch gewinnt die Norm ihre Bedeutung – gleichzeitig semantische Bedeutung und Bedeutung im Sinne von Relevanz –, und diese lässt das gegen die Norm verstoßende Verhalten überhaupt erst in einen Widerspruch zur Norm treten. Im Sprachspiel gibt es keinen Widerspruch, der sich nicht im Verhalten der Teilnehmer manifestiert (Wittgenstein 1984 [1930/31]: 119ff., 194ff.). Ob man bei einer dauerhaft nicht befolgten, unwirksamen Norm (z.B. in der Zeit vor 1998 das Kranzgeld aus § 1300 BGB alte Fassung) den Geltungsanspruch zurücknimmt (etwa über ein Postulat gesetzesändernden Gewohnheitsrechts) oder ihr den Verlust semantischer Bedeutung attestiert (die Worte des Normtextes mögen in der Alltagssprache eine Bedeutung haben und rechtshistorisch auch eine juristische Bedeutung besessen haben, die aktuell geltende Norm aber ist ohne juristische Semantik, so dass der Geltungsanspruch auf keinen Inhalt mehr gerichtet ist), ist nur eine Frage des Standpunkts (normativ vs. faktisch). Jedenfalls büßt die Rechtsordnung ihre Funktion ein, wenn sie auf unwirksamen Normen als geltendem Recht beharrt, diese aber nicht durchsetzt.

Dieser Befund steht einer rein normativen Betrachtung von Normen nicht entgegen. Eine solche muss die Semantik der Norm aber aus sekundären Sprachspielen beziehen. Einer solchen Betrachtung geht es um mögliche, nicht um reale Rechtsordnungen (Schuhr 2006: 42ff.). Die Anwendung der Norm im realen Staatsgefüge kann rein normative Vorüberlegungen transkribieren, ist aber selbst nicht Gegenstand der rein normativen Betrachtung. Umgekehrt kann die rein semantische und damit rein tatsächliche Betrachtung der Norm deren Geltungsanspruch nicht erfassen, denn nicht jede geltende Norm manifestiert sich sogleich als Regel. Normative Überlegungen zum realen Staat setzen immer eine insoweit „funktionierende" Rechtsordnung voraus, dass Geltung und Wirksamkeit in der Weise korreliert bleiben (Kelsen 1979: 3f. [Kap. 1 VII.], 112 [Kap. 34 II.]), dass die Semantik der geltenden Norm sich in den Fällen, für die sie gilt, tatsächlich niederschlägt. Dabei gehört zum Funktionieren des gewaltenteiligen Modells auch, dass der Gesetzgeber einerseits die Lebensart der Bürger nur vorsichtig beeinflusst und andererseits Bürger und Exekutive bereit sind, bei neuen Normen den vom Gesetzgeber intendierten Import von Semantik aus sekundären Sprachspielen mitzuvollziehen. Beides ist ein urdemokratischer Ausdruck von Volkssouveränität.

5.3 Unschärfe, Demokratie und Interpretation

Die bisherigen Überlegungen haben Folgendes gezeigt: Stellt man sich Semantik als regelhaften Gebrauch von Sprache in Sprachspielen vor und sucht man möglichst etablierte juristische Semantik, d.h. einen möglichst stabilen tatsächlichen Gebrauch von Normen und Rechtssprache, so wird man im gewaltenteiligen Gesetzgebungsmodell auf die Bürger sowie in manchen Rechtsgebieten auch auf die Exekutive verwiesen. Seinen Grund hat dies darin, dass nur dort die gewünschte Stabilität zu erwarten ist. Der zweite Teil des Suchmusters, der Gebrauch von Normen und Rechtssprache, der ja gerade stabil sein soll, ist beim Bürger hingegen viel weniger scharf auszumachen. Er wird nicht tatsächlich vorgefunden in dem Sinne, dass es ein psychologisches Faktum wäre, dass der Bürger vor seinen Handlungen die maßgeblichen Normen reflektierte, oder dass sich linguistische Fakten finden ließen, dass ein Normbezug oder Rechtssprache in Texten der Bürger regelmäßig zu finden wären. Ein Bezug zum Recht ist hier nicht tatsächlich zu beobachten, sondern höchstens vom Betrachter zu rekonstruieren, er wird gewissermaßen erst hergestellt, indem man das Verhalten der Bürger entsprechend interpretiert.

Man kann die Suche in anderer Weise vornehmen, und üblicherweise wird in anderer Weise gesucht: Man betrachtet als typisch juristisch die Sprachspiele, in denen Rechtssprache tatsächlich verwendet und Normbezug explizit hergestellt und reflektiert wird. Namentlich in Erörterungen der Rechtswissenschaft, anwaltlichen Schriftsätzen und gerichtlichen Entscheidungen ist das der Fall. In ihnen sucht man dann möglichst nach Stabilität. Daran ist nichts falsch, und die hier vorgetragenen Überlegungen sind nicht dazu da, diesen üblichen Ansatz grundsätzlich zu verwerfen. Sie zeigen aber etwas, das oft übersehen wird: Man kann das genuin Juristische und auch ziemlich Stabile in den primären Sprachspielen unseres Rechts im gewaltenteiligen Gesetzgebungsmodell finden, indes nicht beides am selben Ort. Ob man primär Semantik und dabei möglichst juristische oder primär Juristisches und dabei möglichst auch Semantik sucht, ist nicht dasselbe, und die jeweiligen Suchen führen zu grundsätzlich unterschiedlichen Ergebnissen. Das ist Ausdruck einer allgemeinen Unmöglichkeit, sowohl den aktuellen Standpunkt präzise zu bestimmen, als auch die künftige Entwicklung sicher vorhersagen zu können: Man kann sich praktisch sicher sein, dass die Lebensform der Bürger in der überschaubaren Zukunft im Wesentlichen gleich bleiben wird, jedes Detail, jede ihr implizite Regel kann sich aber jederzeit ändern, und das ist nicht vorhersagbar. Ebenso ist bekannt, welche Entwicklungen sich im Recht jeweils aktuell und in der absehbaren Zukunft abspielen. Es ist aber nicht bekannt, wo genau und in welchen Schritten (welchen Entscheidungen, welchen Publikationen etc.) sie sich vollziehen werden und zu welchem Ergebnis sie führen werden. Man kann dies in Anlehnung an *Heisenbergs* Beschreibung dieser Unmöglichkeit für die Mechanik (Ort und Impuls von Elementarteilchen) „Unschärfe" nennen.

Die Überlegungen haben sogar noch mehr gezeigt: Sucht man die juristische Semantik in der genuin juristischen Sprachverwendung und interpretiert dann die Normen im Hinblick auf das gefundene Ergebnis, so grenzt man Legislative, Exekutive und Bürger aus dem juristischen Sprachspiel weitgehend aus. Das Modell der primären juristischen Sprachspiele degeneriert dabei zum Modell des Rechtsprechungs-Rechts. Man missachtet dabei nicht nur das Parlament, sondern auch das Volk, welches in der Demokratie zur unmittelbaren Teilnahme an den Sprachspielen des Rechts berufen und darüber hinaus – im Gegensatz zu den Juristen – sogar in der Lage ist, rechtliche Stabilität zu etablieren.

Im gewaltenteiligen Gesetzgebungsmodell hat gerade nicht nur der Streit ums Recht, sondern auch rechtlich Stabiles seinen Ort. Der Satz „clara non sunt interpretanda" war einmal so gemeint, dass eindeutige Rechtssätze einer Interpretation nicht bedürftig wären und ihre Auslegung zu unterlassen sei. Auch dies war Ausdruck der aufklärerischen Euphorie, über das gewaltenteilige Gesetzgebungsmodell einen rationalen Staat zu verfassen. Zu Recht hat *von Savigny* sich dagegen gewandt (Savigny 1840: 206ff. [Buch I, Kap. IV, §§ 32ff.]); jede Anwendung einer geschriebenen Norm setzt ein Verständnis ihres Textes und damit dessen Interpretation voraus. Für klarere Texte mag es tendenziell weniger einander wiederstreitende und doch vernünftige Interpretationen geben den Spielraum der vernünftigen Interpretationen auszuloten und sich begründet für eine von ihnen zu entscheiden, ist indes gerade der vernünftige Umgang mit dem Text und keineswegs entbehrlich. Man kann das Interpretationsverbot aber anders rekonstruieren: Wo es eine stabile, rechtlich nicht infrage gestellte Übung der Bürger gibt, sind bestehende Rechtsnormen (es geht also nicht um den Fall, dass der Gesetzgeber eine Norm gerade gegen eine übliche Praxis richtet) dieser Übung entsprechend zu interpretieren; die Interpretation von Rechtstexten darf nicht dazu missbraucht werden, allgemein Akzeptiertes infrage zu stellen. Das ist ein ganz klassischer Standpunkt; so heißt es etwa bei Paulus „optima enim est legum interpres consuetudo" (die beste Deuterin der Gesetze ist die Übung; Digesten 1, 3, 37; Übersetzung nach Liebs 1982: O-25 [S. 149]). Damit ist auch nicht gesagt, dass allgemein Akzeptiertes nicht infrage gestellt werden dürfe; *de lege ferenda* ist das nicht nur zulässig, sondern es ist gerade Aufgabe der wissenschaftlichen Durchdringung des Rechts, den Bestand an geltenden Normen und ihre übliche Handhabung zu hinterfragen. Wer aber eine Interpretation ad hoc gegen die bestehende Übung richtet, ändert damit die Semantik der Norm und so materiell die Norm selbst, wendet also nicht eine bereits geltende Norm an.

Soweit es keine bestehende Übung (keine regelmäßige Praxis) gibt, fehlt es auch an einer etablierten juristischen Semantik der Norm. Ihre Interpretation besteht dann gerade darin, Semantik aus anderen Sprachspielen zu importieren. Dies ist der Zweck der klassischen juristischen Kanones der Auslegung: Die „grammatische" Auslegung knüpft an Sprachspiele der Alltagssprache an. Die „systematische" Auslegung versucht aus einer Erweiterung des Blickfeldes auf viele, inhaltlich aufeinander bezogene Normen statt nur der zu interpretierenden Norm selbst einen reichhaltigeren Schatz an Sprachspielen zu gewinnen und sucht in ihm Semantik stiftende Regelmäßigkeit. Die „historische" Auslegung knüpft an Sprachspiele der Gesetzesgenese an. Die „teleologische" Auslegung schließlich fasst die Norm statt in ihrem unmittelbar rechtlichen Kontext als Teil anderer Sprachspiele auf, mit denen (meist politische) Zwecke verfolgt werden. Es geht dabei also nicht darum, eine vorhandene Bedeutung der Norm festzustellen, sondern darum, Bedeutung auf sie als Zeichen zu übertragen. Diese Zuschreibung von Bedeutung geschieht ihrerseits nicht rein willkürlich, sondern nach Regeln (nämlich denen der juristischen Methodenlehre); sie geschieht in einem sekundären Sprachspiel besonderer Art, welches die Norm und ihren künftigen Gebrauch zum Gegenstand hat und in diesem Sinne als Metasprachspiel aufgefasst werden kann.

Semantikkonzepte, die sich auf die Faktizität von Sprachspielen stützen und Semantik so empirisch fundieren, können die hergebrachten Methoden trotz ihrer Mängel nicht ersetzen. Das liegt nicht an einem Beharren auf diesen Methoden, sondern an jenen Semantikkonzepten selbst: Soweit die etablierten Sprachspiele textlich nicht zu fassen sind und in den rechtlich problematischen Fällen eben keine eindeutigen Sprachspiele existieren, fehlt gerade die zur empirischen Fundierung nötige Tatsachenbasis.

Juristische Semantik in dem engen Sinne einer stabilen Übung liefert eine Grenzziehung: Die Interpretation muss sich in ihrem Rahmen halten und der Norm darin eine Bedeutung zuschreiben. Dabei muss sie sich an die (durchaus etliche Freiheit lassenden) Regeln halten, die im Metasprachspiel der Anwendung der Auslegungskanones (bzw. allgemeiner: in der juristischen Methodenlehre) dafür bestehen. Durch diese Transkription entsteht wiederum juristische Semantik in einem weiteren Sinne; diese gibt es aber erst einmal nur im singulären Akt der einzelnen Anwendung, und es bleibt abzuwarten, ob sie sich im weiteren Verlauf etabliert. Im Modell des Rechtsprechungs-Rechts wäre bereits ein singulärer Gebrauch Grund genug, ihn zu etablieren. Deshalb gibt es in case law-Systemen auch hochentwickelte Datenbanken zum Auffinden von Präzedenzentscheidungen. Diese Technik in andere Rechtssysteme zu übertragen, ist aber nicht unproblematisch. Die juristische Semantik entsteht hier nicht einfach daraus, dass von Gerichten in einer bestimmten Weise entschieden oder formuliert wird. In unserem System können auch wiederkehrende Entscheidungen und wiederkehrender Sprachgebrauch in Entscheidungen unrichtig sein. Wenn Gerichte, Anwaltschaft und Wissenschaft im gewaltenteiligen Gesetzgebungsmodell Mittel der case law-Recherche verwenden, erleichtert ihnen das zwar u.U. die Arbeit, denn sie können ein fremdes Ergebnis kopieren, es führt aber zu der bereits beschriebenen Degeneration des Modells. Erwartet wird von ihnen, dass sie nicht an der Textoberfläche von Präzedenzentscheidungen bleiben, sondern das inhaltliche Argument ihrer Begründungen prüfen und dann eine selbständige Entscheidung fällen. Damit ist freilich nicht gesagt, dass sie ohne Not von vorherigen Entscheidungen abweichen sollten; auch im gewaltenteiligen Gesetzgebungsmodell soll eine möglichst stabile Anwendung der Normen entstehen, so dass es auch hier richtig ist, sich an Präzedenzentscheidungen zu orientieren. Vor allem aber soll die richtige und richtig begründete Entscheidung über ihre Begründung künftige Entscheidungen beeinflussen.

6 Juristische Semantik im Korpus höchstrichterlicher Entscheidungen?

Inwieweit kann man nun juristische Semantik in genuin juristischen Texten, insbesondere im Korpus höchstrichterlicher Entscheidungen finden? Zeigt sich dort ein stabiler Gebrauch der Rechtssprache? Dies sei zunächst primär am Beispiel des Strafrechts und Entscheidungen des Bundesgerichtshofs etwas näher dargestellt: Juristische Datenbanken erfassen i. A. die mit einer Begründung versehenen Entscheidungen des Bundesgerichtshofs seit dem Jahr 2000 vollständig (zu Einschränkungen und früherer Veröffentlichungspraxis siehe Kuntz 2006). Auf sie stützen sich Rechtsprechungsanalysen im Strafrecht vornehmlich. Erfasst wird dabei aber nur ungefähr ein Drittel der Entscheidungen des Bundesgerichtshofs, denn wenn der Senat einstimmig entscheidet, kann meist im Beschlusswege entschieden und von einer Begründung abgesehen werden. Die Fälle sind also stark filtriert: Es geht – sonst wäre es kein Strafrecht – von vornherein darum, dass eine Rechtsnorm verletzt wurde, und zwar eine so bedeutsame, dass der Gesetzgeber sie mit Strafe bewehrt hat. In dem gerichtlichen Fall liegt also – wie in jedem anderen Rechtsgebiet auch, allerdings jeweils aus unterschiedlichen Gründen – immer ein rechtlicher Konflikt, gerade keine stabile Normanwendung. Mindestens ein Gericht (u. U. auch mehrere Vorinstanzen) hat sich bereits darum bemüht, diesen Konflikt zumindest im Nachhinein zu befrieden, ist damit aber gescheitert, sonst wäre kein Rechtsmittel eingelegt worden. Meist beurteilen nicht einmal die zuständigen fünf der Richter am Bundesgerichtshof den Fall einheitlich, denn das ginge in der Regel ohne nähere Begründung. Was sich in diesem Korpus findet, ist also in höchstem Maße umstritten. Zum Verfahrensgegenstand und den darauf angewendeten Normen enthalten Entscheidungen daher fast immer nur Semantik im weiten Sinne der Zuschreibung von Bedeutung, nicht aber im engen Sinne eines etablierten Gebrauchs der Sprache.

Interessant sind die Entscheidungen gerade deshalb, weil es in ihnen um höchst problematische Fälle geht (und insofern um „umstrittene Semantik“ bzw. Streit um Semantik). Es ist gerade Aufgabe der Juristen, sich mit den rechtlich pathologischen Fällen zu beschäftigen. Die stabile Normanwendung erledigen die Bürger selbst und brauchen dazu meistens keinen Juristen. Ebenso, wie Ärzte in ihrer beruflichen Eigenschaft nur selten gesunde Menschen sehen, bekommen

Juristen nur selten Manifestationen etablierter juristischer Semantik zu Gesicht. Der problematische Fall, das lokale Nicht-Funktionieren der Rechtsordnung, ist ihre berufliche Normalität. Primär ermöglichen gerichtliche Entscheidungen daher Feststellungen darüber, wo keine juristische Semantik etabliert ist. Sie markieren also Fälle jenseits der Semantik, und auch das liefert (negative) semantische Aussagen. An diesen negativen semantischen Aussagen besteht auch das Hauptinteresse des Juristen. Sie sagen ihm zwar nicht, was ein rechtlicher Ausdruck bedeutet, sie sagen ihm aber, wo er argumentieren muss bzw. wo er – in anwaltlicher Perspektive – den Ausgang eines Verfahrens ernsthaft beeinflussen kann.

In gewissem Umfang lassen Entscheidungen auch positive Rückschlüsse auf juristische Semantik zu: Wenn die letzten höchstrichterlichen Entscheidungen zu einer bestimmten Gruppe von Fällen schon längere Zeit zurückliegen, indiziert das, dass eine Stabilisierung der Praxis eingetreten ist. (Man sieht daran aber noch nicht, ob sie soweit stabilisiert ist, dass die Fälle nur noch selten zu Gericht gelangen, oder ob lediglich die Rechtsmittel verkürzt abgewiesen werden.) Zudem entwickeln Entscheidungsbegründungen die Entscheidung des problematischen Falls oft ausführlich aus gesicherten rechtlichen Positionen und legen dabei stabilere Semantik (insbesondere in Form ständiger Rechtsprechung) bisweilen sogar recht ausführlich dar, statt unmittelbar über das Problem des Falles zu sprechen. Insoweit enthält also sogar die Textoberfläche zum Teil stabile Semantik. Schließlich wirken Entscheidungen auch – insb. über Medienberichte – auf das Verhalten der Bürger zurück und lassen Anpassungen der Sprachspiele der Bürger erwarten. Bisweilen sind daher Prognosen möglich, dass und in welcher Weise der Gebrauch einer Norm sich stabilisieren wird.

Entscheidungskorpora können deshalb durchaus Indikatoren für semantische Inhalte liefern. Sie setzen solche Inhalte aber nicht ohne weiteres selbst. Aus der Korpusanalyse gewonnene Indikatoren müssen stets inhaltlich überprüft werden. Dabei ist man auf die hergebrachte systematische Entwicklung und Begründung rechtlicher Inhalte angewiesen. Auch wenn die Heterogenität der Kanones juristischer Auslegung so nicht grundsätzlich zu beheben ist, lässt sie sich zumindest teilweise lindern: Je stärkere Anhaltspunkte aus einem Entscheidungskorpus für eine etablierte Semantik gewonnen werden können, desto stärker beeinflussen sie die Anwendung der hergebrachten juristischen Auslegungs- und Interpretationstechniken und richten u. U. zumindest grammatische, systematische und teleologische Auslegung auf ein gemeinsames Interpretationsergebnis.

7 Resümee

Dass juristische Datenbanken besonderes Augenmerk auf die Erfassung von Rechtsprechungsdokumenten richten und auch juristische Kommentatoren – neben anderem – gerade in diesen recherchieren, ist unvermeidlich. Sie dokumentieren wie keine anderen Texte Spielzüge im primären Sprachspiel des Rechts.

Gleichwohl sind Versuche problematisch, gerade aus diesen Texten juristische Semantik abzuleiten. Im gewaltenteiligen Gesetzgebungsmodell konstituieren Gerichtsentscheidungen weder kraft Kompetenz der Gerichte als Institution juristische Semantik, noch kommt ihnen im viel komplexeren juristischen Sprachspiel eine so herausgehobene Akteursstellung zu, dass dies einen Fokus gerade auf ihre Äußerungen rechtfertigen würde. Vielmehr wird die Bedeutung des Verhaltens der Bürger, das sich gerade nicht unmittelbar in entsprechenden Texten manifestiert, leicht missachtet, wenn man zu sehr auf gerichtliche Entscheidungen blickt. Stabiler Gebrauch rechtlicher Normen und indirekt damit auch der Sprache, in der diese Normen gefasst sind, findet sich vor allem beim Bürger. Das muss in einem stabilen Rechtssystem so sein. Der damit verbundene inhaltliche Einfluss der Bürger auf rechtliche Inhalte und rechtliche Semantik ist im Modell der Volkssouveränität aber auch gerade gewollt. Bei Versuchen, aus formalen Analysen der Texte höchstrichterlicher Rechtsprechung unmittelbar Semantik abzuleiten, ist daher besondere Vorsicht geboten, damit die genannten Modelle nicht zu dem eines bloßen Rechtsprechungs-Rechts degenerieren.

Aus Korpora gerichtlicher Entscheidungen können sich aber durchaus Indikatoren für Semantik ergeben, die juristisch-systematische Argumente nicht verdrängen. Vor allem liefern sie Problemindikatoren. Um eine darauf gerichtete systematische und vom EDV-System besser als heute unterstützte Auswertung zu ermöglichen, wären dazu aber differenziertere lexikalische Analysewerkzeuge wünschenswert, wie sie hier eingangs zum Hintergrund der Fragestellung skizziert wurden. An einem Datenbanksystem, das wesentlich stärker als heute auf quantitative Aussagen gerichtete Abfragen ermöglicht und Aussagen zielgerichtet auf einzelne Teile von Entscheidungen beziehen kann, bestünde daher nicht nur ein in der Arbeitsvereinfachung liegendes, sondern letztlich auch im Aufbau des Staates gründendes Interesse.

Literatur

Busse, Dietrich 1992: *Textinterpretation, Sprachtheoretische Grundlagen einer explikativen Semantik*. Opladen: Westdeutscher Verlag.

Engisch, Karl 1963: *Logische Studien zur Gesetzesanwendung*. 3. Aufl. Heidelberg: Winter. Erstauflage 1943.

Felder, Ekkehard, Marcus Müller und Friedemann Vogel (Hg.) 2012: *Korpuspragmatik. Thematische Korpora als Basis diskurslinguistischer Analysen*. Berlin, New York: De Gruyter.

Habermas, Jürgen 2011: *Zur Verfassung Europas*. Berlin: Suhrkamp.

Hegel, Georg Wilhelm 1820: *Grundlinien der Philosophie des Rechts*. Berlin: Nicolaische Buchhandlung „1821" [1820]. Hamburg: Meiner 1995.

Hobbes, Thomas 1651 / lat. 1668: *Leviathan*. London: Andrew Crooke. Zitiert nach Molesworth: The English Works of Thomas Hobbes of Malmesbury, Vol. III. London: John Bohn. 1839 sowie Molesworth: Thomae Hobbes Malmesburiensis opera philosophica quae latine scripsit Omnia, vol. III. ebd. (Londini: Joannem Bohn) 1841.

Kant, Immanuel 1797: *Die Metaphysik der Sitten*, 1. Teil. Metaphysische Anfangsgründe der Rechtslehre. Königsberg: Friedrich Nicolovius.

Kelsen, Hans 1934: *Reine Rechtslehre*. 1. Aufl. Leipzig, Wien: Deuticke.

Kelsen, Hans 1979: *Allgemeine Theorie der Normen*. Aus dem Nachlass hg. von Kurt Ringhofer und Robert Walter. Wien: Manz. Nachdruck 1990.

Kuntz, Wolfgang 2006: *Quantität gerichtlicher Entscheidungen als Qualitätskriterium juristischer Datenbanken*. JurPC Web-Dok. 12/2006 (DOI 10.7328/jurpcb/20062119).

Liebs, Detlef 1982: *Lateinische Rechtsregeln und Rechtssprichwörter*. München: C.H. Beck.

Notholt, Jochen 2005: *Das Semantic Web: Schritte auf dem Weg zum juristischen Einsatz*. JurPC Web-Dok. 57/2005 (DOI 10.7328/jurpcb/200520557), *Die Standards des Semantic Web (Teil 2)*. JurPC Web-Dok. 65/2005 (DOI 10.7328/jurpcb/200520561), *Die Zukunft des Semantic Web (Teil 3 und Schluss)*. JurPC Web-Dok. 66/2005 (DOI 10.7328/jurpcb/200520565).

Rousseau, Jean-Jacques 1762: *Du contrait social*. Amsterdam: Marc Michel Rey.

Savigny, Friedrich Carl v. 1840: *System des heutigen Römischen Rechts*. Bd. 1. Berlin: Veit und Comp.

Schuhr, Jan C. 2006: *Rechtsdogmatik als Wissenschaft. Rechtliche Theorien und Modelle*. Berlin: Duncker & Humblot.

Searle, John R. 1983: *Intentionality. An essay in the philosophy of mind*. Cambridge u. a.: Cambridge University Press.

Strauch, Hans-Joachim 2007: Wandel des Rechts durch juristische Datenbanken. In: DVBl 2007, 1000–1007.

Wittgenstein, Ludwig 1984 [1930/31]: *Wittgenstein und der Wiener Kreis*. Gespräche, aufgezeichnet von Friedrich Waismann. Aus dem Nachlass von B.F. McGuiness. Werkausgabe Bd. 3. Frankfurt a. M.: Suhrkamp 1984. Zitiert nach 4. Aufl. 1993. Erstausgabe: Oxford: Blackwell 1967. Zitate vom 17.12.1930 und 9.12.1931 (beide Neuwaldegg).

Wittgenstein, Ludwig 1953: *Philosophische Untersuchungen*. Erstausgabe: G.E.M. Anscombe, Oxford: Blackwell. Zitiert nach Werkausgabe in 8 Bänden, Bd. 1. Frankfurt a. M.: Suhrkamp 12. Aufl. 1999 (Erstdruck 1984).

Stephan Pötters und Friedemann Vogel

Der ‚Arbeitnehmer' im Rechtsdiskurs

Möglichkeiten und Grenzen korpuslinguistischer Zugänge zu Sedimenten juristischer Dogmatik

1 Einleitung

Die Analyse juristischer Begriffe und Semantik wird in der Rechtstheorie häufig eng geführt mit einer „Auslegung" von Gesetzestexten, wobei der Sprache bestenfalls die Rolle eines Begriffswerkzeugs zugebilligt wird. Juristische Normen werden dabei als verborgener Sinn von Normtexten verstanden, den es im Rahmen des richterlichen Entscheidungsprozesses nur freizulegen gelte. Dietrich Busse (1992: 14) hat dieses Gedankenmodell einmal treffend als „Topftheorie der Kommunikation" bezeichnet (vgl. auch seinen Beitrag in diesem Band), „da offenbar davon ausgegangen wird, dass eine ‚Information' (als dabei identisch bleibende) von der sprachlichen Äußerung lediglich ‚transportiert' wird." Die Arbeiten moderner Rechtslinguistik sowie der Strukturierenden Rechtslehre (Müller 1994) stellen der Jurisprudenz seit nun 30 Jahren mit empirischen Mitteln einen Spiegel zur Verfügung, der „Rechtsarbeit" als komplexe „Textarbeit" (Müller, Christensen und Sokolowski 1997) beschreibt, bei der Rechtsnormen semantisch erst im Verfahren und durch argumentative Verknüpfung des Normtextes mit zahlreichen anderen Texten – insb. gerichtlicher Entscheidungen – konstituiert werden (vgl. Vogel 2012c). Semantik ist dann keine statische Größe, sondern Heuristik für die Beschreibung von Verstehensprozessen und institutionalisierten Interpretationsverfahren im Recht.

Diese Textarbeit erfolgt maßgeblich durch qualitative, intertextuelle Verfahren (vgl. Morlok in diesem Band), deren potentielle Willkürlichkeit durch Professionalisierung und Disziplinierung[1] insb. im Rahmen der juristischen Ausbildung sowie der Dogmatik (u. a. Orientierung der Interpretationsarbeit an Vorentscheidungen der Oberinstanzen) bearbeitet wird. Dabei bleibt jedoch häufig außer Acht, welche Rolle Introspektion bei der Interpretationsarbeit spielt. Die individuelle ‚Selbstbetrachtung' als alleinige Gewährsfrau für die Zuverlässigkeit von Deutungen – etwa zu der Frage, ob ein Ausdruck X im Gesetz Y eher dies oder jenes bedeute – wird in der Linguistik aber schon seit geraumer Zeit problemati-

1 „Disziplin" im Sinne Michel Foucaults 2005: 228 ff.

siert. Denn um die Bedeutung eines Wortes angemessen beschreiben zu können, lehrt uns schon Wittgenstein, müssen wir seinen Gebrauch in der Sprache beschreiben können. Die Annahme aber, man verfüge allein kraft der eigenen Sprecherkompetenz auch über die Fähigkeit, alle möglichen oder auch nur eine Großzahl an Gebrauchsbeispielen eines Wortes als Grundlage für eine Bedeutungsparaphrase zu erinnern, stellt sich in der empirischen Forschung als Mythos heraus. Viel zu sehr ist der persönliche Sprachgebrauch von der eigenen Sozialisierung und damit Erfahrungskontexten sowie von kognitiven Heuristiken geprägt. Dies jedoch heißt nicht, dass sämtliche introspektiv geleiteten Bedeutungshypothesen leer seien; vielmehr gilt es, sich der Grenzen introspektiver Textlektüre bewusst zu sein und sie methodisch zu kontrollieren.[2]

In der Vergangenheit gab es bereits verschiedene computertechnische Versuche, die juristische Arbeit durch automatische Prozesse zu steuern („Subsumtionsautomaten" im wörtlichen Sinne).[3] Diese Versuche scheiterten aber in der Regel an dem positivistischen Grund(miss)verständnis, Recht bestehe aus abschließend bestimmbaren, festen Prinzipien oder logisch formalisierbaren Richtlinien. Demgegenüber versuchen wir im vorliegenden Beitrag (und im Anschluss an ein interdisziplinäres Gemeinschaftsprojekt[4]) korpus- und rechtslinguistische Verfahren komplementär zur qualitativ-hermeneutischen Rechtstextarbeit als Verfahren der Semantikanalyse zu erproben (2–3). Gegenstand der Studie sind Sprachgebrauchsmuster[5] und Schemata im juristischen Fachdiskurs über den ‚Arbeitnehmer'-Begriff (Arbeits- und Sozialrecht), die sowohl auf Basis eines großen Rechtstextkorpus aus Gerichtsentscheidungen (3) als auch aus der Perspektive traditionell rechtlicher Lektüre der arbeitsrechtlichen Dogmatik beschrieben werden (4). Ein kritisches Resümee zu Möglichkeiten und Grenzen des Verfahrens auch mit Blick auf eine „juristische Korpuspragmatik" schließt diesen Beitrag ab (5).

---

2 Vgl. ausführlich zur Problematik der Introspektion im Recht: Vogel u.a. 2015; allgemein zur Introspektionsdebatte in der Linguistik vgl. zusammenfassend Fillmore 1992. Zur zeitgleich in den USA beginnenden Debatte über den Nutzen korpuslinguistischer Verfahren zur Kontrolle von Introspektion im Recht vgl. Mouritsen 2010, 2011 sowie den Beitrag von Stephen Mouritsen in diesem Band.

3 Vgl. etwa die Arbeiten der frühen interdisziplinären Arbeitsgruppe „Analyse der juristischen Sprache" in Darmstadt (1970–1974), z.B. Rave, Brinkmann und Grimmer 1971.

4 Projektpartner ist neben den beiden Autoren auch Ralph Christensen (Heidelberger Gruppe der Rechtslinguistik).

5 Zum Begriff des „Sprachgebrauchsmusters" (hier in Kurzform verwendet als „Sprachmuster") grundlegend, jedoch ohne Blick auf Fachsprachen: Bubenhofer 2009.

2 Methodologischer Hintergrund: Sprachmuster als Sedimente juristischer Dogmatika

Die vorliegende Studie sucht zwei – auch in der historisch gewachsenen Theorie – sehr unterschiedliche Methodenzugänge miteinander zu verbinden und für die Analyse juristischer Semantik am Beispiel des ‚Arbeitnehmer'-Begriffs fruchtbar zu machen: Dies sind zunächst Interpretationsmethoden wie sie (in der Regel intuitiv durch praktische Übung und seltener in Methodenseminaren) über die juristische Ausbildung vermittelt werden. Interpretation bedeutet dabei das paraphrasierende Sinnvoll-Machen eines Gesetzesausdrucks durch seine Verknüpfung mit ausgewählten Kotexten vor allem aus der höchstrichterlichen Rechtsprechung sowie Texten der Rechtswissenschaft. Diese Verknüpfungsleistung setzt einerseits ein breites implizites Fachwissen über die Verknüpfbarkeit (Antizipation von institutionalisierten Geltungsansprüchen, „Rechtsquellen") dieser Texte voraus und wird andererseits orientiert durch Verknüpfungsregeln wie die vier Kanones der Auslegung (Müller und Christensen 2009: 322ff.). Während die grammatische Auslegung das intuitive Verständnis eines Gesetzesausdrucks fokussiert und die teleologische Auslegung nach Sinn und Zweck einer Regelung fragt, geht es bei der systematischen und historischen Auslegung darum, den Gesetzesausdruck im Kontext anderer Vorschriften sowie im historischen Umfeld den Gesetzestext mit Vorläuferregelungen sowie mit begleitenden Texten des Gesetzgebungsprozesses einzuordnen.[6] Diese Kanones sind jedoch nicht als formalisierbare Regeln zu verstehen, sondern mehr als orientierende Suchraster bei der Gewinnung von Argumenten im semantischen Kampf um die fallspezifisch angemessene Rechtskonkretisierung. Entsprechend gibt es auch um die Kanones selbst, ihre Geltung und Präferenz im Einzelnen, seit ihrem Bestehen einen Methodenstreit. Ohne auf diesen hier weiter eingehen zu können,[7] wird schon an dieser Skizze deutlich, dass die klassische Methodenlehre vor allem eine qualitative Hermeneutik umzusetzen versucht, in der die intuitive Auswahl von Einzeltexten, einzelnen Ausdrücken (Wortlaut) und Besonderheiten der Lebenswelt eine hervorgehobene Rolle spielt.

Gegenüber dieser Einzeltext-orientierten Perspektive, die in methodischer Hinsicht viel mit textlinguistischen Ansätzen gemein hat (Jeand'Heur 1989; Wimmer und Jeand'Heur 1989), scheinen korpuslinguistische Zugänge zum Recht

6 Hinter diesen Methoden steht freilich eine Vorstellung von Gesetzesbegriffen, die eine System-Einheit des Begriffs, des Gesetzes oder auch des ganzen Rechts unterstellt. Diese Einheit ist allerdings eine Diskursfiktion, die wenig mit der Praxis der Normgenese zu tun hat (vgl. Vogel 2012c).

7 Dazu ausführlich Kudlich und Christensen 2004.

geradezu im Widerspruch zu stehen.[8] *Korpuslinguistik* ist eine neue[9] Disziplin bzw. Methode[10] im Fundus der Linguistik, die sich zunächst in den angelsächsischen, in den letzten 15–20 Jahren auch in deutschsprachigen Ländern einen Namen gemacht und eine Fülle neuer Techniken zur Untersuchung sprachlicher Phänomene entwickelt hat. Als Korpuslinguistik bezeichnet man lehrbuchmäßig

> „die Beschreibung von Äußerungen natürlicher Sprachen, ihrer Elemente und Strukturen, und die darauf aufbauende Theoriebildung auf der Grundlage von Analysen authentischer Texte, die in Korpora zusammengefasst sind. [...]" (Lemnitzer und Zinsmeister 2010: 10)

Gemeinsam ist diesen Konzepten insbesondere eine Kritik an der Introspektion der generativen Grammatik als zuverlässige Quelle linguistischer Erkenntnis (Bungarten 1979: 31 ff.; Jung 1994; Müller 2007) sowie der Fokus auf die Beschreibung authentischer[11] Sprachdaten, d. h. sprachlicher Performanz in großen Textkorpora.[12] Umfang und Beschaffenheit von Textkorpora spielen eine hervorgehobene Rolle, insofern sie einen Untersuchungsrahmen und damit – aus korpuslinguistischer Perspektive – auch einen beschränkenden Rahmen für die Hypothesenbildung konstituieren. Vor diesem Hintergrund haben Korpuslinguisten nicht nur zu einer Kritik qualitativer Methodologie beigetragen und Kategorien zu Aufbau und Beschreibung von Korpora entwickelt (vgl. etwa Lemnitzer und Zinsmeister 2010: 102 ff.), sondern sich auch um die nachhaltige Anlage

---

8 Grundlegende Orientierung zu Theorie und Methodik der Korpuslinguistik bieten: McEnery und Wilson 1997; Tognini-Bonelli 2001; Lüdeling und Kytö 2008, 2009; Lemnitzer und Zinsmeister 2010; Perkuhn, Keibel und Kupietz 2012.

9 Gemeint ist hier insbesondere die mit digitalisierten Textkorpora operierende Korpuslinguistik, deren „analoge" Vorgänger – je nach Historie – bis ins Mittelalter (Bibelkonkordanzen u. ä.) zurückreichen; vgl. hierzu etwa Meyer 2008.

10 Der Status der Korpuslinguistik im Verhältnis zur Sprachwissenschaft (Disziplin vs. „nur" Methode) ist durchaus umstritten: Gegen den disziplinären Charakter der Korpuslinguistik spricht etwa, dass sie keinen vergleichbar abgrenzbaren Phänomen- und Untersuchungsbereich vorweisen kann wie etwa die Grammatik (Verknüpfungen), Semantik (Bedeutungslehre) oder Soziolinguistik (Varietätendifferenzierung). Für den disziplinären Charakter spricht allerdings, dass die Korpuslinguistik nicht nur einen kontrastiven Blick auf die sprachlichen Untersuchungsgegenstände und damit auf deren Schematisierung erlaubt, sondern auch zunehmend zu einer eigenen Theoriebildung beiträgt, die neue Aspekte des Sprachgebrauchs und damit verbundenen kognitiven Apparats hervorbringt (McEnery und Wilson 1997; Tognini-Bonelli 2001; Berthele 2006).

11 Das heißt: keine Funktionssprachen (wie Programmiersprachen) oder anderweitig manipulierter Daten.

12 Im Unterschied zum medizinischen Sprachgebrauch (mask., der Korpus = ‚Körper') spricht man in der Sprachwissenschaft mit femininem Artikel die Korpuslinguistik und im Neutrum Sng.: das Korpus (Pl.: die Korpora; gelegentlich auch mit C: das Corpus). Im Englischen: corpus linguistics.

großer Referenzkorpora bemüht. Referenzkorpora erheben den Anspruch, für ihre jeweilige Referenzsprache annäherungsweise alle zentralen Kontexte des öffentlichen und nicht-öffentlichen Sprachgebrauchs einer bestimmten Zeit abzubilden und aufbereitet zur Verfügung zu stellen. Zu den wichtigsten Referenzkorpora zählen etwa das *British National Corpus* (BNC)[13] mit etwa 100 Mio. Wortformen und das *Corpus of contemporary American English* (COCA; Brigham Young University)[14] mit 450 Mio. Wortformen für das Englische oder das *deutsche Referenzkorpus* (DeReKo; Institut für Deutsche Sprache in Mannheim)[15] als größtes deutschsprachiges und stetig erweitertes Korpus mit über 5,4 Milliarden Wortformen (Stand 29.02.2012).

Für die Untersuchung von Phänomenen der Gemein- bzw. Standardsprache lassen sich mittlerweile die großen digitalisierten Referenzkorpora heranziehen. Für Fragen zu Fachsprachen oder mündlicher Sprache[16] liegen hingegen nur deutlich geringere Textmengen vor. Zur Rechtssprache finden sich bislang lediglich einzelne Projektkorpora, die entweder sehr klein oder häufiger nicht zugänglich sind. Im Rahmen des Projektes „Juristische Korpuspragmatik" wird derzeit unter der Leitung von Friedemann Vogel an der Universität Freiburg ein „Juristisches Referenzkorpus des deutschsprachigen Rechts" (JuReKo) entwickelt, das sowohl Texte der Rechtsprechung als auch der rechtswissenschaftlichen Kommentar- und Aufsatzliteratur und der Gesetzgebung enthalten soll.[17]

Korpuslinguistische Studien greifen in der Regel auf computerlinguistische Software und Algorithmen zurück, die maßgeblich einem Zweck dienen, nämlich der automatisierten Ermittlung von statistisch überzufälligen Sprachgebrauchsmustern, die bei rein introspektiver, qualitativer Textlektüre übersehen würden. Das methodische Set umfasst u.a. ausgefeilte Suchmaschinen und komplexe Suchanfragen, Konkordanz, sog. N-Gram- und Cluster-Analysen sowie Kollokationen- bzw. Kookkurrenzanalysen.[18]

– Ein Großteil der Systeme erlaubt mit Hilfe einer speziellen Syntax (weit verbreitet z. B. sog. „reguläre Ausdrücke") komplexe Suchanfragen, um bestimmte Sprachelemente aufzufinden. Die Ergebnisse werden in der Regel in Form von Konkordanzen, also zeilenweiser Darstellung des gesuchten Ausdrucks

---

13 http://www.natcorp.ox.ac.uk/ (19.05.2013).

14 http://corpus.byu.edu/coca/ (19.05.2013).

15 http://www.ids-mannheim.de/kl/projekte/korpora/ (19.05.2013).

16 Vgl. dazu die Korpora des Archiv für Gesprochenes Deutsch am Institut für Deutsche Sprache in Mannheim (http://agd.ids-mannheim.de/index.shtml; 21.05.2013).

17 http://www.jureko.de (19.05.2013).

18 Für ausführliche Erläuterungen zur Funktionsfähigkeit und Anwendung dieser Tools auf Rechtko(n)texte vgl. Vogel u. a. in Vorb.

samt seines unmittelbaren Kotextes (auch „KWICs" = „Kewords in Context") aufbereitet und lassen sich nach unterschiedlichen Kriterien sortieren.

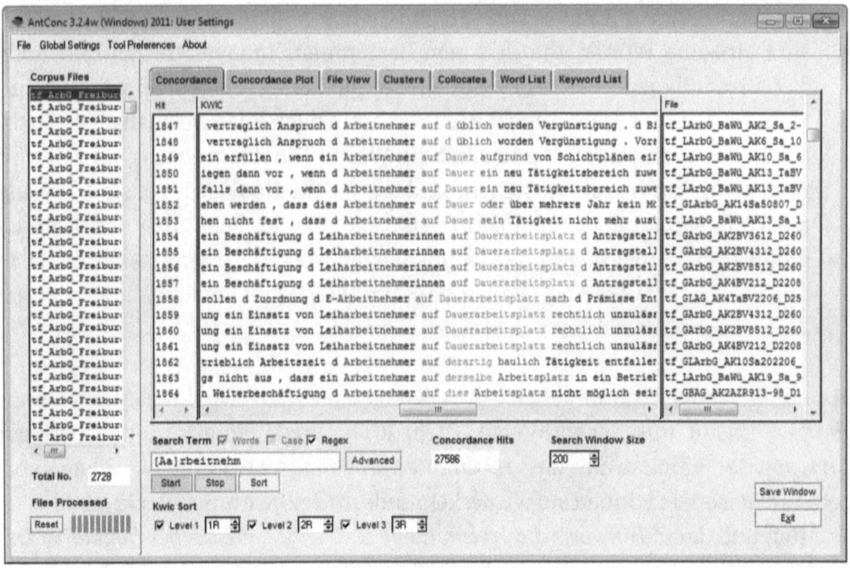

Abb. 1: Screenshot: Konkordanzen sortiert in AntConc (Anthony 2012).

- Die automatische Erstellung von Wortlisten dient dazu, sämtliche Wortformen eines Korpus zu gruppieren und zu zählen. Eine Keyword-Liste enthält dagegen nur jene Wörter, die im statistischen Sinne überzufällig häufig in einem Primärkorpus als im Vergleich zu einem Referenzkorpus vorkommen. „Keywords" sind also Wörter, die typisch für das eine und untypisch für das andere Korpus sind. Für diesen Zweck werden zu den beiden Korpora jeweils Wortlisten erstellt und diese mit Hilfe statistischer Signifikanztests (z. B. dem Chi-Square-Test) und relativ zur jeweiligen Korpusgröße kontrastiv miteinander verrechnet.[19]
- Sogenannte N-Gram- oder Cluster-Analysen suchen, gruppieren und zählen Einheiten von mehr als einem Wort. Je nach Anzahl der Wörter unterscheidet man Bi-Gramme (Zweiworteinheiten), Tri-Gramme (Dreiworteinheiten) usw. Bei N-Gram-Analysen werden alle Korpustexte in Einheiten der Größe N zerlegt und diese Einheiten gezählt. Diese N-Gram-Listen lassen sich auch ge-

19 Zur Reichweite der Keyword-Analyse auch zum Zwecke der Diskursanalyse vgl. Senkbeil 2011, 2012.

genseitig kontrastieren und daraus korpusspezifische „Key-N-Gramme" ermitteln.
- Kookkurrenzanalysen (vgl. Steyer 2002) sind schließlich ein weiteres mächtiges Werkzeug zur Analyse von sprachlichen Kontextmustern. Kookkurrenzen sind einzelne Wörter, die in einem bestimmten Intervall rechts und links statistisch überzufällig häufig mit einem Suchausdruck gemeinsam vorkommen. Technisch gesehen sucht das Programm nach allen Belegen eines Suchausdrucks und gruppiert und zählt die Wörter (Kookkurrenzen), die vor und nach dem Suchausdruck stehen, und wertet die Kookkurrenzliste am Ende mit Hilfe statistischer Signifikanztests unter Berücksichtigung von Korpusgröße und Verteilungswahrscheinlichkeiten aus. Der Signifikanzwert (z. B. Chi-Square (X^2) oder Log-Likelihood-Ratio (LLR)) gibt vereinfacht gesagt den ‚Kohäsionsgrad' zwischen zwei Ausdrücken an.

In der vorliegenden Studie gehen wir basierend auf vorausgehenden Untersuchungen (vgl. hierzu grundlegend Vogel 2012b, 2012c; Vogel, Pötters und Christensen 2015) von der Prämisse aus, dass *rekurrente Sprachmuster* in großen Rechtstextkorpora Hinweise sein können auf wiederkehrende, in der Institution Recht ‚etablierte' Lesarten und damit *Hinweise auf konzeptuelle Sedimente juristischer Dogmatik*. Die Rechtssprache ist, wie wir an anderer Stelle auch statistisch zeigen können,[20] voll von derartigen dogmatischen Verhärtungen, die als explizierte Orientierungsrahmen für neu zu entscheidende Einzelfälle bereitstehen; man denke etwa an dogmatisch entwickelte Konkretisierungen des Grundgesetzes wie das *Recht auf informationelle Selbstbestimmung* oder das *Recht auf Gewährleistung der Vertraulichkeit und Integrität informationstechnischer Systeme* (beide zu Art. 2 Abs. 1 in Verb. mit Art. 1 Abs. 1 GG). Derartige Phrasen werden in der Regel höchstrichterlich gebildet, werden von nachfolgenden Instanzen aufgegriffen und damit zu feststehenden Mehrworteinheiten innerhalb der Institution Recht (im wahrsten Sinne des Wortes:) stilisiert. Als formelhafte Einheiten haben sie häufig faktisch Gesetzeskraft, stehen als Rechtsquelle auf ähnlicher Ranghöhe und werden auch entsprechend zitiert. Die *Musterbildung im Recht*, so die Hypothese, *ist Symptom von Geltungsansprüchen qua Ausdrucksäquivalenz*: Man zeigt, dass man die vorhergehende und in der Regel übergeordnete Rechtsprechung (und deren Sprachspuren) respektiert und in die eigene Argumentation integriert. Damit ist die juristische Sprachmusterbildung wohl auch ein elementarer Beitrag für die institutionelle Konstitution von Normativität im Rechtssystem. Kurz: *Sprachmuster der juristischen Textarbeit sind*

20 Vgl. die Erfassung von „Musterhaftigkeit" rechtssprachlicher Texte im Vergleich zu gemeinsprachlichen (Medien-)Texten an Hand von Fünfworteinheiten bei Vogel u. a. in Vorb.

durch ihre Formelhaftigkeit Zeichen ihrer Stellung in der dogmatischen Auseinandersetzung – und damit im Fachwissen der juristischen Akteure. Indem korpuslinguistische Methoden Sprachmuster in juristischen Textkorpora effektiv ermitteln – und zwar nicht nur jene, die augenscheinlich sind wie die obigen Beispiele –, können damit semantische ‚Ablagerungen' in der Dogmatik sichtbar und einer analytischen Reformulierung zugänglich gemacht werden. In diesem Sinne sehen wir eine juristisch orientierte (also rechtslinguistisch fundierte) Korpuslinguistik als möglichen Beitrag zur Analyse rechtlicher Makro-Verhältnisse (Diskurse im Sinne Foucaults) komplementär zur qualitativen und den Einzelfall betrachtenden juristischen Fachlektüre auf der Mikroebene. Dies sei im Folgenden am Beispiel des ‚Arbeitnehmer'-Begriffs der Jurisprudenz exemplifiziert.

3 Untersuchungsgrundlage und Vorgehen im Einzelnen

Die Quellengrundlage der Untersuchung bildet ein Korpus aus insgesamt 9.085 Texten (22,22 Mio. fortlaufende Wortformen). Es handelt sich hierbei um Entscheidungen ober- und unterinstanzlicher Arbeits- und Sozialgerichte sowie des EuGH aus dem Zeitraum von 1954 bis 2012.[21] Sämtliche Texte waren in Textsammlungen bzw. Datenbanken mit unterschiedlichen Formaten enthalten, wurden in reines Textformat übertragen, von störenden Metadaten bereinigt[22] und für spätere Filter- und Sortierprozesse schließlich POS-annotiert.[23] Um diachrone Unterschie-

---

21 Die Quellen waren im Einzelnen: CD-ROM BAG-BSG-Rechtsprechung. Das umfassende Rechtsprechungsarchiv mit Entscheidungen des BAG und des BSG zum Arbeits- und Sozialrecht mit umfangreicher Gesetzessammlung. Kissing: Verl. Recht & Praxis (Die Rechtsprechung der Bundesgerichte). 6718 Entscheidungen von 1954–2000; Juris Online für alle Entscheidungen der Arbeitsgerichte Baden-Württembergs im Zeitintervall 2000–2012; alle online zugänglichen Entscheidungen der Arbeitsgerichte Berlin/Brandenburg im Zeitintervall 2010–2012; alle online zugänglichen Entscheidungen des LArbG Nürnberg im Zeitintervall 1997–2012.

22 Z. B. HTML-Code oder anderen, nicht zum Entscheidungstext zählenden Informationen.

23 Eine POS- oder „Part-of-Speech"-Annotation bedeutet, dass Korpustexte mit Hilfe computerlinguistischer Software (in unserem Fall der TreeTagger; Schmid 1994) zunächst in einzelne Wörter zerlegt („tokenisiert") und dann mit Zusatzinformationen über Wortart und Grundform des jeweiligen Wortes angereichert werden:

[Token]	[POS]	[Lemma]
Die	ART	d
Parteien	NN	Partei
streiten	VVFIN	streiten
um	APPR	um
die	ART	d
Frage	NN	Frage.

de in der Dogmatik analysieren zu können, wurden die Texte monatsweise gruppiert. Dabei stellte sich heraus, dass die Datenqualität insbesondere der frühen Jahre erhebliche Lücken aufweist, insofern nicht – wie später – der komplette Entscheidungstext (mit Tenor, Sacherzählung, Begründung usw.), sondern teilweise nur Entscheidung und Tenor in den Textdateien enthalten sind. Eine zuverlässige Datengrundlage liegt im Grunde erst ab den 1990er Jahren vor. Vor diesem Hintergrund wurden die folgenden drei diachronen Subkorpora gebildet, von denen das erste jedoch nur für punktuelle Abfragen herangezogen werden konnte:

(A) 1954 – 1989: 1320 Texte / 1,0 Mio. Wortformen
(B) 1990 – 1999: 5036 Texte / 13,4 Mio. Wortformen
(C) 2000 – 2012: 2728 Texte / 7,9 Mio. Wortformen

Für eine angemessene interpretative Auswertung der Korpusdaten ist es aus Effektivitätsgründen üblich und auch zur Vermeidung von Missverständnissen in der Regel notwendig, im Sinne einer Triangulation separate Sekundärquellen heranzuziehen (z.B. Nachschlagewerke, Wörterbücher, wissenschaftliche Literatur anderer Disziplinen usw.). Ziel der vorliegenden Studie war jedoch unter anderem, die Leistungsfähigkeit und Grenzen korpusgestützter und damit an der Performanz sprachlicher Zeichen fokussierter Verfahren auszutesten. Aus diesem Grunde fand im Vorfeld der Auswertung kein inhaltlicher Austausch zwischen F. Vogel (als in die juristische Methodik, aber nicht in das Arbeitsrecht eingearbeiteter Korpus- und Rechtslinguist) und dem fachjuristischen Koautor dieser Studie statt. Erst im zweiten Schritt wurden die induktiv erhobenen Ergebnisse ausgetauscht und auf Basis der juristischen Vorannahmen weitere punktuelle Analysen deduktiv zu deren Prüfung hinzugezogen. Die korpuslinguistische Auswertung erfolgte im Einzelnen in drei sich mehrfach wiederholenden Schritten:

1. Induktive Ermittlung von ko(n)textuellen Mustern zu einem oder mehreren Ausdrücken;
2. hermeneutische Interpretation und konzeptuelle Gruppierung der erhobenen Belege;
3. Bildung von Hypothesen (Paraphrasen) und deduktive Prüfung.

Kern des Verfahrens ist die systematische Ko(n)textexploration zum Wortfeld des *Arbeitnehmers*. Die Zeichenkette *arbeitnehm* bildete damit eine Minimalhypothese, das heißt, es wurde davon ausgegangen, dass diese Zeichenkette in irgendeiner Weise auch mit dem Konzept des ‚Arbeitnehmers' zu tun hat. Von dieser Minimalhypothese ausgehend wurde Schritt für Schritt das sprachliche Umfeld dieser Zeichenkette erhoben und in Anlehnung an framelinguistische Ansätze[24] nach thematischen oder konzeptuellen Clustern, Wort- und Syntagmenfeldern gruppiert.

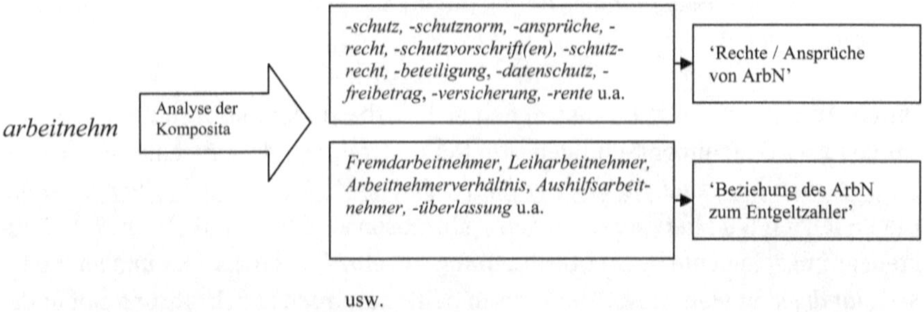

Um sukzessive das semantische Feld zu *arbeitnehm* induktiv und corpus driven[25] zu erschließen, kamen insbesondere Clusteranalysen (Mehrworteinheiten) sowie Kookkurrenzanalysen mit Hilfe des LDA-Toolkit zum Einsatz. Das *LDA-Toolkit* (Vogel 2012a) ist eine korpuslinguistische Software, die speziell für linguistische Diskurs- und Imageanalysen konzipiert wurde. Sie erlaubt insbesondere auch Wortart-spezifische sowie kontrastive Filter- und Analysealgorithmen mit Einsatz von statistischen Signifikanztests. Damit ist es möglich, auch korpusspezifische und d. h. in unserem Falle diachrone Entwicklungen in der ‚Arbeitnehmer'-Dogmatik statistisch sichtbar zu machen (Vogel u. a. in Vorb.). Darüber hinaus wurden im Sinne eines corpus based-orientierten Verfahrens[26] gezielte Suchanfragen mit Hilfe regulärer Ausdrücke und der Software *AntConc* (Anthony 2012) durchgeführt. Gegenstand dieser Abfragen waren insbesondere ausgewählte Prädikationsketten, die zur Semantisierung des Ausdrucks *arbeitnehm* prinzipiell beitragen könnten. Hierbei kam rechtslinguistisches Vorwissen (d. h. auch Vorannahmen) über

---

24 Kern dieses qualitativen Analyseschrittes ist die Einordnung von rekurrenten Sprachmustern als hierarchisch strukturierte Teile (Leerstellen und ihre Füllungen) eines arbeitsrechtlichen Schemas bzw. Frames (Bartlett 1932; Minsky 1975; Konerding 1993), der unter anderem konkretisiert, wann eine Person als Arbeitnehmer, Selbständiger usw. bezeichnet wird. Vgl. hierzu auch den Beitrag von Dietrich Busse in diesem Band.

25 Eine „corpus-driven" orientierte Analyse die Sprachdaten der Korpora selbst als Grundlage zur Hypothesengenerierung zu nutzen und möglichst keine oder nur wenige Vorannahmen zu treffen; die Daten sollen ‚für sich selbst sprechen'. (Tognini-Bonelli 2001: 84) Corpus-Driven nutzt dabei originär computer- und korpuslinguistische Methoden, um die Korpusdaten für eine qualitative Analyse aposteriori vorzustrukturieren.

26 „Corpus-based" beschreibt ein Verfahren, das vor allem zur Prüfung bereits bestehender Hypothesen herangezogen wird.

typische Zuschreibungsmuster in Rechtstexten zum Tragen. Abgefragt wurde zum Beispiel:

- *arbeitnehm sein* [*nicht*] X [X als offene Zuschreibungsvariable]
- *arbeitnehm sein, wer* [nicht] X
- *arbeitnehm müssen/können/dürfen* [nicht] X
- *arbeitnehm als* X

Durch Abfrage von Negationen ließen sich insbesondere konzeptuelle Abgrenzungen und Gegenüberstellungen ermitteln, etwa: *kein Arbeitnehmer ist, wer im Wesentlichen frei seine Tätigkeit gestalten und seine Arbeitszeit bestimmen kann.* Die im letzten Satz hervorgehobenen Teilphrasen sind bekanntlich zentrale Konkretisierungselemente bei der Bestimmung, ob eine Person als *Arbeitnehmer* oder *Selbständiger* zu werten sei. Methodisch heißt das (auch aus Erfahrung mit anderen Analysen), dass etwa durch iterative Suchanfragen zu Negationen sukzessive die zentralen semantischen Kategorien nicht nur zur Ausgangsminimalhypothese, sondern auch in dessen konzeptuellen Umfeld semasiologisch erhoben und dann der weiteren Analyse zugänglich werden.

Im Folgenden können wir nicht die vollständige korpuslinguistische Analyse des ‚Arbeitnehmer'-Begriffs vorstellen, sondern müssen uns auf eine Illustration des Vorgehens am Beispiel von Komposita (4.1), Prädikationsphrasen (4.2) und Kookkurrenzen (4.3) beschränken. Diese jedoch geben bereits zentrale Hinweise auf einen ‚Arbeitnehmer'-Frame und seine Funktion (5).

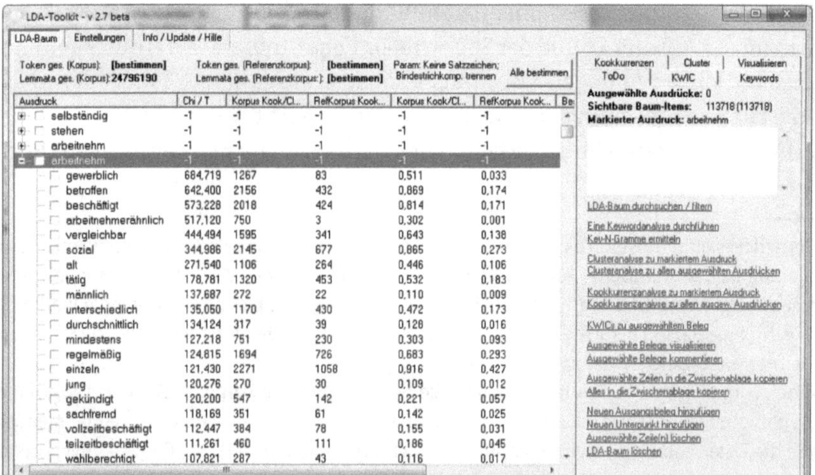

Abb. 2: Das LDA-Toolkit, hier: Kookkurrenzanalyse zu *arbeitnehm* mit Fokus auf Adjektive und Adverbien.

4 Der ‚Arbeitnehmer'-Begriff korpuslinguistisch betrachtet

4.1 Komposita zu arbeitnehm

Komposita realisieren semantische Verknüpfungen zweier Wörter bzw. Konzepte in hochverdichteter Form. Insbesondere hochfrequente Deklarativkomposita (z. B. *Fremdarbeitnehmer*), bestehend aus einem Determinans (Bestimmungswort: *Fremd-*) und einem Determinatum (Grundwort: *-arbeitnehmer*), können insofern als stark schematisierte Zuschreibungsmuster interpretiert werden. Im Untersuchungskorpus (Primärkorpus) finden sich insg. 73.749 Komposita (Wortformen) mit der Zeichenkette *arbeitnehm*. Aus diesen lassen sich 58 verschiedene Gruppen (Types) destillieren, die *arbeitnehm* im Grundwort tragen. Die häufigsten zehn dieser Gruppen lauten:

Nr.	f	Kompositum (Type)
1	851	*Leiharbeitnehmer*
2	371	*Wanderarbeitnehmer*
3	125	*Teilzeitarbeitnehmer*
4	99	*Leiharbeitnehmerin*
5	66	*Vollzeitarbeitnehmer*
6	51	*Stammarbeitnehmer*
7	18	*Altersteilzeitarbeitnehmer*
8	16	*Fremdarbeitnehmer*
9	14	*Saisonarbeitnehmer*
10	14	*Gesamtarbeitnehmer[vertretung]*

Ein Großteil der Bestimmungswörter artikuliert vor allem temporale und lokale Eigenschaften und verweist damit auf verschiedene ‚Personengruppen'. Komposita wie *Vergleichsarbeitnehmer* oder *Nichtarbeitnehmer* verweisen dagegen auf eine Metaebene, auf der die Kategorisierung von *Arbeitnehmer*-Gruppen selbst thematisiert wird. Im diachronen Vergleich zeigt sich, dass manche diese Gruppen (v. a. die *Leiharbeitnehmer* oder *Teilzeitarbeitnehmer*) seit den 90er Jahren systematisch häufiger Gegenstand der Rechtsprechung sind.

Abb. 3: *Leiharbeitnehmer* im Korpus (Screenshot zu Konkordanzplot in AntConc).

Kategorisiert man manuell und auf Basis von Volltextprüfungen alle Ausdrücke und Komposita mit *arbeitnehm* nach ähnlichem Gebrauchskontext, finden sich weitere Gruppendifferenzierungsmerkmale, etwa mit Blick auf eine ‚soziale' (*-ehegatte, -familie*), ‚edukatorische' (*Stamm-, -bildung*) oder ‚gruppenkohärenzbezogene' (*-schaft, -seite, -vertretung* u.v.a.) Stratifizierung. Daneben finden sich zahlreiche Komposita (v.a. mit *arbeitnehm* im Determinans), die auf der methodischen Metaebene auf eine Typologisierung von ‚Personengruppen bzw. -eigenschaften' verweisen. Komposita wie *Arbeitnehmerähnlichkeit, Arbeitnehmereigenschaft, Arbeitnehmerbegriff, Arbeitnehmerstatus, [fiktiver] Vergleichsarbeitnehmer, Arbeitnehmerkategorien, arbeitnehmertypisch* zeigen den richterlichen Versuch, das, was oder wer *Arbeitnehmer* sei, in ein fiktives Eigenschaftsraster nach Prototypikalität zu ordnen. ‚Den' ‚Arbeitnehmer' scheint es daher wohl nicht zu geben, sondern nur Vergleichstypen, die je nach Kontext mehr oder weniger ‚Arbeitnehmer' sind.

Zu diesem Versuch der Typologisierung als Reaktion auf die Lebenswelt zählt schließlich auch eine Kategorie, die unter Rekurs auf § 5 Abs. 1 S. 2 ArbGG als *arbeitnehmerähnliche Personen* bezeichnet wird. Die Gerichte äußern hierzu häufig einleitend und explizit:

(1) *die gesetzliche Abstufung geht nicht von einem dualen System, sondern von einem dreigeteilten System aus, das zwischen Arbeitnehmern, **arbeitnehmerähnlichen** Personen und Selbständigen differenziert* (z.B. BAG v. 20.09.2000 - 5 AZR 61/99, NZA 2001, 551).

Als *arbeitnehmerähnlich* bezeichnete Personen sind also solche ‚Personen', die wie *Arbeitnehmer* ‚ihre Arbeitskraft an einen Entgeltzahler veräußern und hiervon (allein oder überwiegend) ihren Lebensunterhalt bestreiten', ohne dabei aber temporal oder lokal in gleichem Maße wie *Arbeitnehmer*-bezeichnete Personen bestimmt zu sein (vgl. auch unten).

4.2 Prädikationsphrasen

Stärker deduktiv auf rechtslinguistischen Vorkenntnissen (oder Vorannahmen) basierend können explizite Zuschreibungsphrasen im Muster **arbeitnehm** [Verb] / [Präp.] / [Negation] X Hinweise auf semantische Sedimente des ‚Arbeitnehmer'-Frames hinweisen. Dabei zeigt sich, dass der Ausdruck *Arbeitnehmer* im Recht nicht weitreichend (legal)definiert wird, *der Arbeitnehmerbegriff ist ein unbestimmter Rechtsbegriff.*[27] Entsprechende Suchanfragen und alphabetisch sortierte Konkordanzen visibilisieren vielmehr teilweise mehrere Sätze umfassende Sprachgebrauchsmuster oder Formeln, die durch häufige Wiederaufnahmen (Zitierung) obergerichtlicher[28] Formulierungen gebildet werden. Diese Prädikationsmuster benennen in der Regel orientierende Indikatoren oder semantische Slots dafür, in welchen Fällen eine Person als *Arbeitnehmer* zu bezeichnen wäre. Besonders hervorgehoben wird dabei die „‚abhängige' Beziehung zwischen ‚Arbeitskraft-Veräußerndem' und ‚Entgeltzahler'" (*persönliche Abhängigkeit, Weisungsrecht, Weisungsgebundenheit, Unterordnung, fremdbestimmt*) im Hinblick auf ‚temporale' (*Zeit* und *Dauer*), ‚lokale' (*Ort*) – und im Falle des Bundessozialgerichts (BSG) auch ‚modale Bestimmung'. Ein typisches Muster dieser Art lautet etwa:

(2) ***Arbeitnehmer ist, wer** seine Dienstleistung im Rahmen einer von Dritten bestimmten Arbeitsorganisation erbringen muss. Die Eingliederung in die fremde Arbeitsorganisation wird dadurch besonders deutlich, dass ein Arbeitnehmer hinsichtlich Zeit, Dauer und Ort der Ausführung des übernommenen Dienstes einem umfassenden Weisungsrecht des Arbeitgebers unterliegt. Häufig tritt auch eine fachliche Weisungsgebundenheit hinzu.* [Gefolgt von zahlreichen Quellenangaben mit Verweis auf das BAG]

Neben dem obigen Prädikationsmuster (*Arbeitnehmer sein, wer* X) können auch weitere Suchanfragen mit metasprachlichem Bezug für die Analyse fruchtbar gemacht werden. *Arbeitnehmer im Sinne von* X etwa zeigt, dass sehr unterschiedliche Normtextbezüge zur Konkretisierung des ‚Arbeitnehmer'-Begriffs hergestellt werden (z. B. häufig *Arbeitnehmer im Sinne des § 5 Abs. 1 ArbGG* oder sehr viel seltener mit transnationalem Rechtsbezug der *gemeinschaftsrechtliche*[...] *Begriff des Arbeitnehmers im Sinne von Artikel 48 EWG-Vertrag*).

27 BAG v. 18.11.1999 – 2 AZR 89/99, NZA 2000, 529.
28 Gemeint sind insbesondere Bundesarbeitsgericht (BAG), Bundessozialgericht (BSG) und Europäischer Gerichtshof (EuGH).

itnehmerin . a)	Arbeitnehmer sein , wer	aufgrund ein privatrechtlich Vertrag im Dienst	tf_GBAG_AK9AZR76-91_D24031992.txt
chließen : 60 a)	Arbeitnehmer sein , wer	aufgrund ein privatrechtlich Vertrag im Dienst	tf_LArbG_BaWü_AK13_Sa_126-11_D20062(
Partei mangeln .	Arbeitnehmer sein , wer	aufgrund ein privatrechtlich Vertrag zur Arbeit	tf_LArbG_BaWü_AK13_Sa_18-09_D290720(
Partei mangeln .	Arbeitnehmer sein , wer	aufgrund ein privatrechtlich Vertrag zur Arbeit	tf_LArbG_BaWü_AK13_Sa_78-10_D151220
Abhängigkeit) .	Arbeitnehmer sein , wer	aufgrund ein privatrechtlich Vertrag im Dienst	tf_LArbG_BaWü_AK15_Sa_35-02_D190820(
n werden . 25 a)	Arbeitnehmer sein , wer	aufgrund ein privatrechtlich Vertrag im Dienst	tf_LArbG_BaWü_AK17_Ta_9-06_D0609200(
).11.2009 . 52 1.	Arbeitnehmer sein , wer	aufgrund ein privatrechtlich Vertrag im Dienst	tf_LArbG_BaWü_AK3_Sa_47-09_D2801201(
nehmer sein . a)	Arbeitnehmer sein , wer	aufgrund Vertrag in persönlich Abhängigkeit Di	tf_GBAG_AK5AZR612-97_D06051998.txt
Dienstleistung .	Arbeitnehmer sein , wer	d vertraglich geschuldet Leistung im Rahmen ei	tf_GBAG_AK5AZR664-98_D26051999.txt
renzieren . kein	Arbeitnehmer sein , wer	im wesentlich frei sein Tätigkeit gestalten un	tf_ArbG_Karlsruhe_AK4_Ca_191-04_D01(
69 , 576) . kein	Arbeitnehmer sein , wer	im Wesentliche frei sein Tätigkeit gestalten u	tf_GBAG_AK5AZR61-99_D20092000.txt
rfenheit zeigen .	Arbeitnehmer sein , wer	nicht im Wesentliche sein Tätigkeit frei gesta	tf_GLAG_AK6(2)Sa34701_D28052002.txt
jeweils stehen .	Arbeitnehmer sein , wer	sein Dienstleistung im Rahmen ein von dritt be	tf_GBAG_AK5AZR107-90_D27021991.txt
jeweils stehen .	Arbeitnehmer sein , wer	sein Dienstleistung im Rahmen ein von dritt be	tf_GBAG_AK5AZR194-90_D27031991.txt
ichten befinden .	Arbeitnehmer sein , wer	sein Dienstleistung im Rahmen ein von dritt be	tf_GBAG_AK5AZR21-97_D19111997.txt
ntigte befinden .	Arbeitnehmer sein , wer	sein Dienstleistung im Rahmen ein von sein Ver	tf_GBAG_AK5AZR247-97_D06051998.txt
chtigten stehen .	Arbeitnehmer sein , wer	sein Dienstleistung gegenüber ein Dritte im Ra	tf_GBAG_AK7ABR27-91_D29011992.txt
chtigten stehen .	Arbeitnehmer sein , wer	sein Dienstleistung gegenüber ein Dritte im Ra	tf_GBAG_AK7ABR52-91_D25031992.txt
jeweils stehen .	Arbeitnehmer sein , wer	sein Dienstleistung im Rahmen ein von ein drit	tf_GBAG_AK7ABR67-90_D29051991.txt
rungspflichtiger	Arbeitnehmer sein , wer	von ein Arbeitgeber persönlich abhängig sein ,	tf_GBSG_AK10RAr6-95_D30011997.txt
ch , SGB IV -) .	Arbeitnehmer sein , wer	von ein Arbeitgeber persönlich abhängig sein .	tf_GBSG_AK11RAr47-88_D30011990.txt
rungspflichtiger	Arbeitnehmer sein , wer	von ein Arbeitgeber persönlich abhängig sein .	tf_GBSG_AK11RAr49-94_D08121994.txt
104 Nr. 8 mwN) .	Arbeitnehmer sein , wer	von ein Arbeitgeber persönlich abhängig sein .	tf_GBSG_AK11RAr67-92_D21041993.txt
§ 168 Nr. 10) .	Arbeitnehmer sein , wer	von ein Arbeitgeber persönlich abhängig sein .	tf_GBSG_AK7RAr12-92_D24091992.txt

Abb. 4: Screenshot der sortierten Konkordanzen zur Suchanfrage *[*Aa*]*rbeitnehm* sein, wer.*

4.3 Kookkurrenzen

Kookkurrenzanalysen (KKA) können als computertechnisch unterstützte Operationalisierung des Wittgensteinschen Paradigmas – die Bedeutung eines Wortes ist sein Gebrauch in der Sprache (Wittgenstein 2003 [1953]: § 40) – und damit als zentrale Säule induktiver Semantikanalyse betrachtet werden. Im vorliegenden Fall wurden zur Minimalhypothese *arbeitnehm* statistisch hochsignifikante[29] Kookkurrenzen (KK) im Intervall von [–15 / 15] Wörtern erhoben und nach Autosemantika (Substantive und Vollverben sowie Adjektive und Adverbien) gefiltert. Im Anschluss wurden die entsprechenden Wörter auf Basis von Konkordanzen, Volltextdurchsicht sowie mehrstufigen Kookkurrenzanalysen[30] nach Gebrauchskontext und ihrem attributiven Beitrag zum ‚Arbeitnehmer'-Frame gruppiert. Das Ergebnis lässt sich in Form von Netzwerkkarten (hier mit Hilfe von Gephi[31]) visualisieren:

29 Zur Anwendung kamen sowohl T- als auch X2-Signifikanztests; das Signifikanzniveau der ausgewerteten KK lag bei P ≥ 99,99% (d.h. die Wahrscheinlichkeit für zufällige falsche Treffer geht gegen null).

30 Ermittlung von Kookkurrenzen nter Ordnung zu Kookkurrenzen n-1ter Ordnung; ermöglicht eine systematische (etische) Kontextualisierung von Ausdrücken im System.

31 http://gephi.org/ (12.07.2013).

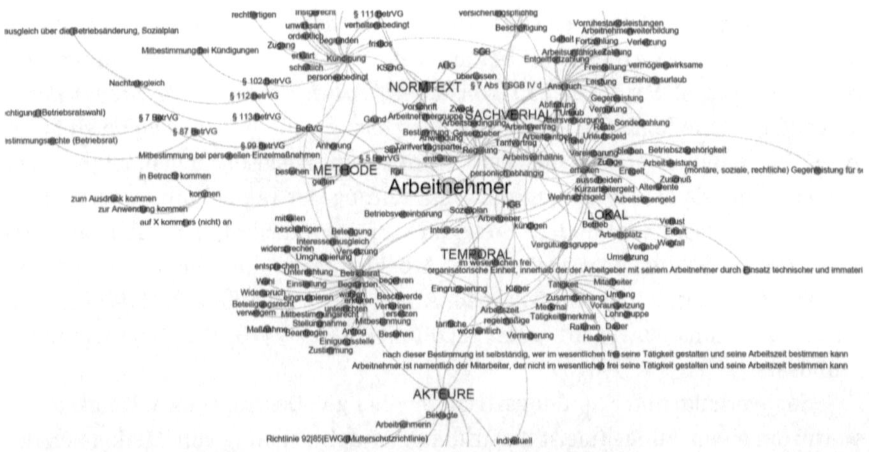

Abb. 5: Ausschnitt des Kookkurrenznetzes zum Ausdruck **arbeitnehm** im Untersuchungskorpus.

Die Auswertung hochsignifikanter Substantive zeigt u. a.[32] folgende wichtige Zusammenhänge im Hinblick auf den ‚Arbeitnehmer'-Frame (exemplarisch an drei konzeptuellen Elementen):

‚Normtexte': Viele KK zeigen, welche Normtexte und ‚Rechtsbereiche' zur Kontextualisierung des *Arbeitnehmers* herangezogen werden, etwa das Betriebsverfassungsgesetz (BetrVG; einschlägig bei Fragen der betrieblichen Mitbestimmung, ‚Personen im Schutze des Kollektivrechts'), das Bürgerliche Gesetzbuch (BGB; relevant bei der Bestimmung des (Vertrags-)Rechtsverhältnisses zwischen ‚Arbeitskraft-Veräußerndem' und ‚Entgeltzahler'), Arbeitsgerichtsgesetz (ArbGG; s. o.) u. a. Auch zeigt sich die hohe Zahl an gerichtlichen Selbstverweisungen (BAG → BAG; BSG → BSG usw.). – An dieser Stelle wäre auch eine semiautomatische Auswertung sämtlicher Verweisungsketten denkbar.

‚Akteure': Abgesehen von *Kläger* und *Beklagten* – als Prozessbeteiligte – fallen *Betriebsrat*, *Arbeitgeber* und *Arbeitnehmerin* ins Auge. Der *Betriebsrat* nimmt nach dem BetrVG die *Interessen*vertretung der Arbeitnehmer im Betrieb wahr. Die Kookkurrenzpartner sowie 5-Wort-Cluster zeigen, dass dabei vor allem die ‚Frage nach der Notwendigkeit bzw. des Vorliegens einer *Zustimmung des Betriebsrates zu* X [mit X = Personal- und Betriebsmaßnahme]' verhandelt wird (mit Konkretisierung von §§ 87 Abs. 1 und 99 Abs. 4 BetrVG). Der Ausdruck

32 Für eine ausführliche Analyse fehlte hier der Platz; für weitere Informationen vgl. Vogel u. a. 2015.

Arbeitgeber zielt auf kein eigenes Konzept, sondern negativistisch auf ‚Personen, die nicht ihre Arbeitskraft veräußern'. Das entsprechende (allerdings nur schwach belegte) Muster hierzu konstatiert: *Arbeitgeber ist, wer Arbeitnehmer beschäftigt.*[33] Die feminine Form des *Arbeitnehmers*, die *Arbeitnehmerin* steht für zweierlei: nämlich erstens für den historischen Wechsel zu gendergerechter Sprache (und damit die konsequente Einführung der Doppelform *Arbeitnehmer und Arbeitnehmerinnen*) und zweitens für den besonderen (jedoch fallspezifisch umstrittenen) Schutz, der „‚weiblichen' Arbeitnehmern" im Kontext des Gemeinschaftsrechts zugesprochen wird (insb. Art. 8, 11 der Richtlinie 92/85/EWG, Mutterschutzrichtlinie sowie Art. 2 der Richtlinie 76/207/EWG, Gleichbehandlungsgrundsatz[34]).

‚Sachverhalte und Handlungszusammenhänge': Das Substantiv *Tätigkeit* verweist zum einen auf die (meist umstrittene) Paraphrasierung von 'Merkmalen der konkret, von einer Person ausgeführten Arbeitsverrichtung' mit Blick auf ihre tarifliche Eingruppierung (Eingruppierungsrecht). Zum anderen ist der Ausdruck Teil des Normtextbezuges (Handelsgesetzbuch, HGB) zur Differenzierung von *Arbeitnehmer* und *Selbständigen*:

(3) *Arbeitnehmer ist namentlich der Mitarbeiter, der nicht im Wesentlichen frei seine **Tätigkeit** gestalten und seine Arbeitszeit bestimmen kann (vgl. § 84 Abs. 1 Satz 2, Abs. 2 HGB)*

(4) *nach dieser Bestimmung ist selbständig, wer im Wesentlichen frei seine **Tätigkeit** gestalten und sein Arbeitszeit bestimmen kann.*

Beschäftigen bzw. *Beschäftigung* referiert besonders im Sozialrecht (Entscheidungen des BSG) sowie mit normtextuellen Bezug (Legaldefinition in § 7 Abs. 1 SGB IV) auf eine ‚Arbeitssituation von Personen, die nicht *Selbständige* sind' (z. B. via disjunktivem Konnektor: *eine abhängige Beschäftigung oder eine selbständige Tätigkeit*); der sozialrechtliche Ausdruck *Beschäftigung* ist also gebrauchsähnlich (quasisynonym) mit der arbeitsrechtlichen Gruppenbezeichnung *Arbeitnehmer*.

Der Ausdruck *Leistung* zeigt vier dominante Gebrauchsweisen im Kontext von *arbeitnehm*: Erstens meint es die ‚(monetäre) Entlohnung / Gegenleistung des Arbeitnehmers für seine Arbeitskraft' (*verpflichtet, seinen Arbeitnehmern bestimmte Leistungen zu zahlen oder besondere Vergütung zu gewähren*); zweitens *Leistung* im Sinne eines ‚Gerechtwerdens gegenüber rechtlich begründeten Ansprüchen' (etwa ALG; *Anspruch eines Arbeitnehmers gegen seinen Arbeitgeber auf Leistung der betrieblichen Altersversorgung*); drittens *Leistung* im Sinne von ‚(vertraglich

33 Z. B. BAG v. 23.06.1992 – 9 AZR 308/91, NZA 1993, 862.

34 Richtlinie 76/207/EWG vom 9. Februar 1976 zur Verwirklichung des Grundsatzes der Gleichbehandlung von Männern und Frauen hinsichtlich des Zugangs zur Beschäftigung, zur Berufsbildung und zum beruflichen Aufstieg sowie in Bezug auf die Arbeitsbedingungen.

vereinbarter) Arbeitskraft' (*Regelung, die die Bewertung des Verhaltens oder der Leistung des Arbeitnehmers objektiviert oder vereinheitlicht*); viertens als Teil einer Zweiworteinheit mit Spezialgebrauch als *Vermögenswirksame Leistung* (‚tarifgebundene Zusatzgeldanlage').

Arbeitnehmer- bzw. *Beschäftigte* stehen in einem *Arbeitsverhältnis*, aus dem sich verschiedene *Ansprüche* bzw. *Verpflichtungen/Leistungen* des Arbeitgebers ergeben. Die Kookkurrenzpartner zu *Ansprüche* (im Kotext von *Arbeitsverhältnis*)[35] verweisen entsprechend auf verschiedene Fallgruppen, u.a. Leistungen im Krankheitsfall (*Arbeitsunfähigkeit*), bei Urlaub/Erziehungsurlaub, Abfindung bei Kündigung, Arbeitnehmerweiterbildung, Übergang zur Rente, Arbeitslosigkeit u.a.

Neben diesen hier exemplarisch erläuterten Kookkurrenzen finden sich noch zahlreiche weitere, sowohl zu den bereits genannten als auch zu weiteren konzeptuellen Rahmen, etwa ‚Orte' wie *Betrieb, Arbeitsplatz, Telearbeitsplatz* etc., die eine große, aber sich diachron wandelnde Rolle für den 'Arbeitnehmer'-Frame spielen.

Zum Schluss sei lediglich angedeutet, wie die Auswertung von adjektivischen bzw. adverbialen Kookkurrenzen zu *arbeitnehm* Personen- bzw. (gerichtliche) Fallgruppen sichtbar machen:

- Differenzierung nach ‚Alter': *jung, alt* [*ältere*]; *alt* diachron gleichbleibend; *jung* deutlich zunehmend, insbesondere im Ko(n)text von *Kündigungen* und damit verbundenen *Sozialplänen* (d.h. ältere Arbeitnehmer werden bei Fragen des Arbeitsplatzschutzes vorrangig behandelt);
- Differenzierung nach ‚Geschlecht': *männlich, weiblich*; verweist auf Verhandlungskontexte zur Gleichbehandlung, aber auch auf unterschiedliche Sprachkonventionen;
- Differenzierung nach ‚Arbeitszeit': vollzeitbeschäftigt, teilzeitbeschäftigt, vorübergehend, wöchentlich, vollbeschäftigt;
- Differenzierung nach ‚Zeitpunkt und Bedingung der Beschäftigung': [*vor/am/neu/befristet*] *eingestellt, abgerechnet, gleitend, gewerbsmäßig*[*e Überlassung*], *austauschbar* (Schichtarbeiter);[36]

35 Arbeitsentgelt, Höhe, Zahlung, Sonderzahlung, Vergütung, Fortzahlung, Arbeitsunfähigkeit, Entgeltfortzahlung, Urlaub, Abfindung, Urlaubsgeld, Arbeitsvertrag, Freistellung, Gehalt, Erziehungsurlaub, Arbeitnehmerweiterbildung, Vorruhestandsleistungen, Erholungsurlaub, Rente, Altersversorgung, Verletzung, Krankheit, Versicherungsleistung, Arbeitslosengeld, Familienleistung, Monatseinkommen, Zulage usw.

36 Schichtzeit im Sinne des MTV-Großhandels ist dann gegeben, wenn eine bestimmte Arbeitsaufgabe über einen erheblichen, längerenZeitraum als die wirkliche Arbeitszeit eines Arbeitnehmers erfüllt wird und von mehreren Arbeitnehmern oder Arbeitnehmergruppen, in einer gere-

- Differenzierung nach ‚Kollektiv-Integration': *organisierte* vs. *nicht organisierte Arbeitnehmer*;
- Differenzierung nach ‚Gesundheitszustand': *arbeitsunfähig, krank, erkrankt* – verweisen auf Kündigungsversuche auf Basis ‚negativer Gesundheitsprognose';
- Differenzierung nach ‚nationaler Herkunft (Staatszugehörigkeit)': *türkisch, ausländisch*;
- Differenzierung nach ‚Ost-/West-Gesellschaftsordnung': *demokratisch:*
- *daß damals in der DDR noch kaum Arbeitnehmervertretung mit hinreichender demokratischer Legitimation bestand, die von dem Mitbestimmungsrecht des BetrVG auch tatsächlich haben Gebrauch machen und Sozialpläne haben abschließen können.*
- usw.

5 Zur Einordnung der korpuslinguistischen Befunde in den arbeitsrechtlichen Rahmen

Die oben nur angedeuteten Beobachtungen zu rekurrenten Sprachmustern lassen sich in einen globalen arbeitsrechtlichen Kontext eingliedern und mit juristischem Fachwissen ergänzen bzw. auch kontrastieren.

5.1 Der Arbeitnehmerbegriff in Gesetz und Rechtsprechung: Funktion und Definitionsversuche

In Deutschland ist der Großteil der ‚Entgeltempfänger' auch heute noch als „klassische" Arbeitnehmer.[37] Trotz dieser immensen Bedeutung des ‚Arbeitnehmer'-Begriffs, ist der Gesetzgeber bislang vor der schwierigen Aufgabe, eine einheitliche oder auch nur eine auf bestimmte Bereiche beschränkte Definition festzuschreiben, zurückgeschreckt. Es verwundert daher nicht, dass der ‚Arbeitnehmer'-Begriff seit jeher eines der zentralen Probleme des Arbeitsrechts darstellt

gelten zeitlichen Reihenfolge erbracht wird. [...] ausreichend ist, wenn die übereinstimmende Arbeitsaufgabe von untereinander austauschbaren Arbeitnehmern erbracht wird (Leitsatz; BAG v. 20.06.1990 – 4 AZR 5/90).

37 So gibt es nach Angaben der Bundesagentur für Arbeit im April 2013 knapp 30 Mio. sozialversicherungspflichtig Beschäftigte und noch einmal über 7 Mio. geringfügig entlohnte Beschäftigte (Statistik abrufbar unter http://statistik.arbeitsagentur.de/Navigation/Statistik/Statistik-nach-Themen/Beschaeftigung/Beschaeftigung-Nav.html, Stand: 20.5.2013).

– entsprechend umfangreich ist die kommentierende Literatur.[38] Für einen ersten Anhaltspunkt, um sich im konkreten Einzelfall negativ einer Begriffsumschreibung zu nähern, wird die Definition des *Handelsvertreters* in § 84 Abs. 1 S. 2 HGB herangezogen. Danach ist selbständig, *wer im wesentlichen frei seine Tätigkeit gestalten und seine Arbeitszeit bestimmen kann.*

Hierauf aufbauend definiert das BAG (wiederholend und damit formelhaft sich selbst zitierend) den *Arbeitnehmer* schematisierend wie folgt:

(5) *Arbeitnehmer ist, wer weisungsgebunden vertraglich geschuldete Leistung im Rahmen einer von seinem Vertragspartner bestimmten Arbeitsorganisation erbringt. Der hinreichende Grad persönlicher Abhängigkeit zeigt sich nicht nur daran, daß der Beschäftigte einem Direktionsrecht seines Vertragspartners unterliegt, welches Inhalt, Durchführung, Zeit, Dauer, Ort oder sonstige Modalitäten der zu erbringenden Tätigkeit betreffen kann, sondern kann sich auch aus einer sehr detaillierten und den Freiraum für die Erbringung der geschuldeten Leistung stark einschränkenden rechtlichen Vertragsgestaltung oder tatsächlichen Vertragsdurchführung ergeben.*[39]

Das entscheidende Merkmal zur Abgrenzung des *Arbeitnehmers* vom *Selbständigen* ist also die *persönliche Abhängigkeit*, die sich insbesondere in der *Weisungsgebundenheit* ausdrückt. Eine nähere Umschreibung des Merkmals der persönlichen Abhängigkeit wird vom BAG typologisch und in Form von Fallgruppen vorgenommen:

(6) *Für die Abgrenzung [...] gibt es kein Einzelmerkmal, das aus der Vielzahl möglicher Merkmale unverzichtbar vorliegen muß, damit man von persönlicher Abhängigkeit sprechen kann. Es ist deshalb aus Gründen der Praktikabilität und der Rechtssicherheit unvermeidlich, die unselbständige Arbeit typologisch abzugrenzen.*[40]

Es muss *die Eigenart der jeweiligen Tätigkeit berücksichtigt werden*; so kann etwa selbst bei Fehlen sachlicher und zeitlicher Weisungsgebundenheit unter Umständen ein arbeitsrechtlicher Schutzanspruch gegeben sein.[41] Was einen typischen *Arbeitnehmer* ausmacht, wird dabei wesentlich durch ebenso schematisierte Anti-

---

38 Siehe ausführlich Wank 1988; Maschmann 2001; Thüsing 2011; Mohr 1994; ferner Bauschke 1994, 209; Lieb 1977; zum Überblick: Richardi 2009: §§ 16–20 m. w. N.

39 Exemplarisch BAG v. 19.11.1997 – 5 AZR 653/96, BAGE 87, 129 = NZA 1998, 364, 365 m.w.N. zur stRspr.

40 BAG v. 23.04.1980 – 5 AZR 426/79, AP BGB § 611 Abhängigkeit Nr. 34; vgl. zuvor bereits BAG v. 15.03.1978 – 5 AZR 819/76, AP BGB § 611 Abhängigkeit Nr. 26: „Es gibt keine abstrakten, für alle Arten von Arbeitnehmern schlechthin geltenden Kriterien." Vgl. ferner Nogler 2009: S. 461ff., 466.

41 BAG v. 15.03.1978 – 5 AZR 819/76, AP BGB § 611 Abhängigkeit Nr. 26; BAG v. 23.04.1980 – 5 AZR 426/79, AP BGB § 611 Abhängigkeit Nr. 34.

typen bestimmt. Anders als beim *Beamen* liegt zunächst eine privatrechtliche Beziehung zwischen ‚Entgeltempfänger' und ‚Entgeltzahler' vor, insofern ist also regelmäßig eine trennscharfe Abgrenzung anhand rein formaler Kriterien möglich. Schwieriger ist hingegen die Unterscheidung von *Arbeitnehmern* und *Selbständigen*.

Diese praktischen Bestimmungsversuche können auch frameanalytisch reformuliert werden: Das prinzipielle semantische Begriffsfeld ‚Arbeitnehmer' in der arbeitsrechtlichen Dogmatik besteht idealtypisch aus vier zentralen Leerstellen, aus deren Füllung im Einzelfall unterschiedliche Personengruppen differenziert und benannt werden: Es handelt sich erstens allgemein um ‚Personen', die ihre ‚Arbeitskraft veräußern' und die zweitens dafür ‚finanziell entlohnt' werden. Diese ‚Arbeitsbeziehung' muss nicht notwendigerweise, aber kann drittens über einen ‚Arbeitsvertrag' formalisiert und expliziert werden. Die Leerstelle der ‚Leistung' oder ‚Arbeitskraft-Veräußerung' lässt sich selbst als Rahmen für zwei weitere, miteinander zusammenhängende Konzepte zergliedern, nämlich den ‚Grad der Gestaltungsfreiheit' sowie den ‚Grad an Schutzbedürftigkeit bzw. Schutzanspruch'. Diese beiden Konzepte verhalten sich umgekehrt proportional zueinander, das heißt: je mehr Gestaltungsraum, desto weniger Schutzanspruch. Das Konzept des ‚Schutzanspruchs' zergliedert sich fallweise wiederum in zahlreiche ‚Formen rechtlicher Ansprüche', die einem ‚Arbeitskraft-Veräußernden' zugesprochen werden. Die ‚Gestaltungsfreiheit' wird ebenso über zwei Leerstellen (*Arbeitnehmer*: ‚temporal' und ‚lokal') oder eine Leerstelle (*arbeitnehmerähnliche Person*: ‚Haushaltsabhängigkeit des Entgeltempfängers vom Entgeltzahler') konkretisiert.

In Rechtsprechung und Rechtswissenschaft zeigen sich *rekurrente Sprachgebrauchsmuster, die als Indices (‚Verweiser') für bestimmte prototypische Personengruppen mit spezifischen Füllungen der Leerstellen* fungieren. Als *Arbeitnehmer* werden Personen etwa tendenziell dann bezeichnet, wenn sie quasi keine Gestaltungsfreiheit bei der Ausübung ihrer Leistung besitzen; wenn also der Entgeltzahler dem Entgeltempfänger sagt, wann und wo er welche Dienste zu erfüllen hat. In dieser Konstellation haben solche Entgeltempfänger vielfältigen Anspruch auf Schutz (‚Arbeitnehmerschutzrecht'). Ein *Selbstständiger* ist dagegen prototypisch eine Person, die quasi völlige Handlungsfreiheit ‚genießt', dafür aber quasi keinen Schutzanspruch gegenüber dem Entgeltzahler geltend machen kann.

Die Funktion dieses ‚Arbeitnehmer'-Begriffs oder -Frames ist es, den personellen Anwendungsbereich des Arbeitsrechts abzugrenzen (s. etwa §§ 5 ArbGG, 5 BetrVG, 1, 23 KSchG).[42] Wer mit plausiblen, institutionell legitimierten Argumen-

42 S. nur Richardi 2009: § 16 Rn. 2: „Im Arbeitnehmerbegriff spiegeln sich deshalb Begriff und Anwendungsbereich des Arbeitsrechts wider."

ten als *Arbeitnehmer* – bzw. im Sozialversicherungsrecht als *Beschäftigter* (vgl. §§ 3, 7 Abs. 1 SGB IV) – bezeichnet werden kann, kommt damit in den Genuss spezifisch arbeitsrechtlicher Privilegien (‚sozialen Schutzansprüchen'). Mit anderen Worten, der ‚Arbeitnehmer'-Frame erfüllt eine gewisse diskursive Gatekeeper-Funktion, um dessen Konkretisierung ‚Arbeitskraft-Veräußernde oder Entgeltempfänger' (z. B. *abhängige Arbeitnehmer*) und ‚Entgeltzahler' (meist als *Arbeitgeber* bezeichnet) ringen. Dies hat einen simplen rechtlichen Hintergrund: Da mit der Qualifizierung von ‚Entgeltempfängern' als *Arbeitnehmer* (einseitig zwingende) Schutzvorschriften einhergehen, werden in der Praxis die unterschiedlichsten Formen der *Scheinselbständigkeit* ausgetestet.[43] Vor allem der in Deutschland stark ausgeprägte Kündigungsschutz soll so umgangen werden, aber auch eine Flucht aus der Tarifbindung kann das Ziel einer Scheinselbständigkeitskonstruktion sein. Ein solches „Herausstehlen" aus dem Arbeitsrecht mag in der Praxis zwar fast so verbreitet sein wie Schwarzfahren, es ist aber ebenso rechtswidrig. Wenn jemand also in persönlicher Abhängigkeit für jemand anderen tätig wird, so ist er *Arbeitnehmer*, eine anderslautende Vertragsbezeichnung ist hierfür irrelevant.[44]

Die hier auch korpuslinguistisch eruierte Vielfalt an Bezeichnungen für ‚Entgeltempfänger bzw. Arbeitskraft-Veräußernde' ist Symptom fortwährender semantischer Kämpfe, in denen die ‚Entgeltzahler' strategisch immer neue Prototypen der *‚selbständigen* Arbeit' zu etablieren suchen, um so Schlupflöcher zu schaffen, die eine Flucht aus der Bindung an das Arbeits- und Sozialrecht ermöglichen. Die ‚Entgeltempfänger' (mitunter auch vertreten durch *Gewerkschaften* o. ä.) versuchen diese Umgehung des Arbeitsrechts mittels *Scheinselbständigkeit* jeweils damit zu begegnen, indem sie die ‚Abhängigkeit' und damit die ‚Schutzbedürftigkeit' der jeweiligen Personen in ihrer Lebenswelt hervorhebt.

---

43 Vgl. zur Scheinselbständigkeit BAG v. 15.03.1978 – 5 AZR 819/76, AP BGB § 611 Abhängigkeit Nr. 26; v. 23.04.1980 – 5 AZR 426/79, AP BGB § 611 Abhängigkeit Nr. 34; v. 19.11.1997 – 5 AZR 653/96, BAGE 87, 129; ein instruktives Beispiel aus Frankreich ist die Entscheidung der CCass Soc., Arrêt n° 1159, 3.6.2009; ausführlich Thüsing 2011.

44 S. nur BAG v. 20.07.1994 – 5 AZR 627/93, NZA 1995, 161; vgl. auch CCass Soc., Arrêt n° 1159,3 juin 2009, wonach die Teilnahmebedingungen für eine Fernsehshow Arbeitsverträge sein können: „[...] l'existence d'une relation de travail ne dépend ni de la volonté exprimée par les parties ni de la dénomination qu'elles ont donnée à leur convention mais des conditions de fait dans lesquelles est exercée l'activité des travailleurs [...]."

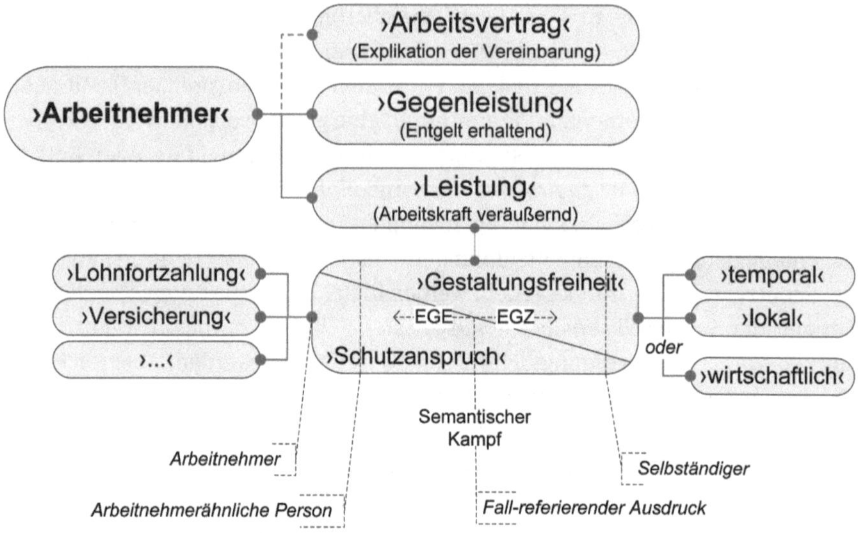

Abb. 6: EGE = Entgeltempfänger; EGZ = Entgeltzahler.

5.2 Erosion und Europäisierung des klassischen Arbeitnehmerbegriffs

Auf die Rolle des bisherigen ‚Arbeitnehmer'-Frames wirken auch neuere Gesetze ein, durch die der herkömmliche Arbeitnehmerbegriff erodiert wird und seine Abgrenzungsfunktion verliert: Während in klassischen arbeitsrechtlichen Bereichen wie dem Kündigungsschutz oder dem Betriebsverfassungsrecht nach wie vor die obigen Abgrenzungen vorgenommen werden, gibt es zahlreiche neue Schutzgesetze, die sich von der klassischen Schematisierung lösen. So werden im Datenschutzrecht alle *Beschäftigten* durch spezifische Regeln geschützt; hierunter fallen neben den *Arbeitnehmern* u. a. auch *Beamte, Richter* sowie *arbeitnehmerähnliche Personen* (§ 3 Abs. 11 BDSG). Ähnliches gilt für das Gendiagnostikgesetz.[45] Das immer wichtiger werdende Diskriminierungsrecht erfasst sogar nicht nur *Beamte*, sondern auch *Geschäftsführer* und andere Leitungsorgane.[46] *Beamte* können sich ferner auf das (unionsrechtlich determinierte) Urlaubsrecht berufen.[47] Selbst das

45 Für Beamte gelten gem. § 22 GenDG die Vorschriften für Beschäftigte z. T. entsprechend.
46 S. nur BGH v. 23.4.2012 – II ZR 163/10, NJW 2012, 2346.
47 Hierzu EuGH v. 3.5.2012 – C-337/10, NVwZ 2012, 688 – Neidel.

Streikrecht, das bislang eine Prärogative der *Arbeitnehmer* war, steht nun auch *Beamten* zu.[48]

Zugleich wird der *Arbeitnehmer* europäischer. Fast all die genannten Neuerungen durch Gesetzgebung oder Rechtsprechungswandel wurden dabei durch das Europarecht angestoßen, der ‚Arbeitnehmer'-Begriff wird also zunehmend „europäischer" (auch belegbar an zunehmender Musterbildung durch Aufnahme von EuGH-Formeln in nationaler Rechtsprechung). Diese Beispiele illustrieren außerdem, dass der (europäische) Gesetzgeber und die Rechtsprechung zunehmend davon auszugehen scheinen, dass es nicht mehr „den" pauschal schutzwürdigen *Arbeitnehmer* im Vergleich zu den *Beamten*, den *Selbständigen*, den leitend tätigen *Angestellten* etc. gibt.

5.3 Die Agenda-Politik und ihre Folgen: Neue Abgrenzungsprobleme im Fokus des Arbeitsrechts

5.3.1 Arbeitnehmerüberlassung als „legales Ausweichmodell"

Die illegale Flucht aus dem Arbeitsverhältnis mithilfe von Scheinselbständigkeit wurde durch die Reformen der sog. Agenda 2010 teilweise obsolet, denn mit dem Ausbau von befristeter Arbeit und Zeitarbeit[49] wurden legale Alternativen geschaffen.

Bei der *Leiharbeit* (im vorliegenden Korpus diachron systematisch zunehmend) ist das Entleiherunternehmen nicht Arbeitgeber, denn ein Arbeitsvertrag besteht allein zwischen Verleiher und Leiharbeitnehmer. Das Weisungsrecht aus diesem Arbeitsvertrag wird an den Entleiher delegiert, das heißt, der Entleiher kann dem Leiharbeitnehmer wie jedem anderen Arbeitnehmer Weisungen erteilen. Während bei einem normalen Arbeitsvertrag nur zwei Personen involviert sind und das Weisungsrecht direkt aus der vertraglichen Beziehung resultiert, liegt bei der Arbeitnehmerüberlassung somit eine Dreieckskonstellation vor.

Aus dieser Konstruktion folgt, dass der Entleiher nicht an arbeitsrechtliche Schutzvorschriften wie das Kündigungsschutzgesetz (KSchG) gebunden ist. Er kann den Überlassungsvertrag wie jedes andere Dauerschuldverhältnis ohne Vorliegen eines Grundes ordentlich kündigen. Der Leiharbeiter ist dadurch nicht

---

48 EGMR v. 12.11.2008, NZA 2010, 1425 – Demir und Baykara; EGMR v. 15.9.2009 – 30946/04, Kaya und Seyhan.

49 Synonym: Leiharbeit, Arbeitnehmerüberlassung.

schutzlos gestellt, denn er kann sich gegenüber dem Verleiher auf den Schutz des KSchG berufen.

Neben dieser – vom Gesetzgeber zur Flexibilisierung des Arbeitsrechts auch intendierten – legalen Umgehung des Kündigungsschutzes wurde die Leiharbeit jedoch auch missbraucht, um die Tarifbindung zu umgehen und Lohndumping zu ermöglichen. Zwar gilt gem. § 9 Nr. 2 AÜG und § 10 Abs. 4 AÜG der *equal-pay*-Grundsatz, dieser ist jedoch tarifdispositiv und bot daher zunächst keinen ausreichenden Schutz. Besonders augenscheinlich wurde die Leiharbeit in Fällen der konzerninternen Arbeitnehmerüberlassung missbraucht. So machte etwa die mittlerweile insolvente Supermarktkette Schlecker Schlagzeilen, weil sie Arbeitnehmer entließ, um diese dann bei einer konzerninternen Personalführungsgesellschaft zu schlechteren Bedingungen erneut zu beschäftigen und dann an andere Unternehmen des Konzerns zu überlassen (sog. Drehtür-Konstruktion).

Zur Korrektur dieser unbilligen Folgen der Reformpolitik hat der Gesetzgeber sukzessive zahlreiche Schutzlücken geschlossen. So wurde die Drehtür-Methode im Jahr 2011 durch ein Änderungsgesetz zum AÜG[50] (sog. Lex Schlecker[51]) reguliert. Die Drehtürregelung in § 9 Nr. 2, 4. HS AÜG n.F. verbietet zwar nicht die Drehtür-Methode als solche. Der Verleiher ist jedoch verpflichtet, dem Leiharbeitnehmer mit den Stammarbeitnehmern des Entleihers gleichzustellen (Kock und Milenk 2013: § 9 AÜG Rn. 43). Eine weitere wichtige gesetzgeberische Initiative zur Vermeidung von Lohndumping in der Leiharbeitsbranche war die Schaffung des neuen § 3a AÜG. Diese Norm ist der bereits länger existierenden Vorschrift des § 7 AEntG nachempfunden[52] und ermöglicht die Schaffung von Mindestlöhnen, indem das Bundesministerium für Arbeit und Soziales auf Vorschlag der Sozialpartner tarifliche Mindeststundenentgelte als allgemeine Lohnuntergrenze in einer Rechtsverordnung verbindlich festsetzt.[53] Von dieser Möglichkeit wurde bereits Gebrauch gemacht, sodass für die etwa 900.000 Beschäftigten in der Zeitarbeitsbranche ein Mindestlohn von 8,19 € (bzw. 7,50 € in den neuen Ländern) eingeführt wurde. Aktuell liegen die Werte bereits höher.[54]

---

50 BT-Drucksache 17/4804.

51 Vgl. etwa den Beitrag in der FAZ vom 3.9.2010, abrufbar unter http://www.faz.net/frankfurter-allgemeine-zeitung/wirtschaft/lex-schlecker-ist-auf-dem-weg-11042405.html.

52 So die Gesetzesbegründung: BT-Drucks. 17/5328, S. 14.

53 Vgl. ausführlich zu den unterschiedlichen Instrumenten zur Schaffung von Mindestlöhnen per Rechtsverordnung Stiebert & Pötters 2013.

54 Vgl. die Mitteilung der Bundesregierung vom 20.12.2011, abrufbar unter http://www.bundesregierung.de/Content/DE/Artikel/2011/12/2011-12-20-zeitarbeit-dachdecker-mindestlohn-kabinett.html.

Neben diesem gesetzgeberischen Nachjustieren hat auch die Rechtsprechung des BAG wesentlich dazu beigetragen, negative Auswüchse in der Zeitarbeitsbranche einzudämmen. So hat der CGZP-Beschluss des BAG[55] die Aushöhlung des *equal-pay*-Grundsatzes durch Dumpingtarifverträge erschwert. Eine Umgehung des Kündigungsschutzrechts, die über die mit der Leiharbeit zwingend einhergehenden Folgen hinausgeht, wird durch ein aktuelles Urteil[56] vermieden: Danach zählen Leiharbeitnehmer bei Berechnung der für die Anwendbarkeit des Kündigungsschutzes maßgeblichen Schwelle des § 23 KSchG auch im Betrieb des Entleihers mit. Der Berücksichtigung von Leiharbeitnehmern steht nach der – aus teleologischer Sicht überzeugend begründeten – Entscheidung des BAG nicht entgegen, dass sie kein Arbeitsverhältnis zum Betriebsinhaber begründet haben. Die Herausnahme der Kleinbetriebe aus dem Anwendungsbereich des Kündigungsschutzgesetzes solle der dort häufig engen persönlichen Zusammenarbeit, ihrer zumeist geringen Finanzausstattung und dem Umstand Rechnung tragen, dass der Verwaltungsaufwand, den ein Kündigungsschutzprozess mit sich bringt, die Inhaber kleinerer Betriebe typischerweise stärker belaste. Dies rechtfertige aber keine Unterscheidung danach, ob die den Betrieb kennzeichnende regelmäßige Personalstärke auf dem Einsatz eigener oder dem entliehener Arbeitnehmer beruhe. Zu dieser neuen Rechtsprechungslinie passt eine weitere aktuelle Entscheidung, nach der auch im Betriebsverfassungsrecht die Leiharbeitnehmer als Arbeitnehmer mitzählen.[57]

5.3.2 Abgrenzung von (illegaler) Arbeitnehmerüberlassung und Selbständigkeit im Drei-Personen-Verhältnis

All diese Nachbesserungen bei der Leiharbeit haben dazu geführt, dass diese für Lohndumping und andere Fälle des Unterschreitens des arbeitsrechtlichen Schutzniveaus deutlich weniger „attraktiv" geworden ist. Vor diesem Hintergrund verwundert es nicht, dass in den Medien bereits über Fluchtversuche aus den Regelungen für die Leiharbeit berichtet wird, insbesondere durch (Schein-)Werkvertragskonstruktionen.[58] Hierbei handelt es sich jedoch bei genauerem Hinse-

55 BAG v. 14.12.2010 – 1 ABR 19/10, NZA 2011, 289; zu den weitreichenden Konsequenzen des CGZP-Beschlusses s. Schlegel 2011; Neef 2011; Zeppenfeld und Faust 2011.

56 BAG v. 24.1.2012 – 2 AZR 140/12, noch n.v.

57 BAG v. 18.10.2011 – 1 AZR 335/10, NZA 2012, 221: Bei der Ermittlung der maßgeblichen Unternehmensgröße in § 111 S. 1 BetrVG sind Leiharbeitnehmer, die länger als drei Monate im Unternehmen eingesetzt sind, mitzuzählen. Früher galt: „nur wählen (§ 7 S. 2 BetrVG), nicht zählen".

58 S. etwa SPIEGEL-Online v. 30.01.2012 (abrufbar unter http://www.spiegel.de/spiegel/print/d-83774702.html): „Moderne Sklaven – Kaum sind die Auswüchse der Zeitarbeit einigermaßen

hen um ein Phänomen, bei dem keine Schutzlücke in den Gesetzen besteht, sondern eher ein Vollzugsdefizit, und das die Rechtsprechung nicht vor grundlegend neue Herausforderungen stellen wird.[59] Sofern solche Scheinwerkverträge im Zwei-Personen-Verhältnis abgeschlossen werden, handelt es sich um klassische Scheinselbständigkeit – der „Werkunternehmer" ist also in Wirklichkeit Arbeitnehmer. Auch im Drei-Personen-Verhältnis, wenn also der vermeintliche Werkunternehmer seinerseits Erfüllungsgehilfen einsetzt, lässt sich die Umgehungskonstruktion mithilfe des bewährten dogmatischen Instrumentariums aufdecken: Es liegt dann in Wirklichkeit eine Arbeitnehmerüberlassung vor, die schon mangels Erlaubnis gem. § 1 Abs. 1 S. 1 AÜG illegal ist.[60]

Die bewährten Abgrenzungskriterien, die von der Rechtsprechung über die Jahre entwickelt wurden, können auch im Falle von Scheinwerkverträgen in leicht nuancierter Form herangezogen werden. Gleichwohl sah sich die SPD dazu veranlasst, die vermeintlichen Schutzlücken durch einen Gesetzesvorschlag zu schließen.[61] Dieser Vorschlag sieht vor, sieben Kriterien für die Abgrenzung von Leiharbeit und selbständiger Tätigkeit in einem neuen § 1 Abs. 1a AÜG festzuschreiben. Damit würde die typologische Betrachtung des BAG nur unvollständig abgebildet. Eine solche Normierung des *case law* birgt das Risiko, dass die Rechtsprechung, die bislang flexibel auf neue (Schein-)Probleme reagieren konnte, versteinert würde. Außerdem könnten Auslegungsprobleme entstehen, ob die gesetzlich festgeschriebenen Kriterien wichtiger sind als andere.

Neben dem relativ neuen Phänomen der Scheinwerkverträge, die keine rechtlich zulässige Alternative zur Leiharbeit bieten, können Frachtverträge im Falle von Logistikdienstleistungen eine Arbeitnehmerüberlassung auf legale Weise ersetzen. Durch einen Frachtvertrag wird der Frachtführer verpflichtet, das Frachtgut zum Bestimmungsort zu befördern und dort an den Empfänger abzuliefern (§ 407 Abs. 1 HGB). Der Frachtführer unterliegt dabei in mehrfacher Hinsicht Weisungen. Er ist insbesondere in zeitlicher und örtlicher Hinsicht weisungsgebunden (vgl. §§ 407, 418, 423 HGB). Er unterliegt zunächst den Weisungen des Absenders (§ 418 Abs. 1 HGB) und mit Ablieferung des Frachtguts den Weisungen des Empfängers (§ 418 Abs. 2 HGB). Wendet man die klassische Arbeitnehmer-

---

eingedämmt, weichen viele Unternehmen auf Werkverträge aus. Die Gewerkschaften fürchten eine neue Lohndumping-Welle."

59 Zurückhaltender jedoch Greiner 2013; eine gelungene Abgrenzung nimmt das LAG Berlin-Brandenburg vor: Urteil v. 12.12.2012 – 15 Sa 1217/12, BB 2013, 1020; ferner BAG v. 18.01.2012 – 7 AZR 723/10, NZA-RR 2012, 455.

60 BAG v. 18.01.2012 – 7 AZR 723/10, NZA-RR 2012, 455; vgl. auch Reiserer & Christ 2012: § 66 Rn. 98 ff.

61 BT-Drucks. 17/12378.

definition an, dann müsste ein Frachtführer also eigentlich Arbeitnehmer sein. Der Gesetzgeber hat den Frachtführer aber als selbständigen Gewerbetreibenden und damit nicht als Arbeitnehmer eingeordnet, obwohl der Frachtführer schon von Gesetzes wegen weitreichenden Weisungsrechten unterliegt.[62]

Es ist also zulässig, Logistikdienstleistungen an ein Frachtführerunternehmen auszugliedern und den Erfüllungsgehilfen des Frachtführers Weisungen zu erteilen, ohne dass diese zwangsläufig (Leih-)Arbeitnehmer des Vertragspartners werden. Aber auch hier bestehen Grenzen: Wenn die Weisungsbefugnisse über das gesetzliche Leitbild beim Frachtvertrag hinausgehen, kann (illegale) Arbeitnehmerüberlassung vorliegen.[63] Nach dem BAG darf der Frachtführer zeitlich nicht so stark eingeschränkt werden, dass er keine Möglichkeit hat, auf Rechnung für andere Unternehmen zu arbeiten.[64] Keine zwingenden Indizien für das Vorliegen einer Arbeitnehmereigenschaft sind hingegen ein Firmenlogo des Absenders oder Empfängers auf dem Fahrzeug des Frachtführers,[65] vom Absender oder Empfänger gestellte Arbeitskleidung mit Firmenlogo[66] oder Vertragsstrafen.[67] Im Ergebnis grenzt die Rechtsprechung also auch den Frachtführer typologisch vom Arbeitnehmer ab, sie muss dabei aber das ein oder andere Kriterium nuancieren, da eben auch beim Frachtvertrag ein Weisungsrecht vorliegt und dieses mithin nicht als das entscheidende Abgrenzungskriterium angesehen werden kann.

5.3.3 Spiegelbildliche Akzentverschiebungen im Rechtsprechungs-Korpus

Die im Zuge der Agenda-Politik entstandenen Probleme rund um die Leiharbeit und ihre Bewältigung durch Gesetzgebung und Rechtsprechung sind in der Korpusanalyse sichtbar: Wie oben bereits dargelegt, zeigt sich im diachronen Vergleich, dass Leiharbeitnehmer in den letzten Jahren deutlich häufiger Gegenstand der Rechtsprechung waren als zuvor. Die Korpusanalyse kann dabei natürlich keine Lösungen für neue rechtsdogmatische Probleme vorschlagen. Wer sich den Subsumtionsautomat erhofft, der muss enttäuscht werden. Wohl aber lassen sich

---

62 BAG v. 30.09.1998 – 5 AZR 563/97, BAGE 90, 36, Rn. 124 ff.

63 BAG v. 30.09.1998 – 5 AZR 563/97, BAGE 90, 36, Rn. 124 ff.; BSG v. 11.03.2009 – B 12 KR 21/07 R, SGb 2009, 283; vgl. auch BGH v. 21.10.1998 – VIII ZB 54/97, NJW 1999, 648; instruktiv auch LAG Rheinland-Pfalz v. 05.03.2010 – 10 Ta 10/10, Rn. 17 ff.

64 BAG v. 19.11.1997 – 5 AZR 653/96, BAGE 87, 129; BAG v. 30.09.1998 – 5 AZR 563/97, BAGE 90, 36 = NZA 1999, 374.

65 BAG v. 19.11.1997 – 5 AZR 653/96, BAGE 87, 129.

66 BAG v. 30.09.1998 – 5 AZR 563/97, BAGE 90, 36 = NZA 1999, 374, Rn. 129.

67 BSG v. 11.03.2009 – B 12 KR 21/07 R, SGb 2009, 283, Rn. 22.

Akzentverschiebungen nachzeichnen. Auch kann belegt werden, ob bestimmte in Medien und Politik diskutierte Probleme tatsächlich die Rechtsprechung beschäftigen und in welchem Ausmaß – aus einem solchen Befund rechtpolitische Schlussfolgerungen abzuleiten, bleibt freilich Aufgabe des Gesetzgebers.

6 Resümee: Möglichkeiten und Grenzen einer juristischen Korpuspragmatik

Der vorliegende Beitrag illustriert am Beispiel des ‚Arbeitnehmer'-Begriffs den Versuch, neuere korpuslinguistische Methoden und rechtslinguistisches Wissen mit Methoden der qualitativen Rechtshermeneutik zu verknüpfen und für eine juristische Semantikanalyse fruchtbar zu machen. Den Ausgang bildet hierbei die Hypothese, dass überzufällig belegte Sprachgebrauchsmuster in juristischen Textkorpora als Indices für sedimentierte Dogmatik interpretiert werden können. Um die Reichweite der korpuslinguistischen Methodik prüfen zu können, wurde das entsprechende Korpus zunächst ohne nähere Vorkenntnisse über arbeitsrechtliche Zusammenhänge, d.h. allein induktiv (corpus driven) auf Basis von Berechnung und systematischer Klassifikation von Sprachmustern untersucht. Beim anschließenden Vergleich dieser Makroebene-bezogenen Ergebnisse mit dem Fachwissen des (qualitativ lesenden) Arbeitsrechtlers auf der Mikroebene zeigte sich:

1. Der korpuslinguistische Zugang allein ermöglicht ähnliche deskriptive Aussagen über juristische Schemata wie das durch breite (introspektive) Textlektüre erarbeitete dogmatische Fachwissen eines Juristen. Einerseits überrascht dies angesichts der komplexen sprachlich-kommunikativen Hermetik der Jurisprudenz. Anderseits bestätigt es die Wittgensteinsche Prämisse, man könne Bedeutungen oder Konzepte (und Normen sind Konzepte) von Ausdrücken durch Beschreibung ihres regelhaften Ko(n)textes erschließen. Korpuslinguistische Verfahren operationalisieren genau dies, sie helfen eine unübersehbare Fülle an Sprachgebräuchen zu ordnen.
2. Insofern ermöglicht eine computergestützte (nicht computergesteuerte!) Analyse rechtlicher Texte, die juristische Textarbeit auf einer Makroebene zu spiegeln und bestehende Hypothesen – etwa über diachrone Veränderungen oder auch, wer oder was beanspruchen kann, „herrschende Meinung" zu sein – anhand konkreter Daten zu überprüfen. Mit anderen Worten: die juristische Deutungsarbeit lässt sich auch auf einer methodologischen Ebene problematisieren, anhand von Belegen effektiv kontrollieren und letztlich transparenter machen. Ebenso lassen sich Auswirkung sozio-ökonomischer

Veränderungen oder rechtspolitischer Reformen sichtbar machen, indem Akzentverschiebungen im Rechtsprechungskorpus nachgezeichnet werden können.
3. Über eine Spiegelung des Bestehenden hinaus erlauben korpuslinguistische Methoden aber auch die Bildung neuer Hypothesen über die sprachlich-kommunikative Verfasstheit der textbasierten Institution Recht und ihre diskursive Verknüpfung mit innerfachlichen (Judikative, Exekutive, Legislative) und außerfachlichen (Medien) Domänen.
4. Korpuslinguistik erlaubt jedoch weder Streitfälle zu lösen noch normative Fragen zu entscheiden. Die korpuslinguistische Software kann auch keine Definitionen juristischer Begriffe liefern. Darüber hinaus hängt die Aussagen-Reichweite der Verfahren von mindestens[68] drei wichtigen Parametern ab: (a) der Verfügbarkeit aller „relevanten" Daten, also der Beschaffenheit des Untersuchungskorpus;[69] (b) der generellen Beschränkung auf das, „was man wahrnehmen kann" (Textoberfläche statt semantische Texttiefenstruktur); (c) dem Grad der Tiefenanalyse, also der Rückkopplung von abstrakten Sprachgebrauchsmustern („Masse") mit konkreten Einzelfällen (bzw. Einzeltexten) nebst ihrer jeweiligen lebensweltlichen Besonderheiten. Letztere fallen nämlich in globaler, einzeltext- und einzelfallabstrahierender Analyseperspektive bzw. statistischer Analyse leicht heraus, was in alltagssprachlichen Diskursen in der Regel nicht zu Ergebnisverschiebungen führt. Im juristischen Diskurs jedoch zählt jede Äußerung des Bundesverfassungsgerichts, eine Nicht-Berücksichtigung hat vor Gericht im Zweifel gravierende Folgen.

Vor diesem Hintergrund gilt es, auf Basis weiterer Fallstudien ein Programm der juristischen Korpuspragmatik zu entwickeln. Unter „Korpuspragmatik" (Felder, Müller und Vogel 2012) ist ein Ansatz zu verstehen, der mit Hilfe semiautomatischer Verfahren sprachliche Gebrauchsmuster in Textkorpora als Indices sowie Konstitutiva für Wissens-, Handlungs- und Gesellschaftsschemata zu interpretieren und in diesem Sinne Form-Funktions-Korrelate herauszuarbeiten versucht. Eine „juristische Korpuspragmatik" fokussiert dabei nicht nur lediglich die sprachlichen Handlungen des Rechts, sondern muss den besonderen Spezifika dieser gesellschaftsordnenden Institution gerecht werden und selbst einen Bei-

68 Ausgeblendet wird das richtige Handling mit der entsprechenden Technik (Software), rechtslinguistische Vorkenntnisse, ein angemessener Umgang mit „Zahlen" (die alleine meist wenig aussagen) usw.
69 Über die Probleme, die bereits mit der Zugänglichkeit der Texte beginnen, schreibt etwa Jan Schuhr in diesem Band.

trag zu einem partizipativen Rechtsstaat als Textstruktur (Müller 2008: 76) leisten. In diesem Kontext wären unter anderen folgende Herausforderungen zu diskutieren:

- Nachhaltige Datenzugänglichkeit: Korpora zur Analyse dogmatischer Schemata sollten eine systematische Auswahl von Texten[70] umfassen und im Rahmen des Art. 19 Abs. 4 GG (Rechtsweggarantie) für alle Bürgerinnen und Bürger frei zugänglich sein. Die Korpustexte müssten annotiert werden, um einzelne Äußerungen automatisch den jeweiligen Akteuren (z.B. Richter vs. Beschwerdeführer) zuordnen zu können. Solche Textkorpora fehlen bislang bzw. sind rechtslinguistischen Untersuchungen nicht zugänglich. Ein Teilprojekt der „Juristischen Korpuspragmatik" unter Leitung von Friedemann Vogel und Hanjo Hamann setzt hier an und bemüht sich um den Aufbau eines „Juristischen Referenzkorpus deutschsprachigen Rechts" zunächst nur zur Nutzung in Forschung und Lehre (JuReKo; vgl. http://www.jureko.de).
- Erweiterung des Anwendungsbereichs: Es gibt verschiedene Möglichkeiten, korpuslinguistische Analysen für die Rechtspraxis fruchtbar zu machen. Dabei müssen beide „Enden" des Rechtsdiskurses betrachtet werden: In der Gesetzgebung sollten Normtexte adressatengerecht formuliert werden; das setzt die Antizipation und damit die empirische Analyse bisherigen Sprachgebrauchs (in bestehenden Normtexten, in der Rechtsprechung oder in der Rechtswissenschaft) voraus (vgl. Vogel 2012c: 398ff.). Gesetzeskommentare als „Wörterbücher" des Rechts sammeln alte Fälle von Sprachgebräuchen innerhalb der Disziplin und beschreiben daraus konstituierte Konzepte. Für beide Domänen gilt, dass korpuslinguistische Verfahren eine komplementäre Kontrolle der introspektiven Textlektüre ermöglichen.
- Korpuslinguistischer Werkzeugkasten für Juristen: Wie könnte eine juristische Methodenausbildung aussehen, die dem Einzelfall weiterhin gerecht wird, ihn aber zugleich nachprüfbar in einem Vergleichsrahmen situiert? Diese Frage müsste nicht nur konkret in gemeinsamen Lehrveranstaltungen von Rechts- und Sprachwissenschaftlern erprobt werden. Es müssten darüber hinaus existierende Instrumente (Techniken, Software usw.) für den spezifischen Gebrauch im juristischen Alltag angepasst und weiterentwickelt werden.

---

70 Insbesondere Texte höchstrichterlicher Rechtsprechung (v.a. der Bundes- und Landesverfassungsgerichte), der rechtswissenschaftlichen Literatur (insb. Kommentare) sowie auch der Lehrliteratur (klassische Lehrbücher, Karteikartensysteme, Übungsblätter mit Fallbeispielen u.ä.).

Literatur

Anthony, Laurence 2012: *AntConc (3.2.4w)* [Computer Software]. Tokyo. URL: http://www.antlab.sci.waseda.ac.jp/ [Stand 2013-05-22].

Bartlett, Frederic C. 1932: *Remembering*. Cambridge: Cambridge University Press.

Bauschke, Hans-Joachim 1994: *Auf dem Weg zu einem neuen Arbeitnehmerbegriff*. In: Recht der Arbeit (RdA) 1994, S. 209 ff. München: C.H. Beck.

Berthele, Raphael 2006: Zur linguistischen Sinnsuche in- und ausserhalb von schriftsprachlichen Korpora: Eine Replik auf Wolfgang Teuberts Beitra. In: *Linguistik online* 28.

Bubenhofer, Noah 2009: *Sprachgebrauchsmuster: Korpuslinguistik als Methode der Diskurs- und Kulturanalyse*. Berlin, New York: De Gruyter. (Sprache und Wissen 4).

Bungarten, Theo 1979: Das Korpus als empirische Grundlage in der Linguistik und Literaturwissenschaft. In: Henning Bergenholtz und Burkhard Schaeder (Hg.): *Empirische Textwissenschaft: Aufbau und Auswertung von Text-Corpora*. Königstein/Ts: Scriptor. (Monographien Linguistik und Kommunikationswissenschaft, 39), S. 28–51.

Busse, Dietrich 1992: *Textinterpretation: Sprachtheoretische Grundlagen einer explikativen Semantik*. Opladen: Westdeutscher Verlag.

Felder, Ekkehard, Marcus Müller und Friedemann Vogel (Hg.) 2012: *Korpuspragmatik: Thematische Korpora als Basis diskurslinguistischer Analysen*. Berlin [u. a.]: De Gruyter.

Fillmore, Charles J. 1992: ‚Corpus linguistics' vs. ‚Computer-aided armchair linguistics'. In: Jan Svartvik (Hg.): *Directions in Corpus Linguistics: Proceedings of Nobel Symposium 82, Stockholm, 4–8 August 1991*. Berlin, New York: Mouton de Gruyter, S. 35–60.

Foucault, Michel 2005: *Analytik der Macht*. 1. Aufl. (Suhrkamp-Taschenbuch Wissenschaft). Frankfurt a. M.: Suhrkamp.

Greiner, Stefan 2013: *Werkvertrag und Arbeitnehmerüberlassung – Abgrenzungsfragen und aktuelle Rechtspolitik*. In: Neue Zeitschrift für Arbeitsrecht (NZA) 2013, S. 697 ff. München: C.H. Beck.

Jeand'Heur, Bernd 1989: Gemeinsame Probleme der Sprach- und Rechtswissenschaft aus der Sicht der Strukturierenden Rechtslehre. In: Friedrich Müller (Hg.): *Untersuchungen zur Rechtslinguistik: Interdisziplinäre Studien zu praktischer Semantik und strukturierender Rechtslehre in Grundfragen der juristischen Methodik*. Berlin: Duncker u. Humblot. (Schriften zur Rechtstheorie), S. 17–25.

Jung, Matthias 1994: Zählen oder deuten? In: Dietrich Busse, Fritz Hermanns und Wolfgang Teubert (Hg.): *Begriffsgeschichte und Diskursgeschichte: Methodenfragen und Forschungsergebnisse der historischen Semantik*. Opladen: Westdeutscher Verlag, S. 60–83.

Kock, Martin und Jasmi Milenk 2013: Kommentierung des § 9 Arbeitnehmerüberlassungsgesetz. In: Christian Rolfs, Richard Giesen, Ralf Kreikebohm und Peter Udsching (Hg.): *Beck'scher Online-Kommentar Arbeitsrecht*. München: C.H. Beck.

Konerding, Klaus-Peter 1993: *Frames und lexikalisches Bedeutungswissen: Untersuchungen zur linguistischen Grundlegung einer Frametheorie und zu ihrer Anwendung in der Lexikographie*. Tübingen: Niemeyer.

Kudlich, Hans und Ralph Christensen 2004: Die Kanones der Auslegung als Hilfsmittel für die Entscheidung von Bedeutungskonflikten. *Juristische Arbeitsblätter*, S. 74–83. Online im Internet: URL: http://www.recht-und-sprache.de/PDF/kanones.pdf [Stand 2012-10-22].

Lemnitzer, Lothar und Heike Zinsmeister 2010: *Korpuslinguistik: Eine Einführung*. 2., durchges. und aktualisierte Aufl. Tübingen: Narr.

Lieb, Manfred 1977: Beschäftigung auf Produktionsdauer – selbständige oder unselbständige Tätigkeit? In: *Recht der Arbeit* (RdA), S. 210 ff. München: C.H. Beck.

Luca, Nogler 2009: Die typologisch-funktionale Methode am Beispiel des Arbeitnehmerbegriffs. In: *Zeitschrift für Europäisches Arbeits- und Sozialrecht* (ZESAR), S. 461 ff. Berlin: Erich Schmidt.

Lüdeling, Anke und Merja Kytö (Hg.) 2008: *Corpus linguistics: An international handbook*, Vol. 1. Berlin, New York: De Gruyter. (Handbücher zur Sprach- und Kommunikationswissenschaft, Bd. 29.1).

Lüdeling, Anke und Merja Kytö (Hg.) 2009: *Corpus linguistics: An international handbook*, Vol. 2. Berlin: De Gruyter. (Handbücher zur Sprach- und Kommunikationswissenschaft, Bd. 29.2).

Maschmann, Frank 2001: *Arbeitsverträge und Verträge mit Selbständigen. Rechtliche Qualifizierung von Dienstleistungsverhältnissen als Abgrenzungs- und Einordnungsproblem*, Schriften zum Sozial- und Arbeitsrecht, SAR 197. Berlin: Duncker & Humblot.

McEnery, Tony und Andrew Wilson 1997: *Corpus Linguistics: An introduction.* Repr. Edinburgh: Edinburgh University Press. (Edinburgh textbooks in empirical linguistics).

Meyer, Charles F. 2008: Pre-electronic corpora. In: Anke Lüdeling und Merja Kytö (Hg.): *Corpus linguistics: An international handbook.* Berlin, New York: De Gruyter. (Handbücher zur Sprach- und Kommunikationswissenschaft, Bd. Bd. 29.1Bd), S. 1–14.

Minsky, Marvin 1975: A framework for representing knowledge. In: Patrick H. Winston und Berthold Winston (Hg.): *The psychology of computer vision.* New York: McGraw-Hill, S. 211–277.

Mohr, Wolfgang 1994: *Der Arbeitnehmerbegriff im Arbeits- und Steuerrecht.* Frankfurt a. M.: Peter Lang.

Mouritsen, Stephen C. 2010: The Dictionary Is Not a Fortress: Definitional Fallacies and a Corpus-Based Approach to Plain Meaning. In: *Brigham Young University Law Review*, 1915–1980. Online im Internet: URL: http://www.lawreview.byu.edu/archives/2010/5/10Mouritsen.pdf [Stand 2012-11-07].

Mouritsen, Stephen C. 2011: Hard Cases and Hard Data: Assessing Corpus Linguistics as an Empirical Path to Plain Meaning. In: *The Columbia. Science and Technology Law Revie* 8, 156–205. Online im Internet: URL: http://www.stlr.org/cite.cgi?volume=13&article=4 [Stand 2012-11-07].

Müller, Friedrich und Ralph Christensen 2009: *Juristische Methodik: Grundlegung für die Arbeitsmethoden der Rechtspraxis.* 10. Aufl. Berlin: Duncker & Humblot.

Müller, Friedrich 1994: *Strukturierende Rechtslehre.* 2. Aufl. Berlin: Duncker & Humblot.

Müller, Friedrich 2008: *Recht – Sprache – Gewalt: Elemente der Verfassungstheorie I.* 2. Aufl. Berlin: Duncker & Humblot.

Müller, Friedrich, Ralph Christensen und Michael Sokolowski 1997: *Rechtstext und Textarbeit.* Berlin: Duncker & Humblot. (Schriften zur Rechtstheorie).

Müller, Stefan 2007: Qualitative Korpusanalyse für die Grammatiktheorie: Introspektion vs. Korpus. In: Weerner Kallmeyer und Gisela Zifonun (Hg.): *Sprachkorpora – Datenmengen und Erkenntnisfortschritt.* Berlin, New York: De Gruyter, S. 70–90.

Neef, Klaus 2011: Reichweite des CGZP-Beschlusses – Offene Fragen und prozessuale Hürden. In: *Neue Zeitschrift für Arbeitsrecht* (NZA) 2011, S. 615 ff. München: C.H. Beck.

Perkuhn, Rainer, Holger Keibel und Marc Kupietz 2012: *Korpuslinguistik.* Paderborn: Fink. (LIBAC, 3433).

Rave, Dieter, Hans Brinkmann und Klaus Grimmer (Hg.) 1971: *Paraphrasen juristischer Texte.* Darmstadt: Deutsches Rechenzentrum.

Reiserer, Kerstin und Florian Christ 2012: Kommentierung von § 66. In: Wilhelm Moll (Hg.), *Münchener Anwaltshandbuch Arbeitsrecht*, 3. Aufl. München: C.H. Beck.
Richardi, Reinhar 2009: Kommentierung der §§ 16-20. In: Reinhard Richardi, Hellmut Wißmann, Otfried Wlotzke und Hartmut Oetker (Hg.): *Münchener* Handbuch *zum Arbeitsrecht*, 3. Aufl. München: C.H. Beck.
Schlegel, Rainer 2011: Arbeits- und sozialversicherungsrechtliche Konsequenzen des CGZP-Beschlusses. In: *Neue Zeitschrift für Arbeitsrecht* (NZA), S. 380 ff. München: C.H. Beck.
Schmid, Helmut 1994: *Probabilistic Part-of-Speech Tagging Using Decision Trees*. Manchester, UK.
Senkbeil, Karsten 2011: *Ideology in American sports*. Heidelberg: Winter. (American studies, 212).
Senkbeil, Karsten 2012: The Language of American Sports. A corpus-assisted discourse study. Methodologische Überlegungen. In: Ekkehard Felder, Marcus Müller und Friedemann Vogel (Hg.): *Korpuspragmatik: Thematische Korpora als Basis diskurslinguistischer Analysen*. Berlin [u. a.]: De Gruyter, S. 387–412.
Steyer, Kathrin 2002: Wenn der Schwanz mit dem Hund wedelt. Zum linguistischen Erklärungspotenzial der korpusbasierten Kookkurrenzanalyse. In: Gerhard Stickel u. a. (Hg.): *Ansichten der deutschen Sprache: Festschrift für Gerhard Stickel zum 65. Geburtstag*. Tübingen: Narr, S. 215–236.
Stiebert, Tom und Stephan Pötters 2013: Spielräume der Exekutive bei Mindestlöhnen durch Rechtsverordnung. In: *Recht der Arbeit* (RdA) 2013, S. 101 ff. München: C.H. Beck.
Thüsing, Gregor 2011: *Scheinselbständigkeit im internationalen Vergleich*. Frankfurt a. M.: Peter Lang:
Tognini-Bonelli, Elena 2001: *Corpus linguistics at work*. Amsterdam, Philadelphia (Pa): Benjamins. (Studies in corpus linguistics, 6).
Vogel, Friedemann 2012a: Das LDA-Toolkit: Korpuslinguistisches Analyseinstrument für kontrastive Diskurs- und Imageanalysen in Forschung und Lehre. In: Zeitschrift *für angewandte Linguistik* 57 (1), S. 129–165.
Vogel, Friedemann 2012b: Das Recht im Text: Rechtssprachlicher Usus in korpuslinguistischer Perspektive. In: Ekkehard Felder, Marcus Müller und Friedemann Vogel (Hg.): *Korpuspragmatik: Thematische Korpora als Basis* diskurslinguistischer *Analysen*. Berlin [u. a.]: De Gruyter, S. 314–353.
Vogel, Friedemann 2012c: *Linguistik rechtlicher Normgenese: Theorie der Rechtsnormdiskursivität am Beispiel der Online-Durchsuchung*. Berlin [u. a.]: De Gruyter. (Sprache und Wissen, 9).
Vogel, Friedemann, Stephan Pötters und Ralph Christensen 2015: *Richterrecht der Arbeit – empirisch untersucht. Möglichkeiten und Grenzen computergestützter Textanalyse am Beispiel des Arbeitnehmerbegriffs*. Berlin: Duncker & Humblot.
Wank, Rolf 1988: *Arbeitnehmer und Selbständige*. München: C.H. Beck.
Wimmer, Rainer und Bernd Jeand'Heur 1989: Praktisch-semantische Probleme zwischen Linguistik und Rechtstheorie. In: Friedrich Müller (Hg.): *Untersuchungen zur Rechtslinguistik: Interdisziplinäre Studien zu praktischer Semantik und strukturierender Rechtslehre in Grundfragen der juristischen Methodik*. Berlin: Duncker u. Humblot. (Schriften zur Rechtstheorie), S. 27–45.
Wittgenstein, Ludwig 2003 [1953]: *Tractatus logico-philosophicus. Tagebücher 1914–1916. Philosophische Untersuchungen*. 15. Aufl. (Suhrkamp-Taschenbuch Wissenschaft, 501). Frankfurt a. M.: Suhrkamp.

Zeppenfeld, Guido und Holger Faust 2011: Zeitarbeit nach dem CGZP-Beschluss des BAG – Rechtsfolgen und Risiken für die Zeitarbeitsbranche. In: *Neue Juristische Wochenschrift* (NJW) 2011, S. 1643 ff. München: C.H. Beck.

Ekkehard Felder und Janine Luth

Diskurslinguistische Zugänge zur Rechtssemantik und Rechtspragmatik

Kontrastkonnektoren als Indikatoren für agonale Zentren

1 Einleitung

Der vorliegende Beitrag will einen diskurslinguistischen Ansatz vorstellen, der Formen der Bedeutungsexplikationen im Recht an einem gesamtgesellschaftlich brisanten und emotional aufgeladenen Themengebiet verdeutlicht. Es soll aufgezeigt werden, welche Verfahren die Rechtslinguistik anbietet, mit deren Hilfe ambigue Rechtsbegriffe effizient hinsichtlich ihres Streitpotentials offengelegt werden können. Im Mittelpunkt steht die folgende Fragestellung: Wie können diskursive Prägungen und Aushandlungsprozesse im Recht plausibel und reliabel beschrieben werden?

Als ein möglicher Zugang werden in unserem Aufsatz handlungsleitende Konzepte und agonale Zentren zur Präzisierung der Deutungskonflikte im Rahmen der unendlichen Semiose modelliert. Teilweise automatisierte Verfahren sollen die Erklärungsmächtigkeit der agonalen Zentren überprüfen. Hierbei werden adversative und konzessive Konnektoren zur Ermittlung von agonalen Zentren herangezogen. Als Beispiel der vorliegenden Studie dient der Medien- und Rechtsdiskurs zur *Sterbehilfe*. Dieser Diskurs kennzeichnet sich zum einen durch die Partizipation von persönlich betroffenen Personen, häufig unterstützt von Dritten in der Rolle eines Betreuers oder rechtlichen Stellvertreters, zum anderen wird er entscheidend durch Experten, Ärzte, Juristen oder theologische Vertreter geprägt, die mit einer (autoritären) Regelungsfunktion in den Diskurs eingreifen. Gespiegelt wird der Fachdiskurs in multimedialen Texten der öffentlichen Berichterstattung, die ebenfalls einen nicht zu unterschätzenden Einfluss auf die Debatte nehmen. Dabei geht es stets um die Grenzen und Möglichkeiten der Lebensverlängerung, vor allem in Situationen, in denen sich Patienten nicht mehr bewusst und reflektiert äußern können. Gerichte, Gesetzgeber und Anwälte nehmen dabei eine gewichtige Position ein, denn sie bestimmen derartige Situationen am Lebensende mit: Zugespitzt formuliert könnte man sagen, dass das fast Unvorstellbare bzw. ein unübersehbares Tableau an verschiedenen medizinischen Zuständen und möglichen diagnostizierten Variablenkonstellationen sprachlich antizipiert werden muss, um den zukünftigen Entscheidern Handlungsempfehlungen zu geben. Die rechtliche Ausgestaltung der *Sterbehilfe* ist dabei stark umstritten. Die unter Handlungszwang stehenden Akteure sind auf der Suche nach größtmöglicher Rechtssicherheit. Derzeit jedoch sind Verunsicherungen und die Angst vor einer Strafe auf beiden Seiten hoch, wie sich auch in einer früheren Untersuchung des Mediendiskurses herausstellte (Felder und Stegmeier 2012; Felder 2012a). Hilfe und Orientierung erwartet man sich von der Patientenverfügung. Sie soll als rechtliches Regelungsinstrument mehr Klarheit über erlaubtes und unerlaubtes Handeln verschaffen sowie das Selbstbestimmungsrecht der Patienten stärken, indem auch bei Fällen, bei denen ein Patient bereits entscheidungsunfähig ist, auf den „ausdrücklichen" oder „mutmaßlichen Willen" zurückgegriffen werden kann. Aus diesen Gründen eignet sich in unseren Augen dieses Thema besonders für eine diskurslinguistische Untersuchung.

2 Linguistische Zugänge zum Recht: Theorie, Methode, Korpus

2.1 Recht als unendliche Semiose

Das diesem Aufsatz zugrundeliegende rechtslinguistische Verständnis versteht Rechtsarbeit als Spracharbeit oder juristische Textarbeit. Die Bezeichnung „Rechtsarbeit" ist eine auf den Rechtswissenschaftler Friedrich Müller zurückgehende Bezeichnung für das Tun juristischer Funktionsträger, das dort im Wesentlichen als ein in Texten sich objektivierendes Legitimieren von Entscheidungen modelliert wird. Die Ansätze zur Beschreibung der textuellen Rechtsarbeit basieren auf der *Strukturierenden Rechtslehre* (Müller ^{2}1994) und auf der *Juristischen Methodik* (Müller und Christensen ^{10}2009) sowie in der Sprachwissenschaft auf den Arbeiten *Recht als Text* (Busse 1992) und *Juristische Textarbeit* (Felder 2003).

In Bezug auf die grundlegende Frage der Rechtsarbeit, wie nämlich kodifizierten Texten Bedeutung zugeschrieben werden kann (dazu grundständig Busse 1993/^{2}2010), wird hier in Rückbezug auf Peirce der Ansatz der unendlichen Semiose vorgeschlagen (Felder 2012a), der eine Weiterführung der beiden konfligierenden rechtstheoretischen Ansätze der Bedeutungs*ermittlung* und der Bedeutungs*festsetzung* darstellt. Die Protagonisten, die von der Bedeutungs*ermittlung* ausgehen, vertreten die These der „Objektivität sprachlicher Bedeutung" (Klatt 2004: 285) und versuchen am überlieferten Positivismus der traditionellen Rechtstheorie festzuhalten. Dieser Ansatz fällt aber nicht nur „hinter differenziertere Ansätze der alten Hermeneutik und der Hamann-Herder-Wilhelm von Humboldt-Tradition" zurück, sondern vernachlässigt darüber hinaus auch „Einsichten der Spätphilosophie Wittgensteins (1958/^{11}1997) und der neueren Sprachwissenschaft und -philosophie des letzten Jahrhundertdrittels seit dem pragmatic turn" (Müller 1989: 5).

Die wissenschaftlichen Ansätze, die von einer Bedeutungs*festsetzung* ausgehen, nähern sich dem Problemkreis pragmalinguistisch über die Bestimmung von Versprachlichungsmustern und Sprachhandlungen. Sie beschreiben induktiv (ohne das Zugrundelegen einer deduktiv argumentierenden Rechtsontologie) Akteure im Recht vor dem Hintergrund konkreter Kommunikationssituationen. Damit wird einerseits der sprachliche Zugriff auf die zu konstituierenden Sachverhalte und die ihr immanente Perspektivität (Köller 2004) verdeutlicht. Andererseits setzt die handlungstheoretisch fundierte Analyse bereits dort ein, wo Sprache auf die juristische Wirklichkeitsverarbeitung einwirkt – also bei der, wie Thomas Seibert (1981: 16) formuliert, „normativen Stellungnahme zu einer Situation". Der Rechtswissenschaftler Bernd Jeand'Heur spricht in diesem Zusammenhang von der „Zubereitungsfunktion" (Jeand'Heur 1998, 1992), die der Verwendung juristischer Fachtexte eigen ist, wodurch der „Fall" überhaupt erst zum rechtlich relevanten „Sachverhalt" umgestaltet, also zubereitet wird. Diese Sprachhandlung kann als „Wirklichkeitsherstellung" im Recht bezeichnet werden. Das hier vorgeschlagene Erklärungsmodell im Paradigma der pragma-semiotischen Textarbeit (Felder 2003, 2012) strebt in Fortführung der Strukturierenden Rechtslehre nach einer Überführung in ein linguistisch präzisierendes Analysemodell.

Unter Berücksichtigung der pragma-semiotischen Textarbeit kann nun folgende Fortführung gedacht werden: Ausgehend von dem Textstufenmodell der Strukturierenden Rechtslehre (Müller ^{2}1994: 246 ff.; Müller, Christensen und Sokolowski 1997: 35) werden drei Sprachhandlungstypen mit weiterführenden Differenzierungen als die zentralen Aktivitäten juristischer Funktionsträger zugrunde gelegt – nämlich *Sachverhaltsfestsetzung, rechtliche Sachverhaltsklassifikation, Entscheiden* (*inklusive Argumentieren*) (Felder 2003; Li 2011; Vogel 2012a; Luth 2015). Diese Handlungstypen mittlerer Abstraktion sind empirisch im Rechtsdiskurs ermittelt worden und liegen quer zu Searles (1975/1982: 31 ff.) Klassifikation der fünf Oberklassen von Sprechakten. Juristen klassifizieren demnach im Hinblick auf den zu konstituierenden Sachverhalt eine bestimmte Anzahl an lebensweltlichen Sachverhaltseigenschaften als rechtlich relevant und setzen diese damit als bedeutsam für den Sachverhalt fest (Zubereitung eines „Falls").

Für eine Erklärung der juristischen Bedeutungserzeugung (Li 2011: 239) ist ferner die Idee der Semiose (Felder 2012a) erkenntnisstiftend. „Semiose ist die triadische ‚Handlung [action] des Zeichens', der Prozeß, durch den das Zeichen auf seinen Interpreten oder Quasi-Interpreten einen kognitiven Effekt ausübt" (Nöth ^{2}2000: 62; vgl. Peirce 1960: 5.472, 5.484). In der Theorie wird dieser Prozess auf Grund seiner Unabgeschlossenheit als unendlicher gedacht, da jedes Zeichen zum Interpretanten eines anderen wird (unbegrenzte Ersetzbarkeit von Zeichen durch Zeichen). Gleichwohl wird der Prozess immer wieder unterbrochen (Nöth ^{2}2000: 64). Das Verfahren der unendlichen Semiose im Recht wird beispielsweise durch jede gerichtliche Entscheidung oder durch einen Verwaltungsakt unterbrochen, und zwar in dem Sinne, dass die Bedeutungsfestsetzung mit erheblichen Konsequenzen für die an der Verfahrenspraxis beteiligten Parteien einhergeht (temporär endliche Semiose). Prozessual gesehen wird jede rechtlich gültige Bedeutungserzeugung von den zuständigen Institutionen durch die intertextuelle Weiterschreibung konventionalisierter Wortverwendungsformen fortgeführt. Ihre Gültigkeit ist zum einen auf den verhandelten Einzelfall begrenzt (solange es keine Einsprüche oder Berufungs- oder Revisionsverfahren gibt) und wird durch vergleichbare Fälle und deren Bedeutungserzeugung bestätigt oder modifiziert.

Damit kommt ein pragma-semiotisches Modell nicht nur der juristischen Textpraxis am nächsten: Es demaskiert Versuche der Bedeutungs*ermittlung* als Semiose-eigener Teil von Bedeutungs*erzeugungen*, die prozessual betrachtet als Bedeutungs*festsetzungen* wirken und in rechtlich verbindlichen Bedeutungsexplikationen bearbeitet werden. Das Modell erklärt ferner auf der Makroebene den Umstand, wie gesellschaftlicher Wertewandel prozedural in den Rechtsdiskurs eingewoben wird. In der Synthese werden damit auch transparente und kontrollierbare Wege zur Explikation von juristischen *Be*deutungen durch strukturierte Verfahren der Kontextualisierung eröffnet.

2.2 Diskurslinguistische Zugänge zum Recht

Diskurslinguistische Zugänge zur juristischen Textarbeit sind bislang rar. Am weitesten entwickelt und auch hier zugrunde gelegt ist der Ansatz der „Semantischen Kämpfe“ im Recht (Felder 2006; Christensen und Sokolowski 2006; Felder 2010) zur qualitativen Ermittlung und Beschreibung von divergierenden handlungsleitenden Konzepten in Diskursen. Dabei werden drei analytische Untersuchungsebenen fokussiert (vgl. die Erläuterung der Beispiele in Felder 2010):

- Bezeichnungskonkurrenzen (ausdrucksseitig), z. B. zum Wortfeld *loyale Zusammenarbeit – Gemeinschaftstreue – Unionstreue* in Bezug auf die Interaktionsformen zwischen EuGH und nationalen Gerichten;
- Bedeutungsfixierungsversuche (inhaltsseitig), wenn semasiologisch ein bestimmter Ausdruck inhaltlich im eigenen Sinne bestimmt werden soll (im Recht beispielsweise die Abgrenzung von *Rahmenbeschluss – Richtlinie* im europäischen bzw. nationalstaatlichen Kontext der gesetzlichen Umsetzungsproblematik; Felder 2010);
- Sachverhaltsfixierungsversuche (inhaltsseitig) für den Fall, dass eine onomasiologische Sichtweise zugrunde gelegt wird (z. B. die Wortschöpfung „aus-

brechender Rechtsakt“ im sog. Maastricht-Urteil des Bundesverfassungsgerichts (BVerfGE 123, 267, Ls. 4.) als Paradebeispiel; ebd.).

Während semantische Kämpfe vor allem Auseinandersetzungen auf der diskursiven Mikroebene beschreiben, versuchen wir in der vorliegenden Studie auch stärker die diskursiven ‚Unterbrechungen‘ der Rechtssemiose auf der Makroebene zu berücksichtigen. Hierzu werden pragma-semiotische Verfahren zur Ermittlung agonaler Zentren (Felder 2012, 2012a, 2015) operationalisiert.

Unter *agonalen Zentren* (zur Agonalität der Kommunikation Lyotard 1987; Assmann 1999; Warnke 2009) verstehen wir einen sich in Sprachspielen manifestierenden Wettkampf um strittige Akzeptanz von Ereignisdeutungen, Handlungsoptionen, Geltungsansprüchen, Orientierungswissen und Werten in Gesellschaften (Felder 2015: 109). Im Fokus der Aufmerksamkeit stehen kompetitive Sprachspiele zwischen verschiedenen gesellschaftlichen Diskursakteuren. Somit werden gleichsam Diskurse als Orientierungsrahmen geformt und zentrale Variablen in der Aushandlungspraxis je neu justiert und modifiziert. Agonale Zentren haben nichts Statisches, sondern sind im Gegenteil stets dem diskursiven Aushandlungsprozess ausgesetzt. Aus diskurslinguistischer Perspektive lassen sich agonale Zentren im Hinblick auf divergierende Konzeptualisierungen, akteursspezifische Handlungsstrategien und soziale Kontextualisierungen[1] analysieren. Agonale Zentren sind vom Diskursanalytiker herausdestillierte und benannte handlungsleitende Konzepte, die als Orientierungspunkte einer diskursiven Auseinandersetzung ex post, induktiv, mittels quantitativer und qualitativer Verfahren und mit hermeneutischem Erkenntnisinteresse als kontextabstrahierte Interpretationsangebote eigens formuliert werden (Felder 2015).

Agonale Zentren sind die im Folgenden herauszuarbeitenden Konzepte mittleren Abstraktionsgrades, die sich zum einen induktiv aus der Textlektüre ergeben.[2] Die Kriterien für das Ansetzen eines agonalen Zentrums sind thematisch legitimiert und bestehen in diskursprägenden Akteursansprüchen um Geltung und Deutungshoheiten. Diese divergierenden Geltungsansprüche werden systematisch durch lexikalische und grammatische Suchoperationen auf der Textoberfläche (auf der Grundlage induktiver Verfahren aus der Sprachperformanz) identifiziert und in Konzepten verdichtet reformuliert. Damit wird die Komplexität der

---

1 Vgl. zur Kontextualisierung im Bezug auf Gespräche Auer 1986, in Bezug auf Diskurse Busse 2007, 2008.

2 Vgl. im Kontrast die oben erwähnten und für eine Analyse zu abstrakten „nominal bestimmten sortalen Konzepttypen“ bei Konerding 2005: 16 wie ‚Gegenstand natürlicher Art‘, ‚Gegenstand Artefakte‘, ‚Organismus‘, ‚Personen‘, ‚soziale Gruppen/Institutionen‘, ‚Ereignis‘, ‚Handlung‘, ‚Zustand/Eigenschaft‘, ‚Teil‘, ‚Gesamtheit/Ganzes‘.

Diskursinhalte durch die Anker dichotomischer Konzeptkategorien fassbarer. In der Regel werden dichotomische (mitunter auch multipolare) Konzeptualisierungen versprachlicht (zustimmend und/oder ablehnend). Diskursakteure müssen in dem untersuchten Diskurs mehrfach bestimmte handlungsleitende Konzepte evozieren und prägen wollen, damit diese Konzepte als agonale Zentren des Diskurses bezeichnet werden können. Die Konzeptetikette oder Kategoriennamen sollen prägnant die Richtungen der inhaltlichen Hintergrunds- und Orientierungsfolien anzeigen.

2.3 Datengrundlage und Analyseverfahren

Datengrundlage des Rechtsdiskurses bildet ein thematisches Korpus aus Entscheidungstexten und Aufsätzen in einem Zeitraum von 1977 bis 2011. Die insg. 211 Texte (828.224 Token) wurden über die Rechtsdatenbank *beck-online* mithilfe des Startausdrucks *Sterbehilfe* ermittelt und aus 754 manuell durchgesehenen Treffertexten ausgewählt. Zu den Texten zählen auch 4 einschlägige BVerfG-, 16 BGH- sowie 13 OLG-Entscheidungen. Die Verteilung der 125 Aufsätze einschlägiger Zeitschriften lässt sich wie folgt veranschaulichen:[3]

Tab. 1: Verteilung der 125 Aufsätze einschlägiger Zeitschriften.

	BWNotZ	DNotZ	FPR	LSK	MittBayNot	NJW	NStZ	RDG	ZEV	ZRP	Σ
1983						1					**1**
1985							1				**1**
1986						2	1				**3**
1987							1				**1**
1993				1							**1**
1994							1				**1**
1995							1				**1**
1996						3					**3**
1997							1				**1**
1998						2					**2**
1999	1			2		1					**4**
2000					1	1				1	**3**

3 Abkürzungsverzeichnis s. Anhang.

Tab. 1: (fortgesetzt).

	BWNotZ	DNotZ	FPR	LSK	MittBayNot	NJW	NStZ	RDG	ZEV	ZRP	Σ
2001						3				1	**4**
2002				2						2	**4**
2003				2	1	1	1			4	**9**
2004	1		1	6		1		1		3	**13**
2005				5				1		2	**8**
2006				11		3	3			3	**20**
2007	1		10			2	1				**14**
2008								1	2	2	**5**
2009				3		1	2		1	1	**8**
2010		1	5			2					**8**
2011				7	1	1			1		**10**
Σ	**3**	**1**	**16**	**39**	**4**	**25**	**11**	**3**	**4**	**19**	

Um die qualitative Analyse durch semi-automatisierte Verfahren ergänzen zu können, wurden die Korpora mit Hilfe des Stuttgarter TreeTaggers[4] Part-of-Speech-annotiert sowie lemmatisiert. Zu dem Diskursthema „Sterbehilfe" wurden anhand der Auswertung von Frequenzlisten sowie über die Textlektüre Schlüsselwörter bestimmt und darüber Subthemen generiert. Die Subthemen lassen sich in ihrer Plausibilität auch darüber verifizieren, ob sie verstärkt in den Leitentscheidungen der Gerichte auftreten. Folgende Subthemen sind in den Entscheidungen besonders umstritten:

- Selbstbestimmungsrecht des Patienten
- Grenzen von zulässiger Sterbehilfe
- Strafbarkeit der Eingriffe durch Dritte (Familienangehörige, Betreuer)
- Strafbarkeit der ärztlichen Eingriffe
- Patientenverfügung als rechtliches Regelungsinstrument

Nun stellt sich die Frage, ob zu diesen Subthemen umstrittene handlungsleitende Konzepte in den Texten festgestellt werden können, das heißt, ob unter den juristischen Diskursakteuren widerstreitende Handlungsoptionen und Deutungsmuster argumentativ ins Feld geführt werden. Die Besonderheit des juristischen

4 Schmid 1994.

Diskurses dabei ist, dass die Gerichte eine normsetzende, eine den Diskurs steuernde autoritäre Stellung haben, begleitet durch die Vorgaben des Gesetzgebers. Für die Analyse der Fachaufsätze steht demnach zu erwarten, dass sich Akteure, wie zum Beispiel Fachanwälte, um divergierende Deutungen eines Sachverhalts streiten, die handlungsleitenden Konzepte aber an den Entscheidungen der Gerichte, und hier vor allem der Höchstgerichte wie dem BVerfG, orientiert sind. Dabei kann zu den Entscheidungen eine ablehnende oder befürwortende Haltung eingenommen werden. Ignoriert werden können die sogenannten Leitentscheidungen nicht, denn damit wäre die Akzeptanz einer argumentativen Position im Diskurs gefährdet.

Die hermeneutische Textlektüre kann durch semi-automatisierte Verfahren unterstützt werden. So wurde anhand der Analysesoftware *AntConc*[5] jene Text-Belege auf ihren Kotext hin ausgewertet, die ausgewählte adversative oder konzessive Konnektoren enthielten (vgl. zu diesem Vorgehen ausführlich Felder 2015). Hintergrund ist die Überlegung, dass gerade diese Konnektoren Indikatoren für im Sterbehilfe-Diskurs relevante Streitpunkte sind. Wie bereits in den theoretischen Vorbemerkungen beschrieben wird davon ausgegangen, dass über die Generierung von Subthemen schließlich agonale Zentren formuliert werden können. Als computergestütztes Verfahren zur Ermittlung von agonalen Zentren in Diskursen und zur Überprüfung der handlungsleitenden Konzepte werden Lexeme als Kookkurrenzpartner konzessiver und adversativer Konnektoren, Satzverknüpfer bzw. Verbindungswörter, untersucht (Felder 2015: 110). Vor allem für sehr große thematische Korpora ist dieses Vorgehen arbeitsökonomisch sinnvoll. Aber auch für die hier angestrebte Studie erscheint dieses Verfahren hilfreich, da ein Zugang zu einem fachlich stark verdichteten Korpus gefunden werden muss. Durch die Untersuchung der adversativen und konzessiven Konnektoren-Kotexte nach signifikanten Lexemen entstehen extensional geprägte onomasiologische Vernetzungen, die auf handlungsleitende Konzepte zurückgeführt und dadurch operationalisierbar sind (Felder 2015: 110).

In gesellschaftspolitischen Kontexten treffen wir Aussagen (Assertionen) über die Welt in einem gewissen Absolutheitsduktus, der der Relativierung bedarf bzw. gewöhnlich Einschränkungen unterliegt, die im Diskurs an anderer Stelle und vielleicht auch von anderen Diskursakteuren expliziert werden: Diese von Felder (2012) modellierte Ausgangsthese für die Untersuchung von Medienberichterstattung lässt sich auch auf Fachdiskurse übertragen, da der Sprachhandlungstyp des Entscheidens vor Gericht wesentlich über Begründungen und Argu-

5 AntConc (3.2.4w) [Computer Software]. Waseda University. Online verfügbar unter http://www.antlab.sci.waseda.ac.jp/, zuletzt geprüft am 26.6.2015.

mentation gesteuert ist. Und auch in der juristischen Binnenkommunikation, verstanden als Aufsätze in Fachzeitschriften, müssen die aufgestellten Behauptungen stetig durch Bezugnahmen auf Gegenpositionen relativiert werden, wenn etwa eine von der herrschenden Meinung abweichende Deutung positioniert werden soll. Systematisch lässt sich der Kampf um Gültigkeitsbedingungen und Geltungsansprüche durch eine Kotext-Analyse der Konnektoren transparent machen, wodurch die semantische Leistung von Verbindungswörtern in den Fokus rückt. Welche Verknüpfungsbedeutungen machen Konnektoren zwischen den Aussagen und zwischen den Sachverhalten? Kontrastrelationen, also konzessive oder adversative Relationen, sind im Unterschied zu Relationen wie Temporalität und Kausalität weniger fest im Laienwissen verankert (vgl. Breindl 2004: 215):

> „Anders als bei Ursache-Wirkung-Beziehungen oder zeitlichen Abfolgen von Ereignissen, bei denen Sprecher zumindest den Anspruch erheben können, Realzusammenhänge zu versprachlichen, ist völlig unklar, was eine kontrastive oder konzessive Beziehung ‚in der Welt' sein soll: Sie existiert nicht außerhalb der mentalen Setzungen der Kommunikationsteilnehmer, [...]." (Breindl 2004: 215)

Die Verknüpfungsbedeutungen ergeben sich demnach erst aus dem Zusammenspiel der Konnektoren mit den Bedeutungen der einzelnen Aussagen, anders als offensichtliche Zusammenhänge, die durch kopulative Konnektoren oder auch ohne Konnektoren verbunden sind (vgl. Duden-Grammatik 2005: 1082). Zunächst soll ein Blick auf die kontextabstrahierten Beschreibungen der Konnektoren zur Explizierung der Bedeutungspotentiale auf langue-Ebene geworfen werden (vgl. Felder 2012: 154): Sowohl die konzessiven als auch die adversativen Konnektoren verdeutlichen kausal-gegenläufige Bedeutungsbeziehungen.

> „Adversative (entgegengesetzte) Kohäsion lenkt die Aufmerksamkeit des Lesers auf die Gegensätzlichkeit von Sachverhalten. Dies können enge Gegensätze sein, die im Text vollständig explizit werden [...] Auf diese Weise dient die adversative Verknüpfung oft der pointierten Anfügung weiter gehender Information." (Duden-Grammatik: 1104)

> „Auch die konzessive (einräumende) Verknüpfung korrigiert eine Erwartungshaltung, die durch ein konditionales Verhältnis vorgegeben ist. Diese Korrektur setzt jedoch am Bedingungssatz an und wird auch als ‚Verhältnis des unwirksamen Gegengrundes' bezeichnet." (Duden-Grammatik: 1106)

Di Meola (2004: 288) verdeutlicht den Unterschied zwischen der generellen Adversativrelation im Vergleich zur konzessiven Relation u. a. anhand der folgenden Beispiele. Hierbei bemerkt er auch, dass Adversativität in bestimmten Kontexten eine interpretative Bereicherung in konzessivem Sinne erfahren kann (2004: 288). Die ohne Zweifel wichtigen Abgrenzungsprobleme zwischen Adversativa und

Konzessiva können im Rahmen dieses Beitrags nicht behandelt werden, sie sind für das vorliegende Untersuchungsinteresse allerdings auch nicht entscheidend:

(1a) **Adversativ**: *Monika hat die Pilze gegessen, aber sie waren giftig.*
(1b) **Konzessiv**: *Monika hat die Pilze gegessen, obwohl sie giftig waren.*

In (1a) wird ein Kontrast zwischen zwei Tatbeständen festgestellt, während in (1b) eine unerwartete Folge (Verspeisen der Pilze) in Bezug auf die Ursache/ Prämisse (giftig) besteht, da man davon ausgeht, dass die Giftigkeit der Pilze bekannt ist: „Somit stellt die Konzessivrelation die Negierung eines Kausal- bzw. Konditionalverhältnisses dar, das auf den ersten Blick ‚normal' erscheint." (Di Meola 2004: 288) Dies liegt darin begründet, dass wir normalerweise keine Pilze essen, wenn wir wissen, dass sie giftig sind. Wir können aber eine affirmierte (wirksame) Relation, die nicht expliziert wird, hinzudenken (beispielsweise eine Selbsttötungsabsicht Monikas). Die Konzessivrelation ist somit spezifischer als eine adversative Kontrastrelation.

Die Konzessivität, aber auch die Adversativität sind deshalb für uns von großem Interesse, weil mit ihnen verdeutlicht wird, dass zwischen zwei in den Teilsätzen bezeichneten Sachverhalten ein Konflikt oder ein Gegensatz besteht (vgl. König 1991: 663). Die Hypothese besteht darin, dass Geltungsansprüche über sprachliche Formen und kommunikatives Handeln ebenso zum Ausdruck gebracht werden wie die Relativierung von Gültigkeitsbedingungen (vgl. Felder 2012: 155). Im Folgenden wird das Augenmerk auf Kookkurrenzen von konzessiven und adversativen Konnektoren gelegt, es geht also um Wörter (in der Regel Autosemantika), die überdurchschnittlich häufig in der kotextuellen Umgebung vorkommen. Mit Hilfe solcher korpuslinguistischer Verfahren können thematische Großkorpora unter diskurslinguistischen Fragestellungen wie z. B. der nach Konfliktpotentialen und umstrittenen Geltungsansprüchen ökonomisch und effizient bearbeitet werden. Dazu wurden aus der IDS-Online-Grammatik *Grammis* die konzessiven und adversativen Konnektoren zusammengestellt, um das Korpus gezielt auf die Kotexte der Konnektoren durchsuchen zu können (Verfahren und technische Durchführung zur Zusammenstellung der Konnektoren nach Vogel 2012, siehe Felder 2012: 155). Folgende Verbindungswörter werden für die Korpus-Abfragen herangezogen: *abgesehen, allerdings, dabei, dennoch, entgegen, gleichwohl, jedoch, nichtsdestominder, nichtsdestotrotz, nichtsdestoweniger, obgleich, obschon, obwohl, obzwar, sogar, sosehr, trotz, trotzdem, unbeschadet, ungeachtet, wennauch, wenngleich, wennschon, wennzwar, wider, wiewohl, wobei, zugestanden, aber, alldieweil, allein, allerdings, andernteils, andrerseits, andererseits, anstelle, bloß, dafür, dagegen, dahingegen, dementgegen, demgegenüber, derweil, derweilen, doch, einerseits, einesteils, freilich, entgegen, hingegen, hinwieder, hin-*

wiederum, indes, indessen, jedoch, schließlich, sondern, stattdessen, statt, vielmehr, während, währenddessen, wiederum, wogegen, wohingegen, zuwider, zwar.

Durch die Analyse dieser Konnektorenkotexte können handlungsleitenden Konzepte und agonale Zentren im Rechtsdiskurs ermittelt und abschließend mit denen des Mediendiskurses verglichen werden. Die Ergebnisse der Mediendiskursanalyse wurden anhand eines Pressekorpus gewonnen, das aus rund 6670 Printmedientexten (rund 3.700.000 Token) besteht.[6] Folgende Publikationsorgane sind darin erfasst: *Focus, Frankfurter Rundschau, Der Spiegel, Spiegel online, taz, Die Welt, Die Welt am Sonntag, Die Welt kompakt, Die Zeit* (inkl. *Zeit-Magazin), Die Zeit online, Die Zeit Geschichte* [alle Publikationsorgane wurden über LexisNexis ermittelt], *FAZ* und *Süddeutsche Zeitung.*[7] Kernzeitraum der analysierten Texte sind die Jahre 2000 bis 2009.

3 Die Debatte um ‚Sterbehilfe' in Rechtsetzung und Rechtsprechung

Die juristischen Perspektiven auf das Thema Sterbehilfe lassen sich zunächst in einen zivilrechtlichen (BGB, „Patientenverfügung") und einen strafrechtlichen (StGB, „Tötungsparagraphen") Entscheidungsbereich aufteilen. Beide Perspekti-

---

6 Es handelt sich dabei um einen Auszug aus dem Heidelberger Korpus (HeideKo), das in Kooperation mit der Gruner+Jahr AG & Co KG sowie mit freundlicher Unterstützung der FAZIT-Stiftung (Gemeinnützige Stiftung der Frankfurter Allgemeinen Zeitung) und dem Marsilius-Kolleg der Ruprecht-Karls-Universität Heidelberg am Lehrstuhl für Germanistische Linguistik der Ruprecht-Karls-Universität Heidelberg erstellt wird. Es ist speziell für die interdisziplinäre Untersuchung gesellschaftlicher Diskurse angelegt. Den Schwerpunkt des Heidelberger Korpus bilden bisher geschriebene und gesprochene Texte unterschiedlicher Fachlichkeitsgrade, Bilder sowie Video- bzw. Audio-Daten und deren Transkription zu drei gesellschaftlich brisanten Diskursen: Aktuelle Debatten der Bioethik, Bau und Fall der Mauer / die Deutsche Einheit sowie Rechtsnormierungskonflikte im laufenden Gesetzgebungsverfahren der Online-Durchsuchung (vgl. Felder, Müller und Vogel 2010).

7 Der Verfügungszeitraum der Zeitungen und Zeitschriften in LexisNexis variiert. Für die verwendeten Publikationen macht LexisNexis folgende Angaben. Focus: von Januar 1993 bis heute. Frankfurter Rundschau: von Januar 2003 bis heute. Spiegel: von Januar 1999 bis heute. Spiegel online: von März 2001 bis heute. taz: von Januar 1994 bis heute. Die Welt: März 1999 bis heute. Die Welt am Sonntag: Januar 1997 bis heute. Die Welt kompakt: Juni 2009 bis heute. Die Zeit: November 2008 bis heute. Die Zeit online: Januar 2009 bis heute. Die Zeit Geschichte: Dezember 2008 bis heute. Der verfügbare Zeitraum wurde pro Publikation vom jeweiligen Beginn bis Ende 2010 abgerufen, wobei die Suchausdrücke „Sterbehilfe", „Sterbebegleitung" und „Palliativ" (Letzteres als Wortbestandteil) benutzt wurden. Diese Angaben gehen zurück auf die Aufsätze von Felder und Stegmeier 2012/ 2012a.

ven widersprechen sich zuweilen: Unter Umständen können durch die Einrichtung einer Patientenverfügung Handlungen rechtlich möglich und sogar notwendig werden, die strafrechtlich verfolgt werden müssten. Aus verfassungsrechtlicher Sicht tritt das Selbstbestimmungsrecht eines Patienten hinzu, denn gegen seinen Willen muss sich niemand einer ärztlichen Maßnahme unterziehen, auch wenn die Verweigerung einer Behandlung aus objektiver Sicht nachteilige Konsequenzen hätte. Fragen nach der Legalität von Handlungen, die über Leben und Tod eines nicht mehr äußerungsfähigen Patienten entscheiden, sind besonders brisant. Ärzte und Angehörige bewegen sich hierbei häufig in einem rechtsunsicheren Bereich. Ihr Handeln kann zu Präzedenzfällen führen, die teilweise sogar erwünscht sind, um kritische Fragen im Bereich der Sterbehilfe per Gerichtsentscheid klären zu lassen. Vielfach wissen die Betroffenen aber schlichtweg nicht, wann sie sich außerhalb rechtskonformen Handelns befinden, oder sie nehmen sogar bewusst eine Strafe in Kauf, um einen geliebten Menschen von seinem Leid zu erlösen.

Die Verarbeitung der menschlich ohnehin schon tragischen Schicksale und der vielfältigen rechtlichen Diskussionen werden in der öffentlichen, aber auch in der fachinternen Diskussion durch eine komplexe, nicht immer scharf trennende Terminologie erschwert. Auch unter Rechtsexperten ist diese keineswegs unumstritten, für Laien jedoch ohne rechtlichen Beistand meist nicht zu entschlüsseln. Einflussreich sind aber auch die rechtliche Normgenese im Kontext der Gesetzgebung sowie die mediale Berichterstattung zu aktuellen Fällen, denn gerade Verschiebungen innerhalb des Rechts nehmen relative Laien über die mediale Berichterstattung wahr, wohl seltener aus erster Hand und auch nur in geringem Maße über Fachaufsätze. Mediendarstellungen sind damit häufig unser primärer Zugang zur Rechtswelt.

Sehr verkürzt lässt sich der derzeitige Stand wie folgt zusammenfassen: *Aktive Sterbehilfe* (*gezielte Einflussnahme auf einen Krankheits- und Sterbeprozess*) ist in Deutschland verboten (vgl. Ulsenheimer 2010: § 132, Rn. 5), darunter fällt auch die *direkte aktive Euthanasie* (*bewusste oder gewollte Tötung auf Verlangen, auch bei Erlösen von einem Leiden*). Hierzu sind Ausnahmen bekannt. Die *indirekte aktive Sterbehilfe* wird dagegen als eine Form der *gezielten Schmerzlinderung mit nicht beabsichtigter, aber möglicher, in Kauf genommener lebensverkürzender Wirkung* (vgl. § 34 StGB) paraphrasiert. Sie ist im Einzelfall gerechtfertigt und kann aus dem Tatbestand der Tötungsdelikte herausfallen. Doch auch *passives Sterbenlassen* ist nicht in jedem Fall straflos: Ein Behandlungsabbruch ist ohne Einverständnis des Patienten als Tötung durch Unterlassen strafbar. Straffrei ist weitestgehend die *Beihilfe zur Selbsttötung* (Ulsenheimer 2010: § 132, Rn. 7). Sterbehilfe ist in dem Straftatbestand des § 216 StGB (Tötung auf Verlangen) gesetzlich geregelt. Hinzu treten die allgemeinen Tötungsvorschriften der §§ 211, 212, 213 StGB (Ulsenheimer 2010: § 132, Rn. 8).

Die Möglichkeiten, den mutmaßlichen Willen eines Kranken zu berücksichtigen, wurden sukzessive durch einschneidende Gerichtsentscheidungen erweitert. Als Vergleichspunkt wird in der Literatur die sog. *Kemptener Entscheidung* vielfach zitiert. In dieser Entscheidung wurde ein Behandlungsabbruch bei einem nicht mehr entscheidungsfähigen Patienten als ausnahmsweise zulässig erklärt, auch wenn der Sterbevorgang noch nicht eingesetzt hatte. Es sei dann der *mutmaßliche Wille des Kranken entscheidungserheblich* (aus dem Leitsatz, BGH vom 13.09.1994). Das jedoch sind zunächst *Ausnahmefälle*, eine generelle Anerkennung des mutmaßlichen Willens lässt sich nicht feststellen. In jüngster Zeit machte die Entscheidung des BGH vom 25.06.2010 deutlich, dass eine gerechtfertigte Sterbehilfe innerhalb einer medizinischen Behandlung (Behandlungsabbruch) nicht nur durch Unterlassen, sondern auch durch aktives Tun vorgenommen werden kann (vgl. die Leitsätze des BGH, NStZ 2010, 630). Einflussreich ist schließlich auch die BGH-Entscheidung zur Patientenverfügung vom 17.03.2003 (NStZ 2003, 477), weil sie vor allem das Selbstbestimmungsrecht des Patienten stärken soll. Im Anschluss an diese BGH-Entscheidung wurde vom Bundesministerium der Justiz (BMJ) die Arbeitsgruppe „Patientenautonomie am Lebensende" initiiert.

Eine neue Dimension erreicht die Debatte über das Selbstbestimmungsrecht eines Patienten mit dem Versuch, die *Patientenverfügung* als Regelung über die eigene aktive Äußerungsfähigkeit hinaus zu operationalisieren. Die Patientenverfügung bzw. „das dritte Gesetz zur Änderung des Betreuungsrechts" ist seit 2009 eine gesetzlich geregelte Form zur juristisch bindenden Dokumentation der Betroffenen-Intention, die zuvor rein richterrechtlich ausgestaltet war. So zumindest die Theorie. In der *Praxis*[8] ist dieses Dokument jedoch nach wie vor umstritten und unterschiedlichen Deutungsspielen unterworfen, denn die Abfassung einer Patientenverfügung birgt Tücken. Zwar legt der § 1901a fest, dass der schriftlichen Festlegung auf Heilbehandlungen oder ärztliche Eingriffe eines einwilligungsfähigen Volljährigen Ausdruck und Geltung verschafft werden muss, sofern diese mit der aktuellen Lebens- und Behandlungssituation übereinstimmt. Offen jedoch ist, wann eine Patientenverfügung als *eindeutig* gilt und das ärztliche Handeln bindet, wie also beispielsweise ermittelt werden kann, ob eine akute Krankheitssituation in der Patientenverfügung eingeschlossen und bedacht wurde. Wenn die Festlegungen einer Patientenverfügung nicht auf die aktuelle Lebens- und Behandlungssituation zutreffen, wird der Betreuer versuchen, die Behandlungswünsche oder den mutmaßlichen Willen des Betreuten zu ermitteln, was in Absatz 2 § 1901 BGB geregelt ist.

8 Fahnenwort v. a. von Ärzten gegenüber ‚juristischen Theoretikern'.

4 Exemplarische Diskurskonflikte im rechtlichen Sterbehilfediskurs

4.1 Das Beispiel: Patientenwille[9]

Als Beispiel für einen Diskurskonflikt im rechtlichen Sterbehilfediskurs wurde vom Suchausdruck „Patientenwille" ausgegangen und eine Kotextanalyse vorgenommen. Die Formulierung von Subthemen und das qualitative Eintauchen in den Sterbehilfediskurs zeigen, dass die Intention des Betroffenen eine große Rolle spielt für die Frage, ‚ob der BETROFFENE in einer Situation X tatsächlich sterben' will:

- INTENTION allgemein: *Wille, Einwilligung, Patientenwille, Wunsch, Verlangen, Einstellung*;
- PERSONALITÄT: *ich* (Ausdruck individueller Willensbekundung);
- Rolle von DRITTEN: *mutmaßlicher / erklärter / geäußerter Wille*;
- Form der INTENTION: *Patientenverfügung, Vorsorgevollmacht, Vollmacht, Erklärung, Beurkundung, frühere Äußerung*;
- Rolle des Vormundschaftsgericht: *Genehmigung*
- Ändernde INTENTION: *Widerruf*
- Verfassungsrechtliche Grundkategorien im Kontext der INTENTION: *Selbstbestimmungsrecht / Patientenautonomie* versus *Lebensschutz.*

Wille war aber auch eines der Lexeme, die überzufällig häufig in der kotextuellen Umgebung der unter 4.3 genannten Konnektoren aufgetreten sind, weshalb sich die Einzelstudie als Demonstration des Zugangs über die Konnektoren anbietet. Hintergrund ist die Überlegung, dass gerade diese Konnektoren Indikatoren für im Sterbehilfe-Diskurs relevante Streitpunkte sind. Die Ergebnisse zeigen unterschiedliche sprachliche Varianten und damit verbundene Zubereitungen der Betroffenenintention.

In der Auswertung der Belege wird deutlich, dass der Ausdruck *(Patienten-) Wille* als ein über die Normtexte positionierter Fachterminus betrachtet werden kann, der enger oder weiter mit den gebrauchsähnlichen Lexemen *Wunsch, Meinung* und *Interesse* verbunden ist. So wird der Ausdruck *Wunsch* quasi-synonym zum *Patientenwillen* verwendet, wenn der Patient in der Lage ist, sich selbst-

9 Diese exemplarische Studie wurde im Rahmen des Aufsatzes „‚Patientenautonomie' und ‚Lebensschutz'. Eine empirische Studie zu agonalen Zentren im Rechtsdiskurs über Sterbehilfe" (verfasst von E. Felder, J. Luth und F. Vogel) durchgeführt. Der Aufsatz liegt derzeit zur Begutachtung bei einer Fachzeitschrift vor.

ständig zu äußern (vgl. hierzu §§ 1901 und 1901a BGB). Auch in § 1901a BGB, in dem die Möglichkeit und Reichweite der Patientenverfügung rechtlich geregelt wird, findet sich der Ausdruck *Behandlungswunsch* neben dem *mutmaßlichen Willen*. Diese Lexeme scheinen also eher zu koexistieren; ein semantischer Kampf lässt sich in diesem Sinne auch in der juristischen Binnenkommunikation nicht aufspüren. In den Fachaufsätzen und Entscheidungen tritt das Lexem *Wille* jedoch als eine Art Leitvokabel hervor, sowohl in der Häufigkeit als auch in der inhaltlichen Ausdifferenzierung.

Der Ausdruck *Wille* wird mittels weiterer Zeichen wie *tatsächlich, mutmaßlich* oder *früher erklärt / früher geäußert* graduell abgestuft. Damit kommt die relevante Frage nach der Wirksamkeit der ‚Patientenautonomie' ins Spiel: Denn während ein *tatsächlicher Patientenwille* eine unbedingte Berücksichtigung erfahren muss, ist der Status eines *mutmaßlichen Willen* bzw. *eines früher erklärten / geäußerten Willens* nicht gänzlich geklärt. Die Attribuierungen verweisen auf die im Raum stehende Frage, was für einen Einfluss der äußerungsunfähige Patient auf seine Weiterbehandlung durch zuvor (schriftlich oder mündlich) geäußerte Wertvorstellungen noch nehmen kann. Dieses Streitpotenzial lässt sich im agonalen Zentrum ‚Recht auf eigenen Tod (*Patientenautonomie*)' versus ‚staatlich zu gewährleistender *Lebensschutz*' verdichten, welches sich über die Konnektorenanalyse ermitteln bzw. absichern lässt. Der inhaltliche Streit darüber zeigt sich in der Untersuchung ganz konkret daran, dass das Syntagma *mutmaßlicher Wille* gehäuft im Kotext der adversativen und konzessiven Konnektoren auftritt. Die hier gezeigten Beispiele sollen dies verdeutlichen. Sie untermauern gleichzeitig die Plausibilität der beiden handlungsleitenden Konzepte ‚Recht auf eigenen Tod' und ‚staatlich zu gewährleistender Lebensschutz', die für den Sterbehilfediskurs eine ganz wesentliche Rolle spielen:

> *Es erscheint geboten, dies ausdrücklich gesetzlich klarzustellen, weil Rechtslehre und Rechtsprechung auch Patientenverfügungen, welche die konkrete Behandlungssituation betreffen, oft nur als Indiz bei der Ermittlung des im Zeitpunkt der Behandlung anzunehmenden mutmaßlichen Patientenwillens werten und eine Einwilligung des Betreuers in die ärztliche Behandlung fordern,* ***obwohl*** *der (betreute) Patient diese Entscheidung bereits selbst getroffen hat.* (Belegstelle Becker-Schwarze 2007: 55, FPR)

> *Wenn schon, dann gilt der Grundsatz „in dubio pro dignitate", und es ist davon auszugehen, dass kein Mensch freiwillig leiden möchte. So gesehen stellt es auch einen Eingriff in die Selbstbestimmung des Patienten dar, wenn der Betreuer, der Arzt oder auch das Gericht aus eigenem Recht und nach seinen eigenen Wertvorstellungen handelt,* ***statt*** *den mutmaßlichen Willen des Patienten zu beachten.* (Belegstelle Hufen 2001: 856, NJW)

> *Aber auch inhaltlich wird die Entscheidung nicht allein vom subjektiven Willen des Betreuten getragen. Ausgangspunkt einer vormundschaftsgerichtlichen Entscheidung analog § 1904 BGB*

> *soll **zwar** der mutmaßliche Wille des Betroffenen sein. Im Falle der Nichterweislichkeit des individuellen Willens könne und müsse jedoch auf allgemeine Wertvorstellungen, also objektive Kriterien, zurückgegriffen werden. Dadurch wird der Fremdbestimmung das Tor geöffnet. So empfiehlt Coeppicus, bereits bei fehlenden Anhaltspunkten für eine andere Entscheidung des Patienten davon auszugehen, daß dessen (hypothetischer) Wille mit dem übereinstimme, was gemeinhin als vernünftig und normal angesehen werde.* (Belegstelle Alberts 1999: 836, NJW)

> *Das Risiko, mit einem Strafverfahren überzogen zu werden, kann auch dazu führen, dass in Fällen, in denen der mutmaßliche Wille des Patienten nicht auf der Hand liegt, der Betreuer die Einwilligung in den Behandlungsabbruch oder der Arzt trotz Erteilung der Einwilligung den Behandlungsabbruch aus Angst vor strafrechtlichen Konsequenzen verweigert. Dies hätte die Konsequenz, dass ein Wachkomapatient wie der Betroffene **trotz** seines entgegenstehenden mutmaßlichen Willens jahrelang zwangsweise weiterbehandelt würde, was seinem Selbstbestimmungsrecht in eklatanter Weise zuwiderliefe. Hätte dagegen ein Vormundschaftsrichter die Genehmigung nach Ermittlung des mutmaßlichen Willens des Betroffenen erteilt, würde seinem Selbstbestimmungsrecht entsprochen werden.* (Belegstelle OLG Karlsruhe vom 29.10.2001, 19 Wx 21/01)

> *Der Vorschlag verwirft die aktive Sterbehilfe zu Recht. Er betont das Patientenrecht auf Selbstbestimmung, womit er der gewachsenen Bereitschaft des modernen Menschen zur Selbstverwirklichung entgegenkommt. Der mutmaßliche Wille des Patienten **indessen** bleibt ein hypothetisches Konstrukt, das den Grundauftrag des Arztes, Leben zu erhalten, jedenfalls nicht abschwächen darf. Der Arzt hat den mutmaßlichen Willen, so der Entwurf zutreffend, aus den Gesamtumständen zu ermitteln.* (Belegstelle Laufs 1998: 1753, NJW)

> *Gerade in einer nach der bisherigen Rechtsprechung nicht von der Verfügung erreichbaren Situation wie der Demenz wird man bei der Frage nach ihrer Bestimmtheit einen strengen Maßstab anwenden müssen, weil der darin verkörperten antizipierten Selbstbestimmung des Patienten der Vorrang vor dem Lebensschutz gelassen wird, **obwohl** keine unausweichliche Todesnähe erkennbar ist.* (Belegstelle Albrecht/ Albrecht 2009: 428, MittBayNot)

Durch die Konnektoren-Abfrage ließen sich so Beispiele ermitteln, die deutlich aufzeigen, dass sich um den mutmaßlichen Willen der Patienten eine konflikthafte Diskussion entsponnen hat. Ein nächster Schritt wäre nun eine qualitative Auswertung dieser Textstellen, beispielsweise auch im Hinblick auf den diachronen Verlauf, was im Folgenden nur angedeutet wird. Eine erste Durchbrechung des grundsätzlichen Konflikts scheint sich 2003 in der Entscheidung des BGH abzuzeichnen:

> *Das Gericht bezeichnet dabei ausdrücklich den in der Patientenverfügung niedergelegten Willen als den „wirklichen Willen" des Betroffenen, **wohingegen** in der Literatur insoweit oft nur vom „mutmaßlichen Willen" die Rede ist. Die Patientenverfügung ist somit nicht mehr als ein Indiz zu betrachten, welches neben anderen zur Ermittlung des wirklichen Willens dienen kann; sie definiert diesen vielmehr selbst.*

In dieser Deutung des BGH-Beschlusses wäre ein in der Patientenverfügung niedergelegter Wille mit dem tatsächlichen Willen des äußerungsfähigen Patienten gleichzusetzen. 2009 traten weitere Regelungen zur Bindung der Patientenverfügung hinzu, so dass der schriftlich fixierte Wille des Patienten als maßgeblich für den handelnden Arzt angesehen wird (Unwägbarkeiten dieser Regelungen bzw. einer zweifelsfreien Ermittlung der Betroffenenintention bestehen natürlich weiterhin). Der *mutmaßliche Wille* bezieht sich somit nunmehr auf die Behandlungssituation, in der keine Patientenverfügung vorliegt und die Intention des Patienten durch Dritte ermittelt werden muss.

Der Ausdruck *Meinung* hingegen erscheint sehr viel seltener im Zusammenhang mit der Betroffenenintention. Verbreitet ist die Verwendung von *Meinung ändern*: Es bestehe keine Sicherheit darüber, ob der äußerungsunfähige Patient seine *Meinung* in Bezug auf einen früher geäußerten Behandlungswunsch nicht nochmals geändert habe. *Meinung* ist jedoch wie das Substantiv *Interesse* im geringeren Maße fachspezifisch konkretisiert. Vor allem der Ausdruck *Interesse* deckt ein sehr breites Spektrum an Gebrauchskontexten ab, wohingegen *Wille* nach Datenlage so gut wie nie fach*un*spezifisch auftritt (abzugrenzen wäre das ebenfalls regelmäßig auftretende Syntagma *Wille des Gesetzgebers*). Teilweise wird mit der Verwendung von *Interesse* aber eine inhaltliche Abgrenzung zu *Wille* und *Wunsch* vorgenommen, nämlich dann, wenn der Betreuende oder ein ‚fremd zugeschriebener Wille' in den Vordergrund gerückt werden sollen, zum Beispiel in der Wendung *eine allein den Interessen des Betroffenen verpflichtete Person.*

Zu ergänzen ist außerdem der Ausdruck sowie das Konzept des *Wohls eines Patienten.* Die Ausrichtung am ‚Wohl' oder ‚Heil' wurde über Jahrhunderte hinweg als alleinige „Richtschnur" für das ärztliche Handeln betrachtet (vgl. Holzhauer 2004: 42, der hierzu auf den Grundsatz *salus aegroti suprema lex/ Das Heil des Kranken sei höchstes Gesetz* verweist). Der Ausdruck bezeichnet also die ‚in der Entscheidungskompetenz des Arztes liegenden gesundheitlichen Belange eines Patienten'. Im Gesundheitswesen wird hier üblicherweise vom *Wohl eines Patienten,* nicht von den *Interessen eines Patienten* gesprochen (vgl. Holzhauer 2004: 42 sowie auch § BGB 677). Die Frage, ob das *Wohl* und der *mutmaßliche Wille eines Patienten* als inhaltlich konvergent, als Gegensatz-Paar oder als unterschiedliche Orientierungspunkte für Ärzte und Juristen angesehen werden, betrifft das agonale Zentrum um das ‚Recht auf eigenen Tod (*Patientenautonomie*)' versus ‚staatlich zu gewährleistender *Lebensschutz*', aber auch die Kollision ‚unterschiedlicher Rollenverständnisse' (Arzt versus Jurist versus Betroffene versus Dritte) (siehe 4.2). Rein quantitativ zeigt sich in unserem Korpus, dass der Terminus *Wille* mit über 1500 Treffern im Gegensatz zu *Wohl* mit unter 100 Treffern (*Patientenwohl* ist sogar nur mit zwei Treffern belegt, *Patientenwille* immerhin 36 mal) den Rechtsdiskurs eindeutig beherrscht. Dies ließe sich an einem medizinischen Fachkorpus spiegeln, eventuell auch mit einer diachronen Ausrichtung dahingehend, ob die Termini *Wille des Patienten* bzw. *Wille des Betroffenen* zunehmend in der medizinischen Binnenkommunikation auftreten, was auf eine stärkere Berücksichtigung des Selbstbestimmungsrechts von medizinischer Seite hindeuten würde.

Es lässt sich also festhalten, dass vor allem *Wille* und *Wunsch* eng miteinander verknüpft sind, der *(Patienten-)Wille* dabei als Fachterminus anzusehen ist, *Interesse* und *Meinung* aber keine derartige fachliche Akzentuierung erhalten haben. Zweifelsfrei sind die Lexeme nicht ohne weiteres gegeneinander austauschbar, da sie spezifische Teilbedeutungen im Sterbehilfediskurs verkörpern.

4.2 Gewinnung von agonalen Zentren im Fachkontext

Aus der Generierung von Subthemen und den Textanalysen anhand von Einzelstudien (siehe beispielhaft *Patientenwille*) lassen sich zentrale agonale Zentren im juristischen Binnendiskurs zur „Sterbehilfe" zusammenfassen. Das heißt, die Debatte lässt sich durch die folgenden handlungsleitenden Konzepte verdeutlichen:

1. Von zentraler Bedeutung ist die Divergenz verfassungsrechtlicher Grundsätze in ihrer Konkretisierung auf die Lebenswelt (Fälle) der Sterbehilfe, allen voran: ‚Recht auf eigenen Tod (*Patientenautonomie*)' versus ‚staatlich zu gewährleistender *Lebensschutz*';
2. Des Weiteren ist das „(Rechts-)Verhältnis von ‚Betroffenem(-Willen)' und ‚Betreuer/Vormundschaftsgericht als Dritte' im Falle einer Sterbehilfe" zu unterscheiden;
3. Grundlegend ist der Rechtsdiskurs durch die Kollision ‚unterschiedlicher Wertmaßstäbe' (insbesondere Kirche versus (Verfassungs-)Recht versus individuelle Ethik von Betroffenen versus allgemeine Ethik einer Kultur) charakterisiert;
4. Hinzu kommt die Kollision ‚unterschiedlicher Rollenverständnisse' (Arzt versus Jurist versus Betroffene versus Dritte). So wird in einem der rechtswissenschaftlichen Texte, der sich mit der Bindung an die Patientenverfügung im Sinne einer rechtsgeschäftlichen Willenserklärung auseinandersetzt, konstatiert, dass dieses Rechtsgeschäft teilweise *in dem blinden Bestreben* bejaht wird, *die Verbindlichkeit der Patientenverfügung gegen den ärztlichen Paternalismus* [...] [zu] *befestigen*, obwohl die Patientenverfügung diesen Status nicht inne hätte (Holzhauer 2004: 42);
5. Von fundamentaler Bedeutung sind die divergierenden Beurteilungsmaßstäbe zur (medizinischen) Bewertung eines Sterbehilfe (nicht) legitimierenden

Gesundheits- bzw. Krankheits- bzw. ‚Sterbe'-Zustands (Kontextvariable); insbesondere die Unterscheidung von „‚biologischem' versus ‚kognitivem' Leben";
6. Ein Gegensatz zwischen ‚(Juristischer) Theorie' einerseits und ‚(Medizinische/Alltags-)Praxis' andererseits wird aus argumentationsstrategischen Gründen häufig modelliert;
7. Ein weiterer Gesichtspunkt, der als Hintergrundsfolie im Rechtsdiskurs problematisiert wird, ist das Verhältnis gegenwärtiger und vergangener Sichtweisen auf die ‚*Sterbehilfe*' (heutiges Konzept) und ‚*Euthanasie*' (Konzept zurückliegender Unrechtsstaaten).

Diese agonalen Zentren im juristischen Binnendiskurs zur Sterbehilfe werden begleitet von interpretativer Rechtstext-Arbeit in Bezug auf Geltungsanspruch und Geltungsbereich bestimmter juristischer Textsorten: Hierzu zählt zunächst die Kontextualisierung des Grundgesetzes (bzw. deren Rechtssätze) sowie der Menschenrechtscharta mit einer ‚veränderten' (technisierten) Lebenswelt, die in der Rechtspraxis auf Phänomene und Auseinandersetzungen der Sterbehilfe reagieren müssen. Ähnliches trifft auf das Strafrecht zu, insofern neue strafrechtliche Kriterien zur Bewertung von ‚strafbarer Tötung' versus ‚straffreier Beihilfe zum Suizid' entwickelt und bisherige Grundsätze – insbesondere zu Mord, Totschlag und unterlassener Hilfeleistung – dogmatisch konkretisiert werden müssen. Dass der juristische Vertextungsprozess bzw. Diskurs zu einer Norm (wie hier zur Regelung von Sterbehilfe) mit der Gesetzgebung nicht abgeschlossen ist, sondern die dogmatischen Debatten erst eröffnen, zeigt schließlich der Fall der Patientenverfügung. Während der dazugehörige Rechtssatz (§ 1901a BGB) nur wenige Zeilen umfasst, entspannt sich im juristischen Binnendiskurs – vor allem getragen durch höchstinstanzliche Gerichtsentscheidungen sowie von rechtswissenschaftlicher Kommentarliteratur – ein kaum mehr überblickbares Textnetz zur Entwicklung von Kriterien für die Geltung(sgrenze) von Patientenverfügungen, nämlich im Hinblick auf das zeitliche Moment der Dokumentation, die kognitiven Fähigkeiten des Betroffenen, die Dokumentationsform, den Inhalt und seine Formulierung, die Rolle von Dritten bei der (nachträglichen) Bedeutungszuschreibung sowie die Geltungsdauer.

5 Resümee der Ergebnisse und methodologische Schlussfolgerungen

Die vorliegende rechtslinguistische Studie beschreibt beispielhaft, wie sich mit diskurslinguistischen Methoden juristische Fachkommunikation analysieren lässt, unter der besonderen Berücksichtigung von konzessiven und adversativen Konnektoren als Indikatoren für divergierende Konzeptualisierungen. Die wichtigsten Ergebnisse lassen sich wie folgt resümieren: Das Thema ‚Sterbehilfe' hat innerhalb der Jurisprudenz eine besondere Brisanz. Es kollidieren dabei staatliche Fürsorgepflichten (*Recht auf Leben*) mit den individuellen Persönlichkeitsrechten (*Selbstbestimmungsrecht*). Deutlich und folgenreich tritt dabei auch die Relevanz der sprachlichen Sachverhaltszubereitung ans Licht, wenn wir über die Fragen „an" (oder „vor" oder „nach") der Schwelle von Leben und Tod kommunizieren müssen. Die beteiligten Akteure verlangen nach Rechtssicherheit, nach „klarer" Antwort, die es generell an dieser Stelle nie geben kann. Laien mögen diese Situation als unbefriedigend und willkürlich wahrnehmen; es bleibt allein beim konkreten Einzelfall und seiner Orientierung in der Fallkette. Wie Kette und Fall jedoch „gemacht werden", lässt sich rechtslinguistisch effektiv beschreiben. Die relevanten Akteure im Rechtsdiskurs sind – so nach unserer Wahrnehmung – neben den Betroffenen selbst, vor allem auch Dritte, die eine Fürsorgepflicht übertragen bekommen (qua Amt oder als bevollmächtigter Stellvertreter). Die Debatte um den in Grenzfällen nicht mehr selbst artikulierbaren *Willen* des Patienten verlagert sich alsbald auf die Frage über den *mutmaßlichen Willen*. Rechtsakteure bemühen sich dann um die Entwicklung eines regelhaften Zuschreibungsverfahrens. Hierzu zählt auch die Patientenverfügung, die die Probleme aber nicht gänzlich beseitigen kann (z.B. Frage der Geltungsdauer, Rücknahme usw.). Im Rechtsdiskurs über die Sterbehilfe kulminiert darum die Auseinandersetzung über die Deutungshoheit von Leben und Tod zwischen rechtlichen (*Richter über Leben und Tod*), theologischen, ethischen, medizinischen, ökonomischen und technologischen Denkwelten.

Vergleicht man die im nichtjuristischen Diskurs herausgearbeiteten agonalen Zentren (Felder 2012a) mit den hier vorgestellten, so fallen folgende Unterschiede auf: (1) Im Mediendiskurs entfaltet sich ein agonales Zentrum um einerseits das handlungsleitende Konzept der ‚Selbstbestimmung des Patienten, die grundsätzlich nicht bezweifelt wird', und andererseits um das diametral entgegengesetzte handlungsleitende Konzept, das davon ausgeht, dass in diesen schwierigen Lebenssituationen ‚Fremdbestimmung die vorherrschende Realität darstelle'. (2) Dem entsprechend ist im Mediendiskurs ein agonales Zentrum um das handlungsleitende Konzept virulent, das thematisiert, ob der ‚freie Wille des Patienten überhaupt ermittelbar ist'. Die Selbstbestimmung selbst wird im Rechtsdiskurs nicht in Frage gestellt, es wird stattdessen nur von konfligierenden Interessen oder Wünschen oder einem *mutmaßlichen, erklärten* oder *geäußerten Willen* gesprochen. Das bedeutet: Der Berücksichtigung des gegebenenfalls schon vor langer Zeit verschriftlichten Willen des Betroffenen gibt der Rechtsdiskurs im Unterschied zum Mediendiskurs einen hohen Stellenwert (Felder 2012a: 159), man sichert sich nur durch die erwähnten Attribute ab. Es werden aber durch Attribuierungen wie *früher geäußert* oder *mutmaßlich* dennoch Unsicherheitspotenziale aufseiten der Betroffenen, aber auch der rechtlichen Entscheider sichtbar, was in einer konkreten Krankheitssituation eines nicht mehr äußerungsfähigen Patienten „richtigerweise" zu tun wäre. Diese Unsicherheit ist nach unseren Ergebnissen auch nach den jüngeren Grundsatzentscheidungen weiterhin vorhanden.

(3) Im außerfachlichen Mediendiskurs wird grundlegend darum gestritten, ob in solchen Lebenssituationen rechtliche Regelungen überhaupt weiterhelfen. Diese Frage wird im Rechtsdiskurs selbstredend nicht gestellt. (4) Im Mediendiskurs wurde das agonale Zentrum herausgearbeitet mit den beiden konfligierenden handlungsleitenden Konzepten, die entweder ‚die Akzeptanz des eigenen Schicksals als *die* angemessene Haltung' modellieren oder andererseits ‚alles, was an menschlicher Einflussnahme möglich ist, als legitimerweise zu nutzende Maßnahmen' darstellen. (5) Ein weiteres agonales Zentrum, das im Mediendiskurs von zentraler Bedeutung ist, wird durch die beiden handlungsleitenden Konzepte verdeutlicht, die entweder von der ‚Antizipierbarkeit' oder von der ‚Nicht-Antizipierbarkeit der entsprechenden Lebensphasen ausgehen'.

Mit der Analyse agonaler Zentren im Rechtsdiskurs einerseits und im Mediendiskurs andererseits kann mentalitätsgeschichtlich die gegenseitige Wahrnehmung zweier Diskurse und ihrer Modi der Konzeptualisierung verdeutlicht werden. Recht ist einerseits mit Sicherheit ein besonders relevanter Faktor im öffentlichen Mediendiskurs, andererseits ist das Recht auf die (mitunter zeitversetzte) Berücksichtigung handlungsleitender Konzepte, die verkürzt als „öffentliche Meinung" bzw. „veröffentlichte Meinung" gefasst werden, angewiesen, um ihre gesellschaftliche Akzeptanz dauerhaft sichern zu können.

Literatur

Anthony, Laurence 2005: *AntConc: design and development of a freeware corpus analysis toolkit for the technical writing classroom Professional Communication Conference.* In: IPCC, S. 729–737.

Anthony, Laurence 2012: *AntConc (3.2.4w)* [Computer Software]. Waseda University. Tokyo. Online verfügbar unter http://www.antlab.sci.waseda.ac.jp/, zuletzt geprüft am 23.12.2013.

Assmann, Jan 1999: *Das kulturelle Gedächtnis*. München: C.H. Beck.
Breindl, Eva 2004: Kontrastkonnektoren. In: Hardarik Blühdorn, Eva Breindl und Ulrich Hermann Waßner (Hg): *Brücken schlagen: Grundlagen der Konnektorensemantik*, S. 216–224. Berlin [u. a.]: De Gruyter.
Bubenhofer, Noah 2008: Diskurse berechnen? Wege zu einer korpuslinguistischen Diskursanalyse. In: Ingo Warnke und Jürgen Spitzmüller (Hg.): *Methoden der Diskurslinguistik. Sprachwissenschaftliche Zugänge zur transtextuellen Ebene*, S. 407–434. Berlin, New York: De Gruyter.
Bubenhofer, Noah 2009: *Sprachgebrauchsmuster. Korpuslinguistik als Methode der Diskurs- und Kulturanalyse*. Berlin, New York: De Gruyter. (= Sprache und Wissen, 4).
Busse, Dietrich 1992: *Recht als Text. Linguistische Untersuchungen zur Arbeit mit Sprache in einer gesellschaftlichen Institution*. Tübingen: Niemeyer. (Reihe Germanistische Linguistik Band, 131).
Busse, Dietrich 1993/^{2}2010: *Juristische Semantik. Grundfragen der juristischen Interpretationstheorie in sprachwissenschaftlicher Sicht*. Berlin: Duncker & Humblot.
Christensen, Ralph und Michael Sokolowski 2006: Recht als Einsatz im semantischen Kampf. In: Ekkehard Felder (Hg.): *Semantische Kämpfe. Macht und Sprache in den Wissenschaften*. Berlin, New York: De Gruyter, S. 353–371.
Di Meola, Claudio 2004: Ikonische Beziehungen zwischen Konzessivrelation und Konzessivkonnektor. In: Hardarik Blühdorn, Eva Breindl und Ulrich Hermann Waßner (Hg): *Brücken schlagen: Grundlagen der Konnektorensemantik*. Berlin [u. a.]: De Gruyter, S. 287–308.
Eisenberg, Peter und Kathrin Kunkel-Razum 2005: *Duden – Die Grammatik*. Unentbehrlich für richtiges Deutsch. 7. Aufl. Mannheim [u. a.]: Dudenverlag (Der Duden in zwölf Bänden).
Felder, Ekkehard 2003: *Juristische Textarbeit im Spiegel der Öffentlichkeit*. Berlin, New York: De Gruyter. (Studia Linguistica Germanica, 70).
Felder, Ekkehard 2006: Semantische Kämpfe in Wissensdomänen. Eine Einführung in Benennungs-, Bedeutungs- und Sachverhaltsfixierungs-Konkurrenzen. In: Ekkehard Felder (Hg.): *Semantische Kämpfe. Macht und Sprache in den Wissenschaften*. Berlin, New York: De Gruyter, S. 13–46.
Felder, Ekkehard 2010: Semantische Kämpfe außerhalb und innerhalb des Rechts. In: *Der Staat. Zeitschrift für Staatslehre und Verfassungsgeschichte, deutsches und europäisches öffentliches Recht* 2010 (4), S. 543–572.
Felder, Ekkehard 2012: Pragma-semiotische Textarbeit und der hermeneutische Nutzen von Korpusanalysen für die linguistische Mediendiskursanalyse. In: Ekkehard Felder, Marcus Müller und Friedemann Vogel (Hg.): *Korpuspragmatik. Thematische Korpora als Basis diskurslinguistischer Analysen*. Berlin, New York: de Gruyter, S. 115–174 (Linguistik – Impulse und Tendenzen, 44).
Felder, Ekkehard 2012a: Unendliche Semiose im Recht als Garant der Rechtssicherheit. In: Carsten Bäcker, Matthias Klatt und Sabrina Zucca-Soest (Hg.): *Sprache – Recht – Gesellschaft*. Tübingen: Mohr Siebeck, S. 141–162.
Felder, Ekkehard 2015: Lexik und Grammatik der Agonalität in der linguistischen Diskursanalyse. In: Heidrun Kämper, Ingo Warnke (Hg.): Diskurs – interdisziplinär. Zugänge, Gegenstände, Perspektiven. Berlin/Boston: de Gruyter, S. 87–121 (Diskursmuster – Discourse Patterns, Bd. 6).
Felder, Ekkehard, Marcus Müller und Friedemann Vogel 2010: Das Heidelberger Korpus – Gesellschaftliche Konflikte im Spiegel der Sprache. In: *Zeitschrift für Germanistische Linguistik* (ZGL) 38, S. 314–319.

Felder, Ekkehard und Jörn Stegmeier 2012: Diskurstheoretische Voraussetzungen und diskurspraktische Bewertungen. Diskurse aus sprachwissenschaftlicher Sicht am Beispiel des Sterbehilfe-Diskurses. In: Michael Anderheiden und Wolfgang U. Eckhart (Hg.): *Handbuch Sterben und Menschenwürde*. Berlin, Boston: De Gruyter, S. 375–415.

Felder, Ekkehard und Jörn Stegmeier 2012a: Semantische Kämpfe in einem Textkorpus zum Sterbehilfe-Diskurs. In: Michael Anderheiden und Wolfgang U. Eckhart (Hg.): *Handbuch Sterben und Menschenwürde*. Berlin/Boston: de Gruyter, S. 329–346.

Felder, Ekkehard, Marcus Müller und Friedemann Vogel (Hg.) 2012: *Korpuspragmatik. Thematische Korpora als Basis diskurslinguistischer Analysen*. Berlin, New York: De Gruyter. (Linguistik – Impulse und Tendenzen, 44).

Hermanns, Fritz 1994: *Schlüssel-, Schlag- und Fahnenwörter. Zu Begrifflichkeit und Theorie der lexikalischen „politischen Semantik"*. Arbeiten aus dem Sonderforschungsbereich 245. Sprache und Situation. Mannheim: Institut für deutsche Sprache.

Holzhauer, Heinz 2004: Von Verfassungs wegen: Straffreiheit für passive Sterbehilfe. In: *ZRP*, S. 41–44.

Jeand'Heur, Bernd 1998: Die neuere Fachsprache der juristischen Wissenschaft seit der Mitte des 19. Jahrhunderts unter besonderer Berücksichtigung von Verfassungsrecht und Rechtsmethodik. In: Lothar Hoffmann, Hartwig Kalverkämper und Herbert Ernst Wiegand (Hg.): *Fachsprachen. Ein internationales Handbuch zur Fachsprachenforschung*. Band 1. Berlin, New York 1998, S. 1286–1295.

Klatt, Matthias 2004: *Theorie der Wortlautgrenze. Semantische Normativität in der juristischen Argumentation*. Baden-Baden: Nomos.

Köller, Wilhelm 2004: *Perspektivität und Sprache. Zur Struktur von Objektivierungsformen in Bildern, im Denken und in der Sprache*. Berlin, New York: De Gruyter.

König, Ekkehard 1991: Konzessive Konjunktionen. In: Arnim von Stechow und Dieter Wunderlich (Hg.): *Semantik. Ein internationales Handbuch der zeitgenössischen Forschung*. Berlin, New York: De Gruyter, S. 631–639.

Laufs, Adolf und Bernd-Rüdiger Kern (Hg.) ^{4}2010: *Handbuch des Arztrechts*. München: C.H. Beck.

Li, Jing 2011: *„Recht ist Streit". Eine rechtslinguistische Analyse des Sprachverhaltens in der deutschen Rechtsprechung*. Berlin, Boston: De Gruyter. (Sprache und Wissen, 8).

Luth, Janine 2015: *Semantische Kämpfe im Recht. Eine rechtslinguistische Analyse zu Konflikten zwischen dem EGMR und nationalen Gerichten.*Heidelberg: Winter. (Schriften des Europäischen Zentrums für Sprachwissenschaften, 1).

Lyotard, Jean-François 1987: *Der Widerstreit*. München: Fink.

Müller, Friedrich ^{2}1994: *Strukturierende Rechtslehre*. Berlin: Duncker & Humblot.

Müller, Friedrich (Hg.) 1989: *Untersuchungen zur Rechtslinguistik. Interdisziplinäre Studien zu praktischer Semantik und Strukturierender Rechtslehre in Grundfragen der juristischen Methodik*. Berlin: Duncker & Humblot.

Müller, Friedrich, Ralph Christensen und Michael Sokolowski 1997: *Rechtstext und Textarbeit*. Berlin: Duncker & Humblot. (Schriften zur Rechtstheorie Heft, 179).

Müller, Friedrich und Ralph Christensen ^{10}2009: *Juristische Methodik*. Bd. 1. Grundlegung für die Arbeitsmethoden der Rechtspraxis. Berlin: Duncker & Humblot.

Nöth, Winfried 2000: *Handbuch der Semiotik*. 2. Aufl. Stuttgart, Weimar: Metzler.

Peirce, Charles S. 1960: *Collected Papers*. Cambridge (Mass.) [Zitiert als CP.]

Rave, Dieter, Hans Brinkmann und Klaus Grimmer (Hg.) 1971: *Paraphrasen juristischer Texte*. Darmstadt: Deutches Rechenzentrum.

Schmid, Helmut 1994: *Probabilistic Part-of-Speech Tagging Using Decision Trees.* Manchester, UK.

Searle, John R. 1975/1982: Eine Taxonomie illokutionärer Akte. In: John R. Searle: *Ausdruck und Bedeutung. Untersuchungen zur Sprechakttheorie.* Frankfurt, S. 17–50. (Originaltitel: Searle, John R. (1975): A Taxonomy of Illocutionary Acts. In: John R. Searle 1979: Expression and Meaning. Studies in the Theory of Speech Acts. Cambridge, S. 1–29).

Seibert, Thomas-Michael 1981: *Aktenanalyse. Zur Schriftform juristischer Deutungen.* Tübingen: Narr.

Ulsenheimer, Klaus [4]2010: § 132. Die ärztliche Sterbehilfe. In: Laufs/ Kern: *Handbuch des Arztrechts.* München: C.H. Beck.

Vogel, Friedemann 2012: Das Recht im Text. Rechtssprachlicher Usus in korpuslinguistischer Perspektive. In: Ekkehard Felder, Marcus Müller und Friedemann Vogel (Hg.): *Korpuspragmatik. Thematische Korpora als Basis diskurslinguistischer Analysen von Texten und Gesprächen.* Berlin/ New York: de Gruyter, S. 314–353. (Linguistik – Impulse und Tendenzen, 44).

Vogel, Friedemann 2012a: *Linguistik rechtlicher Normgenese. Theorie der Rechtsnormdiskursivität am Beispiel der Online-Durchsuchung.* Berlin, New York: De Gruyter. (Sprache und Wissen, 9).

Vogel, Friedemann, Stephan Pötters und Ralph Christensen 2015: *Richterrecht der Arbeit – empirisch untersucht. Möglichkeiten und Grenzen computergestützter Textanalyse am Beispiel des Arbeitnehmerbegriffs.* Berlin: Duncker & Humblot.

Warnke, Ingo und Jürgen Spitzmüller 2008: Methoden und Methodologie der Diskurslinguistik – Grundlagen und Verfahren einer Sprachwissenschaft jenseits textueller Grenzen. In: dies.: *Methoden der Diskurslinguistik. Sprachwissenschaftliche Zugänge zur transtextuellen Ebene.* Berlin, New York: De Gruyter, S. 3–54.

Warnke, Ingo 2009: Die sprachliche Konstituierung von geteiltem Wissen in Diskursen. In: Ekkehard Felder und Marcus Müller (Hg.): *Wissen durch Sprache. Themen, Methoden und Theorie des Forschungsbereichs ‚sprachliche Wissenskonstitution'.* Berlin, New York: De Gruyter, S. 113–140. (Sprache und Wissen, 3).

Wittgenstein, Ludwig 1958/[11]1997: *Philosophische Untersuchungen.* Werkausgabe Band 1. Frankfurt a. M.: Suhrkamp.

Verzeichnis der im Korpus enthaltenen Fachzeitschriften

BWNotz = Zeitschrift für das Notariat in Baden-Württemberg

DNotz = Deutsche Notar-Zeitschrift

FPR = Familie, Partnerschaft, Recht

LSK = Leitsatzkartei des deutschen Rechts

MittBayNot = Mitteilungen des Bayerischen Notarvereins, der Notarkasse und der Landesnotarkasse Bayern

NJW = Neue Juristische Wochenschrift

NStZ = Neue Zeitschrift für das Strafrecht

RDG = Rechtsdepesche für das Gesundheitswesen

ZEV = Zeitschrift für Erbrecht und Vermögensnachfolge

ZRP = Zeitschrift für Rechtspolitik

Verzeichnis der zitierten Entscheidungen

Urteil des BGH vom 13.9.1994; Az. 1 StR 357/94, zitiert nach RDG 2004, 39.
Beschluss des BGH vom 17.3.20003; Az. XII ZB 2/03, zitiert nach NStZ 2003, 477.
Urteil des BGH vom 25.6.2010; Az. 2 StR 454/09, zitiert nach NStZ 2010, 63.

Hanjo Hamann

Der „Sprachgebrauch" im Waffenarsenal der Jurisprudenz

Die Rechtspraxis im Spiegel der quantitativ-empirischen Sprachforschung

1 Einleitung

Man mus nicht die buchstaben des ius fragen, wie man sol sie auf Deutsch verstehet, wie diese esel thun, sondern, man mus die mutter jhm hause, die kinder auff der gassen, den gemeinen man auff dem marckt drumb fragen, und den selbigen auff das maul sehen, wie sie reden.

So lautet die berühmte Sentenz Martin Luthers über die Gesetzesauslegung, die nur deshalb nie das Licht der Welt erblickte, weil ein Gewitter im Jahr 1505 den jungen Luther vom Rechtsstudium zur Theologie bekehrte, woraufhin er ein Vierteljahrhundert später dasjenige auf die Übersetzung von Bibellatein münzte (Luther 1530: 636), was er fast wortgleich über die Gesetzesauslegung hätte schreiben können. Statt seiner übernahmen nachfolgende Generationen von Juristen die anspruchsvolle Aufgabe, ihren Umgang mit der Sprache des Rechts zu reflektieren, um nach und nach einen Standpunkt zu entwickeln, der heute zum erklärten Selbstverständnis der Rechtsdogmatik gehört: „Der aus dem allgemeinen *Sprachgebrauch* zu entnehmende Wortsinn bildet den Ausgangspunkt und bestimmt zugleich die Grenze der Auslegung" (Larenz 1991: 320 ff., 343 mit anderer Hervorhebung; BVerfGK 16, 190; BGHZ 179, 27).[1]

So schlicht dieses Selbstverständnis daherkommt, so wenig ist es selbstverständlich. Wie rechtstheoretische Untersuchungen nachweisen, ist gegenüber den Methodenbekenntnissen der Rechtsprechung Skepsis angebracht, denn „die Gerichte tun nicht, was sie sagen, und sagen nicht, was sie tun" (Christensen 1989: 64 f.; Müller und Christensen 2009: 49 ff.). Dieser allgemeine Doppelsprech der Rechtspraxis wird zu Recht kritisiert, und auch die konkrete Rolle des Sprachgebrauchs in der Rechtsprechung ist in den letzten Jahren in die Kritik geraten (z. B. Lorenz, Pietzcker und Pietzcker 2005: 430 Fn. 15; Li 2011: 120 ff., 186 ff.). Diese Kritik stützt sich auf die qualitative Untersuchung ausgewählter

---

1 Für die hier und im Folgenden verwendeten B...-Akronyme findet sich ein Abkürzungsverzeichnis am Ende des Beitrags.

Gerichtsentscheidungen zu sprachwissenschaftlich anspruchsvollen Zweifelsfragen – wie derjenigen, ob Pilze „Pflanzen“ im Sinne des Betäubungsmittelrechts seien (ausf. Li 2011, bspw. zu OLG Koblenz 2006; BGH 2007). Solche Untersuchungen sind höchst verdienstvoll und aufschlussreich, haben aber die Schwäche, dass sie keine zuverlässigen Aussagen über die Allgemeinheit der entdeckten Phänomene erlauben. Vielmehr läuft die qualitative Untersuchung Gefahr, Tendenzen zu erkennen, die tatsächlich nicht bestehen.[2] Die folgende Untersuchung wertet deshalb auf breiterer Front das Bundesrecht sowie zehn Jahre höchstgerichtlicher Rechtsprechung aus, um die bisherige Forschung quantitativ zu komplementieren, denn erst die volle Ausnutzung des Spektrums empirischer Methoden ermöglicht eine gründlich reflektierte „evidenzbasierte Jurisprudenz“ (Hamann 2014).

Konkret widmet sich die Untersuchung drei Fragen, zu deren Beantwortung die bisherige Forschung Anhaltspunkte liefert, aber keine allgemeine Einschätzung erlaubt:

1. Was meinen Gesetzgeber und Gerichte eigentlich mit „Sprachgebrauch“?
2. In welchen Zusammenhängen und in welcher Funktion berufen sie sich darauf?
3. Wie ermitteln sie den „allgemeinen Sprachgebrauch“?

Diese Fragen wenden das oben zitierte Selbstverständnis der Rechtsdogmatik gegen sie selbst: Sie fragen – gewissermaßen auf der Metaebene – welche Bedeutung der „Sprachgebrauch“ der Normadressaten im „Sprachgebrauch“ der Normanwender bzw. -setzer hat. Die Untersuchung wird also, in den Worten Luthers, der Jurisprudenz ihrerseits „auff das maul sehen“.

Dieses evidenzbasierte Vorgehen schafft die Voraussetzungen für eine fundiertere Kritik an der gegenwärtigen Rechtspragmatik und gibt der Rechtspraxis zugleich Hilfestellungen bei ihrer Bedeutungsanalyse von Rechtstexten. Es fügt sich ein in die internationale Tendenz der Rechtswissenschaft zur zunehmenden Verwendung empirischer Methoden, sowohl allgemein (Cane und Kritzer 2010; Lawless, Robbennolt und Ulen 2010; Hamann 2014) als auch in spezifisch sprachwissenschaftlichen Zusammenhängen (Mouritsen 2010; Vogel 2012; Vogel, Pötters und Christensen 2015). Wissenschaftstheoretisch ist die vorliegende Untersuchung eine explorative (erkundende) Studie. Sie kann insbesondere nicht beantworten, ob Gerichte konsequent ihr Methodenbekenntnis beherzigen, die Auslegung am Sprachgebrauch auszurichten, weil die Untersuchung nur diejeni-

---

2 Beispiele finden sich unten in Abschnitt 3.3 über die Quellen der richterlichen Sprachgebrauchsermittlung.

gen Fälle umfasst, in denen der „Sprachgebrauch“ tatsächlich explizit herangezogen wird. Auch soll die Untersuchung nicht existierende Theorien abschließend auf ihre Stichhaltigkeit überprüfen, sondern die empirischen Vorfragen beantworten, auf denen letztlich jede fundierte Theoriekritik aufbauen muss.

2 Der „Sprachgebrauch“ im Bundesrecht

Nähert man sich zunächst dem „Sprachgebrauch“, wie er in Gesetzen verwendet wird, so fällt auf, dass dieser Begriff im gesamten Bundesrecht an nur vier Stellen auftaucht:[3]

1. Die Anlage 2 zu § 3 der Fahrpersonalverordnung (FPersV) listet in Anhang A („Abkürzungen, Definitionen“) neben deutschen Abkürzungen auch einige „nach internationalem Sprachgebrauch“.
2. § 11 Abs. 3 der Integrationskursverordnung (IntV) nennt als fakultativen Bestandteil des Aufbausprachkurses im Integrationskurs für Ausländer und Spätaussiedler ein „Praktikum zum interaktiven Sprachgebrauch“.
3. § 8 Abs. 2 Nr. 3 des Markengesetzes (MarkenG) schließt „Zeichen oder Angaben“ vom Markenschutz aus, „die im allgemeinen Sprachgebrauch oder in den redlichen und ständigen Verkehrsgepflogenheiten zur Bezeichnung der Waren oder Dienstleistungen üblich geworden sind“.
4. Der Zweite Titel im Ersten Abschnitt des Strafgesetzbuchs, Allgemeiner Teil (StGB-AT), ist mit „Sprachgebrauch“ überschrieben und umfasst § 11 über die im StGB verwendeten Personen- und Sachbezeichnungen sowie § 12 über die Begriffe „Vergehen“ und „Verbrechen“.

Um die vom jeweiligen Gesetzgeber gemeinte (subjektive) Bedeutung eines Begriffs zu erschließen, bieten Gesetzgebungsmaterialien den besten Anhalt. Allerdings sind die Materialien zu den beiden erstgenannten Verordnungen nicht öffentlich zugänglich, und angesichts ihrer peripheren Verwendung des Begriffs „Sprachgebrauch“ ist auch nicht zu erwarten, dass der jeweilige Verordnungsgeber den Begriff bewusst verwendet und theoretisch reflektiert hat.

Ein wenig aufschlussreicher ist die Gesetzgebungsgeschichte von § 8 MarkenG. Dort sollte Abs. 2 Nr. 3 „solche Bezeichnungen erfassen, die – ohne Gattungsbezeichnung zu sein – zur Kennzeichnung von Waren oder Dienstleistun-

---

3 Volltextsuche im Gesetzesportal des Bundesministeriums der Justiz, durchgeführt am 9.8.2013 unter www.gesetze-im-internet.de/cgi-bin/htsearch?&config=Gesamt_bmjhome2005&words=sprachgebrauch.

gen [...] im Verkehr üblich geworden sind.“ (Bundesregierung 1994: 70). Diese Begründung fasst also die vom Gesetz verwandten Begriffe „allgemeiner Sprachgebrauch“ und „Verkehrsgepflogenheiten“ unter die allgemeinere Wendung „im Verkehr“. Ob damit mehr bezweckt ist als eine Wiederholung des Gesetzestextes, ist zwar fraglich, aber zumindest lassen das Gesetz und seine Begründung erkennen, dass sie den „allgemeinen Sprachgebrauch“ als ein Element des Verkehrs zwischen Menschen verstehen, das den „Verkehrsgepflogenheiten“ gleichsteht.

Deutlicher äußern sich die Materialien zum Strafgesetzbuch über die Verwendung des Begriffes „Sprachgebrauch“. Eingeführt wurde er als amtliche Überschrift für die §§ 11 und 12 StGB durch Art. 1 Nr. 1 des Zweiten Gesetzes zur Reform des Strafrechts 1969 (2. StrRG v. 4.7.1969, BGBl. I S. 717). Schon früher allerdings – nämlich im Entwurf eines neuen Nachkriegs-StGB von 1962 – war der Begriff an dieser Stelle vorgesehen. Dessen Materialien führten aus: „Um nicht gewisse, im Strafrecht häufig wiederkehrende Begriffe und Tatbestandsmerkmale an jeder Stelle, an der sie vorkommen, immer wieder im einzelnen umschreiben zu müssen, bezeichnet der Entwurf sie mit einfachen Ausdrücken, denen er einen näher umschriebenen Inhalt gibt [...] Er faßt sie in einem besonderen Titel unter der Überschrift ‚Sprachgebrauch‘ zusammen“ (Bundesregierung 1962: 114). Hier versteht der Gesetzgeber den „Sprachgebrauch“ also als juristische Setzung, gleichbedeutend mit „Begriffsbestimmungen und Begriffserläuterungen“ (ebd.). Zweck dieser verordneten „Verfeinerung“ des dem Gesetz unterlegten Sprachgebrauchs war die „Förderung der Rechtssicherheit [... in den] Grenzen des Erforderlichen und Zweckmäßigen“ (ebd.). Da die Vorschriften über den „Sprachgebrauch“ in den Ersten Abschnitt des StGB-AT eingestellt wurden, der ansonsten nur Vorschriften über den zeitlichen und örtlichen „Geltungsbereich“ des Strafgesetzbuchs enthält, scheint der Gesetzgeber den „Sprachgebrauch“ als Bestimmung des *sachlichen* Anwendungsbereichs aufzufassen.

Die Verwendung des „Sprachgebrauchs“ im Bundesrecht verdeutlicht also, dass der „Sprachgebrauch“ im Recht zwei ganz unterschiedliche Dinge meinen kann: Entweder eine „Verkehrsgepflogenheit“ der Normadressaten (wie § 8 Abs. 2 Nr. 3 MarkenG), oder aber die vom Normsetzer konstruierten „Begriffsbestimmungen“ (wie vor § 11 StGB).

3 Der „Sprachgebrauch“ in der Rechtsprechung

Um auch in der Rechtsprechung die Verwendung des „Sprachgebrauchs“ systematisch zu erfassen, bietet sich eine Sichtung der Entscheidungen an, die das Bundesverfassungsgericht und die fünf obersten Bundesgerichte – das sind nach Art. 95 Abs. 1 des Grundgesetzes der Bundesgerichtshof, das Bundesverwaltungsgericht, der Bundesfinanzhof, das Bundesarbeitsgericht und das Bundessozialgericht – in den letzten zehn Jahren erlassen und für hinreichend bedeutsam gehalten haben, um sie in die von den Richtern herausgegebenen Entscheidungssammlungen aufzunehmen (aufgeführt am Ende dieses Beitrags). Diejenigen Entscheidungen, die mindestens einmal das Wort „Sprachgebrauch“ oder dessen Flexionsvarianten erwähnen, lassen sich aus der kommerziellen Fachdatenbank juris.de mit der Suchabfrage *sprachgebrauch UND (bverfge ODER bghst ODER bghz ODER bverwge ODER bage ODER bsge ODER bfhe) UND 2003–2012* abrufen. Diese Suche ergab am 31.7.2013 genau 325 Treffer in 240 Entscheidungen, die sich wie folgt verteilen:

Tab. 1: Höchstgerichtliche Entscheidungen der letzten zehn Jahre mit mindestens einer Erwähnung des Wortes „Sprachgebrauch“, soweit sie in die jeweilige amtliche Sammlung aufgenommen und von juris indiziert wurden.

	2003	2004	2005	2006	2007	2008	2009	2010	2011	2012	Summe
BAGE	14	9	7	10	7	13	10	5	6	2	83
BFHE	2	7	4	4	4	6	6	5	4	3	45
BGHSt	5	0	2	0	2	1	2	3	0	0	15
BGHZ	2	5	3	3	0	1	2	2	4	4	26
BSGE	2	0	1	2	1	2	3	2	7	2	22
BVerfGE	2	1	1	2	2	1	0	2	1	0	12
BVerwGE	6	4	5	3	3	4	1	4	0	7	37

Auf den ersten Blick scheint die Arbeits- und Finanzgerichtsbarkeit am häufigsten mit dem „Sprachgebrauch“ konfrontiert zu werden. Allerdings ist zu berücksichtigen, dass die einzelnen Entscheidungssammlungen unterschiedlich umfangreich ausfallen. Betrachtet man relative statt absoluter Werte, so wird deutlich, dass sich in allen Entscheidungssammlungen etwa drei bis vier Prozent der Entscheidungen mit dem Sprachgebrauch befassen, während die Arbeitsgerichtsbarkeit deutlich mehr, die Zivil- und Finanzgerichtsbarkeit sogar deutlich weniger Erwähnungen verzeichnen.

Tab. 2: Anteil der Entscheidungen mit dem Suchtreffer „Sprachgebrauch“ an allen amtlich veröffentlichten höchstgerichtlichen Entscheidungen 2003–2012 sowie durchschnittliche Zahl der Suchtreffer pro gefundener Entscheidung.

	Anzahl der Entscheidungen in juris für 2003–2012			Anteil der Entscheidungen mit Suchtreffer: (B) / (A)	mittlere Anzahl Suchtreffer pro Entscheidung: (C) / (B)
	(A) insgesamt	(B) mit Suchtreffer „Sprachgebrauch“	(C) Anzahl Suchtreffer insgesamt		
BAGE	1.427	83	110	5,8%	1,33
BFHE	3.516	45	64	1,3%	1,42
BGHSt	381	15	17	3,9%	1,13
BGHZ	1.534	26	29	1,7%	1,12
BSGE	716	22	46	3,1%	2,09
BVerfGE	308	12	17	3,9%	1,42
BVerwGE	892	37	42	4,1%	1,14
Insgesamt	**8.774**	**240**	**325**	**2,7%**	**1,35**

3.1 Was meinen Gerichte mit „Sprachgebrauch“?

Die erste der drei Fragestellungen dieses Beitrags betrifft das Begriffsverständnis des Wortes „Sprachgebrauch“. Diese Frage lässt sich entweder anhand der semantischen Strukturen untersuchen, in denen der „Sprachgebrauch“ auftaucht (vgl. Li 2011: 186 ff.) oder anhand des Umgangs, den dieser Begriff pflegt, also der häufigsten Partnerworte in seiner Nähe (sog. Kollokationen, vgl. Pötters und Vogel, in diesem Band). Besonders aufschlussreich dürften insoweit die Attribute sein – ob als vorangestellte Adjektive oder nachgestellte Genitivergänzungen –, da sie konkretisieren, welcher „Sprachgebrauch“ jeweils gemeint ist. Weil automatisierte Kollokationsanalysen wegen der freien Satzstellung des Deutschen nicht ohne Weiteres zu sinnvollen Ergebnissen führen, wurde der Trefferkontext (KWIC, Keyword in Context) mit der Software AntConc (Anthony 2012) automatisiert erhoben, anschließend aber manuell ausgewertet. Untersucht man auf diese Weise die 325 Suchtreffer für den Begriff „Sprachgebrauch“ im Zeitraum 2003–2012, ergibt sich folgendes Bild:

Tab. 3: Auf den „Sprachgebrauch“ bezogene Attribute in der Reihenfolge ihrer absoluten Häufigkeit; kursiv gesetzte Attribute sind wörtlich wiedergegeben, nicht kursive sind Oberbegriffe mit wörtlichen Beispielen in der Fußnote.

Verwendetes Attribut	in Leit- oder Orientierungssätzen[4]	Im Tatsachenteil, davon:		in der Entscheidungsbegründung[5]
		im Parteivorbringen	in Zsfg. d. Vorinstanz	
(1) *allgemeiner* ~	7	8	9	149
(2) *der* ~ (ohne Attribut)		2		23
(3) gesetzespezifischer[6] ~			1	21
(4) *juristischer* ~	1			9
(5) ortsspezifischer[7] ~			1	8
(6) normspezifischer[8] ~				8
(7) *üblicher* ~		1	1	7
(8) rechtsgebietsspezifischer[9] ~	1	1		7
(9) *allgemeiner* rechtsgebietsspezifischer ~	1		1	7
(A) *politischer ~ / staatlicher ~* / staatsspezifischer[10] ~			1	7
(B) *allgemeiner juristischer ~*				5
(C) berufsspezifischer[11] ~				4
(D) *gesetzlicher ~ / gesetzgeberischer ~ / ~ des Gesetzgebers*				4
(E) *gewöhnlicher ~*				4
(F) situationsspezifischer[12] ~				3

4 Darunter 1 in BGHZ, 3 in BAGE und 6 in BFHE.

5 Darunter 1 Sondervotum: Lübbe-Wolff, BVerfGE 118, 124.

6 Bsp.: „~ der Abgabenordnung“, „~ der StPO“ oder „~ des Bürgerlichen Gesetzbuches“.

7 Bsp.: „~ in den Europäischen Gemeinschaften“, „deutscher ~“, oder „beim hr (Hessischen Rundfunk) geübter ~“.

8 Bsp.: „~ des § 7a SGB IV“ oder „der durch Art. 5 EGStGB vorgegebene ~“.

9 Bsp.: „arbeitsrechtlicher ~“, „umsatzsteuerrechtlicher ~“ oder „sozialversicherungsrechtlicher ~“.

10 Bsp.: „~ der Nationalsozialisten“, „offizieller ~ der DDR“ oder „~ der volkseigenen Wirtschaft“.

11 „~ der Medienbranche“ (1x) und „medizinischer ~“ (3x).

12 „innerfamiliärer ~“, „betriebsinterner ~“ und „konzernspezifischer ~“.

Tab. 3: (fortgesetzt).

Verwendetes Attribut	**in Leit- oder Orientierungssätzen**	**Im Tatsachenteil, davon:**		**in der Entscheidungsbegründung**
		im Parteivorbringen	**in Zsfg. d. Vorinstanz**	
(G) *natürlicher ~*				3
(H) *früherer ~ / damaliger ~*			2	2
(J) *rechtlicher ~*		1		1
(K) *normaler ~*				1
(L) *regelmäßiger ~*			1	1
(M) sonstiger ~		2	1	8
Insgesamt	**10**	**15**	**18**	**282**

Die Tabelle zeigt, dass der „Sprachgebrauch" in Gerichtsentscheidungen am häufigsten als „allgemeiner" Sprachgebrauch (1) vorkommt. Welche Allgemeinheit maßgeblich sein soll, ist freilich eine Deutungsfrage, die sich dafür instrumentalisieren lässt, den Kampf um das bevorzugte rechtliche Ergebnis schon an dieser vorgelagerten Front und ganz beiläufig zu entscheiden (Li 2011: 212). In den meisten Fällen allerdings soll die „Allgemeinheit" wohl vor allem die Gemeinschaft aller rechtsunkundigen Normadressaten bezeichnen – was mitunter sogar ausdrücklich klargestellt wird, wenn vom „allgemeinen, nichtjuristischen" (BAGE 125, 208) oder „allgemeinen, unjuristischen" (BAGE 138, 9) Sprachgebrauch die Rede ist.

Auf dem zweiten Platz mit weitem Abstand folgt die Verwendung des „Sprachgebrauchs" ohne Attribut (2), die in dem Sinne neutral ist, dass sie je nach Kontext auf die Laien- oder Fachsprache verweist. Andere Attribute, die sich meist auf die Laiensprache beziehen, sind „üblich" (7), „gewöhnlich" (E), „natürlich" (G), „normal" (K) und „regelmäßig" (L), denen freilich eine unfreiwillige Komik anhaftet, weil ihnen bei konsequenter sprachlicher Differenzierung eine „unnatürliche", „abnormale" oder „regelwidrige" Fachsprache gegenüberstehen müsste.

Tatsächlich wird der Fachsprachgebrauch als „rechtlicher" (J) oder „juristischer" (4) bezeichnet und gar nicht so selten zum „allgemeinen" juristischen Sprachgebrauch stilisiert (B). Dabei ist schon fraglich, ob der „juristische" Sprachgebrauch überhaupt die ihm unterstellte Einheitlichkeit aufweist, und zwar nicht allein wegen seiner historischen Kontingenz (dazu Li 2011: 152), sondern auch weil sogar innerhalb eines Gesetzes – und bisweilen sogar innerhalb derselben Vorschrift – die gleichen Worte unterschiedliche Bedeutungen haben können (Hamann 2010: 3). Auch eines der hier untersuchten Urteile kam deshalb zu dem Ergebnis, dass das „Führen einer Waffe“ im Waffenrecht anders zu verstehen sei als im Straf- oder Betäubungsmittelrecht (BGHSt 52, 89). Soweit aber schon „der“ juristische Sprachgebrauch allenfalls als fiktive Setzung existiert, verkommt das Epithet „allgemein“ zur rhetorischen Kraftmeierei – einer beliebten immerhin, denn auch der „allgemeine und steuerrechtliche“ (BVerfGE 118, 277), „allgemeine und juristische“ (BVerfGE 122, 39), „allgemeine wie besondere“ (BVerwGE 143, 203) bzw. der „allgemeine und der gesetzliche“ (BVerwGE 125, 79) Sprachgebrauch verschmelzen bisweilen zur semantischen Ligatur, und sogar noch der Sprachgebrauch einzelner Rechtsgebiete wird gern mit dem Attribut der Allgemeinheit geadelt (9).

Dieser „Sprachgebrauch“ einzelner Rechtsgebiete (8) ist nur die erste Ebene einer feinen Untergliederung, die weiter über den „Sprachgebrauch“ einzelner Gesetze (3) führt – kurios doppelsinnig als „gesetzlicher“ Sprachgebrauch (D) – bis hin zum „Sprachgebrauch“ einzelner Normen (6). Wäre damit ein Sprachgebrauch im Sinne einer „Verkehrsgepflogenheit“ gemeint, müsste es sich schon um einen stark atomisierten Teildiskurs innerhalb des „allgemeinen“ juristischen Sprachgebrauchs handeln. Deshalb zeigt sich hier erneut, dass der fachliche „Sprachgebrauch“ wohl weniger ein reales Gebrauchsverhalten bezeichnet als ein Synonym für „Begriffsbestimmungen“ oder schlicht für den „Wortlaut“. Dabei mag es durchaus eine Rolle spielen, dass sich der „Sprachgebrauch“ leichter als eine „Auslegung“ rechtfertigen und zur empirischen Gegebenheit (v)erklären lässt. Ob der „Sprachgebrauch“ sich als solches Autoritätsargument eignet, wird noch kritisch zu hinterfragen sein.

Eher in Richtung einer realen Verständigungspraxis weist der „Sprachgebrauch“ in den untersuchten Gerichtsentscheidungen dann, wenn er als orts- (5), berufs- (C) oder situationsspezifisch (F) gekennzeichnet wird, weil es auf das Verständnis bestimmter Bevölkerungsgruppen ankommt. Auffallend häufig wird der „Sprachgebrauch“ allerdings auch pejorativ verwendet, um eine als unerträglich empfundene Kluft zwischen Anspruch und Wirklichkeit (A) zu artikulieren,[13] oder auch nur den Kontrast zwischen Vergangenheit und Gegenwart herauszustreichen (H).

Jenseits dieser feinen Differenzierungen zwischen einzelnen Attributen lässt sich unschwer erkennen, dass die Gerichte genau wie der Gesetzgeber zwei

13 Bezeichnenderweise wird der Sprachgebrauch nur mit Blick auf das NS-Regime und die DDR politisiert, während der bundesrepublikanischen Regierung kein bestimmter „Sprachgebrauch“ attestiert wird; lediglich in Bezug auf die Klassifikation der Wirtschaftszweige (WZ) in der amtlichen Statistik spricht BFHE 209, 186 von einem „in der Bundesrepublik üblichen Sprachgebrauch“.

kategorial verschiedene „Sprachgebräuche“ in Stellung bringen: den von Normsetzern gezielt definierten (Fachsprachgebrauch) und den von Normadressaten praktisch geübten (Laiensprachgebrauch).

3.2 Wozu nutzen Gerichte den „Sprachgebrauch“?

Die zweite Frage betrifft den argumentativen Zweck, der mit der Berufung auf den „Sprachgebrauch“ im Rechtsdiskurs verfolgt wird. Da dieser Zweck vermutlich auch davon abhängt, ob jeweils der Laien- oder der Fachsprachgebrauch gemeint ist, waren die in den Entscheidungsgründen verorteten 282 Treffer des Begriffes „Sprachgebrauch“ zunächst nach ihren in Tabelle 3 genannten Attributen in die entsprechenden Oberkategorien einzuordnen:

> *Fachsprachgebrauch* – (3), (4), (6), (8), (9), (B), (D), (J) – mit 62 Treffern,
> *Laiensprachgebrauch* – (1), (7), (E), (G), (K), (L) – mit 165 Treffern und
> *unklar und sonstige* – (2), (5), (A), (C), (F), (H), (M) – mit 55 Treffern.

Untersucht man nun, welche Zwecke mit der Berufung auf den „Sprachgebrauch“ verfolgt werden, lassen sich neun wiederkehrende Argumentationsmuster erkennen. Die Einordnung im Einzelfall hängt natürlich stark von Interpretationen des Entscheidungstextes ab, erfordert also qualitative Wertungen. Deshalb wurden Fälle, in denen die Berufung auf den „Sprachgebrauch“ nicht zweifelsfrei einem dieser neun Zwecke dient, in eine zehnte Kategorie „Sonstige“ eingestellt, um eine möglichst konservative Klassifizierung zu gewährleisten.[14] Bei diesem Vorgehen konnten 219 Fälle recht zuverlässig einem der neun Zwecke zugeordnet werden:

---

14 Die Klassifizierung erfolgte also unter Minimierung der Falsch-Positiv-Rate (Fehler 1. Art) durch Inkaufnahme einer höheren Falsch-Negativ-Rate (Fehler 2. Art).

Tab. 4: Neun wiederkehrende Zwecke für die Berufung auf den „Sprachgebrauch" in der Rechtsprechung.

Zweck	**Fachsprach-gebrauch**		**Laiensprach-gebrauch**		**Sonstiger Sprachgebrauch**	
	absolut	**relativ**	**absolut**	**relativ**	**absolut**	**relativ**
Begriffsdefinition	8	12,9%	62	37,6%	4	7,3%
Methodischer Metasatz	7	11,3%	25	15,2%	7	12,7%
Negativabgrenzung	7	11,3%	17	10,3%	4	7,3%
Synonymbenennung	4	6,5%	12	7,3%	6	10,9%
Feststellung der Unergiebigkeit	4	6,5%	6	3,6%	2	3,6%
Beiläufige Behauptung	4	6,5%	4	2,4%	4	7,3%
Historische Erläuterung	6	9,7%	2	1,2%	3	5,5%
Benennung einer Voraussetzung	1	1,6%	6	3,6%	4	7,3%
Auslegung von Parteierklärungen	2	3,2%	2	1,2%	6	10,9%
Sonstige	19	30,6%	29	17,6%	15	27,3%
Insgesamt	**62**		**165**		**55**	

Um die Kategorisierung im Einzelnen nachzuvollziehen, mögen Beispiele verdeutlichen, was mit den neun Zwecken jeweils gemeint ist:

- *Begriffsdefinition*: „Nach dem allgemeinen Sprachgebrauch sind Pausen kürzere Unterbrechungen einer bestimmten Tätigkeit, die der Erholung dienen" (BAGE 107, 1)
- *Methodischer Metasatz*: „Ausgangspunkt für die Auslegung nach dem Wortlaut ist der allgemeine Sprachgebrauch" (BFHE 231, 63)
- *Negativabgrenzung*: „Hinzukommt, dass nach dem allgemeinen Sprachgebrauch der Begriff ‚Beschwerde' nicht zugleich Maßnahmen zu ihrer Abhilfe umfasst." (BAGE 116, 235)
- *Synonymbenennung*: „Das Wort ‚nach' kann im allgemeinen Sprachgebrauch unterschiedliche Bedeutungen einnehmen, etwa ‚gemäß', ‚entsprechend' oder ‚im Sinne von'." (BSGE 109, 154)
- *Feststellung der Unergiebigkeit*: „Dieser – nur scheinbare – Tatbestand ist semantisch und pragmatisch leer, dh er hat nach allgemeinem Sprachgebrauch keine auch nur im Ansatz erkennbare Bedeutung." (BSGE 91, 1)
- *Beiläufige Behauptung*: „[...] Wörter, die – wie das Wort ‚katholisch' – zum allgemeinen Sprachgebrauch gehören [...]" (BGHZ 161, 216)

- *Historische Erläuterung*: „Mit der Definition des Verbrauchers hat sich der Gesetzgeber von dem allgemeinen Sprachgebrauch gelöst und eine eigenständige umfassende Begriffsbestimmung gewählt.“ (BAGE 115, 19)
- *Benennung einer Voraussetzung*: „Daraus folgt, dass nach dem Sprachgebrauch ‚Erörtern‘ ein Gespräch zwischen den Beteiligten voraussetzt.“ (BAGE 119, 181)
- *Auslegung von Parteierklärungen*: „Bereits der Wortlaut der Regelung lässt darauf schließen, dass die Betriebsparteien den Begriff Angebot im Sinne des juristischen Sprachgebrauchs und damit iSv. § 145 BGB verwandt haben.“ (BAGE 121, 159)

Die Grenzziehung zwischen diesen neun Zwecken ist natürlich nicht immer ganz eindeutig. Beispielsweise sind „Negativabgrenzung“ und „Benennung einer Voraussetzung“ nahezu komplementäre Gegenstücke, bei denen die Kategorisierung im Einzelfall zweifelhaft sein kann. Noch deutlicher wird dies bei den Kategorien „Begriffsdefinition“ und „Synonymbenennung“: Erstere meint hier eine abschließende Begriffsbestimmung anhand von Merkmalen, letztere dagegen eine offene Begriffsbestimmung anhand von verwendungsgleichen Ersatzwörtern. Allerdings ist oft nicht klar, ob eine Begriffsbestimmung offen oder abschließend gemeint ist, und letztlich beruht auch jede Definition in gewissem Umfang auf der Verwendung von Synonymen (im obigen Beispiel etwa „Pausen“ und „Unterbrechungen“), deshalb sind für die weitere Untersuchung beide Kategorien unter dem Oberbegriff der „Begriffsbestimmung“ zusammenzufassen.

Auffällig ist, dass die so verstandene Begriffsbestimmung über 40% der Fälle ausmacht, in denen Gerichte den Laiensprachgebrauch heranziehen, aber weniger als 20% der Fälle, in denen sie den Fachsprachgebrauch bemühen. Die übrigen Zwecke hingegen sind in den beiden Gruppen gleichmäßiger vertreten, wenngleich die Fallzahlen insoweit zu gering sind, um allgemeine Schlussfolgerungen zuzulassen.

3.3 Wie ermitteln Gerichte den „Sprachgebrauch“?

Die dritte Frage der vorliegenden Untersuchung betrifft den Modus und die Quellen der Sprachgebrauchsermittlung. Für den Fachsprachgebrauch steht in der juristischen Methodik eine ganze Hierarchie von sog. „Rechtsquellen“ zur Verfügung, aus denen Richter kraft eigener Fachkompetenz den Sprachgebrauch – was immer sie damit im Einzelnen meinen – schöpfen können. Interessanter ist, welche Quellen sie heranziehen, um den Laiensprachgebrauch zu ermitteln. Relevant ist dies vor allem dort, wo Richter nicht nur allgemein über den Sprachgebrauch räsonnieren (wie in den o.g. „methodischen Metasätzen“ oder „historischen Erläuterungen“), sondern einen bestimmten Begriffsinhalt behaupten – also in den Fällen der *Begriffsbestimmung* im oben definierten Sinn. In diesen 74 Fällen nutzte die Rechtsprechung folgende Referenzquellen, um den „Sprachgebrauch“ zu belegen:

Tab. 5: Verwendete Referenzquellen für Begriffsbestimmungen anhand des Laiensprachgebrauchs.

Brockhaus Lexikon	X		X			X	X						
Creifelds Rechtswörterbuch			X										
Duden Wörterbuch (alle Ausgaben)	X	X									X	X	
Grimm, Deutsches Wörterbuch				X									
Meyers Lexikon					X		X						
Wahrig, Deutsches Wörterbuch (inkl. Brockhaus/Wahrig)	X	X		X				X				X	
Besondere Nachschlage-werke	X	X							X				
Frühere Rechtsprechung										X			
Anzahl der Treffer	**1**	**1**	**1**	**1**	**1**	**2**	**3**	**3**	**4**	**6**	**7**	**9**	**35**

Wie aus der Tabelle hervorgeht, berufen sich Gerichte als Beleg für den Laiensprachgebrauch oft auf eine Kombination mehrerer Nachschlagewerke, wobei die kombinierte Heranziehung von Duden und Wahrig mit neun Verwendungen dominiert, gefolgt von der alleinigen Nutzung des Duden in sieben Fällen. Mehr als drei Nachschlagewerke werden so gut wie nie herangezogen, in jedem zweiten Fall wird gar keine Quelle angegeben.

Nur teilweise bestätigen lässt sich allerdings die andernorts getroffene Feststellung, dass Rechtsarbeiter „den bevorzugten Sprachgebrauch meist mit Gutachten, Rechtsprechungen und Kommentaren belegen wollen“ (Li 2011: 194). Zwar stützen sich die vorliegend untersuchten Entscheidungen in immerhin sechs Fällen auf frühere Rechtsprechung, allerdings fast nie auf Kommentare (die hier als „Besondere Nachschlagewerke“ gelten) und gar nicht auf Gutachten. Soweit also in den jeweiligen Verhandlungen Gutachten zum Sprachgebrauch eingeholt wurden (was in den seltensten Fällen zu erwarten ist) hätten sich diese jedenfalls nicht in der Entscheidungsbegründung niedergeschlagen. Auch ein anderes Ergebnis der bisherigen Forschung findet in den vorliegend untersuchten Entscheidungen keine Stütze: die Tendenz zur zunehmenden Nutzung des Internet für die Sprachgebrauchsermittlung (Li 2011: 149 f.). Nur eine einzige Entscheidung beruft sich überhaupt auf eine Internetseite, und zwar auf die Syndizierungsseite TheFreeDictionary.com (BSGE 106, 160). Im Übrigen greifen Gerichte entweder durchweg auf gedruckte Medien zurück oder bekennen sich nicht offen zur Nutzung einschlägiger Internetangebote.

3.4 Kritische Würdigung

Dass Gerichte, die sich auf Begriffsbestimmungen „nach“ dem Laiensprachgebrauch berufen, in fast der Hälfte der Fälle keine Quelle für ihre Erkenntnisse angeben, dürfte auf einer unausgesprochenen Annahme beruhen, die auf den ersten Blick nicht von der Hand zu weisen ist. Immerhin sind Richter nicht nur Juristen, sondern „auch Menschen“, die ihrer Muttersprache fähig sind und deshalb beurteilen können sollten, welche Bedeutung ein Wort in der Laiensprache hat. Andererseits ist der Erfahrungsschatz jedes Menschen beschränkt und so stark durch subjektive Einstellungen, persönliche Vorlieben und Zufälle geprägt, dass kein Mensch ohne Weiteres die Lebensumstände und den Erfahrungsschatz aller anderen Menschen überblickt. Die sog. „anekdotische Evidenz“ des Einzelnen ist zwar für praktische Zwecke nützlich, taugt aber kaum für allgemeine Schlussfolgerungen (näher Hamann 2014: 10, 56 ff.). Die Allgemeinheitsansprüche, die nach dem Verständnis der hier untersuchten Entscheidungen meist mit dem Laiensprachgebrauch verbunden sind, können folglich durch die Introspektion einzelner Sprecher nicht eingelöst werden (vgl. Vogel, Pötters und Christensen 2015). Denn „Sprache ist ein Totalitätsbegriff, den niemand ganz beherrscht“ (Müller und Christensen 2009: 325). Das muss umso mehr für Richter gelten, denen die empirische Richtersoziologie bescheinigt, als Berufsgruppe insgesamt einen sehr kleinen und demographisch homogenen Teil der Gesellschaft zu repräsentieren, dessen Erfahrungswissen in vielerlei Hinsicht beschränkt ist (Röhl 1987: 46, 57 f.).

Nun wissen natürlich auch Richter um die Beschränktheit individueller Erkenntnismöglichkeiten: „Es liegt auf der Hand, dass für die Feststellung des Wortsinns aus Sicht des Bürgers [...] weder die subjektive Vorstellung noch der aktuelle Stand der Allgemeinbildung eines Richters, Staatsanwalts, Rechtsanwalts oder Angeklagten maßgeblich sein kann“ (OLG Koblenz 2006: 219 f.). Soweit der „Sprachgebrauch“ also nicht nur zur Rechtfertigung vorgefasster Meinungen vorgeschoben wird – als „traditionelle Camouflage der Lehnstuhlmethode einer Semantik allein von Richters Gnaden“ (Kudlich, Christensen und Sokolowski

2007: 125) – werden sich also auch Richter um eine empirische Fundierung ihres Urteils über den Sprachgebrauch bemühen. Nicht umsonst benennen sie für mehr als die Hälfte der Begriffsbestimmungen konkrete Referenzquellen.

Teilweise sind diese Referenzquellen aber schon deshalb problematisch, weil es sich um frühere Rechtsprechung handelt. Das wird deutlich, wenn etwa der Bundesfinanzhof 2009 ausführt: „Es ist auch nicht erkennbar, dass diese [Aufsichtsrats]Tätigkeit im allgemeinen Sprachgebrauch herkömmlicherweise als ehrenamtlich bezeichnet wird (Änderung der Rechtsprechung; anders noch BFH-Urteil in BFHE 106, 479, BStBl II 1972, 844)." (BFHE 227, 207). Dass der Bundesfinanzhof sich überhaupt zu einer „Änderung der Rechtsprechung" genötigt sah, um sich von einem „allgemeinen" Sprachgebrauch loszusagen, der 27 Jahre zuvor in einem anderen Urteil behauptet wurde (wohlgemerkt ausschließlich aufgrund juristischer Fachliteratur), ist bezeichnend für das in Teilen der Rechtsprechung verbreitete Verständnis vom „Sprachgebrauch" als zeitloser Autoritätsinstanz, die gleichwohl durch Gerichte beherrscht wird. Noch deutlicher wird dies im Fachsprachgebrauch, wo Gerichte regelmäßig vom „eindeutigen Sprachgebrauch des Gesetzes" (BVerwGE 138, 186) oder vom „feststehenden Inhalt" im arbeitsrechtlichen Sprachgebrauch (BAGE 108, 256) sprechen. Dabei bleibt teilweise unklar, ob die angenommene Unveränderlichkeit des Fachsprachgebrauchs auf dessen eigentümlichem Wesen beruht, das ja nach den bisherigen Feststellungen weniger mit Gebrauch als mit Festlegung zu tun hat, oder ob der Sprachgebrauch als Autoritätsinstanz ins Feld geführt wird, um das eigentliche Machtwort zu kaschieren. Beide Deutungen könnten erklären, dass das Bundesarbeitsgericht in einem Rechtsstreit 2006 die Parteien darauf hinwies, es habe selbst „wiederholt festgestellt, dass der Gewerkschaftsbegriff in der Rechtsordnung stets dieselbe Bedeutung hat, gleich ob er im Tarifvertragsgesetz, Arbeitsgerichtsgesetz oder Betriebsverfassungsgesetz gebraucht wird" und anschließend apodiktisch erklärte: „Die Einheitlichkeit des Gewerkschaftsbegriffs steht nicht zur Disposition der Gerichte. Sie ist keine richterrechtliche Figur. Sie ist Folge der feststehenden Bedeutung des Begriffs im gesetzlichen Sprachgebrauch." (BAGE 119, 279). Diese Haltung lässt sich nur erklären, soweit der Sprach-„Gebrauch" tatsächlich nur autoritative Definitionen umfasst – für echte Gebrauchsmuster entspricht ein solch unveränderliches und starres Sprachgebrauchsverständnis nicht dem Stand der Sprachwissenschaft (so schon u. a. Busse 2004; Li 2011: 149).

Soweit sich Richter bemühen, diese eigentlichen Gebrauchsmuster aus Referenzquellen der Laiensphäre zu erkennen, taucht eine weitere problematische Vorannahme auf, die gewöhnlich unausgesprochen bleibt, in den untersuchten Entscheidungen aber immerhin einmal an die Oberfläche kam, als das Bundessozialgericht 2010 in einem Halbsatz beiläufig behauptete, dass „deutsche Wörterbücher [.] auf den aktuellen, allgemeinen Sprachgebrauch schließen lassen“ (BSGE 106, 160). Diese prägnante Stellungnahme zur verwendeten Methodik lässt aufhorchen, da sie unter den hier untersuchten Gerichtsentscheidungen als einzige die Verwendung von Wörterbüchern ausdrücklich begründet. Man würde deshalb erwarten, dass sich das Gericht mit weiterführender Literatur auseinandersetzt, und tatsächlich folgen der eben genannten Feststellung sieben Verweise „zu dieser Methode“: eine Entscheidung des Europäischen Gerichtshofs (EuGH), drei ältere des Bundesgerichtshofs (BGH) sowie drei Lehrbücher. Liest man die angegebenen Entscheidungen allerdings nach, so belegen die drei BGH-Entscheidungen nicht mehr und nicht weniger als dass der Bundesgerichtshof Wörterbücher ohne Begründung oder methodische Reflexion verwendet, während die EuGH-Entscheidung Wörterbücher nicht einmal erwähnt, sondern den nationalen Gerichten nur aufgibt, ihre „Auslegung soweit wie möglich am Wortlaut und Zweck der Richtlinie“ auszurichten. Daraus und aus drei willkürlichen Beispielen für eine nie hinterfragte Gerichtspraxis zu folgern, dass Wörterbücher „auf den aktuellen, allgemeinen Sprachgebrauch schließen lassen“, ist gewagt. Zumal der Bundesgerichtshof selbst schon weiter ist: „Nachschlagewerke und Lehrbücher können zwar den allgemeinen Sprachgebrauch prägen, die dort verwendete Terminologie spiegelt ihn aber häufig nicht genau wider und gibt mithin keine sichere Auskunft über dessen aktuellen Stand.“ (BGH 2007: 526).

Problematisch ist aber nicht nur, dass Wörterbücher den Sprachgebrauch *nicht tagesaktuell* verbürgen, sondern dass sie *überhaupt keinen* Sprachgebrauch verbürgen. So wurde in der Rechtslinguistik vielfach und gründlich dargelegt, dass die Sprachgebrauchsermittlung mittels Wörterbuchs zwar international beliebt ist, zugleich aber auf „grundsätzlich falschen Annahmen“ beruht (Mouritsen 2010: 1925 ff.; Müller und Christensen 2009: 326 ff.), weil Wörterbücher nur mögliche Verwendungsweisen aufzeigen (Christensen 1989: 78 f.; Lorenz, Pietzcker und Pietzcker 2005: 430 Fn. 15; Lobenstein-Reichmann 2007) – eben „hochabstrahierte und kontextfreie Zusammenfassungen aus der Gebrauchsvielfalt in realen Lebenssituationen“ (Li 2011: 149). Folglich können die „Standardnachschlagewerke des Verlages FA Brockhaus und des Bibliographischen Instituts (‚Duden‘)“ zwar „den Sprachgebrauch sowohl widerspiegeln als auch prägen“ (OLG Koblenz 2006: 220), aber sie erlauben keinerlei Urteil über die „Üblichkeit“, „Gewöhnlichkeit“ oder „Normalität“ von Verwendungsweisen. Wollte man Wörterbüchern mehr als einen vagen Anhaltspunkt dafür entnehmen, was der Sprachgebrauch sein *könnte*, mag man ebenso gut versuchen, aus Kochbüchern zu erfahren, was in Deutschland mittags gegessen wird: Fast alles, was das Kochbuch hergibt, wird irgendwo auf dem Tisch landen, und viele gleichermaßen beliebte Gerichte fehlen – doch welche Speisen tatsächlich den kulinarischen „Standard“ bilden, ist Kochbuchautoren so egal, dass sie ihre Werke von vornherein nicht nach Beliebtheit sortieren, sondern nach Speisearten. Oder alphabetisch, eben wie ein Wörterbuch.

4 Empirische Sprachgebrauchsanalyse

Nach dieser Kritik am Umgang der Rechtspraxis mit dem „Sprachgebrauch“ fragt sich natürlich, welche Alternativen zur Verfügung stehen. Dabei seien Praktikabilitätsaspekte einstweilen zurückgestellt; sie werden im letzten Absatz dieses Beitrags wieder aufgegriffen.

Letztlich lassen sich Fragestellungen mit dem vorliegend erwarteten Grad an Allgemeinheit nur durch wissenschaftlich validierte Methoden empirischer Forschung zuverlässig beantworten. Da den meisten Juristen die Ausbildung dafür fehlt, werden sie wohl auf Sachverständigenbeweise zurückgreifen müssen. Gleichwohl bedürfen Juristen eines gewissen Problemverständnisses, um die Möglichkeiten und Grenzen der „empirischen Sprachgebrauchsanalyse“ (so Lorenz, Pietzcker und Pietzcker 2005) zu erkennen. Als wichtigste Grenze lässt sich ohne Weiteres formulieren, dass empirische Forschung keine normativen Wertungen *ersetzen* kann (Christensen 1989: 83–86), sondern nur dabei hilft, das juristische Wertungsgebäude auf ein empirisches *Fundament* zu heben – daher die eingangs referierte Bezeichnung als evidenz*basierte* Jurisprudenz. Anders gewendet: Inwieweit das Recht dem Sprachgebrauch Beachtung schenkt, ist eine rechtlich zu bewertende Frage – *was* der Sprachgebrauch ist, dagegen eine empirisch zu bewertende.[15] Dafür stehen verschiedene Methoden zur Verfügung, deren hier nur zwei kurz angerissen werden sollen, die bereits Eingang in die juristische Fachliteratur gefunden haben:

Mit einem 2002 durchgeführten Modellversuch wollten ein Jurist und zwei Psychologen ermitteln, ob im Laiensprachgebrauch mit den Begriffen „Zweifel“ und „Irrtum“ das gleiche gemeint sei (Lorenz, Pietzcker und Pietzcker 2005). In einer Umfrage baten sie studentische Teilnehmer, zu beiden Begriffen frei zu assoziieren. Die Autoren kategorisierten die so gewonnenen Assoziationen und ermittelten für jede Kategorie den Anteil der Probanden, der sie erwähnt hatte. Daraus ergab sich eine Abstufung, welche Bedeutungselemente eines Begriffs mehr und welche weniger fest im Sprachgebrauch verankert sind (ebd.: 432). Indem die Autoren die Abstufungen der beiden untersuchten Begriffe grafisch

15 Die Wortwahl „empirisch zu bewertend“ verdeutlicht bereits, dass auch die empirische Forschung nicht objektiv und wertungsfrei, sondern im Gegenteil sehr voraussetzungsvoll ist – nur die Maßstäbe sind andere.

übereinanderlegten, erhielten sie ein Maß für deren Synonymie und damit einen Eindruck von der ungefähren „Grenze der Auslegung“ eines Sachverhalts als „Zweifel“ oder als „Irrtum“. Wenngleich die Autoren wiederholt betonen, dass es sich um einen explorativen Modellversuch gehandelt habe, scheint die Methode geeignet, den „Sprachgebrauch“ zuverlässiger einzugrenzen, als dies durch Introspektion oder Nutzung von Wörterbüchern möglich ist. Wesentlich ist insoweit weniger die konkrete Methode der Datenauswertung als vielmehr die Methode der Datenerhebung durch Befragung einer größeren Stichprobe. Zu Recht weisen die Autoren darauf hin (ebd.: 430), dass demoskopische Untersuchungen im Marken- und Wettbewerbsrecht längst etabliert sind (vgl. schon Benda und Krenzer 1972). Was für die Verkehrsdurchsetzung von Marken recht ist, kann für den Verkehrsgebrauch von Sprache nur billig sein (kritisch dazu aber Vogel, Pötters und Christensen 2015).

Einen anderen Ansatz verfolgte die 2010 veröffentlichte Studie eines US-amerikanischen Juristen und Linguisten. Darin ging es um die Frage, ob die englische Phrase *carry a firearm* im Laiensprachgebrauch das Mitführen einer Waffe im Handschuhfach umfasst (Mouritsen 2010). Dazu suchte der Autor in der größten frei zugänglichen digitalen Textsammlung des Gegenwartsenglisch (Corpus of Contemporary American English, COCA) nach dem Verb *carry* und untersuchte dessen wiederkehrende Wortpartner (Kollokationen, vgl. oben 3.1.). Er stellte fest, dass vier der hundert häufigsten Wortpartner tatsächlich Begriffe oder Synonyme für Feuerwaffen (*firearm*) waren, die dem Verb *carry* als Objekte beigegeben waren (ebd.: 1963). Von den 225 diesbezüglichen Suchtreffern verwendeten allerdings 63,56% das Verb *carry* in einer Weise, die eindeutig auf ein „Tragen am Körper“ bezogen war, während nur 1,33% der Suchtreffer das Verb im allgemeinen Sinn eines „mit sich Führens“ von Feuerwaffen verwendeten; die übrigen 35,11% entfielen auf andere oder unklare Verwendungen (ebd.: 1964). Damit war belegt, dass *carry a firearm* im Laiensprachgebrauch fast ausschließlich auf das Tragen am Körper und nicht auf das Mitführen im Handschuhfach o.ä. bezogen wird. Dieser korpuslinguistische Ansatz, der große Textmengen auf wiederkehrende sprachliche Gebrauchsmuster untersucht, ist ebenfalls geeignet, allgemeingültigere Aussagen über „den Sprachgebrauch“ zu machen als Introspektion und Wörterbuch. Hierzulande liegt mit dem „Deutschen Referenzkorpus (DeReKo)“ des Instituts für Deutsche Sprache (IDS) eine ähnlich mächtige Textsammlung vor, die jedermann nach Registrierung kostenlos nutzen kann.[16] Ein ähnliches Referenzkorpus speziell für die juristische Fachsprache (JuReko) befindet sich

16 Dazu wird die proprietäre Software COSMAS II benötigt; näher www.ids-mannheim.de/kl/projekte/korpora.

derzeit in Entwicklung (Vogel und Hamann 2015), und auch das Internet selbst kann notfalls als Textkorpus herhalten. Mit gewissen Vorbehalten (Li 2011: 149 f.; BGH 2007: 526) ermöglicht schon die Google-Suchmaske explorative Korpusuntersuchungen. Nichts anderes tut schließlich jeder, der wissen will, wieviele „s" in das Wort Einkommensteuer gehören und deshalb die Anzahl der Suchtreffer für „*einkommensteuer*" mit derjenigen für „*einkommenssteuer*" vergleicht. Welche Vorsicht dabei geboten ist, zeigt schon die Tatsache, dass sogar „*einkommensssteuer*" noch 596 Treffer verzeichnet (Stand 22.8.2013) – ganz zu schweigen von Werbesortierung, geheimen Ergebnisfiltern und der unklaren Suchtrefferzählung.

5 Resümee

Der vorliegende Beitrag hat aufgezeigt, dass das Bundesrecht und die höchsten Gerichte der Bundesrepublik Deutschland mit dem Begriff „Sprachgebrauch" zwei verschiedene Phänomene bezeichnen: Autoritativ definierte Begriffsbedeutungen einerseits und autonom entwickelte Verwendungsweisen andererseits. Der Begriff „Sprachgebrauch" taucht im Bundesrecht vier Mal, in den wichtigsten höchstgerichtlichen Entscheidungen der letzten zehn Jahre dagegen 325 Mal auf, in drei bis vier Prozent der Entscheidungen. Über die Hälfte dieser Vorkommen bezieht sich auf den „allgemeinen Sprachgebrauch", der besonders häufig für Begriffsbestimmungen herangezogen wird. Für die Feststellung, was der auf diese Weise in Bezug genommene Sprachgebrauch beinhaltet, zitiert die Rechtsprechung nur in jedem zweiten Fall überhaupt Nachweise, was nahelegt, dass Richter ihre eigene muttersprachliche Kompetenz für ausreichend halten, um den „allgemeinen" Sprachgebrauch zu erschließen. Soweit sie trotzdem Nachweise anführen, berufen sie sich auf Wörterbücher und frühere Gerichtsentscheidungen, nie dagegen auf Sachverständige oder andere empirische Zugänge. Da dieses Vorgehen aus rechtslinguistischer Sicht fragwürdig ist, weist der Beitrag auf empirische Methoden zur Sprachgebrauchsermittlung hin und geht insbesondere auf Demoskopie und Korpuslinguistik näher ein.

Der wohl naheliegendste Einwand gegen diese empirischen Methoden ist bislang noch nicht zur Sprache gekommen: *Lohnt sich das?* Empirische Forschung ist aufwändig, teuer und zeitraubend. Ist es wirklich erforderlich, für die Feststellung, dass ein Mensch „nach allgemeinem Sprachgebrauch [...] ein Jahr lang ‚59-jährig' [ist]" (BAGE 131, 61) die Maschinerie der empirischen Forschung anzuwerfen? Sicher nicht. Aber auch die umgekehrte Frage muss erlaubt sein: Ist es wirklich erforderlich, für die Feststellung, dass ein Mensch ein Jahr lang „59-jährig" ist, den „allgemeinen Sprachgebrauch" als Zeugen vorzuladen? Man sollte doch erwarten, dass Argumente, die solch gewaltiger Autoritäten bedürfen, auch den Aufwand zu ihrer Fundierung rechtfertigen. Dieser Aufwand ist nichts anderes als erforderlich, wenn die Berufung auf den „Sprachgebrauch“ ernst gemeint und das eingangs zitierte Methodenbekenntnis „kein Lippenbekenntnis sein soll“ (Lorenz, Pietzcker und Pietzcker 2005: 434). Als wohl wichtigste Schlussfolgerung mündet die vorliegende Studie deshalb in einen Aufruf zu Selbstbescheidung und Methodenehrlichkeit: Wer den „Sprachgebrauch“ als Autorität bemüht, muss sich fragen lassen, wie er ihn ermittelt hat. Wer diese Ermittlung scheut, sollte vielleicht auch die Berufung auf den „Sprachgebrauch“ scheuen. Oder fehlt dem Satz „Ein Mensch ist ein Jahr lang 59-jährig.“ etwas Wesentliches?

6 Abgekürzt zitierte Entscheidungssammlungen

Auf das jeweilige Kürzel folgt stets die Angabe des einschlägigen Bandes, gefolgt von einem Komma und der Seitenzahl, ab der die betreffende Gerichtsentscheidung abgedruckt ist.

BAGE	Entscheidungen des Bundesarbeitsgerichts (Berlin: de Gruyter)
BFHE	Entscheidungen des Bundesfinanzhofs (Bonn: Stollfuß)
BGHZ	Entscheidungen des Bundesgerichtshofs in Zivilsachen (Köln: Carl Heymanns)
BGHSt	Entscheidungen des Bundesgerichtshofs in Strafsachen (Köln: Carl Heymanns)
BSGE	Entscheidungen des Bundessozialgerichts (Köln: Carl Heymanns)
BVerfGE	Entscheidungen des Bundesverfassungsgerichts (Tübingen: Mohr Siebeck)
BVerfGK	Kammerentscheidungen des Bundesverfassungsgerichts (Heidelberg: C.F. Müller)
BVerwGE	Entscheidungen des Bundesverwaltungsgerichts (Köln: Carl Heymanns)

Literatur

Anthony, Laurence 2012: *AntConc (3.2.4w)* [Computer Software]. Tokyo: Waseda University, http://www.antlab.sci.waseda.ac.jp

Benda, Ernst und Karl Krenzer 1972: Demoskopie und Recht. In: *JuristenZeitung* (JZ), S. 497–501.

BGH 2007: Beschluss vom 25.10.2006 („Halluzinogen wirkende Pilze“), Aktenzeichen 1 StR 384/06. In: *Neue Juristische Wochenschrift* (NJW), S. 524–526.

Bundesregierung 1962: *Entwurf eines Strafgesetzbuchs (StGB) E 1962 mit Begründung*, Deutscher Bundestag Drucksache IV/650 vom 4.10.1962, http://dip21.bundestag.de/dip21/btd/04/006/0400650.pdf

Bundesregierung 1994: *Entwurf eines Gesetzes zur Reform des Markenrechts und zur Umsetzung der Ersten Richtlinie 89/104/EWG des Rates vom 21. Dezember 1988 zur Angleichung der Rechtsvorschriften der Mitgliedstaaten über die Marken (Markenrechtsreformgesetz) mit Begründung*, Deutscher Bundestag Drucksache 12/6581 vom 14.1.1994, http://dipbt.bundestag.de/doc/btd/12/065/1206581.pdf

Busse, Dietrich 2004: Verstehen und Auslegung von Rechtstexten – institutionelle Bedingungen. In: Kent Lerch (Hg.): *Die Sprache des Rechts* Bd. 1: Recht verstehen. Verständlichkeit, Missverständlichkeit und Unverständlichkeit von Recht. Berlin, New York: De Gruyter.

Cane, Peter und Herbert Kritzer 2010: *The Oxford Handbook of Empirical Legal Research*. Oxford: Oxford University Press.

Christensen, Ralph 1989: *Was heißt Gesetzesbindung? Eine rechtslinguistische Untersuchung*. Berlin: Duncker & Humblot.

Hamann, Hanjo 2010: *Juristische Kuriositäten II. Über Tiere, Menschen und ihre Missverständnisse*. München: GRIN-Verlag.

Hamann, Hanjo 2014: *Evidenzbasierte Jurisprudenz. Methoden empirischer Forschung und ihr Erkenntniswert für das Recht am Beispiel des Gesellschaftsrechts*. Tübingen: Mohr Siebeck.

Kudlich, Hans, Ralph Christensen und Michael Sokolowski 2007: Zauberpilze und Cybernauten – oder: Macht Sprache aus Pilzen Pflanzen? Überlegungen zu BGH 1 StR 384/06 v. 25. 10. 2006 aus rechtslinguistischer Sicht. In: Friedrich Müller (Hg.), *Politik, [Neue] Medien und die Sprache des Rechts*. Berlin: Duncker & Humblot, S. 119–134.

Larenz, Karl 1991: *Methodenlehre der Rechtswissenschaft*. 6. Aufl. Berlin [u. a.]: Springer.

Lawless, Robert, Jennifer Robbennolt und Thomas Ulen 2010: *Empirical Methods in Law*. Frederick: Aspen Publishers.

Li, Jing 2011: *„Recht ist Streit". Eine rechtslinguistische Analyse des Sprachverhaltens in der deutschen Rechtsprechung*. Berlin, New York: De Gruyter.

Lobenstein-Reichmann, Anja 2007: Medium Wörterbuch. In: Friedrich Müller (Hg.): *Politik, [Neue] Medien und die Sprache des Rechts*. Berlin: Duncker & Humblot, S. 279–313.

Lorenz, Jörn, Manja Pietzcker und Frank Pietzcker 2005: Empirische Sprachgebrauchsanalyse – Entlarvt ein neues Beweismittel Verletzungen des Analogieverbots (Art. 103 II GG)? In: *Neue Zeitschrift für Strafrecht* (NStZ), S. 429–434.

Luther, Martin 1530: Ein Sendbrief vom Dolmetschen. In: *Martin Luthers Werke. Kritische Gesamtausgabe* Bd. 30. Weimar: Böhlaus Nachfolger, S. 632–646 (zit. nach www.zeno.org/nid/20005347378).

Mouritsen, Stephen C. 2010: The Dictionary Is Not a Fortress: Definitional Fallacies and a Corpus-Based Approach to Plain Meaning. In: *Brigham Young University Law Review*, S. 1915–1979.

Müller, Friedrich und Ralph Christensen 2009: *Juristische Methodik*. Bd. I: Grundlegung für die Arbeitsmethoden der Rechtspraxis. 10. Aufl. Berlin: Duncker & Humblot.

OLG Koblenz 2006: Beschluss vom 15.3.2006 („Zauberpilze"), Aktenzeichen 1 Ss 341/05. In: *Rechtsprechungsreport Strafrecht* (NStZ-RR), S. 218–220.

Röhl, Klaus 1987: *Rechtssoziologie: Ein Lehrbuch*. Köln: Heymanns.

Vogel, Friedemann 2012: Das Recht im Text. Rechtssprachlicher Usus in korpuslinguistischer Perspektive. In: Ekkehard Felder, Marcus Müller und Friedemann Vogel (Hg.): *Korpuspragmatik. Thematische Korpora als Basis diskurslinguistischer Analysen von Texten und Gesprächen*. Berlin: De Gruyter, S. 314–353.

Vogel, Friedemann und Hanjo Hamann 2015: Vom corpus iuris zu den corpora iurum. Konzeption und Erschließung eines juristischen Referenzkorpus (JuReko). In: Heidelberger Akademie der Wissenschaften (Hg.): Jahrbuch der Heidelberger Akademie der Wissenschaften für 2014. Heidelberg: C. Winter, S. 275–278.

Vogel, Friedemann, Stephan Pötters und Ralph Christensen 2015: *Richterrecht der Arbeit – empirisch untersucht. Möglichkeiten und Grenzen computergestützter Textanalyse am Beispiel des Arbeitnehmerbegriffs*. Berlin: Duncker & Humblot.

Hans Kudlich

„Gerechtigkeit“ in den Entscheidungen des Bundesgerichtshofs

1 Hinführung: Bedeutung der „Gerechtigkeit“ und Untersuchungsziel

„Die Gerechtigkeit“ ist – das muss unter Juristen nicht näher erläutert werden und dürfte auch für Nichtjuristen unmittelbar einsichtig sein – zumindest vermeintlich *die* zentrale Größe im Recht. Nicht umsonst heißt es bei *Augustinus*: „Remota itaque iustitia quid sunt regna nisi magna latrocinia?“ (De civitate dei, Liber IV, 4.). Ein Staatswesen, das seinen Namen verdient (und nicht nur eine überdimensionierte Verbrecherbande ist), ist also geradezu konstituierend auf die Gerechtigkeit angewiesen. Ebenso leicht einsehbar ist jedoch, dass sich Gerechtigkeit nur „schwer fassen“ lässt und dass in vielen Fällen rechtliche Regelungen auch ohne materiellen Gerechtigkeitsgehalt erlassen werden, einfach damit überhaupt eine Regelung besteht. Exemplarisch: Das Rechtsfahrgebot auf deutschen Straßen hat signifikant keinen größeren Gerechtigkeitsgehalt als das Linksfahrgebot in anderen Ländern. Dennoch ist es für ein gedeihliches Zusammenleben hilfreich, dass man sich darüber einigt, welche Seite der Fahrbahn bevorzugt benutzt wird.

Der Gerechtigkeit und ihrem Inhalt näher zu kommen, ist deshalb seit jeher zentrales Anliegen der Rechtsphilosophie. Darum soll es mir in diesem Beitrag *nicht* gehen. Zwar sollen abschließend tatsächlich auch einige wenige Worte über den Inhalt der Gerechtigkeit verloren werden; im Kern steht aber unserem gemeinsamen Thema „Recht und Sprache“ entsprechend die Frage, wie der „Begriff“ der Gerechtigkeit im Recht „verwendet“ wird. Und da gerade die Sprachwissenschaftler nach der pragmatischen Wende besonders daran interessiert sind, wie ein Begriff *in der Praxis* verwendet wird, wird hier der Blick gewissermaßen auf den Höhepunkt der Rechtspraxis – jedenfalls der Rechtspraxis innerhalb der ordentlichen Gerichtsbarkeit (d. h. der Zivil- und Strafgerichtsbarkeit[1]) – fokussiert: Untersucht werden soll die Frage, wie „die Gerechtigkeit“ im Textkorpus der höchstrichterlichen Rechtsprechung verwendet wird. Dabei geht es

1 Die Ergebnisse zur Strafgerichtsbarkeit, d. h. zu den in der Sammlung BGHSt veröffentlichten Entscheidungen wurden in einer ausführlicheren Form in einem Beitrag des Verfassers in der im Januar 2014 erschienenen Festschrift für Kristian Kühl vorgestellt (S. 47 ff.).

nicht um eine inhaltliche Bewertung, ob diese Rechtsprechung materiellen Gerechtigkeitspostulaten gerecht wird, sondern um das tatsächliche (nicht zuletzt auch statistische) Auftreten im Korpus und um die Funktion dieses Schlüsselbegriffs in der Argumentation.

2 Erkenntnisziel, „Untersuchungsdesign“ und Methodik

Ausgehend von der Hypothese, dass es sich bei „der Gerechtigkeit“ um einen möglicherweise zwar sparsam verwendeten, dann aber umso mehr Autorität beanspruchenden Topos handelt, ist die Untersuchung seiner Verwendung ein Mosaikstein in den Bemühungen, eine „Theorie der Praxis“ zu skizzieren (vgl. dazu bereits Christensen und Kudlich 2002: 269ff., 275ff.). d.h. das in der praktischen Rechtsanwendung verfügbare methodisch Können als theoretisches Wissen zu explizieren. Inhaltsanalysen der vorliegenden Art können stärker quantitativ (exemplarisch dafür Kudlich und Christensen 2009) oder stärker qualitativ erfolgen. Im erstgenannten Fall enthält man Aussagen über die Bedeutung bestimmter methodischer Instrumente (was vor allem dann aussagekräftig wird, wenn man sie zahlenmäßig mit anderen Methoden vergleicht), im zweitgenannten Fall Erkenntnisse darüber, wie ein bestimmtes Auslegungsargument (ganz unabhängig von der Häufigkeit seines Auftretens) verwendet wird.

Die hier vorgestellte Untersuchung war – ungeachtet der erzielten Zahlen zur Häufigkeit, auch etwa im Vergleich unterschiedlicher Zeiträume – in diesem Sinn stärker eine qualitative Analyse, da nur an einigen Stellen im Vordergrund steht, wie oft mit der Gerechtigkeit argumentiert wird, während zumeist nach der Art des Einsatzes des Arguments gefragt wird. Konkret wird die Frage nach „der Gerechtigkeit“ für den Zeitraum der letzten 50 Jahre und bezogen auf die in den (sog.[2]) Amtlichen Sammlungen (BGHSt und BGHZ) veröffentlichten Entscheidungen untersucht. Dabei werden die Entscheidungen in einem ersten Schritt gleichsam „auf der Textoberfläche“ (zum Nutzen auch von Analysen, die sich dort abspielen, vgl. bereits Kudlich und Christensen 2009: 13ff.) danach untersucht, wo das Thema der Gerechtigkeit auftaucht und welche Rolle der Begriff spielt. Um dabei in der gewaltigen Textmasse der in den Amtlichen Sammlungen veröffentlichten Entscheidungen halbwegs verlässlich die entsprechenden Passagen auch vollständig aufzufinden, wurde die Suche nicht nur händisch durchge-

---

2 Die Sammlungen BGHZ und BGHSt werden von Richtern des Bundesgerichtshofs in privater Nebentätigkeit herausgegeben und sind in diesem Sinne nicht „amtlich“. Der Begriff hat sich aber eingebürgert, weil die Auswahlentscheidung von Mitgliedern des Gerichts selbst und nicht etwa von externen Zeitschriftenredaktionen getroffen wird.

führt, sondern elektronisch unterstützt (was die häufig gestellte Frage nach der Bedeutung von Datenbanken für die juristische und rechtslinguistische Arbeit erhellt, vgl. hierzu etwa die Beiträge von Schuhr sowie Pötters und Vogel, in diesem Band): Dazu wurde in der Datenbank juris für den Zeitraum der letzten 50 Jahre (d.h. bis zurück zum Jahr 1963) für alle Entscheidungen, bei denen als Fundstelle u.a. auch die Amtliche Sammlung (BGHSt bzw. BGHZ) vermerkt ist, im Volltext nach dem Begriff der Gerechtigkeit gesucht. Eine Beschränkung auf genau diesen Ausdruck (d.h. die entsprechende exakte Zeichenkette) kann bei juris dadurch gewährleistet werden, dass der Suchbegriff in Anführungszeichen gesetzt wird, so dass nicht sämtliche Urteile ausgeworfen werden, in denen – was juris als intelligente Suchmaschine für andere Zwecke durchaus sinnvoll anbietet – auch Zusammensetzungen und ähnliche Begrifflichkeiten berücksichtigt werden. Das Ergebnis einer solchen Suche ist eine Liste aller Entscheidungen aus diesem Zeitraum in den Amtlichen Sammlungen, in denen der Begriff „Gerechtigkeit“ mindestens einmal vorkommt. Diese Entscheidungen haben dann die Grundlage für eine manuelle (wenngleich ebenfalls computergestützte) Suche gebildet, bei welcher die einschlägigen Urteilspassagen inhaltlich bearbeitet wurden.

Dass auch für den Untersuchungszeitraum der letzten 50 Jahre die Entscheidungen der Amtlichen Sammlungen keineswegs flächendeckend sind, wird dabei durchaus gesehen. Es handelt sich aber bei diesen Entscheidungen immerhin um solche, die nach dem Selbstverständnis von Mitgliedern der jeweiligen Straf- oder Zivilsenate besonders bedeutsam sind und auch durchgehend um solche Entscheidungen, die überhaupt eine zumindest mehr oder weniger lange Begründung enthalten (was bei strafrechtlichen Revisionsentscheidungen nicht selbstverständlich ist). Insofern zeichnet auch dieser Ausschnitt ein gutes Bild jedenfalls für den Umgang mit „der Gerechtigkeit“ in solchen Fällen, welche die befassten Richter des Bundesgerichtshofs selbst für wichtig halten und in denen sie besondere Sorgfalt auf die Begründung verwendet haben (zu Sinn und Zweck der revisionsgerichtlichen Begründungen vgl. auch Christensen und Kudlich 2001: 339).

Die Untersuchung beschränkt sich – wie soeben angedeutet – bewusst auf die Suche nach dem Begriff „Gerechtigkeit“ und greift weder alle Wendungen, in denen etwa das Wort „gerecht“ vorkommt (wie etwa die „gerechte Strafe“, der „gerechte Schuldausgleich“ etc.), noch irgendwelche (mehr oder weniger) Synonyme auf. Aus sprachwissenschaftlicher Sicht liegt hier natürlich ein Einwand sofort nahe: Möchte man ein bestimmtes „Thema“ in einem Textkorpus näher untersuchen, so scheint es auf den ersten Blick geradezu kontraproduktiv zu sein, sich auf eine ganz spezifische Zeichenkette zu konzentrieren und nicht auch andere Wendungen mit einzubeziehen, die thematisch im unmittelbaren Umfeld dieses Ausdrucks liegen (und bei denen man annehmen könnte, dass es mitunter nur eine Frage der Zufälligkeit der Formulierung ist, ob das eine oder andere Wort verwendet wird). So könnte man statt nach „Gerechtigkeit" gewiss auch nach entsprechenden Zusammensetzungen mit dem Adjektiv „gerecht" suchen oder aber – je nach Kontext – auch Ausdrücke wie „Billigkeit", „Angemessenheit" oder vielleicht sogar auch „Verhältnismäßigkeit" in die Suche miteinbeziehen.

Dass dies hier nicht erfolgt, hat zwei Gründe: Zum einen den ganz praktischen, dass die Untersuchung als – soweit ersichtlich – erster Zugriff auf „die Gerechtigkeit" aus dieser Perspektive und mit dieser Methode in einem irgendwie vertretbaren Rahmen gehalten werden sollte. Hier wird also nicht das Ergebnis eines großen mit zwei Mitarbeiterstellen über drei Jahre geförderten Forschungsprojekts präsentiert, sondern ein erster Ansatz mit dem vorsichtig Neuland betreten wird und auf den für zukünftige Untersuchungen aufgebaut werden könnte. Zum anderen dürfte aber gerade auch der „Anrufung der Gerechtigkeit" eine Sonderstellung zukommen, da Juristen das damit verbundene Pathos traditionell eher spärlich einsetzen und überall dort, wo „Gerechtigkeitsgedanken nur nebenbei" laufen, andere Wendungen heranziehen. Wenn dagegen explizit von „der Gerechtigkeit" die Rede ist, erfolgt dies regelmäßig nicht zufällig, sondern wohl durchdacht, und es ist gerade spannend zu sehen, wie oft und in welchen Konstellationen dies passiert.

3 Ergebnisse

3.1 Statistisches

3.1.1 Ergebnisse aus der Rechtsprechung für Strafsachen

3.1.1.1 Allgemeines

In den letzten 50 Jahren (d. h. für den Zeitraum ab dem Jahre 1963)[3] finden sich in der Amtlichen Sammlung für Strafsachen 89 von insgesamt 2611 Entscheidungen, in denen der Ausdruck „Gerechtigkeit" auftaucht. Dies entspricht einem Anteil von rund 3,4%. Ein kurzer Vergleich zeigt hierbei, dass die Beschränkung auf die letzten 50 Jahre auch für die gesamte Spruchtätigkeit des Bundesgerichtshofs in Strafsachen durchaus repräsentativ ist. Führt man die Suche nämlich ohne Beschränkung auf 1963 als frühesten Zeitpunkt durch und geht zurück bis zu den

3 Den Abschluss des Erfassungszeitraums bildet der 1. März 2013.

ersten Entscheidungen des Bundesgerichtshofs, so findet man 115 aus 4325 Entscheidungen, was einem Anteil von 2,7% entspricht. Dass im Untersuchungszeitraum der letzten 50 Jahre „die Gerechtigkeit" mithin ein wenig überrepräsentiert ist (wobei die Prozentanteile freilich gleichwohl ganz deutlich in einem sehr ähnlichen Bereich liegen), ist dadurch zu erklären, dass bei einer Prozentangabe für einen Untersuchungszeitraum von 50 Jahren die „starken Jahrgänge" nach der Wiedervereinigung, in welchen der Bundesgerichtshof überdurchschnittlich oft auf „die Gerechtigkeit" rekurriert,[4] stärker ins Gewicht fallen als innerhalb von mehr als 60 Jahren.[5]

3.1.1.2 Zuordnung der Entscheidungen zu den Strafsenaten und Vergleich mit Entscheidungen außerhalb der „amtlichen Sammlung"

Nicht ganz repräsentativ – und wie oben beschrieben: auch bewusst nicht ganz repräsentativ – ist die Beschränkung auf Entscheidungen, die in der Amtlichen Sammlung veröffentlicht sind. Streicht man diese Beschränkung in der Suche,[6] so handelt es sich um 140 von 2841 Entscheidungen, was einem Anteil von nur 0,5% entspricht. Beschränkt man sich umgekehrt unter den in BGHSt veröffentlichten Entscheidungen der letzten 50 Jahre auf solche, die vom Großen Strafsenat (Az. „GSSt") erlassen worden sind, so kommt man immerhin auf 5 von 29 Entscheidungen und damit auf einen Anteil von 17,2%.

---

4 Hier wirkt sich gewissermaßen auch statistisch aus, dass die strafrechtliche Aufarbeitung des NS-Unrechts im ersten Jahr der Bundesrepublik bei weitem nicht so breit erfolgt ist wie die Aufarbeitung des DDR-Unrechts in den ersten Jahren nach der Wiedervereinigung.

5 Bei einer fiktiven Angleichung der Fundstellen der betroffenen Jahre an die Durchschnitte der Jahrgänge, in denen das DDR-Unrecht keine nennenswerte Rolle spielt, wären insgesamt „nur" 2,4% der Entscheidungen einschlägig: Dies errechnet sich, wenn man fiktiv für die Zehnjahresblöcke von 2003 bis 1994 und 1993 bis 1984 statt 27 und 24 (tatsächlich ergangenen) Entscheidungen die fiktive Zahl von 12 bzw. 13 Entscheidungen ansetzt, welche den zweimal 12 und einmal 14 Entscheidungen der drei anderen „Zehnerblöcke" des Untersuchungszeitraums entsprechen.

6 Ohne die Beschränkung auf „Fundstelle: BGHSt" ist es freilich nicht ganz trivial, in juris möglichst flächendeckend alle, aber auch nur strafrechtliche Entscheidungen zu erfassen. Vorliegend wurde dies dadurch erzielt, dass nach allen Entscheidungen gesucht wurde, die in ihrem Aktenzeichen entweder „StR", „GSSt" (Entscheidungen des Großen Strafsenats), „ARs" (Gerichtsstandbestimmungen in Strafsachen) und „StB" (Beschwerden in Strafsachen) enthalten. Damit werden nur solche „Ausreißer" (wie etwa kartellstrafrechtliche Entscheidungen durch den Kartellsenat mit einschlägigen Aktenzeichen, die aber gleichwohl theoretisch in der Amtlichen Sammlung für Strafsachen aufgenommen werden könnten) nicht erfasst, die in ihrer Anzahl statistisch ebenso nicht relevant sein dürften wie Entscheidungen unter weiteren „denkbaren" strafrechtlichen Aktenzeichen.

Jenseits dieser auffälligen Dominanz des Großen Strafsenats ist eine Untersuchung nach der Bedeutung der „Gerechtigkeit" in den Entscheidungen der einzelnen Strafsenate nicht sinnvoll bzw. jedenfalls nicht aussagekräftig für einen größeren oder kleineren Gerechtigkeitssinn der verschiedenen Strafsenate. Schon aufgrund der Fokussierung bei der Aufarbeitung des DDR-Unrechts ist naturgemäß der 5. Strafsenat deutlich stärker repräsentiert, der für Revisionen gegen Entscheidungen u.a. aus Berlin zuständig ist. Ferner ist – und zwar durch alle Senate hindurch – nicht selten zu beobachten, dass „Gerechtigkeitsargumente" nur zitiert bzw. wiedergegeben und nicht vom jeweiligen Senat selbst in den Vordergrund gestellt werden.

3.1.1.3 Zeitliche Verteilung

Unterteilt man den Untersuchungszeitraum in fünf Zehnerblöcke,[7] so ergibt sich folgende Verteilung:

Tab. 1: Verteilung der strafrechtlichen Entscheidungen mit expliziter Erwähnung „der Gerechtigkeit"

„Zehnjahresblock"	Anzahl der einschlägigen Entscheidungen
2013–2004	12
2003–1994	27
1993–1984	24 (davon zwischen 1993 und 1989: 18)
1983–1974	12
1973–1963	14 (im einzigen „11-Jahresblock")

3.1.2 Ergebnisse aus der Rechtsprechung in Zivilsachen

3.1.2.1 Allgemeines

Für die zivilgerichtliche Rechtsprechung mit den in der Sammlung BGHZ veröffentlichten Entscheidungen ergibt sich folgendes Bild: Im Untersuchungszeitraum ab 1963 findet sich der Begriff der Gerechtigkeit in 86 von insgesamt

7 Dadurch, dass das Jahr 2013 partiell noch mitberücksichtigt werden konnte, ist ein Zehnerblock naturgemäß elf Jahre lang.

7193 Entscheidungen oder einem Anteil von rund 1,1%. Auch hier gilt wieder, dass die letzten 50 Jahre repräsentativ für die gesamte Spruchpraxis der Zivilsenate seit Gründung des Bundesgerichtshofes sind: Geht man bis dahin zurück, handelt es sich um 121 von 9262 und damit ca. 1,3% der Entscheidungen. Dass man in Zivilsachen offenbar keine „Wiedervereinigungsspitze“ hat, ist dabei nicht überraschend – für einen Rechtswissenschaftler, dessen „dogmatische Heimatdisziplin“ das Strafrecht ist, ebenso wenig, dass im Strafrecht mehr Wert auf die Gerechtigkeit gelegt zu werden scheint.[8]

3.1.2.2 Zuordnung der Entscheidungen zu den Zivilsenaten und Vergleich mit Entscheidungen außerhalb der „amtlichen Sammlung“

Eine weitere Übereinstimmung mit dem Strafrecht zeigt sich in der Überrepräsentation des Ausdrucks in Entscheidungen, die in der Amtlichen Sammlung veröffentlicht sind. Beschränkt man sich nicht darauf und zieht alle Entscheidungen des Bundesgerichtshofs in Zivilsachen heran, die in juris nachgewiesen sind, geht es um 412 von 97.225 und nur ca. 0,4% der Entscheidungen. Nicht ganz so klar ist die Parallele hinsichtlich der Entscheidungen des Großen (Zivil-) Senats (GSZ). Hier liegt einerseits mit einer von 19 Entscheidungen, d. h. in ca. 5% der Fälle, scheinbar ebenfalls ein deutlich größerer Anteil vor, in dem „die Gerechtigkeit“ als Argument verwendet wird; andererseits ist der prozentuale Anteil deutlich geringer als im Strafrecht. Letztlich hat man aber wohl bei nur einer Entscheidung eine zu kleine absolute Zahl, um überhaupt belastbare Aussagen treffen zu können – würde man nur eine einzige weitere Entscheidung des Großen Zivilsenats finden, wären es schon 10% der Fälle und damit das Verhältnis zu allen zivilgerichtlichen Entscheidungen noch einmal deutlich anders gewichtet und auch eine größere Nähe zum Anteil der einschlägigen Entscheidungen des Großen Strafsenats hergestellt.

Auf eine differenzierende Untersuchung nach den verschiedenen Zivilsenaten wurde auch hier verzichtet, da eine Verteilung der insgesamt geringen Fallzahlen auf zwölf Zivilsenate zu sehr kleinen und damit wieder statistisch eher wenig aussagekräftigen Zahlen führen dürfte. Unter einem Aspekt freilich wäre

---

8 Eine Erklärung für dieses hier nicht ernsthaft vorgetragene Phänomen mag freilich in der Tat Folgendes sein: Möglicherweise gibt es im Zivilrecht mehr Synonyme („Billigkeit“ etc.), die statt des Begriffs der „Gerechtigkeit“ verwendet werden (was im Detail Gegenstand einer eigenen Untersuchung sein müsste). Und das oben angesprochene „ganz große Pathos“ mag eben in Fällen, in denen es um die richtige Abwicklung eines Vertrages geht, auch nicht so oft angesprochen werden wie bei den existentiellen Konflikten und ultimativen Rechtsfolgen, um die es im Strafrecht geht.

diese Untersuchung bei den Zivilsenaten interessanter als im Strafrecht (und von daher doch ein denkbares Forschungsdesiderat, zumal wenn man durch die Einbeziehung verwandter Begriffe größere Fallzahlen generieren würde): Anders als im Strafrecht, in dem die Zuständigkeit der einzelnen Senate sich nicht ausschließlich, aber doch ganz vorrangig aus regionalen Aspekten (Zuständigkeit für Urteile aus bestimmten OLG-Bezirken) ergibt, ist die Zuständigkeit der Zivilsenate eine thematische. Hier wäre es u. U. spannend zu erfahren, ob etwa im „Banksenat" Gerechtigkeitsargumente i.w.S. eine größere oder kleinere Rolle spielen als in einem Senat, der sich schwerpunktmäßig mit Wohnraummiet-, Familien- oder Reisevertragssachen befasst.

3.1.2.3 Zeitliche Verteilung

Die Unterteilung in fünf Zehnerblöcke[9] führt für die Zivilsenate zu folgender Verteilung:

Tab. 2: Verteilung der zivilrechtlichen Entscheidungen mit expliziter Erwähnung „der Gerechtigkeit"

„Zehnjahresblock"	Anzahl der einschlägigen Entscheidungen
2013–2004	7
2003–1994	21
1993–1984	15 (davon zwischen 1993 und 1989: 10)
1983–1974	18
1973–1963	24 (im einzigen „11-Jahresblock")

4 Ergebnisse: Verwendung „der Anrufung der Gerechtigkeit"

4.1 Verwendung in Straf- wie in Zivilsachen gleichermaßen

In Zivil- wie in Strafsachen gleicherweise überdurchschnittlich häufig findet sich die Verbindung von „Gerechtigkeit" und Gleichheitserwägungen. Ohne dass die Gerechtigkeit auf die „Gleichheit" (die im Verfassungsstaat ja durch Art. 3 GG auch

9 Die Anmerkung aus Endnote 7 gilt hier entsprechend.

grundrechtlich sehr speziell verankert ist) reduziert werden könnte, scheint – letztlich dem Ideal einer *iusitia distributiva* am stärksten verpflichtet[10] – der Gleichbehandlungsgrundsatz für alle Rechtsgebiete ein zentrales Gerechtigkeitsmoment zu sein. Insoweit flankiert das Gerechtigkeitsargument den allgemeinen Gedanken der Gleichbehandlung bzw. überhöht teilweise auch eine systematische Auslegung.[11]

Ferner findet sich sowohl im Zivil- als auch im Strafrecht die Einbindung des Begriffs „Gerechtigkeit" in mehr oder weniger feststehende Formeln. Solche Formeln bzw. Obersätze greifen – gerade dort, wo etwas Bedeutsames oder aber auch etwas Ungewöhnliches dargestellt werden soll – vergleichsweise oft auf „große Begriffe" wie „die Gerechtigkeit" zurück. Ein Beispiel aus dem Zivilrecht ist die Formel für den sogenannten „Wegfall der Geschäftsgrundlage", der dann in Betracht kommt, wenn „ein Festhalten an der ursprünglichen Regelung zu einem untragbaren mit Recht und *Gerechtigkeit* schlechthin nicht mehr zu vereinbarenden Ergebnis führen würde und das Festhalten an der ursprünglichen vertraglichen Regelung für die betroffene Partei deshalb unzumutbar wäre".[12] Beispiele aus dem Strafrecht sind zum einen die der Rechtsprechung des Bundesverfassungsgerichts entlehnte[13] „funktionstüchtige Strafrechtspflege", „ohne die der *Gerechtigkeit* nicht zum Durchbruch verholfen werden kann",[14] zum anderen die

---

10 Versteht man die „Gleichbehandlung" so, wie sie vom BVerfG auch für Art. 3 GG gesehen wird, nämlich dass Gleiches gleich, Ungleiches aber seinen spezifischen Eigenarten entsprechend ungleich behandelt werden muss (vgl. nur BVerfGE 1, 52; 1, 247; 4, 144 [155]; ähnlich BVerfGE 9, 334 [337]; 11, 64 [71]; 11, 283 [287]; 17, 319 [330]), so mag man darin durchaus auch ein Element einer iustitia contributiva (d. h. einer ausgleichenden Gerechtigkeit) sehen.

11 So für das Strafrecht etwa in 1 StR 71/04 Rn. 7 = BGHSt 49, 90, 92; StB 12/96 Rn. 6 = insoweit nicht abgedruckt in BGHSt 42, 324; 4 StR 153/93 Rn. 13 = BGHSt 39, 208, 211; 4 StR 638/92 Rn. 9 = BGHSt 39, 128, 131; 4 StR 367/91 Rn. 14 = BGHSt 38, 231, 237; 4 StR 366/91 Rn. 35 = BGHSt 38, 125, 137; AR Anw 2/90 Rn. 3 = BGHSt 37, 361, 362; 3 StR 130/79 Rn. 17 = BGHSt 29, 37, 42; 3 StR 24/79 Rn. 14 = BGHSt 28, 318, 324; 4 StR 255/76 Rn. 21 = BGHSt 27, 45, 51; 4 StR 77/76 Rn. 18 = BGHSt 27, 74, 76; 2 StR 268/73 Rn. 7 = BGHSt 25, 222, 224; 3 StR 21/72 Rn. 20 = BGHSt 25, 109, 116; 3 StR 55/63 Rn. 12 = BGHSt 19, 226, 230. Für das Zivilrecht etwa in: IV ZR 76/09 Rn. 66 = BGHZ 190, 314, 339; KZR 37/99 Rn. 27 = BGHZ 147, 81, 91; IX ZR 178/84 Rn. 33 = BGHZ 95, 256, 266; II ZR 66/69 Rn. 20 = BGHZ 56, 300, 305.

12 Vgl. VII ZR 24/92 Rn. 57 = BGHZ 121, 379, 393; III ZR 154/80 Rn. 27 = BGHZ 84, 1, 9; ähnlich I ZR 42/07 Rn. 72 = BGHZ 181, 77, 97; I ZR 189/95 Rn. 55 = BGHZ 137, 387, 396; I ZR 265/95 Rn. 27 = BGHZ 133, 316, 321; I ZR 194/95 Rn. 31 = BGHZ 133, 331, 335; I ZR 101/94 Rn. 54 = BGHZ 133, 281, 295; V ZR 164/94 Rn. 26 = BGHZ 131, 209, 216; VII ZR 91/91 Rn. 39 (in BGHZ 120, 10 insoweit nicht abgedruckt).

13 Vgl. BVerfGE 33, 376, 383; 46, 214, 222.

14 So oder vergleichbar in 1 StR 701/08 Rn. 35 = BGHSt 53, 294, 305; GSSt 1/04 Rn. 32 = BGHSt 50, 40, 47; 4 StR 240/97 Rn. 11 = BGHSt 43, 195, 198; 5 StR 190/91 Rn. 13 = BGHSt 38, 214,

(insbesondere zur Bewältigung des DDR-Unrechts herangezogene) „Radbruchsche Formel", wonach (aus heutiger Sicht: im Konflikt mit Art. 103 II GG) solches positiviertes Gesetzesrecht unbeachtlich bleiben kann, in dem „ein offensichtlich grober Verstoß gegen Grundgedanken der *Gerechtigkeit* und Menschlichkeit zum Ausdruck kommt", wobei der „Widerspruch des positiven Gesetzes zur Gerechtigkeit" so unerträglich sein muss, „dass das Gesetz als unrichtiges Recht der *Gerechtigkeit* zu weichen hat.[15]

In unterschiedlichen Spielarten und Formulierungen taucht schließlich sowohl im Zivil- wie im Strafrecht der Begriff der Gerechtigkeit des Öfteren bei Negativabgrenzungen bzw. Kotrollüberlegungen nach dem Motto auf, ein bestimmtes Ergebnis sei auch „nicht mit der Gerechtigkeit unvereinbar".[16]

4.2 Verwendung in Zivilsachen

Noch weiter als der Gedanke, ein Ergebnis sei „mit der Gerechtigkeit nicht unvereinbar", geht die zivilrechtliche Rechtsprechung mitunter, wenn sie ein Ergebnis geradezu als „Gebot der Gerechtigkeit" deklariert.[17] Dass es sich hierbei argumentationstheoretisch um ein eher schwaches Argument handelt, wenn die Behauptung „Gebot der Gerechtigkeit" nicht das Ergebnis eines Begründungsvorganges

220; 4 StR 223/87 Rn. 15 = BGHSt 34, 397, 401; 2 StR 731/79 Rn. 9 = BGHSt 29, 244, 250; 2 StR 63/79 Rn. 8 = BGHSt 29, 23, 25; StB 235/78 Rn. 14 = BGHSt 28, 240, 246; StB 60–63/75 Rn. 5 = BGHSt 26, 228, 230.

15 In Anlehnung an Radbruch, SJZ 1946, 105, 107. Vgl. auch BVerfGE 3, 225, 232; 6, 132, 198f. im Zusammenhang mit der Bewältigung des NS-Unrechts. Diese Formulierung findet sich so oder in ähnlicher Form unter expliziter Einbeziehung des Begriffs der „Gerechtigkeit" etwa in 5 StR 14/04 Rn. 30 = BGHSt 50, 16, 27; 5 StR 137/96 Rn. 11 = BGHSt 42, 356, 361; 5 StR 111/94 Rn. 7 = insoweit nicht abgedruckt in BGHSt 41, 101; 5 StR 98/94 Rn. 64 = BGHSt 40, 218, 232; 5 StR 418/92 Rn. 39 = BGHSt 39, 168, 183; 5 StR 370/92 Rn. 39 = BGHSt 39, 1, 16 (grundlegend).

16 So für das Strafrecht etwa in GSSt 1/06 Rn. 30 = BGHSt 51, 298, 306; 5 StR 305/94 Rn. 25 = BGHSt 40, 374, 377; 2 StR 336/93 Rn. 18 = BGHSt 39, 326, 329; 3 StR 347/92 Rn. 20 = BGHSt 39, 260, 271; 3 StR 139/88 Rn. 15 = BGHSt 35, 305, 307; 2 StR 717/84 Rn. 6 = BGHSt 33, 126, 127; 4 StR 642/81 Rn. 20, 22 = BGHSt 30, 340, 346f.; 3 StR 9/80 Rn. 16 = BGHSt 29, 288, 296. Für das Zivilrecht etwa in: GSZ 1/08 Rn. 17 = BGHZ 177, 212, 217; XII ZR 62/01 Rn. 33 = BGHZ 156, 153, 163; I ZR 283/98 Rn. 68f. = BGHZ 147, 244, 261; VIII ZR 22/89 Rn. 34 = BGHZ 110, 130, 141; VIII ZB 26/85 Rn. 21f. = BGHZ 97, 341, 346; IV ZB 159/78 Rn. 15f. = BGHZ 75, 241, 246; V ZR 22/73 Rn. 23 = BGHZ 62, 251, 255.

17 Vgl. etwa – explizit oder aus dem Zusammenhang – XII ZB 121/99 Rn. 30 = BGHZ 148, 351, 365; VI ZR 234/93 Rn. 7 = BGHZ 127, 195, 198; II ZR 54/80 Rn. 14 = BGHZ 80, 129, 137; VIII ZR 47/77 Rn. 11 = BGHZ 70, 327, 330; V ZR 185/74 Rn. 16 = BGHZ 67, 101, 104; KRB 1/70 Rn. 21 (in BGHZ 55, 104 insoweit nicht abgedruckt); III ZR 179/67 Rn. 23 = BGHZ 51, 226, 234.

ist, sondern einen solchen gewissermaßen ersetzt, muss nicht näher betont werden.

In der stark ausdifferenzierten Zivilgerichtsbarkeit wird schließlich die Gerechtigkeit auch mit den verschiedenen Subdisziplinen des Zivilrechts in Verbindung gesetzt, wenn Entscheidungen etwa von der spezifisch „kollisionsrechtlichen Gerechtigkeit“,[18] von der „Gerechtigkeit als Ziel des Zivilprozesses“[19] oder von der „sozialen Gerechtigkeit“[20] sprechen. Dass theoretisch/idealiter eine das Recht beherrschende Gerechtigkeit in allen Teildisziplinen von Bedeutung sein kann, liegt auf der Hand. Gemeint wird hier jedoch häufiger wohl sein, dass bestimmte grundlegende Strukturentscheidungen der jeweiligen Subdisziplin zu berücksichtigen sind.

4.3 Verwendung in Strafsachen

Die Strafsenate des Bundesgerichtshofs verwenden den Begriff der Gerechtigkeit (neben den unter 4.1 genannten Verwendungsformen) relativ häufig, um bestimmte Umstände, Personen oder Rechtsinstitute näher zu beschreiben (und damit oft nebenbei auch das rechtsstaatliche Strafverfahren insgesamt zu charakterisieren). Beispiele sind hierbei etwa der (jedenfalls idealtypische) Strafverteidiger,[21] das Wiederaufnahmerecht,[22] die Regelungen über die Nichtigkeit von Urteilen,[23] die Anerkennungsregelungen für ausländische Abwesenheitsurteile,[24] das Rechtssystem der Bundesrepublik Deutschland[25] sowie auch in negativer Abgrenzung (d. h. Gerechtigkeit gerade nicht vorhanden) das Rechtssystem der ehemaligen DDR.[26]

---

18 Im Zusammenhang mit den Regelungen des internationalen Privatrechts vgl. VI ZR 217/10 Rn. 15 = BGHZ 190, 301, 308; V ZR 18/67 Rn. 38 = BGHZ 50, 63, 68.

19 Also im Zusammenhang mit prozessualen Fragen bzw. dem Zweck des Prozessrechts, vgl. VII ZR 266/03 Rn. 5 = BGHZ 162, 313, 316; VI ZR 378/01 Rn. 18 = BGHZ 153, 165, 170; II ZR 181/68 Rn. 49 = BGHZ 57, 33, 41.

20 Also von der Gerechtigkeit im Zusammenhang mit zivilrechtlichen Teilgebieten, welche auch der sozialen Absicherung dienen, vgl. IV ZB 136/78 Rn. 12, 20 = BGHZ 74, 94 (Rn. 12 nicht abgedruckt); IV ZB 142/78 Rn. 22 = BGHZ 74, 38, 50; AnwZ (B) 2/75 Rn. 54 = BGHZ 64, 301, 308; III ZR 187/68 Rn. 39 = BGHZ 52, 371, 374.

21 Vgl. 2 StR 202/08 Rn. 32 = insoweit nicht abgedruckt in BGHSt 53, 257.

22 Vgl. StB 15/02 Rn. 19 = BGHSt 48, 153, 159 sowie 2 ARs 109/99 Rn. 5 = BGHSt 45, 37, 38.

23 Vgl. BGH 4 StR 485/01 Rn. 9 = insoweit nicht abgedruckt in BGHSt 47, 270.

24 4 ARs 4/01 Rn. 26 = BGHSt 47, 120, 126.

25 5 StR 183/95 Rn. 18 = BGHSt 42, 275, 282; 5 StR 713/94 Rn. 20 = BGHSt 41, 247, 252.

26 Vgl. 5 StR 67/96 Rn. 21 = BGHSt 42, 332, 337 (als allgemeine Feststellung); 5 StR 747/94 Rn. 78 = BGHSt 41, 317, 340 (wenngleich weniger schwerwiegend als im NS-Regime); 3 StR 324/94 Rn. 18 = BGHSt 41, 292, 300 (DDR-Regime).

An anderer Stelle hat die Berufung auf die Gerechtigkeit eine gewissermaßen „limitierende Funktion", indem entweder bestimmte andere Prinzipien eingeschränkt werden bzw. das Verhältnis zwischen zwei Parametern beschrieben wird. Charakteristisch hierfür sind Fälle, in welchen „die Gerechtigkeit" gleichsam eine „Abwägungsgegengröße" zu anderen Prinzipien ist, wenn diesen nicht uneingeschränkt zur Geltung verholfen werden soll. Derartiges findet man etwa im Verhältnis zum Beschleunigungsgrundsatz,[27] zu einem zu strengen Verständnis des strafrechtlichen Gesetzlichkeitsprinzips in Art. 103 II GG[28] oder im Verhältnis zur Rechtssicherheit (teilweise im Zusammenhang mit Wiederaufnahmeverfahren).[29]

Ebenfalls ein „Maß für das rechte Verhältnis" beschreibt die Gerechtigkeit, wenn betont wird, dass sie auch eine „Maßgröße" für das Verhältnis zwischen Tatbestand und Rechtsfolge bilden kann bzw. bilden muss.[30]

Auch wenn in den zuletzt genannten Beispielen die Berufung auf „die Gerechtigkeit" durchaus eine inhaltliche Komponente hatte, so erfolgt sie dort doch vielfach eher pauschal bzw. um den Boden für die nachfolgende Argumentation erst zu bereiten. Daneben verbleibt aber noch eine überschaubare Anzahl von Fällen, in denen die Berufung auf die Gerechtigkeit jedenfalls als echte inhaltliche Entscheidungsstütze genutzt wird. Klammert man hier die oben schon erwähnten „Gleichbehandlungsfälle" aus, bleiben freilich vielfach weniger überzeugende, sehr pauschal und mehr oder weniger undifferenziert auf „die Gerechtigkeit" verweisende Fälle.[31]

Nur vergleichsweise selten wird näher ausgeführt (oder entspringt einer gewissen Evidenz), warum ein bestimmtes Ergebnis „gerechter" sein sollte als ein anderes.[32] Exemplarisch genannt werden kann hier knapp die Entscheidung BGHSt 32, 115, wenn auf den Zusammenhang zwischen der gerichtlichen Wahr-

27 1 StR 57/06 Rn. 6 = BGHSt 51, 34, 35.

28 5 StR 632/98 Rn. 144 = BGHSt 45, 270, 304.

29 2 ARs 109/99 Rn. 5 = BGHSt 45, 37, 38; StB 6/92 Rn. 10 = BGHSt 39, 75, 78; 5 StR 147/67 Rn. 4 = BGHSt 21, 242, 243.

30 Vgl. GSSt 1/05 Rn. 22 = BGHSt 50, 252, 257; 5 StR 747/94 Rn. 32 = BGHSt 41, 317, 326.

31 Vgl. nur 1 StR 212/10 Rn. 8 = BGHSt 55, 220, 222; 3 StR 6/08 Rn. 5 = insoweit nicht abgedruckt in BGHSt 52, 175; StB 13/96 Rn. 13 = BGHSt 42, 314, 319; 2 StR 214/89 Rn. 13 = BGHSt 36, 227, 229;4 StR 60/89 Rn. 9 = BGHSt 36, 151, 155; 3 StR 139/88 Rn. 15 = BGHSt 35, 305, 307; 5 StR 602/69 Rn. 9 = BGHSt 23, 277, 279; 1 StR 339/69 Rn. 10 = BGHSt 23, 203, 207; 4 StR 387/66 Rn. 7 = BGHSt 21, 152, 153.

32 Vgl. neben den beiden nachfolgenden ausführlicheren Beispielen im Text etwa die Entscheidungen 4 StR 595/97 Rn. 26 = BGHSt 45, 108, 116; 5 StR 714/98 Rn. 38 = BGHSt 45, 51, 53; 1 StR 501/89 Rn. 8 = BGHSt 36, 294, 296; 3 StR 102/84 Rn. 15 = BGHSt 32, 357, 363f.; 3 StR 9/80 Rn. 16 = BGHSt 29, 288, 296; 4 StR 497/62 Rn. 10 = BGHSt 18, 268, 271.

heitsfindung und der Sicherung der Gerechtigkeit hingewiesen wird, der dazu führt, dass „die Exekutive in Anerkennung des Gewaltenteilungsgrundsatzes diese Belange bei ihrer Entscheidung mitberücksichtigt und ihm genügendes Gewicht beimisst“.[33] Noch deutlicher ist die Argumentation in einer Entscheidung des Kartellsenats, wenn dieser als Postulat der Gerechtigkeit anführt, dass „entsprechend dem Grundgedanken des § 60 III StGB die früher, wenn auch unter anderen rechtlichen Gesichtspunkten auferlegte, in ihrer Wirkung auf den Betroffenen aber gleichgerichtete Sanktion bei einer später zu verhängenden Geldbuße berücksichtigt wird“.[34]

5 Fazit und Versuch einer Deutung

Vergleicht man insbesondere die Verwendung in Straf- und Zivilsachen, so fallen neben den Gemeinsamkeiten doch auch gewisse Unterschiede auf. Inwiefern diese bei der vergleichsweise geringen absoluten Zahl von Entscheidungen, die mit dem Begriff „der Gerechtigkeit“ als Argument operieren, statistisch aussagekräftig sind oder nicht, müsste jemand beantworten, der mit den Methoden empirischer Sozialforschung vertrauter ist als der Autor dieses Betrags. „Auffällig und interessant“ sind die Abweichungen allemal:

Ohne dass dies in jeder einzelnen Entscheidung so wäre, findet sich im Strafrecht eine Anrufung der Gerechtigkeit doch zumindest vorrangig „bei großen Fragen und in großen Fällen“, d.h. wenn es um Entscheidungen geht, die von ihrem Lebenssachverhalt (wie etwa bei der Bewältigung der System-Kriminalität innerhalb der ehemaligen DDR) oder ihrer juristischen Bedeutung (neben der Bewältigung der schwierigen Rückwirkungsprobleme in diesen Fällen z.B. auch bei den das Strafprozessrecht prägenden Beweisverwertungsverboten) eine überdurchschnittliche Bedeutung haben.[35] Im Zivilrecht scheint dagegen die Verteilung bis zu einem gewissen Grad „zufälliger“ zu sein, d.h. auf „die Gerechtigkeit“ wird nicht nur (aber dafür auch keineswegs immer) in bedeutenden Fällen und

33 Vgl. GSSt 1/83 Rn. 21 = BGHSt 32, 115, 124; im Konflikt zwischen exekutiven Abschottungsinteressen und gerichtlicher Aufklärungspflicht wird hier die Gerechtigkeit für letztere mit in die Waagschale geworfen, da zu ihrer Erreichung die Wahrheitsermittlung nur ausnahmsweise (und tendenziell ebenfalls aus „gerechtigkeitsrelevanten“ Gründen) eingeschränkt werden darf.

34 Vgl. KRB 1/70 Rn. 21 = BGHSt 24, 54, 60f.

35 Dies belegt auch nochmals die im Verhältnis doch signifikant größere Anzahl von Verwendungen in Entscheidungen, die in der Amtlichen Sammlung zum Abdruck gekommen sind, gegenüber der Gesamtmenge der Entscheidungen und auch der nochmals deutlich größere Anteil von Entscheidungen, die durch den Großen Strafsenat ergangen sind.

bei schwierigen Rechtsfragen zurückgegriffen, sondern wichtiger scheinen hier die konkrete Einzelsituation und die Frage zu sein, ob das Gerechtigkeitsargument gerade „passt“ bzw. weiterhelfen muss, da es an anderen Argumenten fehlt.

Im Zivil- wie im Strafrecht gleichermaßen wird „die Gerechtigkeit“ vielfach eher formelhaft (bzw. in feststehenden Formeln) oder illustrierend verwendet; eine Berücksichtigung als Teil einer konkreten Argumentation bzw. eine enge Verknüpfung mit anderen Auslegungsargumenten (zum durchaus üblichen Zusammenspiel verschiedener Auslegungsargumente im Übrigen vgl. etwa Kudlich und Christensen 2009: 43ff.) taucht nur selten auf.

Trotz der oben genannten Unterschiede lässt sich zumindest für eine Reihe von Entscheidungen im Zivil- wie im Strafrecht in gleicher Weise zeigen, dass der Berufung auf „die Gerechtigkeit“ besondere Bedeutung zukommt, wenn „Ausnahmekonstellationen“ vorliegen. Exemplarisch hierfür sind für das Zivilrecht der Wegfall der Geschäftsgrundlage und für das Strafrecht die Aufarbeitung des DDR-Unrechts: In einem Fall muss eine Ausnahme von der Geltung des Grundsatzes *„pacta sunt servanda“*,[36] im anderen eine Ausnahme von dem aus Art. 103 II GG und aus dem allgemein anerkannten Prinzip *„nulla poena sine lege* (*praevia*)“[37] abgeleiteten Rückwirkungsverbot begründet werden. In diesen Fällen werden Recht (im Sinne des einfachen Gesetzesrechtes, aber zum Teil sogar auch des geschriebenen Verfassungsrechtes) und „Gerechtigkeit“ zu Antagonisten, bzw. aus anderem Blickwinkel: Wo der Richter sich mehr oder weniger offen eingestanden über vertragliche oder gesetzliche Regelungen hinwegsetzen will, muss er auf ein möglichst objektiv klingendes und in seiner Berechtigung anerkanntes Instrument wie „die Gerechtigkeit“ zurückgreifen, um den vermeintlichen Normungehorsam irgendwie legitimieren zu können.

Teils findet sich die Gerechtigkeit als Endglied einer Argumentation, wo mit anderen (tradierten) Methoden gewonnene Ergebnisse noch einmal in Frage gestellt werden; teils findet sie sich aber auch bereits in Obersätzen in einem frühen Stadium der Argumentation[38] – sei es, weil die entsprechenden Fragen schon einmal ausführlich in vorherigen Entscheidungen behandelt worden sind (so etwa bei der Entwicklung der Radbruchschen Formel und ihrer Wiederholung in

36 Das heißt des Grundsatzes, dass Verträge grundsätzlich auch dann einzuhalten sind, wenn ein Vertragspartner mit diesen nicht mehr „glücklich“ ist.

37 Also vom Grundsatz „keine Strafe ohne vorheriges Gesetzes“, nach dem der Erlass bzw. die Geltung rückwirkender Strafbewehrungen für bereits abgeschlossene Verhaltensweisen verfassungsrechtlich unzulässig sind.

38 Beispiele aus dem Strafrecht in 1 StR 701/08 Rn. 35 = BGHSt 53, 294, 305; 2 StR 302/08 Rn. 32 = insoweit nicht abgedruckt in BGHSt 53, 257; 2 ARs 109/99 Rn. 5 = BGHSt 45, 37, 38; 5 StR 137/96 Rn. 11 = BGHSt 42, 356, 361.

zahllosen späteren Fällen mit DDR-Unrecht-Bezug), sei es weil „die Gerechtigkeit“ deutlich axiomatische Züge hat und man jedenfalls nicht begründen muss, warum sie grundsätzlich von Bedeutung ist.

Im Wesentlichen wurde hier – und zwar auch in Abschnitt 4 – auf eine vertiefte inhaltliche Auseinandersetzung mit den Entscheidungen bzw. mit dem darin enthaltenen Gerechtigkeitsargument verzichtet. Würde man seinen Blick stärker auf diese inhaltliche Frage (als vorliegend auf formale bzw. argumentationsstrukturelle Gesichtspunkte) richten, wäre hier ein denkbarer Ansatz, um an die vorliegenden Überlegungen vertiefend anzuknüpfen und in eine Einzelanalyse einzusteigen. Dies wäre freilich ein abweichendes Erkenntnisinteresse.

Wenn man aus der Beschäftigung mit den jeweiligen Textstellen und den Kontexten, in welchen hier der Begriff „der Gerechtigkeit“ gebraucht wird, dennoch einige vorsichtige und zugegebenermaßen oberflächliche Ableitungen für die Verwendung in der Rechtsprechung treffen möchte, so gilt Folgendes:

- Wie bereits oben (4.1) erwähnt, steht „die Gerechtigkeit“ im Zivil- wie im Strafrecht in einer auffälligen Nähe zur Gleichheit. Gerechtigkeitserwägungen scheinen also oftmals auch Gleichheitserwägungen zu sein.
- Des Weiteren wird „die Gerechtigkeit“ immer wieder im Zusammenhang mit den Menschenrechten gesehen. Hier scheint also der Begriff vor allem eine „Ergänzungs- und Verstärkerrolle“ zu haben (da die Geltung der Menschenrechte sowohl nach nationalen wie auch nach internationalen Vorgaben ohnehin geboten wäre); man könnte umgekehrt aber auch das verkürzte Schlagwort ableiten, dass eine Entscheidung, welche gegen die Menschenrechte verstoßen würde, auch nicht als „gerecht“ empfunden würde. Hierzu fügt sich gut, dass auch nach anderen (korpuslinguistischen) Untersuchungen (vgl. Vogel 2012) die „Menschenwürde“ mitunter als Autoritätstopos verwendet wird, der die damit begründeten Ergebnisse scheinbar mehr oder weniger unhinterfragbar untermauert; dass „der Gerechtigkeit“ eine ähnliche Funktion zukommen kann, liegt auf der Hand.
- Mit den vielfach eher materiell verstandenen Menschenrechten korrespondiert gewissermaßen aus prozessualer Sicht die Garantie eines fairen Verfahrens, welche (nicht zuletzt aufgrund ihrer Fundierung auch in Art. 6 EMRK) für das Straf- und Zivilprozessrecht in gleicher Weise gilt. Ein „gerechtes“ Verfahren scheint also neben den materiellen Ergebnissen auch vorauszusetzen, dass es prozessual gerecht im Sinn eines fair trial abgelaufen ist. Hier wird der formale Gedanke der „Legitimation durch Verfahren“ also auch inhaltlich zu einer „Gerechtigkeit durch Verfahren“ aufgeladen – ein Gedanke, welcher neueren „prozeduralen“ Gerechtigkeitstheorien (vgl. zusammenfassend Tschentscher 2000) bekanntlich nicht fremd ist.

Literatur

Christensen, Ralph und Hans Kudlich 2001: *Theorie richterlichen Begründens*. Berlin: Duncker & Humblot.

Kudlich, Hans und Ralph Christensen 2009: *Die Methodik des BGH in Strafsachen*. Köln [u. a.]: Heymanns.

Tschentscher, Axel 2000: *Prozedurale Theorien der Gerechtigkeit. Rationales Entscheiden, Diskursethik und prozedurales Recht*. Baden-Baden: Nomos.

Vogel, Friedemann 2012: Das Recht im Text. Rechtssprachlicher Usus in korpuslinguistischer Perspektive. In: Ekkehard Felder, Marcus Müller und Friedemann Vogel (Hg.): *Korpuspragmatik. Thematische Korpora als Basis diskurslinguistischer Analysen*. Berlin [u. a.]: De Gruyter, S. 314–353.

Florian Kuhn

Möglichkeiten inhaltlicher Erschließung von Rechtsdokumenten auf Grundlage von Automaten

1 Einführung

In der folgenden Darstellung befasse ich mich mit den Möglichkeiten einer quasiformalen Beschreibung der juristischen Textsorte der zivilrechtlichen Entscheidungen auf Grundlage von linguistischen Oberflächenmerkmalen und einer auf finiten Automaten basierenden Architektur. Der illustrierte Automatenansatz stellt eine Überarbeitung einer früheren Arbeit (Kuhn 2010b) dar.

Es existiert freilich eine Vielzahl von Subgenres[1] in der Rechtstextdomäne, die jeweils durch sprachliche Eigenheiten der Textproduktion gekennzeichnet sind und sich sowohl strukturell als auch inhaltlich voneinander unterscheiden. So besitzt ein Gesetzestext schon auf den ersten Blick eine von einer Gerichtsentscheidung abweichende Oberflächenstruktur, die inhaltlichen Schwerpunkte zwischen den rechtlichen Ressorts noch gar nicht berücksichtigt.

Obgleich oder vielmehr gerade weil Rechtswissenschaft eine unmittelbar an Textproduktion und -interpretation gebundene Disziplin ist, hat es eine auf sprachwissenschaftlichem Fundament aufbauende Betrachtungsweise lange Zeit nicht gegeben. Die pragmatische Wende[2] und das Aufkommen der Textlinguistik eröffneten neue Perspektiven der sprachwissenschaftlichen Betrachtung rechtlicher Texte.

Während komputationelle Untersuchungen außerhalb der deutschen Rechtsdomäne in den letzten Jahrzehnten vermehrt Gegenstand der Rechtsinformatik gewesen sind, hat sich diese Disziplin in der deutschsprachigen Domäne erst allmählich etablieren können, gehört aber mittlerweile mit mehreren Instituten in Deutschland und Österreich fest zur Hochschullandschaft. Anzumerken ist jedoch der, wie Voltmer (2005) herausstellt, noch wenig differenzierte Begriff der Rechtsinformatik, da er sowohl die Beschäftigung mit den rechtlichen Zusam-

---

1 Die Begriffe Textsorte und Genre verwende ich im Rahmen dieses Artikels synonym.

2 Zur Abgrenzung vom juristischen Begriff der Pragmatik: Unter der „pragmatischen Wende“ wird in der Regel das Populärwerden der Sprechakttheorien von J. L. Austin und J. Searle gegen Ende der 1960er Jahre und die damit verbundene Interpretation von Kommunikation bezüglich ihres Zwecks bezeichnet.

menhängen jedweder Aspekte der IT bezeichnet als auch Methoden der Informatik für die Verarbeitung juristischer Daten. Für meine Ausführungen soll die letzte Begriffsdefinition verwendet werden, wobei hier wiederum das *Legal Information Retrieval* eine gut untersuchte Unterdisziplin bildet und methodische Verwandtschaften aufweist.[3]

Die Computerlinguistik ist ein verhältnismäßig junger interdisziplinärer Forschungszweig, der beabsichtigt, linguistische Theorie und Methodik der Informatik zu vereinen. Ihre Schwerpunkte teilen sich zum Beispiel bei der Korpuserschließung, Kategorisierung von Textgenres und Satzteilanalyse.[4] Wie zu sehen sein wird, hat es bislang wenige sprachtechnologische Untersuchungen zum deutschen Rechtstext gegeben. Im nächsten Abschnitt sollen exemplarische Arbeiten der letzten Jahrzehnte vorgestellt werden, die thematische Berührungspunkte mit dem Thema des Beitrags aufweisen. Dabei werden sowohl Studien zur deutschen Rechtsdomäne als auch internationale Arbeiten Gegenstand sein.

Überlegungen zu einer automatenbasierten Analyse relevanter Textmerkmale in Gerichtsentscheidungstexten werden im dritten Abschnitt behandelt und orientieren sich an Stede (2007) und Busse (2000). Eine auf die natürlichsprachliche Verarbeitung zentrierte Betrachtung der zuvor erwähnten Merkmale beschließt den Abschnitt.

Es folgt eine kurze Erläuterung zu Begrifflichkeiten der Automatentheorie.

In der Abschlussbetrachtung werden neben den Potentialen des Ansatzes auch weitere Möglichkeiten zur textlinguistischen Behandlung der Rechtssprache besprochen.

2 Beispiele verwandter Arbeiten

Viele Arbeiten mit computerlinguistischem Hintergrund zielen darauf ab, die Zugänglichkeit zu Daten bestimmter Textsorten zu erleichtern – sei es für Laien, denen die Kenntnis zur korrekten Interpretation fehlt, sei es für Experten, die einer immer größer werdenden Menge an Dokumenten Herr werden müssen. Für die Computerlinguistik selbst ist die hier betrachtete juristische Textsorte aus den oben genannten Gründen und besonders das Vorhandensein normativer Elemente und die Kohärenz der Oberflächenstruktur von Interesse. Im Folgenden soll eine Auswahl an Arbeiten illustriert werden, die computerlinguistisch oder zumindest computerlinguistisch verwandt vorgegangen sind.

3 Für eine Darstellung des Legal Information Retrieval siehe zum Beispiel Schweighofer 1999.

4 Für eine Gesamtdarstellung der Computerlinguistik siehe Carstensen et al. 2004.

2.1 Darmstädter Arbeitsgruppe Analyse der juristischen Sprache

Das vermutlich erste interdisziplinäre Projekt, das sich mit einer komputationellen Verarbeitung juristischer Dokumente befasste und sowohl Juristen und Informatiker als auch Linguisten zusammenbrachte, war die Arbeitsgruppe *Analyse der juristischen Sprache*, die, von der Deutschen Forschungsgesellschaft gefördert, von 1970 bis 1974 in insgesamt vier Arbeitsgruppentagungen eine Formalisierung der juristischen Textarbeit zum Forschungsgegenstand machte. Waren in der AG anfangs nur Juristen und Informatiker vertreten, entschloss man sich auf der ersten Tagung, dass die Expertise von Linguisten notwendig sei, um die schnell auf die Probleme der Textebene gestoßenen Juristen und Informatiker zu unterstützen. Auf den weiteren Tagungen verlagerte man immer wieder die Schwerpunkte, berücksichtigte auch Ansätze der damals noch sehr jungen Textlinguistik, konnte aber letztlich keine nennenswerten Fortschritte verzeichnen, was auch an der mangelnden Kommunikation der Expertenbereiche untereinander lag. Bis auf einen Abschlussbericht (Rave et al. 1971) gibt es heute beinahe keine Informationen mehr zu diesem historisch interessanten Unternehmen (zusammenfassend: Busse 2000).

2.2 Automatische Zusammenfassung juristischer Urteile

Das in Hachey und Grover (2006) präsentierte SUM-System verwendet spezifische Textmerkmale von Urteilstexten für ihre Zusammenfassung. Als Grundlage diente den Autoren die Studie von Teufel und Moens (2002), die dort die Zusammenfassung wissenschaftlicher Artikel behandelten. Der Studie von Hachey und Grover (2006) kommt entgegen, dass sie für die 188 Dokumente des Korpus[5] entsprechende von Experten angefertigte Kurztexte verwendeten. Für die Zusammenfassung annotierte man zunächst sämtliche Texte manuell nach ihrer rhetorischen Funktion.[6] Dann erfolgte eine ebenfalls händische Annotation der Relevanz der Sätze mit Bezug auf ihre Entsprechung in den Kurztexten. Eine abschließende Annotation der linguistischen Merkmale geschah automatisch mittels verschiedener Tools. Zur experimentellen automatischen Annotation der Satzrelevanz wurden gängige moderne Methoden des Maschinellen Lernens verwendet. Die besten

---

5 Bezogen von der Website des UK House of Lords und von HTML in eine generische XML-Repräsentation konvertiert.

6 Diese war unterteilt in FACT, PROCEEDINGS, BACKGROUND, FRAMING, DISPOSAL, TEXTUAL und OTHER.

Ergebnisse zeigte das Experiment mit Support Vector Machines und Maximum Entropy Verfahren.[7]

2.3 Automatische Identifikation von Argumenten in Rechtstexten

Ein Teilbereich des ACILA-Projekts[8] an der Katholieke Universiteit Leuven befasste sich mit der Identifikation von Argumenten in Rechtstexten, basierend auf einem Korpus des Araucaria-Projekts[9] der Universität Dundee.[10] Die Studie wurde in Mochales, Palau und Moens (2007) und Palau und Moens (2009) präsentiert. Für die Untersuchung standen 1899 Sätze mit einem Argument, 827 ohne Argument und 1072 nicht kategorisierte Sätze zur Verfügung. Jede Textkategorie bildete ein Subkorpus. Um die Daten für das Training der verwendeten Verfahren zu nutzen, repräsentierte ein Vektor einen Satz unter Berücksichtigung verschiedener textstatistischer und linguistischer Merkmale.[11] Für die Evaluation wurden die automatisch als Argumente annotierten Sätze auf Korrespondenz mit den manuell annotierten des Korpus überprüft. Alle Ergebnisse wurden über Gesamtkorpus und Subkorpora kreuzvalidiert. Die Ergebnisse beliefen sich auf 68% Genauigkeit bei juristischen Texten gegenüber 74% Genauigkeit über allen Texttypen. Palau und Moens erklären den Genauigkeitsverlust mit einem Mangel passender Trainingsdaten. Im Ausblick werden der Bedarf einer tieferen Argumentationsanalyse und das Problem der Segmentierung der Argumente angesprochen.

2.4 Automatische Extraktion von Definitionen aus Gerichtsurteilen

Die automatische Extraktion von Definitionen aus Gerichtsentscheidungen war Forschungsgegenstand des 2005–2009 von der DFG geförderten Projektes *Corte*.[12]

---

7 Zu gängigen Verfahren des Maschinellen Lernens für die Textklassifikation siehe Sebastiani 2002.

8 http://www.cs.kuleuven.be/~liir/projects.php?project=125.

9 http://araucaria.computing.dundee.ac.uk/.

10 19 englische Ausgaben internationaler Zeitungen, 4 Parlamentsschriften, 5 Gerichtsprotokolle, 6 Magazine und 14 Online-Diskussionsforen, jeweils ebenfalls in englischer Sprache.

11 Diese waren Unigramme, Bigramme, Adverben, Verben, Modalverben, spezielle Wortpaare, einfache textstatistische Angaben (z.B. Satzlänge), Interpunktionsfolgen, Schlüsselwörter und Tiefe sowie Verzweigung des Parse-Baums.

12 http://www.coli.uni-saarland.de/projects/corte.

Korpusgrundlage der Untersuchung waren rund 6000 Dokumente des Umweltrechts.[13] Die Vorverarbeitung der Texte erfolgte mit dem Preds-Parser,[14] der zuvor im Rahmen von COLLATE[15] entwickelt worden war.

Die Extraktion von Definitionen ist laut Walter (2010) besonders als Hilfestellung beim händischen Design von juristischen Ontologien[16] hilfreich.

3 Textsorte, Struktur und Merkmale und ihre komputationelle Erfassung

Die eine Textsorte bestimmenden Faktoren gruppiert Stede (2007) in *textinterne* und *textexterne* Faktoren. Erstere beinhalten zum Beispiel das Layout, die Textlänge, Strukturmuster, Gliederungssignale, formelhafte Ausdrücke, spezifische Lexeme sowie grammatische Kategorien. Die externen Faktoren sind hingegen die Textfunktion, das Kommunikationsmedium und die Kommunikationssituation.

Betrachtet man einen Text als eine aus Binnentexten zusammengesetzte Einheit, so stellt sich beim Versuch ihrer automatisierten Erfassung schnell die Frage nach der Regelmäßigkeit des Auftretens dieser Binnentexte. Texte, die vergleichbare Binnentexte in einer bestimmten Abfolge besitzen, können als zu einer gemeinsamen Klasse gehörig gezählt werden. Diese Regelmäßigkeit bildet ihre *Oberflächenstruktur*, auf der das Hauptaugenmerk dieses Beitrags liegen soll. Die Binnentexte können wiederum bestimmten Produktionsregeln unterliegen.

Auch dieser Artikel hier folgt Konventionen, sprich Produktionsregeln, die eine Oberflächenstruktur vorgeben, unter deren Gesichtspunkten er entweder valide oder nicht valide ist. So erwartet der Leser am Ende ein wissenschaftliches Fazit und nicht etwa eine autobiographische Anekdote zum Entstehungsprozess des Textes.

Eine Bestimmung der Textsorten der juristischen Domäne liefert Busse (2000), betont aber auch den heuristischen Charakter seiner Arbeit, eine eingehende Untersuchung der Textsorten und deren interne Klassifikation habe es von

13 Das Korpus wurde von der juris GmbH zur Verfügung gestellt.

14 Preds: Partially resolved dependency structure.

15 http://collate.dfki.de/kurzdarstellung.html.

16 Eine Ontologie ist hier nicht im Sinne der philosophischen Definition zu verstehen. In den letzten Jahrzehnten hat sich dieser Begriff in seiner hier verwendeten Definition im Zuge der Verbreitung von Semantic Web Technologien zur Bezeichnung von metadatenbasierter Annotation spezifischer Internet-Inhalte durchgesetzt. Ontologien sind in diesem Rahmen also ein Netzwerk von Verschlagwortungen zur Abgrenzung eines Definitionsbereiches.

Seiten der Rechtslinguistik bislang nur selten und unvollständig gegeben. Nicht zuletzt ist dies mit den Schwierigkeiten der Textsortenbestimmung im juristischen Rahmen verbunden, da die dafür essentielle Ermittlung der dominanten Textfunktion etwa über Sprechakttypologien zeigt, dass eine Schrift des Rechtswesens gleich mehrere Klassen der Sprechakte realisiert (Busse, 2000, S.659). Zur Abgrenzung der rechtlichen Textsorten erachtet Busse die systemischen, funktionalen, kontextuellen und strukturellen Parameter als wichtig.

In einer komparatistischen Studie deutscher und dänischer Gerichtsentscheidungen untersuchte Engberg (1992) verschiedene Textualitätsmerkmale auf ihre Signalfunktion hin. In streitbaren Abschnitten des Tatbestands finden sich Aufkommen von bestimmten grammatischen und lexikalischen Merkmalen. Prominent ist hier zum Beispiel der Konjunktiv. Schließlich kann die allgemeine Gliederung inhaltlicher Struktur auch durch die Institutionalisierung der Rechtstexte bestimmt werden. Im Fall von zivilrechtlichen Entscheidungen, auf die ich mich bei meiner Untersuchung beschränke, ist dies konkretisiert durch § 313 der Zivilprozessordnung.

3.1 Textmerkmale und ihre Verarbeitung

Für viele Aspekte der Textanalyse existieren in der Computerlinguistik etablierte Methoden. Im Folgenden sollen einige vorgestellt werden.

- *Schlüsselwörter und Phraseme:* Die wohl einfachste Operation auf Teiltexte ist die Überprüfung auf Existenz bestimmter Schlüsselwörter und Phraseme, die zum Beispiel einleitende oder textbegrenzende Funktionen erfüllen können (*Im Namen des Volkes!*). In der Praxis genügt zumeist eine Suche nach bestimmten Textmustern mittels regulärer Ausdrücke.
- *Syntaktische und morphologische Merkmale:* Das syntaktische und morphologische Parsing wird für die Analyse von Merkmalen auf diesen Ebenen benötigt und zählt zu den fest etablierten Teilbereichen der Computerlinguistik. Werden die Wörter eines Satzes mit Informationen zu ihrer Art bzw. ihrer Flexion versehen, spricht man vom *Tagging.*[17]
- *Tokens:* Als Gegenprobe zu regelbasierten Verfahren können Teiltextprofile evaluiert werden, die mithilfe standardisierter Methoden *maschinellen*

17 Ein Toolkit, das Wortarten-Tagging und auch morphologisches Tagging bietet, ist MATE der Universität Stuttgart (http://www.ims.uni-stuttgart.de/forschung/ressourcen/werkzeuge/mate tools.html).

Lernens[18] trainiert wurden. Die kleinste Einheit sind hier Tokens, die entweder aus einzelnen Wörtern oder so genannten n-Grammen[19] bestehen. Eine Übersicht über Methoden maschinellen Lernens für die Textkategorisierung bietet Sebastiani (2002).

- *Inhaltszonen:* Schließlich bilden Inhaltszonen die größten der hier berücksichtigten textuellen Einheiten, und ihre Strukturen beinhalten die kleineren zuvor erwähnten Einheiten. Inhaltszonen sind jedoch auch die Merkmale mit dem größten Grad der Abstraktion, vom Gesamttext selbst einmal abgesehen. Damit eine Zone mithilfe computerlinguistischer Methoden identifiziert werden kann, ist es vonnöten, die Verarbeitung der kleineren Einheiten zu nutzen. Deren Ergebnisse werden verwendet, um ein Binnenmerkmalsmuster mit den Rückgabewerten der Verarbeitungsschritte auf einen Teiltext unbekannter Textsorte zu vergleichen. Als tragendes Modell findet das im nächsten Abschnitt erläuterte Automatenmodell Anwendung.

3.2 Endliche Automaten

Endliche Automaten[20] sind ein zentraler Bestandteil der theoretischen Informatik, auf dem viele heutige komputationelle Anwendungen basieren. Man kann sie sich als abstrakte Form einer elektronischen Schaltung vorstellen, die zum Beispiel in Waschmaschinen Einsatz finden. Hier müssen bestimmte Voraussetzungen erfüllt werden (Schließen der Tür), um einen nächsten Schritt einzuleiten (Wasser einlassen), an den sich weitere Schritte anküpfen (Motor starten, Wasser heizen). Damit die Relevanz von Automaten in diesem Beitrag herausgestellt werden kann, sollen zunächst einige zugrunde liegende Konzepte sehr knapp definiert werden. Wenn nicht anders angegeben, orientieren sich die Darstellungen an Hopcroft und Ullman (1979) sowie Sipser (2006).

---

18 A. Samuel definierte 1959 Maschinelles Lernen als eine Disziplin zur Befähigung des Computers, Dinge ohne explizite Programmierung zu lernen. Darunter lassen sich also alle algorithmischen Konzepte zusammenfassen, die (ausschließlich) externe Informationen verarbeiten, um eine bestimmte Aufgabe, zum Beispiel die Kategorisierung von Zeitungstexten nach ihrem Ressort, zu bewerkstelligen. In der Regel verbessern sich die Ergebnisse bei der Erfüllung der Aufgabe proportional mit der Größe der zum Lernen bereit gestellten Datengrundlage.

19 Zeichenketten der Länge n.

20 Die Darstellung beschränkt sich auf nicht-deterministische endliche Automaten.

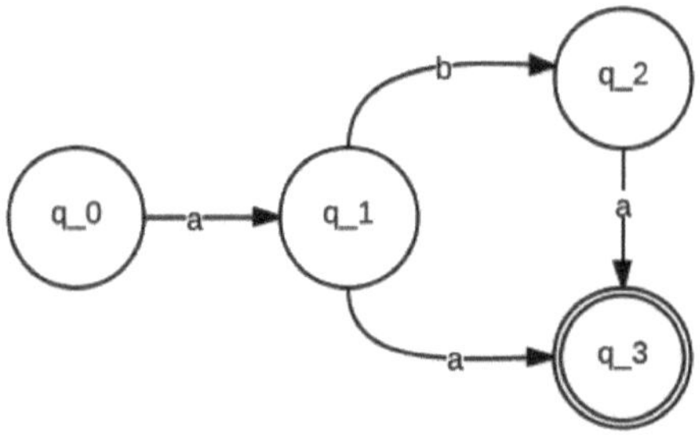

Abb. 1: Beispiel eines Automaten für $Q = \{q_0, q_1, q_2, q_3\}$, $\Sigma = \{a, b\}$, $F = \{q_3\}$, der die Zeichenketten „aba“ und „aa“ akzeptiert.

Definition 1 (Symbole, Zeichenketten, Alphabete und Sprachen)

*Ein **Symbol** ist eine formal nicht näher definierte abstrakte Einheit, die in der Regel durch Buchstaben, seltener auch Ziffern repräsentiert wird. Eine **Zeichenkette** ist eine endliche Folge von Symbolen (aba). Die **leere Zeichenkette** wird mit ε gekennzeichnet. Ein **Alphabet** ist eine endliche Menge von Symbolen, während eine **Sprache** eine Menge von Zeichenketten ist. Als Sprachen gelten somit auch die leere Menge ø und die Menge {ε} wobei gilt, dass {ε} ≠ ø. Als gängige Notation für ein Alphabet verwendet man Σ, wogegen die Menge aller Zeichenketten aus diesem Alphabet mit dem Kleen'schen Stern gekennzeichnet wird.*

Das nächste notwendige Konzept ist das des Automaten.

Definition 2 (Endliche Automaten)

Ein endlicher Automat ist ein Quintupel $(Q, \Sigma, \delta, q_0, F)$, wobei gilt:
- *Q ist eine endliche Menge Zustände,*
- *Σ ist ein Alphabet von Symbolen,*
- *$\delta : Q \times \Sigma \rightarrow Q$ ist die Übergangsfunktion,*
- *$q_0 \in Q$ ist ein Startzustand,*
- *$F \subseteq Q$ ist die Menge der Endzustände, auch Akzeptoren genannt.*

Ein abstrakter Endzustand ist wichtig zur späteren Ergänzung weiterer Zustände bzw. zur Modifikation der relevanten Textsortenparameter. Aus demselben Grund ist es notwendig, einen abstrakten Startzustand zu wählen. Abbildung 1 stellt anhand eines einfachen Beispiels den Zusammenhang zwischen der obigen Definition und akzeptierenden Zeichenketten dar.

3.3 Automaten für eine zivilrechtliche Entscheidung

Die naheliegende Möglichkeit, einen Automaten für die Analyse von Texten zu verwenden ist eine strukturelle Überprüfung gemäß eines zuvor festgelegten Textsortenmusters, das jene in die bereits erwähnten Zonen gliedert. Um solche Zonen und ihre Binnenzonen zu definieren und sie schließlich in einen Automaten zu überführen, liegt es nahe, eine Repräsentationssprache zu verwenden. In einer diesem Beitrag vorangehenden Untersuchung (Kuhn 2010a) war dies ein generischer XML-Dialekt. Zukünftig sollte jedoch die Annotation in einem versatilen, verschiedene linguistische Informationen berücksichtigendem Format als Repräsentation gewählt werden. Das Stand-off Format *PaulaXML*[21] des SFB 632[22] kann hierbei eine Möglichkeit sein. Ebenfalls zu berücksichtigen ist gegebenfalls die Orientierung an für die juristische Textsorte spezialisierte XML-Standards wie zum Beispiel *MetaLex*.[23]

Abbildung 2 liefert ein vereinfachtes Beispiel für die Automatenrepräsentation einer zivilrechtlichen Entscheidung. Die Label der Zustände entsprechen den Inhaltszonen. Jeder Zustand enthält wiederum einen lokalen Automaten, um Segmente niedrigerer Ordnung zu kategorisieren. Ein Binnenautomat für den Zustand *Tatbestand* kann sich also aus den Zuständen streitbarer Kläger, streitbarer Verteidiger, Antrag Kläger, Antrag Verteidiger zusammensetzen. Im Diagramm ist die Möglichkeit des Auslassens des Tatbestands mit dem Übergang gekennzeichnet. Dieser tritt also ein, sobald das Durchlaufen des Binnenautomaten im *Tenor* einen Hinweis darauf enthält, etwa einen Bezug auf § 313a ZPO.

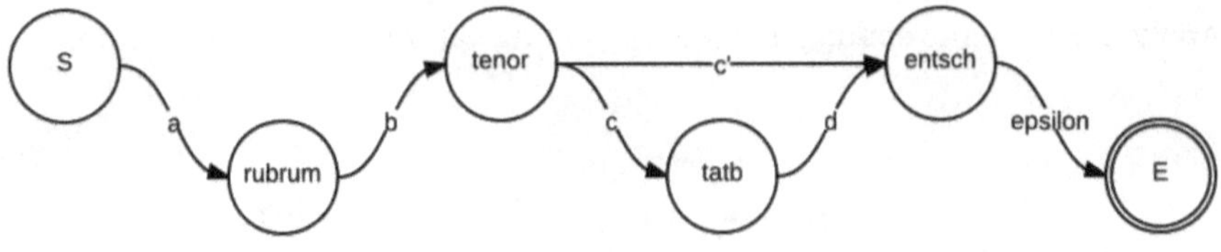

Abb. 2: Anwendungsbeispiel auf die allgemeine Struktur einer zivilrechtlichen Entscheidung.

21 http://www.sfb632.uni-potsdam.de/en/paula.html.

22 Sonderforschungsbereich Informationsstruktur (http://www.sfb632.uni-potsdam.de/).

23 http://www.metalex.nl/.

4 Transduktoren zur Annotation juristischer Dokumente

Für eine anwendungsorientierte Analyse von Rechtstexten genügt es in der Regel nicht, diese lediglich auf ihre Wohlgeformtheit hin zu überprüfen. Die Implementierung eines Automaten zur Analyse einer Gerichtsentscheidung liefert nur die Auskunft darüber, ob der Text einer bestimmten Textsortendefinition entspricht oder nicht. Damit ein Dokument mit den Erkenntnissen aus dem Analyseprozess annotiert werden kann, muss das zuvor definierte Automatenmodell zu einem Transduktormodell erweitert werden.

Transduktoren (Sipser, 2006, S. 87) sind endliche Automaten, die nicht nur Eingabesymbole akzeptieren oder ablehnen, sondern auch ein korrespondierendes Ausgabesymbol erzeugen. Geht man von der oben gelieferten Definition eines Automaten aus, so lässt sich ein Transduktor folgendermaßen definieren:

Definition 3 (Transduktoren)

Ein Transduktor ist ein Septupel $(Q,\Sigma,\Gamma,\delta,\omega,q_0,F)$ *wobei gilt:*
- Q *ist eine endliche Menge Zustände,*
- Σ *ist ein Eingabealphabet,*
- Γ *ist ein Ausgabealphabet,*
- δ *ist eine Übergangsfunktion,*
- ω *ist eine Ausgabefunktion, die auf ein Symbol aus* Γ *abbildet,*
- F *ist die Menge der Endzustände.*

In der Vergangenheit haben Transduktoren zum Beispiel mit der morphologischen Analyse bereits Anwendung in der Verarbeitung natürlicher Sprachen gefunden.

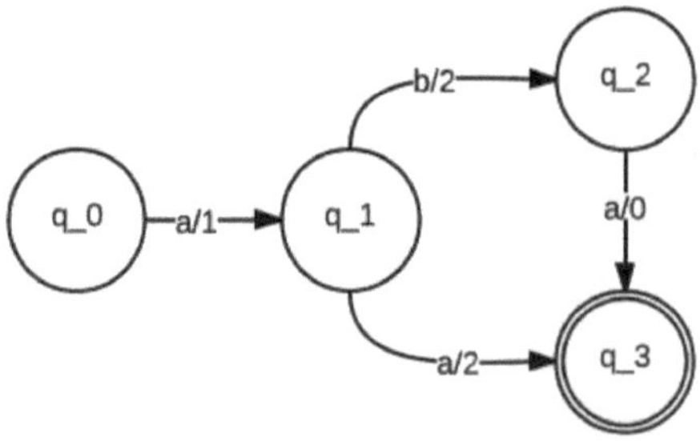

Abb. 3: Ein auf Abbildung 1 basierender Transduktor, der bei Eingabe von „aba" die Zahl 120 ausgibt, bei „aa" die Zahl 12.

Transduktoren haben in der natürlichsprachlichen Verarbeitung seit jeher ihre Anwendung verstärkt im Parsing gefunden. Für das hier vorgestellte Modell der Textsortenanalyse eignen sich Transduktoren somit besonders, da hier die Ausgabe in Form von Annotationen erfolgen soll. In der Praxis heißt dies, dass ein Akzeptieren eines spezifischen Zustandes einen Rückgabewert in Form einer XML-konformen Zeichenkette erzeugt, die mit den sprachlichen Informationen versehen ist, welche mit dem akzeptierten Zustand korrespondieren. In Kuhn (2010a) sind bereits Beispiele einer simplifizierten linguistischen Annotation aufgeführt. Für die Annotation einer Oberflächenstruktur einer Gerichtsentscheidung werden hier einem Absatz oder einem einzelnen Satz XML-Attribute hinzugefügt. Am Ende eines Verarbeitungsprozesses steht damit ein modifiziertes XML-Dokument, auf dessen Informationen gezielt zugegriffen werden kann.

5 Abschlussbetrachtung

Die präsentierte Architektur kann nicht zuletzt als ein Hilfsmittel zum Aufbau juristischer Korpora dienen. Insbesondere intertextuelle Bezüge zwischen den Textsorten Gerichtsentscheidung und Gesetzestext müssen weiter erforscht werden, da sie Informationen zur Auslegung enthalten können, die eine diskursanalytische Untersuchung des Gegenstandes erleichtern würde. Die Möglichkeit, die linguistischen Informationen verschiedener Ressorts des Rechts miteinander zu verknüpfen, ist durch die abstrakt gehaltene und an jeweilige Bedürfnisse anpassbare Architektur gegeben.

Eine linguistische Strukturanalyse von Gerichtsentscheidungen mag darüber auch als semantischer Querverweis bei der Definition von Rechtstermini von Vorteil sein, da hier Bezüge deutlich werden können, die der menschliche Experte etwa für eine Begriffsdisambiguierung nutzen kann.

Das gelieferte Modell kann ferner als Grundlage weiterer Studien textlinguistischer Natur dienen, da seine allgemeine Formulierung nicht auf die juristische Textsorte beschränkt bleibt. In diesem Zusammenhang wären komparatistische Untersuchungen in Hinblick auf syntaktische und semantische Differenzierungen zwischen verschiedenen Genres denkbar.

Literatur

Busse, Dietrich 2000: *Textlinguistik und Rechtswissenschaft*. Berlin, New York: De Gruyter, S. 803–811.

Carstensen, Kai-Uwe, Christian Ebert, Cornelia Endriss, Susanne Jekat und Ralf Klabunde (Hg.) 2004: *Computerlinguistik und Sprachtechnologie*. Heidelberg, Berlin: Spektrum Akademischer Verlag.

Engberg, Jan 1992: Signalfunktion und Kodierungsgrad von sprachlichen Merkmalen in Gerichtsurteilen. In: *Hermes-Journal of Language and Communication Studies* 6, S. 65–82.

Hachey, Ben und Claire Grover 2006: Extractive summarisation of legal texts. In: *Artificial Intelligence and the Law* 14 (4), S. 305–345.

Hopcroft, John E. und Jeffrey D. Ullman 1979: *Introduction to Automata Theory, Languages and Computation*. Boston: Addison-Wesley.

Kuhn, Florian 2010a: A description language for content zones of german court decisions. In: *Workshop Programme LREC* 2010.

Kuhn, Florian 2010b: A Framework for Graph-Based Parsing of German Private Law Decisions. In: *Business Information Systems Workshops*, S. 292–297. Berlin, Heidelberg: Springer.

Mochales Palau, Raquel und Marie-Francine Moens 2007 ACILA – Automatic Detection of Arguments in Legal Cases. In: *SW4Law workshop* 2007.

Palau, Raquel Mochales und Marie-Francine Moens 2009: Argumentation mining: the detection, classification and structure of arguments in text. In: *Proceedings of the 12th international conference on artificial intelligence and law*. New York: ACM. S. 98–107.

Rave, Dieter, Hans Brinckmann, and Klaus Grimmer 1971. *Paraphrasen juristischer Texte*. In: Referate und Protokolle der Arbeitstagung im Deutschen Rechenzentrum Darmstadt 24. S. 26.

Schweighofer, Erich 1999: The Revolution in Legal Information Retrieval or: The Empire Strikes Back. In: *Journal of Information, Law and Technology 1*.

Sebastiani, Frabrizio 2002: Machine learning in automated text categorization. In: *ACM computing surveys* (CSUR) 34(1). New York: ACM. S. 1–47.

Sipser, Michael 2006: *Introduction to the Theory of Computation*. 2. Aufl. Boston: Wadsworth Inc. Fulfillment.

Stede, Manfred 2007: *Korpusgestützte Textanalyse*. Tübingen: Gunter Narr Verlag.

Teufel, Simone und Marie-Francine Moens 2002: Summarising Scientific Articles – Experiments with Relevance and Rhetorical Status. In: *Computational Linguistics* 28 (4), S. 409–445.

Voltmer, Leonhard 2005: *Werkzeuge für Rechtsdatenbanken*, Dissertation, Universität München.

Walter, Stephan 2010: *Definitionsextraktion aus Urteilstexten*, Dissertation, Universität des Saarlandes.

IV (Be)Deutungen de lege ferenda: Verständlichkeit von Rechtstexten in der Normgenese

Stephanie Thieme

Ein neuer Weg zur Verständlichkeit?

Oder: Was sucht die Sprachberatung im Gesetzgebungsverfahren?

1 Einleitung

Das Ringen um eine gute Gesetzessprache rückt immer mehr in den Fokus des öffentlichen Interesses. In der vergangenen Legislaturperiode (2009–2013) wurden insgesamt 906 Gesetzesvorhaben beim Bundesrat bzw. Bundestag eingebracht.[1] Dazu zählen auch Gesetze, die ergänzt und geändert wurden. Gesetze werden vorrangig von Fachleuten und Juristen geschaffen. Letztere übernehmen insbesondere die rechtliche und damit oftmals auch die sprachliche Prüfung der Normen. Worin, so mögen sich viele fragen, soll dann der Mehrwert der seit 2009 beim Bundesministerium der Justiz und für Verbraucherschutz[2] eingerichteten Sprachberatung liegen? Dieser Frage soll ebenso nachgegangen werden wie der Frage, wem die Sprachberatung nutzt und welche Unterstützung sie braucht, um ihrem Anliegen gerecht zu werden, die Verständlichkeit von Gesetzen zu fördern und Rechtsanwendern den Zugang zum Recht zu erleichtern. Der Beitrag stellt die Tätigkeit der vor sechs Jahren eingerichteten Sprachberatung vor und beschreibt ihre Verortung im Rechtsetzungsprozess und ihre Einbettung in den konkreten Arbeitsablauf. Er soll einen Einblick geben, was die Sprachberatung bewirkt und wie die Reaktionen auf ihre Arbeit ausfallen, und benennt nicht zuletzt auch die Schwierigkeiten, denen die Sprachberatung bei der Umsetzung ihres Auftrags begegnet.

---

1 Siehe unter www.bundestag.de: → Statistik der Gesetzgebung → Überblick 17. Wahlperiode; Stand der Datenbank: 06.12.2013.

2 Mit dem Organisationserlass der Bundeskanzlerin vom 17.12.2013 hat das Bundesministerium der Justiz eine neue Bezeichnung erhalten: Bundesministerium der Justiz und für Verbraucherschutz, (BGBl. I S. 4310). Quelle: http://www.buzer.de/gesetz/11046/index.htm (letzter Zugriff: 14.05.2014).

2 Von der Idee zur Institution

Seit 2009 gibt es beim Bundesministerium der Justiz und für Verbraucherschutz (im Folgenden Justizministerium genannt) eine Arbeitseinheit, die alle Gesetzentwürfe[3] der Bunderegierung sprachlich prüft. Die Einrichtung dieser Sprachberatung (oder: Gesetzesredaktion) war das Ergebnis des in den Jahren 2007 und 2008 durchgeführten Projektes „Verständliche Gesetze“, das auf Initiative des Haushaltsausschusses des Bundestages koalitionsübergreifend auf den Weg gebracht wurde. Mit diesem Anstoß griffen die Parlamentarier die zunehmende Kritik an der sprachlichen Qualität von Gesetzen auf, deren Mängel angesichts beschleunigter Rechtsetzungsaktivitäten immer häufiger zutage traten. In dem Zweijahresprojekt wurden ausgewählte Gesetzgebungsvorhaben verschiedener Ministerien von vier Sprachwissenschaftlerinnen mit dem Ziel bearbeitet, die Gesetzentwürfe möglichst klar, widerspruchsfrei und verständlich zu formulieren. Das Projekt sollte nicht nur testen, wie Gesetze sprachlich zu verbessern sind, sondern auch ausloten, wem und in welchem Maße sprachwissenschaftliche Expertise beim Entstehen von Recht nützlich ist. Zu guter Letzt sollte geprüft werden, in welcher Phase des Gesetzgebungsprozesses eine Sprachberatung am sinnvollsten einzubinden ist. Schon das nur auf zwei Jahre angelegte Projekt hat gezeigt, dass die sprachliche Qualität von Gesetzestexten erheblich verbessert werden kann, wenn sprachwissenschaftliche Expertise beim Schreiben von Recht hinzugezogen wird, und zwar je früher im Verfahren, desto besser.[4]

Der Erfolg dieses Projekts war für die Bundesregierung Anlass, die Gesetzesredaktion ab 2009 nicht nur projektbezogen, sondern dauerhaft und für alle Gesetzesvorlagen der Bundesregierung einzusetzen und eine entsprechende Finanzierung sicherzustellen. Seit April 2009 werden alle Gesetzentwürfe, die in den Bundesministerien entstehen,[5] von dafür geschulten Sprachwissenschaftlern und Sprachwissenschaftlerinnen auf sprachliche Korrektheit und Verständlichkeit geprüft, bevor das Bundeskabinett über die Gesetzesvorlage entscheidet und sie dann dem Deutschen Bundestag zur Diskussion und Verabschiedung zuleitet. Die Gesetzesredakteure sind unmittelbar am „Sprachgeschehen“ innerhalb der Gesetzgebung beteiligt und bieten Juristen und anderen Fachleuten qualifizierte

---

3 Die Gesetzesredaktion prüft Gesetze wie auch Verordnungen des Bundes. Im Folgenden wird aber der Einfachheit halber nur von Gesetzen bzw. Gesetzentwürfen als Textsorte gesprochen.

4 Zu Einzelheiten und Ergebnissen des Projektes siehe auf der Homepage des Justizministeriums: www.bmjv.de → Verständliche Gesetze.

5 Mehr als die Hälfte der Gesetzgebungsvorhaben wird in dem Ministerium entworfen, das für den jeweiligen Inhalt fachlich zuständig ist. Die Ministerien der Bundesregierung verfügen über die besten sachlichen und personellen Voraussetzungen.

Hilfe bei der Textarbeit an. Mit Fug und Recht kann man sagen, dass Sprachwissenschaftler zum ersten Mal in diesem Umfang unter institutionellen Bedingungen beim Entstehen von und beim Verhandeln über Recht teilhaben können.

2.1 Die Arbeit der Gesetzesredaktion – Stör- oder Glücksfall für Legisten?[6]

Was sich hier wie selbstverständlich liest, ist ein Novum in der Geschichte deutscher Gesetzgebung: der Einsatz einer Sprachberatung mit dem Ziel, eine bessere Rechtsetzung zu schaffen.

Gesetze werden von Experten gemacht, dazu gehören auch die Juristen. Und gerade für Letztere war die neue Sprachberatung beim Justizministerium zunächst ein Fremdkörper im Getriebe der Gesetzesproduktion. Einige nahmen die Gesetzesredaktion zwar mit Interesse wahr, andere jedoch eher mit höflicher Distanz, Befremden, Unverständnis oder gar Ablehnung.[7] Über diesen alles andere als leichten Start konnten auch die positiven Reaktionen zur Einrichtung der Sprachberatung in der Presse[8] nicht hinwegtäuschen. Die Gesetzesredaktion stand vor der schwierigen Aufgabe, in einem weitgehend in sich abgeschlossenen System der Textproduktion für ihre Arbeit zu werben. Große Textmengen sind in relativ kurzen Fristen zu bewältigen. Das Team der Gesetzesredaktion musste sich mit der Bearbeitung der Textsorte[9] Gesetz vertraut machen. Die Legisten kannten das Team nicht und hatten keinerlei Erfahrung, wie verbindlich die Gesetzesredaktion beteiligt werden muss, wie verbindlich deren Vorschläge sind, ob die Beratung (nicht vorhandene) Zeit kostet und ob sie – zugespitzt formuliert – möglicherweise so unvermittelt wieder gehen würde, wie sie gekommen war.

---

6 Legisten meint hier alle Personen, die mit der Schaffung von Recht betraut sind, also Juristen und andere Fachleute.

7 Ausführlicher zu den Reaktionen auf die Verständlichkeitsprüfung durch die Sprachberatung in: Baumann 2012: 148.

8 Eine Auswahl: „Expertenteam übersetzt Jura-Kauderwelsch ins Deutsche“ (Spiegel online v. 29.3.2009); „Gesetze besser verstehen, Nachhilfe in Deutsch“ (Tagesspiegel v. 1.4.2009); „Im Dickicht der Rechtssprache“ (Berliner Zeitung v. 1.4. 2009); „Darf's ein bisschen komplizierter sein?“ (FAZ v. 29.4.2009); „Die Sprachrechtlerin“ (FAZ v. 20.5.2009); „Stephanie Thieme – Juristin und Sprach-Beauftragte der Bundesregierung“ (Süddeutsche Zeitung v. 4.5.2009); „Sprachwissenschaftler feilen an Gesetzen“ (Rheinischer Merkur Nr. 21/2009); „Deutsch für Politiker“ (Rheinische Post v. 10.12.2009); „Nicht an der Sprache scheitern“ und „Unser Recht soll schöner werden“ (Financial Times Deutschland v. 6.4.2010 und 8.2.2011); „Kampf den sperrigen Gesetzen“ (Weser-Kurier v. 21.4.2012).

9 Ausführlich zum Textsortenbegriff und zu Textsortenmerkmalen, insbesondere von Gesetzen, siehe Antje Baumann im Beitrag dieses Bandes.

Nicht alle Bedenken waren grundlos: Da die Gesetzesredaktion einen anderen Blick auf die Verständlichkeit von Rechtstexten hat als deren Verfasser, kostet eine Auseinandersetzung mit ihr natürlich Zeit – und in diesem Sinne war sie tatsächlich zunächst ein „Störfaktor".

2.2 Linguistische Verständlichkeitsprüfung in und für Institutionen

Dass die sprachliche Redaktion von Gesetzentwürfen der Bundesregierung gerade beim Justizministerium angesiedelt wurde, hat seinen guten Grund. Das Justizministerium begleitet seit mehr als 60 Jahren die Rechtsetzungsaktivitäten der Ministerien. Dem Justizministerium werden alle Gesetzentwürfe der anderen Ministerien zur sogenannten Rechtsprüfung[10] übersendet, bevor sie als Regierungsentwurf im Kabinett beschlossen werden. Die Verantwortlichen im Justizministerium prüfen nicht nur, ob sich die neu zu schaffenden oder die zu ändernden Regelungen widerspruchslos in die bestehende Rechtsordnung einfügen, sondern sie beurteilten bis 2009 mehr oder weniger „professionell" auch die Klarheit und Verständlichkeit der Regelungen. Fragen zum Textverständnis wurden dabei jedoch nur unter dem jeweiligen fachlichen und juristischen Blickwinkel[11] gestellt. Seit 2009 sollen mit sprachwissenschaftlicher Expertise Gesetze von verständnishemmenden Textelementen „befreit" werden. Wie erfüllt die Gesetzesredaktion diese Aufgabe? Und welchen Platz räumt man ihr dafür im Rechtsetzungsprozess ein?

Das Sprachberatungsteam besteht aus insgesamt zehn Personen. Alle haben eine sprachwissenschaftliche Ausbildung.[12] Zur Sprachberatung gehört das Sprachbüro und der Redaktionsstab Rechtssprache der Lex Lingua Gesellschaft

---

10 § 46 Absatz 1 der Gemeinsamen Geschäftsordnung der Bundesministerien: „Bevor ein Gesetzentwurf der Bundesregierung zum Beschluss vorgelegt wird, ist er dem Bundesministerium der Justiz zur Prüfung in rechtssystematischer und rechtsförmlicher Hinsicht (Rechtsprüfung) zuzuleiten."

11 Nussbaumer spricht davon, dass „Gesetze aus einer absolut dominanten Perspektive der Verwaltung heraus" konzipiert und geschrieben werden und nennt das „Produzentenperspektive" (Nussbaumer: 2003: 113).

12 In den Schweizer Sprachdiensten sind im Gegensatz zu Deutschland nicht nur sprachwissenschaftlich ausgebildete Personen beschäftigt. Für die Arbeit in der Gesetzesredaktion muss man nicht Sprachwissenschaftler sein. Dort arbeiten z. B. auch eine Theologin und ein Historiker. Die Schweizer Gesetzesredaktion setzt vorrangig auf muttersprachliche Kompetenz und gutes Sprachgefühl. Alles andere ergibt sich aus einer gründlichen Einarbeitung in die konkreten Tätigkeiten und in die Abläufe der Gesetzesredaktion.

für Rechts- und Fachsprache.[13] Die Mitarbeiterinnen des Sprachbüros sind im Justizministerium angestellt und bearbeiten ausschließlich dessen hauseigene Entwürfe; das Team des Redaktionsstabs Rechtssprache ist zuständig für die sprachliche Bearbeitung der Gesetzentwürfe aller anderen Bundesministerien. Der Redaktionsstab Rechtssprache leistet als externer Dienstleister die Sprachberatung im Auftrag des Justizministeriums und ist von der Bundesregierung bis Dezember 2016 finanziert.

2.2.1 Gesetzesredaktion in der Rechtsprüfung

Das Justizministerium beauftragt den Redaktionsstab Rechtssprache im Rahmen der Rechtsprüfung. Die Juristen des Justizministeriums sind seit der Einrichtung der Sprachberatung verpflichtet, deren Hinweise und Anmerkungen in ihre eigene Arbeit am Text einzubeziehen. Die Verpflichtung dazu wurde vom Justizministerium in einer Verwaltungsvorschrift geregelt.[14] Für die Sprachberatung ist die Gesetzesredaktion aus Anlass der Rechtsprüfung ein sehr später Zeitpunkt. Die Bearbeitungsfristen sind kurz, die Ansprechpartner sind nicht die Urheber der Texte und die Zeit für gemeinsame redaktionelle Besprechungen ist häufig knapp. Hinzu kommt, dass es sich in der Rechtsprüfung um einen Entwurf handelt, auf den sich die beteiligten Ministerien bereits geeinigt haben, inhaltlich wie sprachlich. Es bleibt der Gesetzesredaktion nur ein relativ enger Spielraum für sprachliche „Eingriffe“, entsprechende Hinweise und Verbesserungsvorschläge lassen sich nur noch schwer vermitteln und umsetzen.

2.2.2 Sprachprüfung vor der Rechtsprüfung

Alternativ kann der Redaktionsstab Rechtssprache von den Bundesministerien bereits in einem sehr viel früheren Verfahrensstadium des Gesetzgebungsvorhabens und unabhängig von der Rechtsprüfung kontaktiert werden. Hierfür haben

---

13 Siehe die Homepage der Lex Lingua GmbH unter: www.lex-lingua.de.

14 Hausverfügung vom April 2009 zur Gestaltung von Rechtsvorschriften und Rechtsprüfung: „Die Gesetz- und Verordnungsentwürfe des BMJ werden in dem für Rechtsprüfung und Sprachberatung zuständigen Referat in rechtssystematischer, rechtsförmlicher und sprachlicher Hinsicht mitgeprüft. In der Vorlage für die Hausleitung ist zu vermerken, dass diese Prüfung durchgeführt wurde. Gesetz- und Verordnungsentwürfe anderer Ressorts sind möglichst frühzeitig im Redaktionsstab Rechtssprache auf sprachliche Richtigkeit und Verständlichkeit zu prüfen. Das zuständige Mitprüfungsreferat leitet die Entwürfe – spätestens aus Anlass der Rechtsprüfung – über das für Rechtsprüfung und Sprachberatung zuständige Referat dem Redaktionsstab zu.“

sich die Bundesministerien nach langem Ringen auf eine Ermächtigung in ihrer Gemeinsamen Geschäftsordnung (GGO) geeinigt.[15] Sie haben die Wahl und durch diese Regelung in der GGO auch die Befugnis, die Gesetzesredaktion nach eigenem Ermessen und, wenn gewollt, auch vertraulich und ohne Kenntnis des Justizministeriums zu beteiligen. Dass eine frühe Arbeit am Text für alle Beteiligten sinnvoll ist, liegt auf der Hand. Bei der frühen Einbindung der Sprachler[16] entscheidet das jeweilige Fachreferat des Ministeriums über die Art und Weise der Zusammenarbeit und ist erfahrungsgemäß interessierter und offener für eine vertiefte und kontinuierliche Textarbeit.

2.2.3 Keine Sprachprüfung

Mit den genannten Regelungen in der GGO haben sich alle Ministerien zur Sprachberatung bekannt. Verbindlich sind sie trotzdem nicht. Eine „Sanktionierungsvorschrift" für den Fall, dass die Sprachberatung nicht beteiligt wird oder deren redaktionelle Vorschläge unbeachtet bleiben, findet sich weder in der Geschäftsordnung der Bundesministerien noch in der des Bundestages. Das zeigt, mit welcher Vorsicht institutionelle Vorkehrungen für die Einbeziehung der Sprachberatung getroffen wurden und wie weit Deutschland noch entfernt ist von dem Schweizer Modell, das seit vielen Jahren mit der Verwaltungsinternen Redaktionskommission Gesetzentwürfe (die dort Erlassentwürfe heißen) sprachlich prüft und als Institution einen festen Platz im Gesetzgebungsprozess hat.[17] Zu-

---

15 § 42 Absatz 5 GGO: „[...] Gesetzentwürfe sind grundsätzlich dem Redaktionsstab Rechtssprache zur Prüfung auf ihre sprachliche Richtigkeit und Verständlichkeit zuzuleiten. Die Zuleitung soll möglichst frühzeitig erfolgen. Das Ergebnis der Prüfung hat empfehlenden Charakter."

16 Dieser Begriff wurde von den Sprachdiensten der Schweizerischen Bundeskanzlei übernommen. Sie sind das Vorbild für die Einrichtung der Gesetzesredaktion in Deutschland. Bereits seit über 30 Jahren werden beim Sprachdienst in Bern, der zur Bundeskanzlei gehört, Erlassentwürfe unter sprachlichen, terminologischen und strukturellen Gesichtspunkten bearbeitet. Die Entwürfe werden in der Schweiz – ebenso wie in Deutschland – im fachlich zuständigen Bundesamt (entspricht in Deutschland einem Bundesministerium) ausgearbeitet und dann zur Sprach- sowie Rechtsprüfung an die Bundeskanzlei und das Bundesamt für Justiz übermittelt. In der Verwaltungsinternen Redaktionskommission verständigen sich dann Vertreter des Sprachdienstes und des Bundesamtes für Justiz auch auf eine „gemeinsame Sprache" gegenüber dem federführenden Amt. Auch diese interministerielle Zusammenarbeit wird von der Gesetzesredaktion in Deutschland angestrebt (vgl. auch die Homepage zu den Schweizer Sprachdiensten unter: www.bk.admin.ch → Sprachdienste).

17 Ausführlicher zur Arbeitsweise in der Schweiz und zur Stellung der dortigen Sprachdienste siehe z.B. Nussbaumer 2003, Schröder 2007, Raff und Schiedt 2012. Letztere vergleichen die

mindest sind in Deutschland jedoch die verfahrensrechtlichen Grundlagen sprachlicher Beratung von Bundesrecht für den gesamten Gesetzgebungsprozess[18] gelegt, was in Europa (mit Ausnahme der Schweiz) bisher einzigartig ist.[19] Auf Regierungsebene und im Parlament wird eine lückenlose Sprachberatung vom ersten Diskussionsentwurf bis zur Verkündung des Gesetzes angeboten (vgl. das folgende Schaubild).

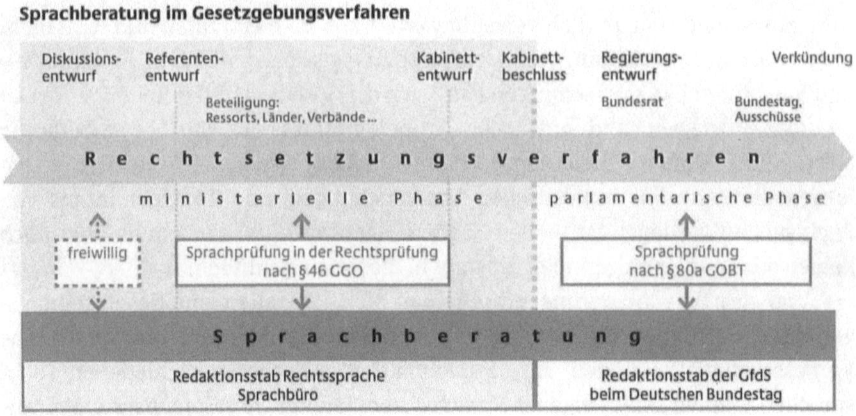

Abb. 1: Sprachberatung im Gesetzgebungsverfahren der Bundesrepublik Deutschland (Quelle: Justizministerium).

Arbeitsweise der Gesetzesredaktion in der Schweiz mit der in Deutschland, deren Unterschiede sie im Rahmen eines dreimonatigen Personalaustausches erlebt haben.

18 Im Bundestag gibt es weiterhin den Redaktionsstab der Gesellschaft für deutsche Sprache, der seit der Änderung der Geschäftsordnung des Bundestages im Jahre 2009 Gesetze und Verordnungen ausschließlich in der parlamentarischen Phase sprachlich prüft. Zu den Einzelheiten dieser Arbeit siehe die Homepage der Gesellschaft für deutsche Sprache unter: www.gfds.de.

19 Eine im Jahr 2012 vom Justizministerium initiierte Nachfrage in allen Mitgliedstaaten der EU hat gezeigt, dass es zwar verschiedene Bemühungen und diverse institutionelle Vorkehrungen gibt, sich auch mit der (sprachlichen) Qualität von Rechtsnormen zu beschäftigen, dass diese Tätigkeiten aber nicht vergleichbar sind mit der Sprachberatung in Deutschland; zu europäischen Aktivitäten siehe auch unter www.bmjv.de → Sprachberatung → EU-Symposium „Verbesserung der Verständlichkeit von Rechtsvorschriften im Rechtsetzungsverfahren".

3 Wovon sich die Gesetzesredaktion leiten lässt

3.1 Was wird erwartet?

Die Erwartungen an die neu eingerichtete Gesetzesredaktion sind hoch: Gesetze sollen verständlicher formuliert werden, sprachlich richtig, eindeutig, klar und unmissverständlich sein. Dem Leser und Anwender sollen keine Zweifel bleiben. Dieser Auftrag ist (auch) ein politischer. Wie gesetzliche Regelungen für (alle) Normadressaten verständlich gemacht werden sollen, bleibt offen und wirft mehr Fragen als Antworten auf: Auf welche sprachwissenschaftlichen Erkenntnisse und Verständlichkeitsforschungen kann sich die Gesetzesredaktion in ihrer Arbeit berufen? Inwieweit sind juristische Grundkenntnisse für die Sprachberatung erforderlich? Oder sind sie sogar eher hinderlich? Wenngleich in den letzten Jahren die Zahl der linguistischen Untersuchungen zum Textverständnis von Rechtstexten gestiegen ist, haben Schlussfolgerungen der Forschung aber noch keinen oder nur einen geringen Eingang in die Praxis gefunden.

Von der Sprachberatung erhofft man sich, bei allen am Gesetzgebungsverfahren Beteiligten die Bereitschaft zu fördern, gemeinsam um sprachliche Verbesserungen zu ringen. Als „Sprachmittler" zwischen verschiedenen Fachsprachen müssen sie ihr eigenes Sprachsystem mit anderen Sprachsystemen vergleichen, wenn am Ende ein fachlich, juristisch und sprachlich gelungener Text stehen soll.

Arbeit an der Verständlichkeit von Gesetzen verlangt mehr als nur den Blick auf den Einzeltext. Gesetze stehen immer im Kontext zu anderen Texten (zu anderen Gesetzen und deren Begründungen, zu Verordnungen und Verwaltungsvorschriften, zu Kommentierungen, zur Fachliteratur und zur Rechtsprechung). Bestehendes Recht und entstehendes Recht führen deshalb immer auch zu neuen (inter-)textuellen Zusammenhängen. Deshalb müssen sich die Sprachler über den Entstehungs- und Entwicklungsprozess eines Gesetzestextes informieren, dessen Verwendung und Bedeutung (und Bedeutungswandel) kennen – also über „strukturiertes Wissen" verfügen –, rechtliche und sprachliche Spielräume, fachsprachlichen Gebrauch sowie linguistisch und juristisch motivierte Sprachverwendung beherrschen.

3.2 Was wird gemacht?

Die Sprachberatung nimmt im Gesetzgebungsverfahren eine moderierende, kommunizierende und unparteiisch beratende Vermittlung ein zwischen verschiedenen Akteuren und deren Sprache(n) und zwischen verschiedenen (politischen)

Interessen und deren „Versprachlichung“. Anders ausgedrückt: Sie moderiert und vermittelt zwischen mindestens drei (Fach-)Sprachen: der juristischen Sprache, der Sprache des zu regelnden Fachthemas (z.B. Umweltrecht) und der Gemeinsprache. Unter Gemeinsprache ist die allgemein verwendete und allen Mitgliedern einer Sprachgemeinschaft verständliche Sprache (ohne Mundarten und Fachsprachen) zu verstehen.[20] Im Sinne dieser Definition sollen Normtexte verständlich(er) gemacht werden und die Gesetzesredaktion hat diese verfahrensbegleitende Verständlichkeitsprüfung zu sichern.

Die Tätigkeiten der Gesetzesredaktion sind von der Überzeugung geleitet, dass ein fachlich neutraler Blick Verständlichkeitsdefizite bei Gesetzestexten aufdecken kann und sprachwissenschaftliche Expertise hilft, solche Defizite zu beheben. Das sprachliche Verbesserungsziel ist flexibel; es wird bei jeder Textarbeit vor allem durch folgende Kriterien bestimmt:
- Wer sind die Adressaten des Regelungstextes?
- Wie viel Zeit wird der sprachlichen Bearbeitung eingeräumt?
- Wie groß ist die Bereitschaft der Textverantwortlichen, für sprachliche Verbesserungen einzutreten?

Grundlage der Sprach- und Verständlichkeitsprüfung sind zunächst allgemein gültige Standards wie die Regeln der deutschen Rechtschreibung und Grammatik. Jeder Gesetzentwurf wird selbstverständlich daraufhin geprüft, Schreibweisen werden vereinheitlicht, fehlerhafte grammatische Bezüge korrigiert, etwa wenn das Bezugsnomen eines Relativsatzes grammatisch nicht eindeutig zu bestimmen ist und zu inhaltlichen Unschärfen führt. Die Sprachprüfung geht jedoch weit über das bloße Korrigieren hinaus. Einige der Möglichkeiten, einen Gesetzentwurf besser und verständlicher zu formulieren, sollen hier genannt werden:[21]

Die typischen langen und verschachtelten „Satzgirlanden“, die häufig inhaltlich überfrachtet sind oder mehrere Regelungen enthalten, werden aufgelöst in kürzere Sätze. Als Faustregel gilt: ein Gedanke – ein Satz. Längere Sätze erfordern längere Verarbeitungszeiten, der Überblick geht schnell verloren, insbesondere wenn Aufzählungsglieder aus mehreren Satzteilen bestehen und Zusammenhänge nicht eindeutig erkennbar sind. Hier gliedern die Sprachler die Aufzählung in Listenform, die erfahrungsgemäß dem Leser die Regelungsinhalte klarer vor Augen führt, oder fügen zumindest Konjunktionen oder Präpositionen ein, durch die der Satzbau leichter erkennbar wird. Auf syntaktische und semantische Mehr-

---

20 Vgl. Duden: Das große Wörterbuch der deutschen Sprache 2012.

21 Ausführlicher zu einzelnen Beispielen aus der Praxis der Gesetzesredaktion siehe auch Tacke und Thieme 2014.

deutigkeiten wird hingewiesen. Die Textstruktur wird geprüft: Ist der Textaufbau folgerichtig, steht inhaltlich Zusammengehörendes zusammen, das Allgemeine vor dem Besonderen, steht der Paragraph an der „richtigen Stelle" und passt die Überschrift zum Inhalt der Regelung. Die Wortwahl wird daraufhin geprüft, ob sie dem Gemeinten entspricht oder ob nicht ein anderes Wort den Sachverhalt präziser trifft. Redundantes wird gestrichen, z. B. wenn sich Regelungen in einer Verordnung und dem zugrunde liegenden Gesetz wiederholen. Terminologische Kohärenz wird hergestellt: Gleiches muss gleich bezeichnet werden und Ungleiches eben ungleich. Die Gesetzesredaktion verwendet für ihre Arbeit auch das vom Justizministerium herausgegebene Handbuch der Rechtsförmlichkeit,[22] das neben allgemeinen Empfehlungen für das Formulieren von Rechtsvorschriften auch Hinweise zu deren sprachlicher Gestaltung enthält.

Die Sprachler markieren „sprachliche Schwächen" eines Textes (auf der Wort-, Satz- und Textebene). Zudem müssen sie im Blick behalten, wer neben den Fachleuten und der öffentlichen Verwaltung (als klassischer Adressat) zum weiteren Adressatenkreis der Norm gehört. Je spezieller und fachlicher der Adressat der Norm ist, desto eher ist deren Fachsprachlichkeit zulässig. Auch diese Abwägung hat der sprachliche Bearbeiter zu treffen.

Da Arbeit mit Sprache auch immer Arbeit am Gedanken ist, ergeben sich nicht selten inhaltliche Nachfragen an den Textverantwortlichen. Nicht selten provoziert das. Der Textverfasser oder der Jurist verkennt dabei mitunter, dass inhaltliche Rückfragen keine Einmischung in fremde Verantwortlichkeiten sind. Wer mit der Gesetzesredaktion bereits Erfahrung hat, weiß, wie klärend solche Nachfragen auch beim Autor des Textes sein können. Beide Seiten profitieren davon.

Es gibt zwar allgemeine Hinweise, wie die Sprachprüfung durchgeführt wird,[23] jedoch kein festes Schema. Jeder Text verlangt eine „Einzelfallprüfung", insbesondere dann, wenn der Gesetzesredaktion Vorgaben gemacht werden wie z. B.:

- an der Terminologie des Textes von vornherein nichts zu ändern (weil wegen der wortgetreuen Übernahme bzw. Übersetzung von Begriffsbezeichnungen aus dem europäischen Recht keinerlei Spielraum für verständnisfördernde Verbesserungen besteht),[24]

22 Die letzte Auflage des Handbuchs der Rechtsförmlichkeit datiert aus dem Jahr 2008 (siehe die Homepage des Justizministeriums unter http://hdr.bmj.de/vorwort.html.) und wird zurzeit gründlich überarbeitet. Insbesondere werden vom Sprachberatungsteam die Hinweise in Teil B zur sprachlichen Gestaltung von Gesetzentwürfen vor dem Hintergrund mehrjähriger sprachpraktischer Erfahrungen geprüft und erweitert.

23 Siehe Homepage des Justizministeriums unter: www.bmjv.de → Sprachberatung.

24 Z. B. Begriffsbestimmungen, die aus der umzusetzenden Richtlinie wörtlich übernommen werden, ohne dass das Verhältnis zur Terminologie geprüft wurde, welche im deutschen Recht

- wenn man sich auf bestimmte oder im umgekehrten Fall auf unbestimmte Sprachregelungen verständigt hat (wegen politischer Kompromisse),
- wenn textstrukturelle Hinweise nicht umgesetzt werden können (weil bei einem Änderungsgesetz nur bestimmte Textteile geändert oder ergänzt werden) und nicht zuletzt dann,
- wenn die Bearbeitungsfrist so kurz ist, dass die erforderliche Gründlichkeit einer Sprachprüfung gar nicht mehr möglich ist.

Hier ist von den Sprachlern Pragmatismus gefragt. So unterscheiden sich z. B. die Prüftiefe und -art danach, ob es sich um ein (neues) Stammgesetz oder um ein Änderungsgesetz handelt, ob der Entwurf sich in einem frühen oder späten Stadium innerhalb des Gesetzgebungsprozesses befindet, ob zur Kommunikation zwischen den Beteiligten genügend Zeit vorhanden ist und neben der schriftlichen Bearbeitung des Textes eine Besprechung (Redaktionssitzung) möglich ist und ob es sich um eine erste oder um eine wiederholte Prüfung handelt.

3.3 Kommunikation und interdisziplinäre Sicht

Über Verständnisprobleme – will man sie lösen – muss gesprochen werden. Das ist eine Binsenweisheit und gilt für alle Beteiligten im Gesetzgebungsprozess. Nur im Dialog können die Sprachler Hintergründe und vorbereitende Gedanken, die zu einer bestimmten Formulierung geführt haben, nachvollziehen und Argumente für und gegen den Wortlaut diskutieren. Findet ein solcher Austausch nicht statt, muss die Arbeit der Gesetzesredaktion ins Leere gehen. Sie ist regelrecht angewiesen auf Kommunikation, denn materiell-rechtliche Unklarheiten können nicht ohne Rücksprache mit den Verantwortlichen sprachlich „repariert“ werden. In diesem Sinne ist der Erfolg der Gesetzesredaktion abhängig von der Bereitschaft der anderen, mit ihr zu arbeiten. Im Idealfall heißt das: gemeinsame Redaktionssitzungen mit den Urhebern des Textes aus dem zuständigen Fachministerium, mit dem Juristen aus dem Justizministerium sowie mit dem verantwortlichen Sprachberater. Die Bereitschaft dazu wächst (vor allem bei denen, die mit der Sprachberatung bereits Erfahrungen gemacht haben), aber sie wächst noch nicht im gewünschten Umfang. Engagement für eine bessere Rechtsetzung

---

gebräuchlich ist. Vielfach wird zur Begründung vorgebracht, dass bei der Umsetzung von EU-Richtlinien eine nicht wortgetreue Übernahme die Gefahr berge, dass eine Richtlinie nicht oder nicht vollständig europarechtskonform umgesetzt werde. Vgl. auch Schade 2008.

kann man nicht behördlich anordnen. Die Gesetzesredaktion muss auch hier darauf vertrauen, dass sie mit ihrer Arbeit überzeugt und empfohlen wird.

4 Verständlichkeit und Verstehen

Alle Rechtstexte (Gesetze, Verwaltungsvorschriften, Gesetzeskommentare, juristische Fachliteratur, Urteile etc.) sind Fachtexte und auf eine Kommunikation unter Fachleuten zugeschnitten. Gesetze sind das Ergebnis juristischer Spracharbeit an und mit Texten. Juristen integrieren Lebenssachverhalte in „Schemata der juristischen Wirklichkeitsverarbeitung".[25] Dabei lassen sie sich leiten von ihrem juristischem Wissensrahmen.[26] Die Verwendung spezieller Rechtstermini und formelhafter Wendungen, die fachlich üblich sind, bestimmen u. a. die Fachsprachlichkeit von Gesetzen. Das hat die Gesetzessprache mit anderen Fachsprachen gemein. Abstriche bei der Allgemeinverständlichkeit hält der Normadressat dann noch für gerechtfertigt, wenn ein Gesetz sich an einen Kreis von Fachleuten wendet, in dem sich ein eigener Sprachgebrauch herausgebildet hat. So wird sich in Fachkreisen kaum jemand daran stören, wenn im Forstvermehrungsgutgesetz der Begriff *Familieneltern* durchweg für Bäume verwendet wird, *von denen Nachkommenschaften durch kontrollierte oder freie Bestäubung eines bestimmten Samenelters durch einen oder mehrere bestimmte oder unbestimmte Polleneltern erzeugt werden.*

Die Gesetzesredaktion bewegt sich stets auf dem Grat einer Abwägung zwischen Fachsprachlichem zur Sicherung rechtlicher Präzision und dem Anliegen, Gesetzentwürfe präzise, klar, widerspruchsfrei und sprachlich so einfach wie möglich zu formulieren. Diese Abwägungen haben sinnvollerweise die Sprachler gemeinsam mit den Legisten zu treffen. Dass Verständlichkeit nicht gelingen kann durch „Übersetzung" des Gesetzestextes in allgemein- und umgangssprachlich vertraute Formulierungen, ist allen klar, die mit der Textsorte Gesetz arbeiten.

Verstehen und Verständlichkeit sind Begriffe der Linguistik. Somit seien grundlegend Linguisten für Fragen der Textverständlichkeit zuständig. Verständnis hänge von der sprachlichen Form des Textes ab, sprachliche Verständnisbarrieren wie komplizierter Satzbau, Nominalstil, Passivkonstruktionen etc. müssten verhindert oder zumindest vermindert werden, Textgestaltung sei das Lösungsangebot für einen verständlichen Rechtstext.[27] Verständlichkeit ist aber

25 Felder 2005: 134.
26 Ebd.
27 Vgl. hierzu die Ausführungen von Lasser 2000.

relational. Sie ergibt sich nicht aus der Texteigenschaft selbst, sondern immer nur in Relation zum Rezipienten, der über bestimmte Vorkenntnisse verfügt, bestimmte Erwartungen mitbringt, unterschiedlich umfängliches Wissen hat. Verständlichkeit ist also keine Eigenschaft von Texten, die ihnen einfach zu- oder abzusprechen ist. Was für den einen verständlich ist, bleibt einem anderen weitgehend unverständlich.[28] Das einschränkende Wort „möglichst" in den bereits erwähnten Geschäftsordnungen der Bundesregierung und des Parlaments zur sprachlichen Qualität von Gesetzen berücksichtigt das. Sprachler haben meistens mit Texten zu tun, deren Regelungsinhalt ihnen fachlich nicht vertraut sind (z. B. Regelungen des Finanz- und Kapitalmarkts, hochtechnische Vorschriften, Unternehmensbeteiligungen, Vorschriften aus dem Umweltrecht etc.). Wird die Fremdheit der Sachmaterie (der Sprachler ist Laie) noch mit einer komplexen Regelungsstruktur „gepaart", so muss sich der Sprachler vor der Textbearbeitung Hilfe holen:

- für inhaltliche Fragen von den Fachleuten,
- für einen Überblick zur Genese des Gesetzentwurfs sowie zu den verschiedenen Fassungen aus den juristischen Datenbanken *Juris* und *Beck-online*, die das Justizministerium der Gesetzesredaktion kostenlos zur Verfügung stellt,
- für Interpretationen, Bedeutungsbestimmungen und -aktualisierungen im herkömmlichen linguistischen oder alltagssprachlichen Sinn aus Wörterbüchern und Terminologiedatenbanken.

Es wird immer schwierig bleiben, eine rechtliche oder fachliche Problematik alltagssprachlich wiederzugeben. Selbst wenn ein Text sprachlich optimiert und gestaltet wird, ist er nicht per se leicht(er) verständlich und erlaubt keine Vorhersagen darüber, ob der Adressatenkreis die Regelung versteht. Nur ein kontinuierlicher sprach- und rechtswissenschaftlicher Diskurs zwischen allen Akteuren des Gesetzgebungsverfahrens kann Bemühungen um verständlichere Rechtsnormen voranbringen. Dabei genügt es nicht, Sprachhilfe nur einfach anzubieten. „Augenhöhe" mit der Institution und deren Beteiligten ist Voraussetzung für die Akzeptanz und damit für den Erfolg der Gesetzesredaktion.

Eine gute Textarbeit am Gesetz gelingt nur gemeinschaftlich. Dennoch lässt sich vieles an Texten in verständnisfördernder Weise herausarbeiten oder strukturieren, wovon letztlich der Legist ganz im Sinne einer besseren Verständlichkeit profitieren kann: sparsamer Einsatz von Verweisen, das Gemeinte im Gesetz „erkennen lassen", sinnvolle Textkonzepte schaffen, Gliederungen einsetzen, pseudofachsprachliche Ausdrücke (*abstellen auf, abschlägig bescheiden, bauseiti-*

28 Ludger 1992: 124.

ge Behebung der Mängel, namhaft machen) oder ungenaue Formulierungen vermeiden *(nach Maßgabe, unbeschadet der Regelung in ..., Absatz ... bleibt davon unberührt)*, Begriffsdefinitionen oder Aussagen zum Anwendungsbereich an den Anfang stellen und nicht den (politischen) Zweck des Gesetzes.

4.1 Konflikt zwischen Fachsprachlichem und Alltagssprachlichem

Die Textsorte Gesetz unterscheidet sich von anderen Fachtexten nach Inhalt und Form. Gesetze müssen auf eine Vielzahl von Lebenssachverhalten angewendet werden und dürfen keine Einzelfälle regeln. Ein Gesetz legt Regeln fest, erklärt jedoch nicht und illustriert nicht. Die Notwendigkeit, abstrakt zu formulieren, erfordert eine hochformalisierte Sprache und wegen der Bezugnahme und Verweistechnik innerhalb der Rechtsordnung eine Aufteilung in Paragraphen,[29] Absätze, Sätze, Nummern und Buchstaben, was alles wiederum in logischer Beziehung zueinander stehen sollte. Diese streng formalisierte Text- und Satzsemantik sowie die Verwendung von Fachtermini können das Verständnis für Laien behindern. Hinzu kommt, dass nicht selten juristische Termini der Alltagssprache entlehnt sind (z.B. *Besitzer, Eigentümer, Mord, Totschlag, Leihe, Miete, Widerspruch, Erinnerung* etc.), aber erhebliche semantische Abweichungen zwischen dem juristischen und dem alltäglichen Sprachgebrauch bestehen. Das kann dazu führen, dass der Text vom Anwender (hier der Laie) „verstanden wird", zumindest an der Textoberfläche, das Verständnis für die rechtliche Botschaft sich ihm aber nicht entschließt.[30] Innerhalb der Rechtssprache haben sich Begriffe und Wortverbindungen oftmals eine spezielle Bedeutung angeeignet,[31] die mit der Bedeutung in der Gemeinsprache nicht oder nicht mehr korrespondiert. Das Wort *regelmäßig* bedeutet beispielsweise in der Gemeinsprache *zeitlich gleichmäßig wiederkehrend*, in der Rechtssprache *der Regel gemäß, in der Regel*. Ein *Widerspruch* ist im Recht ein Rechtsbehelf gegen behördliche und gerichtliche Entscheidungen, insbesondere gegen einen Verwaltungsakt, in der Gemeinsprache kann damit *ein Gegensatz, ein Protest, eine Widerrede, Unvereinbarkeit oder Widersprüchlichkeit* gemeint sein. *Grundsätzlich* bedeutet im rechtlichen Kontext *vom Grundsatz her, d. h. in der Regel, die aber Ausnahmen zulässt, grundsätzlich* ist in der juristischen Fachsprache also ein expliziter Hinweis darauf, dass Ausnahmen vorgesehen sind; in der Gemeinsprache heißt *grundsätzlich* jedoch *im-*

---

29 Nach Busse haben Paragraphen in der juristischen Alltagsarbeit die Funktion von in sich relativ abgeschlossenen Miniaturtexten (Busse: 2000, 803).

30 Ogorek 2004: 299.

31 Jermol 2003: 142.

mer, aus Prinzip, und zwar ohne Ausnahmen. Wird diese Fachsprache von Nichtfachleuten gedeutet, so „verliert sie ihre unmittelbare Bindung an das fachliche Denken.“[32]

Über die Wechselbeziehungen zwischen Alltagssemantik und Fachsemantik wird im Sprachberatungsteam immer wieder diskutiert. Von den Sprachlern wird erwartet, dass sie den fachspezifischen Wortschatz im unmittelbaren sprachlichen Kontext erkennen, aber seine Verwendung kritisch hinterfragen: Welche Fachwörter kommen woher, wohin gehören sie, wann sind sie zwingend nötig und wann vielleicht doch entbehrlich. Die Sprachler haben diesen Klärungsprozess zu fördern.

4.2 Gut geschrieben und richtig verstanden?

Juristisch wie linguistisch interessant war eine an die Sprachberatung herangetragene Frage zum Wortlaut des § 306 Absatz 2 der Strafprozessordnung (StPO). § 306 StPO regelt das Beschwerdeverfahren in Strafsachen:

> *(1) Die Beschwerde wird bei dem Gericht, von dem oder von dessen Vorsitzenden die angefochtene Entscheidung erlassen ist, zu Protokoll der Geschäftsstelle oder schriftlich eingelegt.*
>
> *(2) Erachtet das Gericht oder der Vorsitzende, dessen Entscheidung angefochten wird, die Beschwerde für begründet, so haben sie ihr abzuhelfen; andernfalls ist die Beschwerde sofort, spätestens vor Ablauf von drei Tagen, dem Beschwerdegericht vorzulegen.*

Ein Inhaftierter will gegen eine Entscheidung (z. B. gegen einen Haftbefehl) Beschwerde einlegen. Die Beschwerde muss bei dem Gericht eingelegt werden, das die Entscheidung erlassen hat (iudex a quo). Das Gericht prüft daraufhin, ob es der Beschwerde also abhilft, also ob es aufgrund der Beschwerde die angefochtene Entscheidung selbst ändert (Absatz 2 Halbsatz 1). Hilft das Gericht der Beschwerde nicht ab, so muss es diese dem nächsthöheren Gericht (Beschwerdegericht) zur Entscheidung vorlegen, und zwar *sofort, spätestens aber vor Ablauf von drei Tagen* (Absatz 2 Halbsatz 2). Schon die Verbalphrase *„ist* [...] *vorzulegen*“ bleibt vage. Müssen die Akten schon am dritten Tag (nächste Frage: ab wann beginnt man zu zählen?) beim Beschwerdegericht auf dem Schreibtisch des Richters liegen? Oder erst am Arbeitsende des dritten Tages auf den Weg gebracht werden oder möglicherweise erst am vierten Tag beim Beschwerdegericht ankommen? Wie auch immer – sofort soll es sein, spätestens nach drei Tagen. In der

32 Vgl. Handbuch der Rechtsförmlichkeit 2008, Randnummer 56.

Praxis hält sich fast niemand daran. Warum? Juristen, die mit Strafverfahrensrecht vertraut sind, wissen: Es handelt sich bei dieser Regelung nicht um eine „echte Frist“, die vom Gericht weder verkürzt noch verlängert werden kann, sondern um eine Frist, die der Verfahrensbeschleunigung dient. Das erfährt man aus einem anderen Rechtstext, dem Kommentar zu dieser Vorschrift, der zwar schon so etwas wie Erleuchtung bringt, aber in anderer Hinsicht noch mehr Verwirrung stiftet:

> *Die Dreitagefrist (Abs. 2) ist eine Sollvorschrift, die die unverzügliche Vorlage sichern soll. Sie beginnt mit dem Eingang der Beschwerde bei Gericht, nicht etwa erst dann, wenn das Gericht sich darüber schlüssig geworden ist, dass es der Beschwerde nicht abhelfen will. Die Frist wird auch nicht dadurch gehemmt, dass der iudex a quo weitere Ermittlungen für notwendig hält. Sind diese Ermittlungen nicht innerhalb der Frist durchführbar, muss das Erstgericht die Entscheidung, ob sie überhaupt erforderlich sind, dem Beschwerdegericht überlassen und vorlegen (aA OLG München NJW 1973, 1143). Die Fristüberschreitung hat keine unmittelbaren verfahrensrechtlichen Konsequenzen.*[33]

Die Kommentierung zum § 306 Absatz 2 StPO spricht von einer Sollvorschrift. Als Sollvorschrift wird eine gesetzliche Bestimmung bezeichnet, die ein Tun oder Unterlassen zwar für den Regelfall, aber nicht zwingend vorschreibt. Der Wortlaut des Gesetzes gibt eine solche Auslegung aber nicht her, im Gegenteil: Ein Verstehensversuch dieser Regelung liefert keine unterschiedlichen Befunde. Zu prüfen bleibt, welche Bedeutung dem Wort „sofort“ im rechtssprachlichen Kontext des Strafverfahrensrechts zukommt. Das ist letztlich eine semantische Fragestellung. Möglicherweise ergeben sich weitere Hinweise aus anderen Kommentaren oder aus terminologischen Datenbanken. Möglicherweise ergibt sich Näheres zur Bedeutung und Verwendung von „sofort“ aus dem juristischen Diskurs zum Strafverfahrensrecht. Möglicherweise liegt hier aber einfach nur ein redaktioneller Fehler vor? Die Sprachler würden zumindest erfragen, ob die Formulierung „so schnell wie möglich“ oder das Wort „unverzüglich“, was im rechtlichen Sinne „ohne schuldhaftes Zögern“[34] bedeutet, den Sachverhalt nicht treffender wiedergibt: Es wird nur eine unter den gegebenen Umständen schnellstmögliche Handlung erwartet, keine sofortige. Wenn sich das Beschwerdeverfahren verzögert (weil z. B. der Richter noch neue Tatsachen für seine Entscheidung werten muss), steht ihm für die Beschwerde durchaus eine Reaktionszeit von mehreren Tagen oder Wochen zu, ohne dass er sich dem Vorwurf der Rechtsbeugung aussetzt. Dieses Beispiel zeigt, dass die Regelung im § 306 Absatz 2 StPO weder durch

---

33 Kommentierung zu § 306 im Karlsruher Kommentar zur Strafprozessordnung 2013.
34 Zur Definition, vgl. § 121 Absatz 1 des Bürgerlichen Gesetzbuches (BGB).

fachsprachliche noch durch strukturelle Besonderheiten oder die Verwendung vager Begriffe unverständlich ist; dem Leser stellen sich Verständnisfragen vielmehr erst durch das (zusätzliche) Wissen aus anderen Rechtstexten und/oder durch die Kenntnis von der juristischen Praxis. Die Sprachler würden die Formulierung in § 306 Absatz 2 StPO nicht ungeprüft nach ihrem (intuitiven) Sachverhalts- und Begriffsverständnis ändern. Sie würden ihrem Gegenüber aber Fragen stellen (müssen) und damit einen Prozess der Verständigung mit den Textverantwortlichen in Gang setzen: Jede Abweichung vom üblichen Sprachgebrauch (und das Wort „sofort" im rechtlichen Kontext ist unüblich) veranlasst zusätzliche Deutungen und Interpretationen – bei allen Beteiligten. Die Sprachler können ihre Arbeit nicht „allein" machen, denn „Interdisziplinarität" – so Nussbaumer[35] – „schützt auch die Sprachler vor törichten Vorschlägen, die sie bei den Juristen in Verruf bringen könnten."

5 Ein neuer Weg für mehr Verständlichkeit? Ein neuer Weg!

Gesetze sind und bleiben ein wesentliches Gestaltungs- und Strukturelement staatlichen Handelns. Wenn Verständlichkeit von Gesetzen gefordert wird, ist meist von Allgemeinverständlichkeit die Rede. Die Ursachen für schwerverständlich formulierte Gesetze jedoch liegen nicht im persönlichen Versagen einzelner Legisten, die von Sprachlern wettgemacht werden könnten, sondern die Ursachen sind struktureller Art: Gesetze haben eine multiple Autorenschaft und wenden sich an einen unbestimmten Adressatenkreis, sie werden unter bestimmten Rahmenbedingungen staatlicher Institutionen geschaffen und bedienen sich in aller Regel einer stark formalisierten Sprache. Die Forderungen nach Allgemeinverständlichkeit von Gesetzen für alle Rechtsanwender muss daher ein Ideal bleiben. Ein sinnvolles und somit notwendiges Unterfangen sind Bemühungen um besser formulierte Gesetze jedoch auf jeden Fall. Mit der Einrichtung der Gesetzesredaktion auf Regierungsebene wurde begonnen, solchen Bemühungen mehr Nachdruck zu verleihen, indem man der Sprachberatung für ihre Tätigkeit eine institutionelle Verankerung gegeben hat. Was man aus sprachwissenschaftlicher Sicht von der Textarbeit der Gesetzesredaktion hält, was sich daraus möglicherweise ergibt oder ergeben kann, werden die nächsten Jahre zeigen. Konzepte für den „Transfer" wissenschaftlicher Erkenntnisse textlinguistischer Forschungen und Untersuchungen sind in der praktischen Arbeit (noch) nicht greifbar. Die Praxis scheint der Theorie vorauszueilen. Eine Kooperation der

35 Nussbaumer 2004: 292.

Sprachwissenschaft mit den Praktikern in Berlin bietet sich jedoch geradezu an, die so oft zitierte Lücke zwischen theoretischer Forschung und Praxis zu schließen. Noch nie waren die Voraussetzungen dafür so gut. Die Sprachler bearbeiten große Textmengen, deren Materie sie gedanklich und sprachlich durchdringen. Ihre sprachpraktischen Erfahrungen und ihre Kompetenz im Umgang mit der Textsorte Gesetz wächst. Allerdings fehlt es an Zeit und anderen sachlichen Voraussetzungen, die oftmals intuitiv verfolgten Sprachberatungstätigkeiten wissenschaftlich zu hinterfragen und zu prüfen, inwieweit eine wissenschaftliche Begleitung ihren Tätigkeiten zu mehr Wirksamkeit verhelfen kann. Etwas zugespitzt hat Nussbaumer das so formuliert: Wenn die Linguistik manchmal zu Recht der Gesetzesredaktion Theorielosigkeit vorwirft, so kann man den Spieß auch umdrehen und der Linguistik Verachtung der Praxis oder zumindest eine Scheu vor dem Praktisch-Werden ihrer Wissenschaft vorwerfen.[36]

Denn: Arbeit an der Verständlichkeit von Normtexten nützt nicht nur den Legisten und hilft bei der Klärung von Prozessabläufen im Rechtsetzungsverfahren, sie nützt auch Politikern bei Entscheidungsprozessen, sie unterstützt Rechtsanwender bei der Anwendung und Auslegung von Recht und kann der Allgemeinheit helfen, politische Entscheidungen, die in Recht umgesetzt werden, besser zu akzeptieren. Damit ist der Beitrag der Gesetzesredaktion im besten Sinne eine Dienstleistung für Demokratie. Sie muss einen festen Platz im Gesetzgebungsverfahren haben.

Literatur

Baumann, Antje 2012: Sprachberatung in der Gesetzgebung – ein Arbeitsfeld für Pragmatiker. In: Kari Keinästö et al. (Hg.): *Herausforderung Sprache und Kultur. Festschrift für Matti Luukkainen zum 75. Geburtstag*. Helsinki: VERLAG, S. 145 ff.

Duden 2012: *Das große Wörterbuch der deutschen Sprache*. 4. Aufl. Mannheim.

Felder; Ekkehard 2005: Alltagsweltliche und juristische Wirklichkeitskonstitution im Modell der „Juristischen Textarbeit". Ein sprachhandlungstheoretischer Beitrag zur Kommunikation im Recht. In: Kent D. Lerch (Hg.): *Die Sprache des Rechts. Studien der interdisziplinären Arbeitsgruppe Sprache des Rechts der Berlin-Brandenburgischen Akademie der Wissenschaften*. Band 3: Recht vermitteln. Strukturen, Formen und Medien der Kommunikation im Recht. Berlin, New York: De Gruyter, S. 133 ff.

Gemeinsame Geschäftsordnung der Bundesministerien (GGO) Stand: 1. September 2011. Herausgegeben vom Bundesministerium des Innern. Quelle: http://www.bmi.bund.de/. → GGO. Letzter Zugriff: 13.05.2014.

36 Ebd.

Geschäftsordnung des Deutschen Bundestages (GO-BT) in der Fassung der Bekanntmachung vom 2. Juli 1980 (BGBl. I S.1237), zuletzt geändert laut Bekanntmachung vom 10. Juli 2013 (BGBl. I S. 2167). Quelle: http://www.bundestag.de/bundestag/aufgaben/rechtlichegrundlagen/geschäftsordnung/index.html. Letzter Zugriff: 13.05.2014.

Jermol, Ada Gruntar 2003: Die horizontale Gliederung der Fachsprache. Rechtssprache versus Gemeinsprache. In: *Zagreb Studies of German Philology* (Zagreber Germanistische Beiträge) 2003 (12), S. 137 ff.

Enzensberger, Hans Magnus 2004: Von den Vorzügen der Unverständlichkeit. In: Kent D. Lerch (Hg.): *Die Sprache des Rechts.* Band 1: *Recht verstehen. Verständlichkeit, Missverständlichkeit und Unverständlichkeit von Recht.* Berlin, New York: De Gruyter, S. 83 f.

Handbuch der Rechtsförmlichkeit – Empfehlungen des Bundesministeriums der Justiz zur einheitlichen rechtsförmlichen Gestaltung von Gesetzen und Rechtsverordnungen. Dritte, neu bearbeitere Auflage. Herausgegeben vom Bundesministerium der Justiz, Köln 2008.

Hoffmann, Ludger 1992: Wie verständlich können Gesetze sein? In: Günther Grewendorf (Hg.): *Rechtskultur als Sprachkultur. Zur forensischen Funktion der Sprachanalyse*, Frankfurt a. M.: VERLAG, S. 122 ff.

Karlsruher Kommentar zur Strafprozessordnung, mit GVG, EGGVG und EMRK. Herausgegeben von Rolf Hannich, München 2013.

Lasser, Ingeborg 2000: Verständliche Gesetze – eine Utopie? Bemerkungen aus linguistischer Sicht zur sprachlichen Gestaltung von BGB und ZGB in der DDR. In: *Zeitschrift für Literaturwissenschaft und Linguistik* 118, S. 34 ff.

Nussbaumer, Markus 2003: Gesetze verständlicher machen – aus der Praxis der Gesetzesredaktion in der Schweizerischen Bundeskanzlei. In: *Sprachspiegel*, Heft 4, herausgegeben vom Schweizerischen Verein für die deutsche Sprache, Zürich, S. 110 ff.

Nussbaumer, Markus 2004: Von Schwärmern und Skeptikern und ein Versuch, Realist zu sein. Bilanz und Entwurf des Sprachspiels vom unverständlichen Gesetz. In: Kent D. Lerch (Hg.): *Die Sprache des Rechts.* Band. 1: *Recht verstehen. Verständlichkeit, Missverständlichkeit und Unverständlichkeit von Recht.* Berlin, New York: De Gruyter, S. 285 ff.

Ogorek, Regina 2004: Ich kenne das Reglement nicht, habe es aber immer befolgt! Metatheoretische Anmerkungen zur Verständnisdebatte. In: Kent D. Lerch (Hg.): *Die Sprache des Rechts.* Band. 1: *Recht verstehen. Verständlichkeit, Missverständlichkeit und Unverständlichkeit von Recht.* Berlin, New York: De Gruyter, S. 297 ff.

Raff, Gudrun und Schiedt, Magret 2012: Der Redaktionsstab Rechtssprache beim Bundesministerium der Justiz – ein Situations- und Erfahrungsbericht. In: *LeGes* 23 (1). Bern, S. 61 ff.

Schade, Elke 2008: Vertragen sich europäische und deutsche Rechtssprache? – Leidensdruck bei der Umsetzung von EU-Recht. In: *Muttersprache*, herausgegeben von der Gesellschaft für deutsche Sprache 2009 (3), S. 192 ff.

Schröder, Ole und Würdemann, Christian 2007: Verständlichere Gesetzessprache – Institutionalisierung der Sprachprüfung im Gesetzgebungsverfahren. In: *Zeitschrift für Rechtspolitik* 40 (7), S. 231 ff.

Tacke, Konstantin und Stephanie Thieme 2014: Verständliche Gesetze? – Aus der Praxis der Sprachberatung im Gesetzgebungsverfahren. In: O. Niebuhr (Hg.): *Formen des Nicht-Verstehens*, Frankfurt a. M.: Peter Lang, S. 93 ff. (Kieler Forschungen zur Sprachwissenschaft, 5).

Antje Baumann

Bedeutung in Gesetzen: Wie man eine spezielle Textsorte mit korpuslinguistischen Mitteln verständlicher machen könnte

1 Einleitung

Verständlichkeit hängt von vielen Faktoren ab: von textinternen (verständnisfördernden oder -hemmenden) Merkmalen, von den Voraussetzungen, die ein Leser des Textes mitbringt (sprachliches und fachliches Vorwissen, Motivation, Zeit etc.), aber eben auch von Faktoren, die aufseiten des Textproduzenten liegen (Wer hat den Text wann wofür in welcher Situation verfasst?). Verständlichkeit ist also kein absoluter Wert und liegt keinesfalls ausschließlich an der sprachlichen Oberfläche des Textes. Verständlichkeit – auch die eines Gesetzentwurfs – wird vielmehr im Zusammenspiel mit all denjenigen Faktoren erzeugt, die außerhalb dieses Textes liegen. Der Text selbst ist in diesem komplexen Gefüge also nur ein Faktor von vielen.

Es lohnt sich daher zum einen, die Textsorte ‚Gesetz' etwas näher zu betrachten, um möglichst viele der Faktoren zu erfassen, die einen Text zu einem Gesetz machen. Denn entscheidenden Einfluss auf die Verständlichkeit von Gesetzen kann man erst nehmen, wenn man neben textinternen Merkmalen auch textexterne Faktoren von Gesetzen kennt, die wirken, bevor und während ein Text zu einem Gesetz wird.

Zum anderen soll gezeigt werden, dass der derzeitigen Gesetzesredaktion beim Bundesjustizministerium als Arbeitsmittel ein geeignetes Korpus zum deutschen Recht fehlt, da sich einige sprachbezogene Fragen – eben genau die Fragen zum Gebrauch von Wörtern in der Textsorte ‚Gesetz' – mit den vorhandenen Wörterbüchern, Terminologie- und anderen Datenbanken bisher nur unzureichend beantworten lassen.

2 Die spezielle Textsorte ‚Gesetz'

Die Rechtssprache ist eine Fachsprache mit bestimmten Merkmalen und weist sehr viele und sehr verschiedene juristische und benachbarte Textsorten auf: Staatsvertrag, Parlamentsprotokoll, Gerichtsurteil, Bescheid, Anklageschrift, Plädoyer, Vorladung, Eid, Zeugenaussage, Verfassungsbeschwerde, Vollstreckungsbefehl, Anzeige, Urkunde, (Grundbuch-)Eintrag, Rechtsgutachten, Urteilskommentierung, Testament etc.[1] Von all diesen Textsorten ist die Textsorte ‚Gesetz' nur eine, jedoch eine spezielle Textsorte.

Etliche Merkmale der Textsorte ‚Gesetz' sind bereits in der Literatur beschrieben worden, hier sollen sie daher nur in kurzer Zusammenschau und aus der Perspektive der Gesetzesredaktion – die sich nicht nur aus der linguistischen Theorie, sondern immer auch aus deren Anwendung speist – dargestellt werden.

Der Textsorte[2] ‚Gesetz' lassen sich folgende textinterne und textexterne Merkmale zuordnen:

1. Fachsprachlichkeit
2. institutionelle Gebundenheit
3. gemischte Adressatenschaft
4. gemischte Autorenschaft
5. extrem hoher Grad an Intertextualität
6. hoher Grad der Formalisiertheit
7. Spannung zwischen postulierter Exaktheit und realisierter Vagheit

2.1 Fachsprachlichkeit

Da sich die Sprache der Gesetze der Allgemeinsprache[3] bedient, steht sie zu ihr in einem besonderen Verhältnis: Sie erscheint unglücklicherweise gerade an Stellen verständlich, an denen sie es nicht ist,[4] und ist zudem gekennzeichnet von für Laien unsichtbaren Bezugnahmen auf Definitionen in anderen Texten (Verweisungen, Kommentarliteratur; Intertextualität[5]).

---

1 Der Begriff „Fachsprache" wird hier im Sinne von Roelcke 2005 verwendet.

2 Unter „Textsorte" wird hier ausgehend von den 3 „klassischen" Modellen zur Textsortenbestimmung (Matrix verschiedener Merkmalskombinationen [Sandig 1972], Klassifikation nach textinternen und textexternen Faktoren [Linke u. a. 1994] und kommunikationsbezogener Ansatz [Brinker 2001]) – ein Bündel von obligatorischen und fakultativen Merkmalen verstanden, mit dessen Hilfe sowohl Textproduzenten als auch Textrezipienten einen Text dieser Textsorte zuordnen (also produzieren bzw. erkennen) können.

3 Vgl. auch Oksaar 1989: Alltagssprache, Fachsprache, Rechtssprache.

4 Weil sie Wörter verwendet, die in der Allgemeinsprache eine andere Bedeutung haben – siehe dazu auch den Beitrag von Thieme in diesem Band.

5 Bereits hier wird deutlich, dass einige der hier separat aufgeführten Textsorten-Merkmale (z. B. institutionell eingebettet, hochformalisiert, intertextuell) je nach Blickwinkel auch als eine Facette bzw. als ein Ergebnis der Fachsprachlichkeit gesehen werden könnten – auf diese Diskussion der Ordnung wird hier jedoch verzichtet.

Die Fachsprachlichkeit der Textsorte ‚Gesetz‘ bringt durch diese Abweichungen vom Sprachgebrauch der Allgemeinsprache einen Bedarf an Verständigung hervor, den die Gesetzesredaktion zu decken hat: Sie ist hier als Vermittler zwischen den Sprechern verschiedener „Sprachen“ gefragt.

Auf diese Weise ist die Bedeutung vieler Rechtsbegriffe und ganzer Normen für Laien kaum erkennbar, was ein echtes verständnishemmendes Merkmal dieser Textsorte ist. Da der (Bedeutungs-)Unterschied „nur“ im Gebrauch besteht und noch keinen spürbaren lexikographischen Niederschlag gefunden hat, muss der tatsächliche Gebrauch (in Gesetzen und benachbarten Textsorten bzw. in Nicht-Fachtexten) untersucht werden – nur diese Analyse kann Aufschluss über abweichende Bedeutungen geben. Dazu bedarf es jedoch neuer Arbeitsmittel für die Sprachberatung.

2.2 Institutionelle Gebundenheit

Bevor ein Entwurf in Deutschland zum Gesetz wird, durchläuft er diverse Institutionen und wird dort verändert.[6] Daher lässt sich die Textsorte ‚Gesetz‘ nur erfassen, wenn man die einzelnen Stationen dieses Verfahrens kennt und mitdenkt. Denn die Eigenheiten von „fertigen“ Gesetzen – und damit auch ihre Verständlichkeit – werden gerade von den Institutionen und ihren Gepflogenheiten beeinflusst. Aus diesem wesentlichen Merkmal der Textsorte folgt auch, dass ein Text, der zwar wie ein Gesetz aussieht und alle folgenden Merkmale der Textsorte aufweist, aber nicht in den Institutionen der Gesetzgebung entstanden ist – eben kein Gesetz ist.[7] Da die einzelnen am Text tätigen Personen nicht als Privatpersonen handeln, sondern von anderen (amtlich) beauftragt, angewiesen oder kontrolliert werden, ist ihr Entscheidungsspielraum bei der Textbearbeitung also klein. Er wird noch weiter eingeschränkt durch (oft schriftlich fixierte) Muster oder Regeln, die sich in den Institutionen im Laufe der Jahre und Jahrzehnte als Gepflogenheiten herausgebildet haben.[8]

6 Vgl. dazu Vogel 2012; Busse 2000; zum Verfahren der Gesetzgebung siehe z. B. „Stichwort Gesetzgebung. Von der Idee zum Gesetz“ 2013.

7 Diese scheinbar überflüssige Erklärung soll der Vorstellung Einhalt gebieten, dass man ein Gesetz doch einfach mal verständlich schreiben könne – „man“ kann eben nicht und „einfach mal“ geht es auch nicht, denn diese sprachlichen Handlungen (Recht verfassen und erlassen) sind an Institutionen gebunden.

8 Beispiele für derartige schriftlich fixierte Gepflogenheiten sind das „Handbuch der Rechtsförmlichkeit – Empfehlungen des Bundesministeriums der Justiz zur einheitlichen rechtsförm-

Der Gesetzesredaktion kommt hier die Aufgabe zu, den gesamten Prozess zu kennen und den einzelnen Beteiligten ihren Spielraum bewusst zu machen oder zu halten.

2.3 Gemischte Adressatenschaft

Anders als andere Fachtexte dienen Gesetze nicht nur der effizienten Kommunikation von Experten untereinander, sondern werden auch von (juristischen) Laien gelesen. Busse fasst diese (von ihm Doppeladressierung genannte) Eigenschaft von Gesetzen so:

> „Wenn man die ‚Funktion' von Gesetzestexten linguistisch, juristisch und soziologisch beschreiben will, muss man immer auseinanderhalten, dass die soziale Funktion der Gesetze gegenüber den ‚Rechtsunterworfenen' (den Staatsbürgern) eine völlig andere Ausprägung hat als die Funktion, die Gesetzestexte für ihre eigentlichen Leser, nämlich die Juristen, in der Institution ‚Rechtsprechung' haben." (Busse 1992: 226)

Hinzu kommt, dass Gesetze sich oft nicht an juristische, sondern an Experten aus mehreren Disziplinen wenden (z. B. der Finanzwirtschaft).[9]

Eine derart gemischte Adressatenschaft führt zur Bevorzugung der bekannten und „nahestehenden" Adressatengruppen:[10] Hier hat die Gesetzesredaktion die Aufgabe, „vernachlässigte" Adressatengruppen ins Bewusstsein der Textproduzenten zu holen, da ansonsten genau diese Rezipienten später oft große Schwierigkeiten haben, den Text zu verstehen.

---

lichen Gestaltung von Gesetzen und Rechtsverordnungen" 2008 oder das „Handbuch zur Vorbereitung von Rechts- und Verwaltungsvorschriften" 2012.

9 Oft weist bereits der Gesetzestitel auf den Wirklichkeitsbereich hin, zu dem die zweite Fachsprache gehört: Vermögenszuordnungsgesetz, Edelsteingraveurmeisterverordnung etc.

10 Also Juristen oder Verwaltungsfachleute der ausführenden Behörden, die mit der jeweiligen Spezialmaterie vertraut sind (wie etwa beim Finanzdienstleistungsaufsichtsgesetz oder beim Bundes-Immissionsschutzgesetz).

2.4 Gemischte Autorenschaft

Neben der gemischten Adressatenschaft ist die Textsorte ‚Gesetz' durch ihre Einbettung in die Gesetzgebungsinstitutionen[11] auch durch eine ungewöhnliche Autorenseite gekennzeichnet:

> „In modernen Gesellschaften mit Gewaltenteilung, spezialisierter Bürokratie und beweglichen Interessengruppen entstehen sie [Gesetze] in einem kollektiven Prozeß der Bearbeitung, hinter dem individuelle Autorschaft verschwindet und der Wille des Gesetzgebers [...] unklar werden kann" (Hoffmann 1997: 525).

Damit einher geht eine gewisse Intransparenz. Von den vielen verschiedenen Bearbeitungsstufen sind nur einige für die Öffentlichkeit zugänglich, andere vollziehen sich ausschließlich innerhalb der jeweiligen Institution.[12] Hinzu kommt, dass sich die einzelnen institutionell gebundenen Mit-Autoren mit Blick auf das Gesetz zwar ihrer politisch-administrativen Verantwortung in inhaltlicher und formaler Hinsicht bewusst sind –, oft aber nicht in Bezug auf Sprache und Verständlichkeit. Diese nicht-reflektierte „Mittäterschaft" ist nicht nur ein echtes Hindernis auf dem Weg zu verständlichen Gesetzen, sondern damit zugleich eine Herausforderung der Gesetzesredaktion.

2.5 Extrem hoher Grad an Intertextualität

Keine Norm ist je allein. Jede ist im Zusammenhang mit anderen zu sehen und nur so zu verstehen. Das Bundesrecht ist ein Geflecht von Normen, die auf vielfältige Weise miteinander verbunden sind (was wiederum eine schöne Wieder-Übereinstimmung mit der ursprünglichen Bedeutung von ‚Text' ist < lat. *textus*: ‚Geflecht, Gewebe').[13]

Verknüpfungen gibt es jedoch nicht nur zu anderen Gesetzen, sondern auch zu früheren Fassungen, zu sog. Parallelnormen (die dann oft wortgleich formuliert sind) und vor allem zu sehr vielen benachbarten Textsorten, die auf Gesetze Bezug nehmen, indem sie sie zitieren, kommentieren, interpretieren oder illustrieren (Urteile, Kommentare, Artikel in Hand- oder Lehrbüchern etc.). Im Laufe

---

11 Genaueres zum Gang der Gesetzgebung z. B. auf den Internetseiten des Bundestags: „Vom Entwurf zur Verkündung – So entsteht ein Bundesgesetz".

12 Hoffmann (1997: 525) betont auch: „Empirische Untersuchungen zur faktischen Verfasserschaft und Textherstellung [von Gesetzen] bleiben ein Desiderat".

13 Und das System der gesamten Rechtsnormen der Bundesrepublik hängt wiederum mit dem der Bundesländer und dem der Europäischen Union zusammen.

der Jahrzehnte und Jahrhunderte haben sich Methoden und Instanzen der Auslegung und Fortentwicklung von Normen herausgebildet, die kulturell und oft auch institutionell gebunden sind.[14]

Durch diese Texteigenschaft der engen Verwobenheit sind Gesetze und einzelne Formulierungen in ihnen nicht isoliert aufzulösen oder zu verändern. Das Geflecht muss vielmehr als Ganzes betrachtet werden, um sinnvolle Veränderungen herbeizuführen.

Für die Gesetzesredaktion bedeutet dieses Merkmal zum einen, mit Vorsicht und Übersicht zu Werke zu gehen, zum anderen aber auch, sich um geeignete Arbeitsmittel zu bemühen, die eine solche effiziente Übersicht bieten.

2.6 Hoher Grad der Formalisiertheit

Gesetze folgen konventionalisierten oder standardisierten Textbauplänen (sog. Makrostrukturen): So ist es keineswegs beliebig, ob zuerst der Allgemeine oder der Besondere Teil eines Gesetzes kommt, wo eventuell definierte Begriffe (Begriffsbestimmungen) zu finden sind, wo und wie der Anwendungsbereich oder das Inkrafttreten geregelt wird, was eine Begründung des Gesetzes enthalten muss, wie ein Vorblatt gegliedert ist und in welchem Verhältnis Untergliederungseinheiten (Teil, Abschnitt, Unterabschnitt, Paragraf, Absatz, Satz, Nummer, Buchstabe etc.) zueinander stehen.

Das „Handbuch der Rechtsförmlichkeit" enthält Empfehlungen zur formalen Gestaltung von Rechtsvorschriften. Diese Vereinbarungen sichern, dass Gesetze und Rechtsverordnungen nicht jeweils anders aussehen oder aufgebaut sind – damit der innere Zusammenhalt der gesamten Rechtsordnung auch durch die äußere Form der einzelnen Normen gewahrt bleibe. So finden sich hier auch[15] Empfehlungen zum Sprach- und Wortgebrauch sowie Konventionen zu gesetzestechnischen Einzelheiten wie Zitierweise, Abkürzungen, Handhabung von Verweisen, Schreibung von Zahlen, Brüchen, Geldbeträgen in Rechtsvorschriften. Auch der Einsatz (typo-)grafischer Elemente ist streng geregelt.[16]

---

14 So ist innerhalb dieses Geflechts auch die historische Dimension sehr deutlich erkennbar – vgl. dazu z. B. Lück 2008.

15 Natürlich neben Empfehlungen, die tiefer in Rechtsordnung und Systematik eingreifen (z. B. zu Stamm- vs. Änderungsgesetzen, Einfluss von Europarecht, völkerrechtlichen Vereinbarungen etc.).

16 So gibt es z. B. nur sehr wenige Fälle, in denen Klammern, Schrägstriche oder Anführungszeichen genutzt werden können. Hervorhebungen (Fett- oder Kursivdruck, Randgestaltung) sind fast ausgeschlossen.

Die Textsorte ‚Gesetz' ist also hochformalisiert: Die Gesetzesredaktion hat kaum Spielraum, verständnisfördernde gestalterische Elemente in die (derzeitige) äußere Form von Texten dieser Textsorte einzubauen.

2.7 Zwischen postulierter Exaktheit und realisierter Vagheit

Die für Fachsprachen typische Spannung zwischen postulierter Exaktheit und realisierter Vagheit lässt sich auch in Gesetzen finden.[17] So unterliegt jede Norm dem Bestimmtheitsgebot, kann aber ohne eine gewisse Unbestimmtheit nicht der Auslegung dienen. Die angestrebte Präzision zeigt sich in (oft vom allgemeinsprachlichen Gebrauch abweichenden) Begriffsbestimmungen und Legaldefinitionen,[18] in einer klaren Gliederung oder in wirklich eindeutigen Verweisungen. Die Vagheit zeigt sich u.a. in unbestimmten Rechtsbegriffen, Generalklauseln und Ermessensnormen.

„Gesetze sollen atmen können", sie müssen also so formuliert sein, dass sie auch für neue Lebenssachverhalte und Entscheidungssituationen „passen", jedoch steht diese „grundsätzlich gewünschte Entwicklungsoffenheit von Gesetzen ebenfalls in Widerspruch zu dem Wunsch nach Allgemeinverständlichkeit" (Beaucamp 2011: 29f.).

Diese Texteigenschaft verlangt von der Gesetzesredaktion, dass sie Ausdrücke der Vagheit als solche erkennt und sie von unnötigen Vagheitselementen unterscheiden kann. Dazu braucht sie ein geeignetes Arbeitsmittel, das ihr einen Überblick über den Gebrauch derartiger Ausdrücke erlaubt.

2.8 Schlussfolgerungen aus den Textsortenmerkmalen für die Gesetzesredaktion

Die Textsorte ‚Gesetz' ist innerhalb der Rechtssprache eine spezielle, denn ihre Merkmale (institutionell, gemischte Adressaten- und Autorenschaft, extrem intertextuell und hochformalisiert etc.) unterscheiden sich wesentlich von nichtfachsprachlichen Texten, aber auch von anderen juristischen Textsorten. Damit sind die Merkmale dieser Textsorten zugleich auch Grenzen für ihre Verständlichkeit – das gilt sowohl bei ihrer Entstehung als auch bei ihrer Anwendung. Das heißt, diese Merkmale machen Gesetze nicht nur für viele Laien schwer

17 Vgl. dazu und zu weiteren Besonderheiten deutscher Fachsprachen Roelcke 2002: 16ff.
18 Vgl. Bratschi 2009.

verständlich, sondern sie schränken auch all jene ein, die ein entstehendes Gesetz verständlicher machen wollen. Die Gesetzesredaktion hat insgesamt einen recht engen Spielraum, diese Texte zu bearbeiten. Umso wichtiger ist es, in diesem verbleibenden Spielraum möglichst effiziente Arbeitsmittel einzusetzen.

3 Was die Gesetzesredaktion braucht

Wer Gesetze bearbeitet und sie verständlicher machen will, braucht also neben muttersprachlicher Kompetenz unbedingt die Kenntnis des Verfahrens und der Institutionen, die zur Gesetzgebung gehören, und eine geeignete Position im Arbeitsablauf – damit lässt sich ein großer Teil der Gesetzesredaktion bewältigen. Sprachwissenschaftliche und juristische Kenntnisse helfen sicherlich dabei, all das zu reflektieren und bei der Arbeit auch dem Gegenüber das jeweilige (Verständnis-)Problem plausibel zu machen – unbedingt erforderlich sind sie nicht.[19] Wie gewöhnlich macht auch hier Erfahrung (in diesem Fall der Gesetzesredakteure und -redakteurinnen) eine Menge anderer „Mängel" wett. Ein wirklicher Mangel bleibt jedoch bestehen und lässt sich auch nicht durch noch so viel Erfahrung ausgleichen: Die Übersicht über eine sehr große Menge von Texten verschiedener Textsorten, die sich beständig ändert und bei der es oft auf die genaue Formulierung, das einzelne Wort, manchmal sogar auf die (buchstaben-) genaue Schreibweise ankommt, – diese Übersicht ist keinem Menschen gegeben. Doch gibt es dafür seit geraumer Zeit geeignete maschinelle Helfer. Längst haben sich elektronische Datenbanken etabliert, die Gesetze, Verordnungen und Verwaltungsvorschriften aus Bund, Ländern und Europa speziell für juristische Zwecke aufbereitet haben und so auf fast jede juristische Anfrage zu fast jedem Einzelfall die verschiedensten Treffer liefern. Das sind – neben Rechtsvorschriften oder Teilen daraus – Texte verschiedenster Textsorten, die über ein Stichwort oder eine Norm miteinander verbunden sind:

- Texte der Rechtsprechung (Urteile und Beschlüsse verschiedener Gerichte),
- Kommentare (der verschiedenen Rechtsnormen),
- Arbeitshilfen (wie Leitlinien oder Unterhaltstabellen),
- Artikel in Lexika, Handbüchern und Fachzeitschriften,
- andere Pressetexte (wie Nachrichten aus Bundesrat, Bundestag, Bundesministerien, Gerichten und Kammern),

---

19 Zur Ausbildung der Schweizer Gesetzesredaktorinnen und -redaktore siehe den Beitrag von Stephanie Thieme in diesem Band.

- andere Mitteilungen (wie Gutachten und Anfragen) und
- Literaturnachweise.

Diese Portale und Datenbanken wie *juris* oder *Beck-online* funktionieren für juristische Zwecke sehr gut, sie bieten gerade die Verknüpfung verschiedenster Texte und eine komfortable Suche in einem gewaltigen Korpus, das beständig gepflegt und aktualisiert wird, als Leistung an.[20]

Die Gesetzesredaktion greift natürlich auf diese juristischen Datenbanken, auf linguistisches Wissen und auf ihre Erfahrung zurück, um die Normtexte auf Richtigkeit und Verständlichkeit zu überprüfen. Für einen gewissen Teil der Prüfung reicht das jedoch nicht – für diese Fälle wäre eine für linguistische Abfragen geeignete Datenbank zum deutschen Recht nötig. Einige Beispiele sollen verdeutlichen, was für sprachliche Probleme das sind.

3.1 Was juristische Korpora (noch) nicht können

Zur Gesetzesredaktion gelangte die politisch gewünschte Formulierung *nachhaltiges Interesse* [des Vaters an seinem Kind] für eine neue Norm im Sorgerecht. Die Sprachberatung durch die Gesetzesredaktion sollte Beistand leisten bei dem Vorhaben, diese Formulierung durch *ernsthaftes Interesse* zu ersetzen. Denn *nachhaltiges Interesse* sei in familienrechtlichen Kontexten weniger gebräuchlich und *ernsthaftes Interesse* würde besser verdeutlichen, was für ein Interesse der leibliche Vater am Kind haben muss, damit ihm das Umgangs- und Auskunftsrecht gewährt werden kann. Was die Gesetzesredaktion gebraucht hätte, wäre ein Instrument, um den Gebrauch der einen wie der anderen Formulierung im deutschen Recht festzustellen und dann zu bewerten: Findet sich diese Wortverbindung im bundesdeutschen Recht, wie oft, in welchen Rechtsgebieten, in welchen (eventuell benachbarten) Textsorten welchen Alters etc.? Welche Bedeutung hat sie also? Und welche Empfehlung ist daraus für den konkreten Fall abzuleiten?

---

20 Sowohl die Datenbank Beck-online als auch das Rechtsportal juris sind kostenpflichtig. Beide betreiben ihre Datenbanken mit Blick auf juristische Anwendungen, wobei eine weitere Leistung – neben der extrem guten Verknüpfung der Rechtsvorschriften miteinander und mit Texten anderer Textsorten – im Angebot der verschiedenen Fassungen der Rechtsvorschriften zu den verschiedenen Zeitpunkten besteht. Im Gesetzesportal der juris GmbH gibt es außerdem in Zusammenarbeit mit dem Bundesgesetzblatt des Bundesanzeiger Verlags (dem offiziellen Verkündungsorgan für bundesdeutsche Gesetze) die konsolidierten Gesetzestexte in den aktuellen und historischen Fassungen sowie parlamentarische Drucksachen und Plenarprotokolle.

Es geht in diesem und ähnlichen Fällen immer um den Gebrauch eines Wortes, d.h. immer um seine „natürliche" Umgebung: Mit welchen anderen Wörtern zusammen kommt das Wort vor? In welchen Textsorten, von welchen Sprachverwendern für welche Adressaten? In welchen Zeiträumen? In welchen Rechtsgebieten? Es geht um Kollokationen, um Kotexte und Kontexte – und also um jenen Teil der Bedeutung, der sich in Wörterbüchern und Terminologiedatenbanken nur spärlich und in juristischen Datenbanken nur mit mühsamer Kleinarbeit finden lässt.

Die für juristische Zwecke hervorragend geeigneten juristischen Datenbanken bieten bei Suchanfragen, die auf den Sprachgebrauch zielen, also nur unbefriedigende Ergebnisse. Das ist auch nicht verwunderlich, denn sie sind ja für diese Abfragen auch nicht konzipiert worden. Ein (wahrscheinlich relativ einfach zu lösendes) Problem ist die Darstellungsform der Treffer. Das gesuchte Element wird in jedem Text separat im Volltext angezeigt, bei vielen Treffern muss man also jeden Text einzeln nach dem gesuchten Element (Wortform oder Wortverbindung) durchsuchen. Die Trefferliste orientiert sich – wie die Suchmöglichkeiten – an juristisch relevanten Merkmalen (Titel der Rechtsvorschrift, Verkündungsdatum, Fassung, geändert wann wodurch etc.). Für *nachhaltig* bzw. *Interesse* gibt es z.B. in *juris* jeweils Tausende von Treffern, für ihr gemeinsames Vorkommen werden 39 Dokumente als Treffer angezeigt. In diesen erscheinen zwar beide Wörter irgendwo im selben Dokument, haben aber nichts miteinander zu tun – sind also keine Kollokationen. Nur nach aufwendiger Durchsicht Treffer für Treffer (was bei großer Treffermenge unmöglich ist) kann man entnehmen, welche Wörter gemeinsam mit jedem der beiden Wörter gebraucht werden (Ko- und Kontexte) und ob beide eine Wortverbindung eingehen.

Eine Darstellung des gesuchten Elements in seiner „natürlichen" sprachlichen Umgebung wie innerhalb eines Satzes, einer Wortfolge oder zusammen mit seinen „linken bzw. rechten Nachbarn" (Nearby-Suche) gibt es also nicht. – Andere Portale wie das *Digitale Wörterbuch der deutschen Sprache* oder das von uns viel genutzte *Wortschatz-Portal* der Universität Leipzig bieten eine solche Trefferdarstellung bereits.[21]

Da die juristischen Korpora derzeit keine Nearby-Suche erlauben, kann nicht nach Kollokationen verschiedenster Art gesucht werden. Das betrifft z.B. folgende Verbindungen:

---

21 Zu finden unter www.dwds.de bzw. unter http://wortschatz.uni-leipzig.de (letzter Abruf am 12. Dezember 2013). Hingewiesen sei auch auf die verbreitete Darstellungsform einer „Wolke" von Schlagworten, die zusammen mit dem gesuchten Wort auftauchen, wie sie z.B. auch die Datenbank Beck-online verwendet – auch diese Darstellung gibt schon Hinweise auf einige Kotexte und Kontexte des fraglichen Wortes.

- Adjektiv und Substantiv (z. B. *nachhaltiges Interesse* vs. *ernsthaftes Interesse* an einem Kind; *gemeinschaftliches* vs. *gemeinsames Kind*[22]),
- Substantiv und Präposition (*Anspruch gegen eine Person* vs. *gegenüber einer Person*[23]) oder
- Substantiv und Verb (kann man *Einwendungen machen* oder *einlegen* oder *erheben*, eine *Auseinandersetzung vermitteln?*[24])
- Substantiv und Substantiv (ist eine *Anhebung der Größenmerkmale* denkbar?[25]).

---

22 Ähnlich: *anstiftungsähnliche Strafbarkeit* oder betriebliche Ehezeit vs. *eheliche Betriebszeit* (vgl. Schwab 2010: „Vom Ehebetrieb zur Betriebsehe") oder *moselschifffahrtspolizeiliche Vorschriften* (legt nahe, dass die Moselschifffahrt eine eigene Schifffahrt sei und vielleicht sogar eine eigene Polizei besitze).

23 Beispiel: *Gegenüber dem Wohnungssuchenden steht dem Wohnungsvermittler ein Anspruch nach Absatz 1 nur zu, wenn ...* – Entgegen der hier verwendeten Präposition (Anspruch *gegenüber jemandem) ist allgemeinsprachlich üblich: Anspruch <u>auf</u> etwas haben, Ansprüche <u>an</u> jemanden stellen. Im BGB ist wiederum üblich: Anspruch gegen jemanden (vgl. z. B. ... *der Anspruch von einem oder <u>gegen</u> einen Vertreter* ..., § 211 BGB in der Fassung vom 2.1.2002). – In juris erhält man zwar über 10.000 Treffer, jedoch ohne die Nearby-Funktion keine Antwort auf die Frage, welche Präposition in Kombination mit dem Substantiv wann und wie genutzt wird, ob also Anspruch *gegen* eine Person genauso wie Anspruch *gegenüber* einer Person in einer konkreten Passage angemessen ist. – (Ein weiteres Beispiel für diese Gruppe: *Verbreitung* [von Pornographie] *an ... Jugendliche*).

24 Ähnlich: *datenschutzrechtliche Verstöße abmahnen*; die *Beschwerde ... findet statt* vs. ... *ist statthaft*. – In diese Gruppe gehört auch die Frage, ob eine Konstruktion aus Substantiv und Verb (u. a. auch die sog. Funktionsverbgefüge) auflösbar ist: Bedeutet also *Beschwerde ... einlegen* dasselbe wie *sich beschweren* und *Mitteilung ... machen* (oder „wenn eine Mitteilung erfolgt ist") dasselbe wie *mitteilen?* Hier spielt die Textsorte und das Eingebundensein in institutionelle Abläufe eine entscheidende Rolle, denn es ist – in diesem Zusammenhang – durchaus möglich, dass der vollzogene (Verwaltung-)Akt (z. B. einer Mitteilung) gemeint ist, der dann nicht durch ein einfaches Vollverb ausgedrückt werden kann.

25 Manchmal entstehen diese Probleme durch einen Übergang in eine neue Wortart (anheben > Anhebung), oft kombiniert mit einer Tendenz zur Verkürzung (Substantivierung oder Zusammensetzung von Substantiven), so dass schließlich auch die Präposition nicht mehr passt: *Einarbeitungsaufwand *in die Besonderheiten*. – Eine andere Möglichkeit sind substantivische Komposita, die nicht mehr verständlich sind, weil sie entgegen den Regeln der Wortbildung funktionieren (sollen), z. B. **Zweckübertragung* [bzw. eine Theorie dazu im Urheberrecht]: Gemeint war nicht die Übertragung von Zwecken, sondern der Zweck einer Übertragung [eines Rechts etc.] – vgl. NJW-Editorial Heft 11/2012.

3.2 Gebrauch und Bedeutung

Diese Fälle tauchen häufig auf. Ließe sich leicht und sicher feststellen, ob und wie die Wörter wirklich zusammen gebraucht werden, wäre der Gebrauch auch linguistisch beschreibbar.

Wird z. B. *nachhaltig* attributiv oder adverbial oder in Ableitungen und Zusammensetzungen gebraucht? (Vgl. *nachhaltige [städtebauliche] Entwicklung; den Hausfrieden nachhaltig stören; Nachhaltigkeit und Bestand von Datenformen und -trägern, Nationale Nachhaltigkeitsstrategie, Nachhaltigkeitsnachweis [über die nachhaltige Herstellung von Biokraftstoffen]*). *Interesse* tritt z. B. offenbar vorwiegend – nach Recherche ohne ein verlässliches Korpus – zusammen mit *kein* oder mit Genitivattributen auf (*an x kein Interesse haben; Interessen der Verbraucher, der Verbraucherzentralen, der Patientinnen und Patienten, des Betroffenen, der Anleger, des Kapitalmarktes, der Emittenten* etc.). Und *ernsthaft* ist im Wortschatzportal mit großer Mehrheit im adverbialen Gebrauch zu finden – also zur näheren Bestimmung eines Verbs (*sich ernsthaft sorgen/ Sorgen machen, sich ernsthaft bemühen, ~ verletzen, etwas ~ gefährden, etwas ~ glauben, wollen, bezweifeln, behaupten, annehmen* etc.) – wohingegen es keinen Treffer gibt für den Gebrauch zur näheren Bezeichnung eines Substantivs (wie im Beispiel *ernsthaftes Interesse*).

Erst eine verlässliche Korpusrecherche würde die Ergebnisse wirklich linguistisch verwertbar machen, was im pragmatischen Sinne vor allem hieße, dass sich der Gebrauch eines Wortes feststellen und linguistisch beschreiben lässt, um daraus abzuleiten, welche Bedeutung das Wort (oder die Wortverbindung) hat (vgl. hierzu auch den Beitrag von Vogel/Pötters in diesem Band).

Nur mit einer geeigneten Datenbank und entsprechenden Abfragemöglichkeiten ließe sich also eindeutig und sicherer (und einfacherer) als derzeit entscheiden, ob eine Wortverbindung bereits im Gebrauch ist und also schon eine bestimmte Bedeutung hat. Ist die Wortverbindung ungebräuchlich (insgesamt oder in diesem Rechtsgebiet oder in dieser Textsorte oder in jüngerer Zeit), könnte die *Gesetzesredaktion* darauf hinweisen und nachfragen, ob diese ungebräuchliche Wortverbindung dennoch gewollt ist – zum Beispiel, weil mit ihr eine neue Bedeutung etabliert werden soll – oder ob es eine ungewollte Abweichung ist.

Ungewollte Abweichungen können nicht nur aus mangelnder Kenntnis stammen oder schlicht Fehler sein, sondern sind oft das Ergebnis einer Verkürzung – wobei jeweils neu abzuwägen ist, ob diese Verkürzung im konkreten Fall akzeptabel ist.[26] Die Sprache von Rechtsvorschriften ist reich an derartigen Wort-

26 Verkürzungen sind ein interessantes Phänomen und Beweis dafür, dass Bedeutung (nur) durch Gebrauch von Sprache ersteht – sie lassen sich demzufolge auch nur pragmatisch erklären.

verbindungen, die durch häufigen Gebrauch innerhalb der Fachsprache eine feste Bedeutung bekommen haben, jedoch ohne dieses fachsprachliche Hintergrundwissen aus den einzelnen Wortverbindungsbestandteilen heraus kaum zu erschließen sind. Daher ist es schwer, eine genaue Abgrenzung zwischen fachsprachlichem und (gewollt oder ungewollt) abweichendem Gebrauch vorzunehmen: Wann hat eine Wortverbindung eine fachsprachliche (fest umrissene) Bedeutung (z. B. *eine Urkunde errichten, forderungsentkleidete Hypothek*)? Wann ist sie Ausdruck einer gedanklichen Verkürzung, bei der wesentliche Elemente nicht sprachlich ausgedrückt sind und die Verbindung damit zwar nicht mehr durchschaubar, aber für Fachleute durchaus verständlich ist (z. B. *überholende Kausalität*)? Und ab wann ist eine Wortverbindung – obwohl sie von Fachleuten noch verstanden wird – nicht mehr akzeptabel, weil sie sich zu weit vom allgemeinen Sprachgebrauch und den Regeln der Wortbildung entfernt hat (*sofortiger Rücktrittsgrund* statt *Grund für den sofortigen Rücktritt*[27])?

Eine Nearby-Suche würde neben Kollokationen auch einzelne Wörter oder einfache Wortverbindungen in einer Weise erfassen, die bisher in juristischen Korpora nicht üblich (weil dort nicht wichtig) ist. Die Entscheidung, ob etwas einfach nur ungewöhnlich (selten) oder eine bedeutungsvolle Abweichung vom bisherigen Gebrauch (Kontamination, Fehler oder neue Bedeutung) ist, kann erst intersubjektiv und schnell(er) getroffen werden, wenn der Gebrauch des betreffenden Wortes in der relevanten Textsorte und in erheblichem Umfang untersucht werden kann.[28] Das betrifft Schreibweisen (alt/neu, getrennt/zusammen, falsch, rechtsförmlich erwünscht, überwiegend?),[29] die Reihenfolge von Wörtern, durch

---

Sie sind durchaus nicht auf Fachsprachen beschränkt und kommen in allen Formen vor: *Schuhe für die ganze Familie für 9,90 €!* (Schaufensteraufschrift; Satz); *Eilige Arzneimittel; Technische Zeichnerin, Nautischer Assistent, Bürgerliches Gesetzbuch; wilde Ehe* (Wortgruppen aus adjektivischem Attribut und Substantiv); *Kinderarmut; Dönermord; Zitronenfalter; Ingenieurvermessungsbüro* (Komposita). – Zum Problem der sprachlichen Kürze in Wortbildung und Satzbau, vgl. z. B. Bär 2007.

27 Ähnlich: *Umgangsrecht mit einem gemeinsamen minderjährigen Kind* oder *Ausgleich eines erlittenen Sonderopfers.*

28 Beispiele für die Entscheidung, ob etwas nur ungewöhnlich oder eine echte Kontamination ist: *entrichtete Preise? Gebrauch machen ... von einem Anspruch?*

29 Die Schwierigkeit zeigt sich z. B. dann, wenn man herausfinden möchte, ob es das betreffende Wort oder diese Verbindung von Wörtern schon gibt (*elektronischer Stempel* vs. *elektronischer Zeitstempel* vs. *elektronisches Siegel* – wenn *elektronische Signatur* bereits vorhanden etc.) oder welche Schreibweise im zu ändernden Gesetzestext überwiegt (getrennt oder zusammen): *bekanntgeben* vs. *bekannt geben* – weil die flektierten Formen dieser Verben verschiedene Positionen haben können (vor oder nach dem Substantiv oder beides: x gibt bekannt, ... hat x bekannt gegeben/ bekanntgegeben etc.). – Auch die Prüfung, ob eine Großschreibung berechtigt ist, weil der Begriff z. B. als Eigenname festgelegt ist oder ob sich die Großschreibung im Gebrauch so

die die Art der Bezüge innerhalb der Wortgruppe definiert wird,[30] ebenso wie das komplexe Thema des geschlechtergerechten Formulierens. Die schillernde Kategorie ‚Gender' kann als Phänomen betrachtet werden, an dem nahezu alle Merkmale der Textsorte ‚Gesetz' mit Außersprachlichem verknüpft sind: mit dem Sprachwandel, mit dem Spannungsfeld zwischen Norm und Abweichung sowie mit politischen Zielen (wie der Gleichberechtigung). Die Kollision von Kriterien wie ‚(rechtlich/sprachlich/politisch) korrekt' und ‚verständlich' ist damit vorhersehbar und unausweichlich, zumal dies nicht weniger berührt als die subjektive Kategorie des sog. Sprachgefühls und die kultur- und diskursgebundene Kategorie der Identität der jeweiligen Person, die die Sprache nutzt. Dass sich Gender bzw. geschlechtergerechtes Formulieren also besonders schwer einfügen lässt in das rigide System einer hochformalisierten Normensprache, dürfte leicht vorstellbar sein.[31]

Ein für linguistische Zwecke geeignetes Korpus würde es auch erstmals ermöglichen, auf Grundlage einer gesicherten Datenmenge – nicht mehr nur nach „Gefühl" oder mit viel Erfahrung – zu entscheiden, ob sich der Gebrauch eines Wortes verändert, ob sich also eine neue Bedeutung entwickelt. Dazu gehört vor allem der gesamte Bereich der sich rasant verändernden Welt der Datenverarbeitung,[32] aber auch jede andere Form von Bedeutungserweiterung, -verengung oder

herausgebildet hat, ist nur mittels einer großen Textmenge und einer komfortablen Suche sinnvoll: Sind es wirklich *Erneuerbare Energien?* Seit es das „Gesetz für den Vorrang Erneuerbarer Energien" (EEG, 2009) gibt, scheint nur noch die Großschreibung zu existieren – ist sie deshalb „richtig" oder angemessen oder von der Sprachberatung zu empfehlen? (Ähnlich: *in einer Besonderen Gebührenverordnung nach § ...; ... heranzuziehen sind Besondere pauschale Stundensätze nach Anlage 1 ...).*

30 Wird ein Antrag *unmittelbar schriftlich bei einer Behörde gestellt* oder wird er *unmittelbar bei einer Behörde schriftlich gestellt?* – Noch deutlicher vielleicht hier: *rechtsfähige Verbände zur Förderung gewerblicher oder selbständiger beruflicher Interessen* (statt: *Verbänden zur Förderung beruflicher Interessen von Gewerbetreibenden oder anderen Selbständigen,* denn gemeint sein dürften die Interessen von beruflich Selbständigen und nicht: die selbständigen [beruflichen] Interessen (UKlaG)).

31 Dort geht es u.a. darum zu entscheiden, ob eine Paarform bereits im zu ändernden Recht (im zu bearbeitenden Gesetz, in angrenzenden Gesetzen und Verordnungen, im selben Rechtsgebiet aber in anderen Textsorten) verwendet wird, ob daneben das generische Maskulinum (weiter-) existiert, ob neutrale Formen oder ganz neue Wörter als Personenbezeichnungen gesucht wurden (z.B. *Studenten* vs. *Studierende; Professoren* vs. *Juniorprofessoren und Juniorprofessorinnen* im Hochschulrahmengesetz). – Zur Kollision verschiedener Anforderungen an einen Gesetzestext im Zusammenhang mit dem Gebot, geschlechtergerecht zu formulieren, siehe auch Baumann 2011.

32 Man betrachte z.B. die Passagen in Gesetzen, die das Schriftformerfordernis oder die Textform regeln, d.h. alle Wörter, die Schrift und Text und deren physische Seite betreffen: So konnte man früher etwas *zu Protokoll oder zur Niederschrift geben* oder Schriftstücke und Unterlagen *vorlegen,*

-verlagerung, wie sie – betrachtete man den Wandel der gesamten Lebenswirklichkeiten und das Alter der grundlegenden deutschen Kodifikationen – besonders auch in Medizin und in sozialwissenschaftlichen Bereichen deutlich werden (*elterliche Gewalt* [veraltet für: *elterliche Sorge*], *Zuchtmittel gegen das Kind, Unzucht, Schwachsinn* [noch in Gesetzen, aber in Gesellschaft bereits im Wandel: in Psychiatrie nicht mehr, in Umgangssprache in Bedeutung ‚Blödsinn' oder ‚Unsinn']). Auch um Bedeutungswandel zu erkennen und auf ihn zu reagieren, braucht die Gesetzesredaktion ein geeignetes Arbeitsmittel. Ob Lexeme gerade veralten oder schon veraltet sind, zeigt sich sicher insbesondere in Normen, die auf ältere Kodifikationen zurückgehen bzw. eng mit ihnen verbunden sind. Nur wenn man den tatsächlichen Gebrauch dieser Lexeme sicher feststellen kann, lassen sich die veralteten Lexeme gut begründet ersetzen.[33]

3.3 Ein geeignetes Arbeitsmittel und zwei Wege

Derzeit fehlt ein Korpus als Arbeitsinstrument für die speziellen Zwecke der Sprachberatung im Gesetzgebungsverfahren. Zwar existieren umfangreiche und sehr gut aufbereitete juristische Korpora wie *juris* und *Beck-online*, jedoch sind diese meist kostenpflichtig[34] und vor allem nicht dazu geeignet, explizit sprachbezogene Fragen – zu Sprachgebrauch und Bedeutung – zu beantworten. Und die ebenfalls vorhandenen wissenschaftlichen Korpora sind zwar meist frei zugäng-

---

beibringen oder *abgeben* – aber kann man *(elektronische) Daten* noch bei einer Behörde *vorlegen, beibringen* oder *einreichen?* Und wie lange trägt ein *dauerhafter Datenträger* seine Daten und was für welche? Wie funktioniert ein *Abschluss eines Vertrages in elektronischer Form?* Oder ein Beispiel, das auch mit den durch Telemedien veränderten Tätigkeiten zusammenhängt: *Abruf kinder- und jugendpornographischer ~~Schriften~~Inhalte mittels Telemedien.*

33 So ist z. B. *das Erkenntnis* im Sinne von Strafbefehl, Beschluss, Titel etc. üblich (z. B. *Vollstreckung eines ausländischen Erkenntnisses*), jedoch nur in einem einzelnen Rechtsgebiet, dem internationalen Strafrecht. – Mit einem geeigneten Korpus und entsprechenden Handwerkzeugen wäre hier schneller feststellbar gewesen, dass der Gebrauch nicht nur dem in der Allgemeinsprache widerspricht oder veraltet, sondern auch innerhalb der Normensprache ein Sonderfall ist.

34 Beispiele für kostenfreie Angebote sind:
- die Seite www.gesetze-im-internet.de, auf der für interessierte Bürgerinnen und Bürger nahezu das gesamte aktuelle Bundesrecht kostenlos im Internet bereitgestellt wird (ein gemeinsames Projekt des Bundesministeriums der Justiz und für Verbraucherschutz mit der juris GmbH),
- die Seite http://eur-lex.europa.eu/de, auf der man EU-Recht und andere öffentliche EU-Dokumente, u. a. im rechtsverbindlichen elektronischen Amtsblatt der EU, in 24 Sprachen findet,
- diverse Korpora der Europäischen Kommission, wie das JRC-Acquis corpus und das DGT Translation Memory unter http://ipsc.jrc.ec.europa.eu/index.php?id=198.

lich, jedoch oft nur zeitweise verfügbar und vor allem meist nur für ganz bestimmte wissenschaftliche Fragestellungen ausgebaut und sehr schwer handhabbar.[35]

Aus heutiger Sicht bieten sich daher zwei Auswege: Korpora für juristische Zwecke müssten an die Bedürfnisse der Gesetzesredaktion angepasst werden oder andere Korpora (für wissenschaftliche Zwecke) müssten aufgebaut werden, wobei diese dann nicht das gesamte Recht umfassen, aber auf jeden Fall frei zugänglich und leicht handhabbar sein müssen.

Es ist nicht abzuschätzen, ob sich die schon vorhandenen juristischen Datenbanken und Portale in absehbarer Zeit für unsere Zwecke anpassen lassen – daher erscheint die zweite Möglichkeit mindestens genauso aussichtsreich. Für verschiedene wissenschaftliche Fragestellungen und in verschiedener Größe sind Korpora aufgebaut worden, die Texte der für uns relevanten Textsorten (Gesetz, Verordnung, Kommentar, Urteil u.Ä.) enthalten. Könnte aus einem oder mehreren der schon vorhanden Korpora eines entstehen, das für uns frei zugänglich und leicht handhabbar wäre, ließen sich damit nicht nur die Untersuchungen anstellen, für die sie ursprünglich geschaffen wurden (und die mit den herkömmlichen Methoden der Linguistik, der Soziologie, der Rechtswissenschaften etc. kaum zu erfassen sind), sondern darüber hinaus auch Probleme aus unserem Redaktionsalltag lösen – die möglicherweise wiederum Ausgangspunkt anderer linguistischer Untersuchungen sein könnten.

Vor allem aber ließen sich einfache linguistische Fragestellungen auch einfach lösen, wie z.B. diejenige nach den Kotexten und Kontexten von *nachhaltig* und *Interesse* (s.o.). Denn dann würden die Strukturen des (sich wandelnden) Gebrauchs von Wörtern und Wortverbindungen sichtbar und linguistisch beschreibbar – und damit deren Bedeutung.

---

35 Als Beispiel sei das Korpus „Deutsche Gesetze" (mit ca. 6 Mio. Token) im CQP-Web-Interface der Humboldt-Universität zu Berlin in der Demoversion von ANNIS genannt. (Der Lehrstuhl „Korpuslinguistik" hat Korpora geschriebener Sprache in deutscher, englischer, französischer und spanischer Sprache zusammengestellt und für die linguistische Forschung zur Verfügung gestellt. Die einzelnen Korpora bestehen aus Tageszeitungen, Zeitschriften und Fachmagazinen, aus gehobener und Unterhaltungsliteratur, sowie aus Protokollen von Parlamentsdebatten. Dazu wurde vom Lehrstuhl auch ein Corpus Query Processor (CQP) zur Verfügung gestellt, mit dem sich Suchanfragen jedoch nicht so formulieren lassen, dass sie zu den gewünschten Ergebnissen führen, sondern oft noch eine aufwendige Nacharbeit der Treffer erfordern.

3.4 Wem nützt ein neues Rechtskorpus?

Ein neues frei verfügbares Rechtskorpus wäre jedoch nicht nur für die derzeitige Sprachberatung in der Gesetzgebung ein nützliches Handwerkszeug, sondern auch in der Aus- und Fortbildung von Juristen, Rechtspflegern, Linguisten, Dolmetschern etc. Es könnte außerdem die Arbeit in vielen anderen Bereichen erleichtern oder bereichern:

- Rechtsetzung (also die Arbeit von Legisten, d.h. juristischen und anderen Fachleuten, die Recht schaffen, indem sie alte Normen verändern oder neues Stammrecht schaffen),
- Rechtsanwendung (also die praktische Rechtsfindung und -sprechung, die sog. Rechtspraxis von Gerichten, Anwaltschaft etc., einschließlich der Beratung von Rechtslaien),[36]
- Rechtswissenschaft[37] (also die Arbeit all derer, die Kommentare schreiben, Normen, Urteile etc. auslegen, erklären, paraphrasieren etc.),
- Lexikologie (um konventionelle oder digitale Fach-, Valenz-, Kollokationswörterbücher etc. mit stets aktualisierten Gebrauchshinweisen zu versehen),
- angrenzende Bereiche (Arbeit aller Berufsgruppen, die über Gesetze berichten, argumentieren, aufklären etc.: Lehrer, Politiker, Journalisten).

Außerdem entspräche ein derartiges Rechtskorpus dem Bedürfnis einer aufgeklärten Öffentlichkeit (Bürgerinnen und Bürger) nach Information über die Rechtsetzung und begleitende Prozesse, da diese eine wesentliche Grundlage für das gesamte gesellschaftliche Leben sind. Darüber hinaus dürfte es eines der wenigen Beispiele für echtes Zusammenwirken von Wissenschaft und Praxis sein.

36 Da es hier um Klärung, Erörterung, Beilegung von Rechtsstreitigkeiten bzw. Ahndung von Rechtsverletzungen geht, spielen nicht nur die jeweiligen Normtexte selbst, sondern vor allem die dazugehörigen „Übersetzungshilfen" für die spezielle Textsorte ‚Gesetz' und das dazugehörige institutionelle Gefüge eine entscheidende Rolle: mündliche Erklärungen, aber auch sog. Begleittexte von Normen wie Begründungen, Ratgeberliteratur, Online-Hilfen, Mouseover-Texte in Online-Versionen etc.

37 Darüber hinaus ergäbe sich damit auch die Möglichkeit zu interdisziplinärer Zusammenarbeit am gleichen Gegenstand: Korpora könnten den verschiedenen Fragestellungen und Herangehensweisen (als Material) dienen, für empirische Untersuchungen, zum Ausprobieren verschiedener wissenschaftlicher Methoden etc.

4 Resümee

Wer Gesetze verständlicher machen will, kommt nicht an den besonderen Merkmalen dieser Textsorte[38] vorbei. Um in einem Exemplar dieser Textsorte die verständnisfördernden Elemente zu mehren oder aber die verständnishemmenden Elemente zu mindern, muss man unbedingt den Prozess der Gesetzgebung mitdenken. Erst dann lässt sich entscheiden, ob man sprachliche Elemente ändern, hinzufügen oder entfernen kann, um die vom Gesetzgeber gewünschte Bedeutung möglichst klar und verständlich auszudrücken. Die Bedeutung eines Gesetzes lässt sich – anders als bei anders entstandenen Texten – nicht allein oder überwiegend aus dem „fertigen" (Gesetzes-)Text ablesen, sondern hängt wesentlich damit zusammen, wie ein Gesetz entsteht und wie es angewandt, also gebraucht wird. Die Frage nach der Verständlichkeit von Gesetzen führt also zur Frage nach deren Bedeutung und diese wiederum zum Gebrauch von Gesetzen. Denn dass sich die Bedeutung erst im Gebrauch herstellt – das ist bei Gesetzen sogar noch deutlicher sichtbar als bei anderen Textsorten. Aus linguistischer Perspektive kommt daher nur eine pragmatische Herangehensweise in Betracht, will man die Verständlichkeit von Gesetzen verbessern: Das heißt, die Untersuchung und Bearbeitung von Gesetzestexten wird sich nicht auf das Sprachsystem beziehen, sondern mit (sprachwissenschaftlich) pragmatischen Mitteln und Methoden die Gepflogenheiten (und Gelingensbedingungen) des Sprachspiels[39] ‚Gesetzgebung' in den Blick nehmen.

Aus pragmatischer Sicht auf Gesetzestexte ist dreierlei festzustellen:

1. Die Textsorte besteht aus einer begrenzten, aber großen Menge an Exemplaren, die durch institutionelle Einbindung deutlich fachsprachlich und historisch geprägt ist. Die Verständlichkeit von Gesetzen lässt sich nur verbessern, wenn die Bedingungen der speziellen Textsorte ‚Gesetz' beachtet werden. Die wesentlichen Merkmale dieser Textsorte engen jedoch den Spielraum der Gesetzesredaktion bei der Bearbeitung stark ein.
2. Besonders die Entstehung von Gesetzen ist bisher aus linguistischer Perspektive kaum bzw. nur sehr allgemein untersucht worden. Seit es die Einrichtung

38 Busse 2000: 666 ff. beschreibt die (vergeblichen) Versuche, die Textsorte ‚Gesetz' allein mit linguistischen Kriterien oder nur über eine normative Funktion zu erfassen, ebenso wie die Probleme bei der Klassifizierung juristischer Textsorten ausführlich und wagt eine neue Typologie.

39 Wenn die „Bedeutung eines Wortes [...] sein Gebrauch in der Sprache" [ist], so ist Gebrauch auch hier die Funktion eines Ensembles von Gepflogenheiten oder einer „Lebensform", die in „Sprachspiele" zerfällt. „Das Wort ‚Sprachspiel' soll hier hervorheben, dass das Sprechen der Sprache ein Teil ist einer Tätigkeit, oder einer Lebensform" (Wittgenstein: PU, § 43 und § 23).

'Sprachberatung' beim Bundesjustizministerium gibt, sind andere Einblicke in den Produktionsprozess dieser speziellen Textsorte möglich.[40]
3. Für eine Untersuchung (und sinnvolle Bearbeitung) einer so großen und veränderlichen Menge an Texten einer solch speziellen Textsorte, die mit vielen anderen Textsorten verknüpft ist, scheinen korpuslinguistische Methoden höchst geeignet zu sein.

Eine korpuslinguistische Untersuchung der sprachlichen Seite der Gesetzgebung ist nötig und möglich. Da etliche Daten frei zugänglich sind und mit moderner Technologie auch große Datenmengen leicht verarbeitet werden können, bieten sich nunmehr ideale Voraussetzungen, um sowohl das Komplexe als auch das Spezifische beim Werden von Gesetzen zu erfassen und auszuwerten. Auf diese Art und Weise könnten quantitative und qualitative Auswertungen von großen Textmengen sowohl linguistische Fragen aus unserer sehr praktischen Arbeit sinnvoll beantworten helfen als auch dazu beitragen, dass die Sprachprüfung von Gesetzen weniger Zeit braucht und zugleich objektiviert wird. – Damit würde die Korpuslinguistik bzw. die juristische Korpuspragmatik langfristig dazu beitragen, dass Gesetze verständlicher sind.

Ein derartiges Rechtskorpus würde schließlich nicht nur die Arbeit der Sprachberatung in der bundesdeutschen Gesetzgebung unterstützen, indem es z. B. dem rechtssprachlichen und rechtsförmlichen Prinzip dient, dass Gleiches auch gleich benannt wird (und Ungleiches entsprechend ungleich). Mit einem wirklichen Über-Blick über die Sprache der Normen und über Formulierungen, die mit diesen Normen verbunden sind, wäre auch eine gewisse Standardisierung, eine „geordnete" Begleitung eines immerwährenden Bedeutungswandels möglich. Wenn die Sprache der Rechtsvorschriften auf diese Weise einheitlicher würde, wäre sie für Fachleute wie für Laien gleichermaßen leichter zu dekodieren, was wiederum der Verständlichkeit diente. – Das entspräche auch einer offenen demokratischen Gesellschaft, deren Recht zugänglich und verständlich sein muss, damit Bürgerinnen und Bürger Parlament, Regierung und Gerichte kontrollieren und ihre Gesell-

---

40 Die bereits existierenden Untersuchungen des Gesetzgebungsprozesses haben meist einen anderen, z.B. juristischen oder politikwissenschaftlichen Fokus. – Ausnahmen sind jedoch die Beschreibungen der Arbeit der Schweizerischen Gesetzesredaktion (u.a. Nussbaumer 2001 und 2002) oder Vogel 2012, der aus seiner Untersuchung der Normgenese zur Online-Durchsuchung u.a. den Vorschlag ableitet, die praktische Gesetzgebung derart zu reflektieren, dass sie quasi metasprachlich und metadiskursiv begleitet würde (durch eine Dokumentation von relevanten Diskursereignissen, Bezeichnung der erwarteten Normadressaten, Konkretisierung der zentralen Normtextausdrücke, durch Erklärung von Bedeutungsspielräumen und durch eine diskursive „Gesetzesfolgenabschätzung").

schaft gestalten können. Und nicht weniger als das ist Auftrag der Gesetzesredaktion auf Bundesebene.

Literatur

„Fachsprache – Fachkommunikation", Der Deutschunterricht 5/2002, Themenheft.

„Vom Entwurf zur Verkündung – So entsteht ein Bundesgesetz", unter: http://www.bundestag.de/bundestag/aufgaben/gesetzgebung_neu/gesetzgebung/kurz.pdf (Zugriff am 12. Dezember 2013).

Bär, Jochen A. 2007: Kürze als grammatisches Problem: determinative Verschränkungen Phänomene der Ersparung im Übergangsbereich von Wortbildung und Syntax. In: Jochen A. Bär, Thorsten Roelcke und Anja Steinhauer (Hg.): *Sprachliche Kürze: konzeptuelle, strukturelle und pragmatische Aspekte*. Berlin, New York: De Gruyter, S. 310–338.

Baumann, Antje 2012: „Geschlechtergerechtes Formulieren in Gesetzen – ein Plädoyer für Pragmatik". In: I. Bartoszewicz, J. Szczęk, A. Tworek *(Hg.): Germanistische Linguistik im interdisziplinären Gefüge II*. Dresden,Wrocław: Neisse Verlag, S. 189–198. (Linguistische Treffen in Wrocław, Vol. 7).

Beaucamp, Guy 2011: „Verständlichkeit und Bestimmtheit – Zwei Welten?". In: *Rechtstheorie* 42, S. 21–62.

Bratschi, Rebekka 2009: „Frau im Sinne dieser Badeordnung ist auch der Bademeister". Legaldefinitionen aus redaktioneller Sicht. In: *LEGES* 2009/2, S. 191–213.

Brinker, Klaus 2001: *Linguistische Textanalyse: eine Einführung in Grundbegriffe und Methoden*. Berlin: Erich Schmidt.

Busse, Dietrich 1992: *Recht als Text*. Tübingen: Niemeyer.

Busse, Dietrich 2000: Textsorten des Bereichs Rechtswesen und Justiz. In: Gerd Antos, Klaus Brinker u. a. (Hg.*): Text- und Gesprächslinguistik. Ein internationales Handbuch zeitgenössischer Forschung*. Halbbd. 1. Berlin, New York: De Gruyter, S. 658–675.

Eichhoff-Cyrus, Karin M. und Gerd Antos (Hg.) 2008: *Verständlichkeit als Bürgerrecht. Die Rechts- und Verwaltungssprache in der öffentlichen Diskussion*. Mannheim u. a.: Bibliographisches Institut. (Thema Deutsch, 9).

Engberg, Jan 1992: Signalfunktion und Kodierungsgrad von sprachlichen Merkmalen in Gerichtsurteilen. In: *Hermes* 6, S. 65–82.

Handbuch der Rechtsförmlichkeit – Empfehlungen des Bundesministeriums der Justiz zur einheitlichen rechtsförmlichen Gestaltung von Gesetzen und Rechtsverordnungen, herausgegeben vom Bundesministerium der Justiz, Köln 2008; online unter: www.bmjv.de.

Handbuch zur Vorbereitung von Rechts- und Verwaltungsvorschriften. Herausgegeben vom Bundesministerium des Innern. Köln, 2012.

Hoffmann, Ludger 1997: Fachtextsorten der Institutionensprache I: das Gesetz. In: Lothar Hoffmann, Hartwig Kalverkämper und Ernst Wiegand (Hg.): *Fachsprachen. Ein internationales Handbuch zur Fachsprachenforschung und Terminologiewissenschaft*. Berlin, New York: De Gruyter, S. 522–528.

Linke, Angelika, Markus Nussbaumer und Paul R. Portmann 1994: *Studienbuch Linguistik*. Tübingen: Niemeyer.

Lück, Heiner 2008: Von der Unverständlichkeit des Rechts. Die historische Dimension aus rechtsgeschichtlicher Sicht. In: Karin M. Eichhoff-Cyrus und Gerd Antos (Hg.): *Verständlichkeit als*

Bürgerrecht. Die Rechts- und Verwaltungssprache in der öffentlichen Diskussion. Mannheim u. a.: Bibliographisches Institut, 21–44.
Nussbaumer, Markus 2001: Von Schwärmern und Skeptikern und ein Versuch, Realist zu sein – Bilanz und Entwurf des Sprachspiels vom unverständlichen Gesetz. In: *Rechtshistorisches Journal* 20, S. 644–655.
Nussbaumer, Markus 2002: „Es gibt nichts Gutes, außer man tut es" – Arbeit an der Verständlichkeit von Gesetzestexten in der Schweizerischen Bundeskanzlei. In: *Hermes, Journal of Linguistics* 29, 111–123.
Nussbaumer, Markus 2009: „Über den Nutzen der Spracharbeit im Prozess der Rechtsetzung". In: Ekkehard Felder und Marcus Müller (Hg.): *Knowledge through Language/ Wissen durch Sprache. Theory, Practice and Research Goals of the Research Network ‚Language and Knowledge'/ Theorie, Praxis und Erkenntnisinteresse des Forschungsnetzwerkes ‚Sprache und Wissen'*. Berlin, New York: De Gruyter, S. 503–528. (Sprache und Wissen, 3).
Oksaar, Els 1989: Alltagssprache, Fachsprache, Rechtssprache. In: *Zeitschrift für Gesetzgebung* 3/1989. S. 210–237.
Roelcke, Thorsten 2002: „Fachsprache und Fachkommunikation". In: *Der Deutschunterricht* 54, S. 9–20.
Roelcke, Thorsten 2005: *Fachsprachen*. Berlin, New York: De Gruyter.
Sandig, Barbara 1972: Zur Differenzierung gebrauchsspezifischer Textsorten im Deutschen. In: Elisabeth Gülich und Wolfgang Raible (Hg.): *Textsorten. Differenzierungskriterien aus linguistischer Sicht*. Frankfurt/M.: Athenäum, S. 113–124.
Schwab, Dieter 2010: *Verstehen Sie Recht? – Beiträge zur Juristensprache und Glossen*. Bielefeld: Gieseking.
Stichwort Gesetzgebung. Von der Idee zum Gesetz. Herausgegeben vom Deutschen Bundestag, Referat Öffentlichkeitsarbeit, (Stand: Februar 2013), online unter: https://www.btg-bestellservice.de/pdf/20264000.pdf (Zugriff am 12. Dezember 2013).
Vogel, Friedemann 2012: *Linguistik rechtlicher Normgenese. Theorie der Rechtsnormdiskursivität am Beispiel der Online-Durchsuchung*. Berlin, Boston: De Gruyter. (Sprache und Wissen, 9).
Wittgenstein, Ludwig 1953/2001: *Philosophische Untersuchungen. Kritisch-genetische Edition*. Herausgegeben von Joachim Schulte, Frankfurt a. M.: Suhrkamp. (= PU).

Karin Luttermann

Linguistisch-pragmatische Zugänge zur Rechtssemantik: Was gesagt, was gemeint und was verstanden wird

1 Einleitung

Was der Laie mit Hilfe seines gesunden Menschenverstandes (...) schnell und sauber entscheidet, das wird hier aus Enzyklopädien mühsam herausgegraben (...). Das Wesen des Dienstvertrages ist keine wissenschaftliche Vorstellung: entweder sie gleicht dem, was der Laie darunter versteht, dann ist sie überflüssig, oder sie weicht ab, dann ist sie falsch
(Kurt Tucholsky: Kritik zu Das Recht in Goethes Faust. Juristische Streifzüge durch das Land der Dichtung. 1913).

Schriftlichkeit ist für das Recht wesentlich. Mit der Zivilisation und dem Aufbau von Staaten wird das Gesetzesrecht als Schriftrecht verfasst, um das Zusammenleben nach bestimmten zivil-, handels- oder strafrechtlichen Grundsätzen zu regeln. Seit diesem Zeitpunkt gibt es auch Menschen, die Gesetze nicht oder nur teilweise verstehen, weil sie etwa nicht lesen können oder die Normen in einer fremden Sprache verfasst oder zu komplex formuliert sind (über Latein im Heiligen Römischen Reich und Französisch im Code Civil nach den napoleonischen Eroberungen). Die Forderung nach Zugang zur Rechtskommunikation haben Antike, Mittelalter, Aufklärung und Neuzeit zwar verschieden begründet, sie ist aber weiterhin aktuell. Auch im 21. Jahrhundert werden noch immer erhebliche Verständnisschwierigkeiten in Teilen der Bevölkerung und selbst unter Juristen beklagt (Eichhoff-Cyrus, Antos und Schulz 2009: 7–12).

In unserer modernen Gesellschaft ist Wissensvermittlung eine Art Bürgerrecht. Es liegt in der Idee der Demokratie, dass Bürger das Recht, das auf Regelung sozialrelevanten Verhaltens und Schutz gerichtet ist, begreifen. Für die Rechtskommunikation gilt die Verständlichkeitsmaxime. Das Recht soll für seine Adressaten verständlich sein, um kommunikativ zu wirken: Wer sich an Rechtsnormen orientieren will und soll, muss sie auch verstehen können (Hoffmann 1992: 125). Das Verstehen von normativen Vorgaben bedeutet Rechtssicherheit und die Fähigkeit, sich im sozialen und politischen Umfeld zurechtzufinden und am Gemeinwesen zu partizipieren. Doch die Lebenswirklichkeit weicht davon ab. Vielfach treten Diskrepanzen zwischen Juristen und Bürgern beim Interpretieren und Verstehen einer Norm auf.

In der Angewandten Linguistik besteht Konsens darüber, dass die Optimierung der Verständigung nur durch Kooperation zwischen den geistes- und kulturwissenschaftlichen Disziplinen zu erreichen ist. Auf dieser Linie liegt mein Rechtslinguistisches Verständlichkeitsmodell (RVM) zum Sprachgebrauch in Institutionen, dem Ansätze der Semantik und Pragmatik zugrunde liegen. Mit dem Modell wird exemplarisch der Fund im Sachenrecht (§§ 965–984 BGB) auf Verständlichkeit für Adressaten untersucht. Aus linguistisch-pragmatischer Sicht werden der juristische Wissensrahmen, Handlungskontext und Empfängerhorizont behandelt, d. h. was sagt und meint der Gesetzgeber und was verstehen die Rezipienten? Der Vergleich der semantischen Bedeutungsexplikationen von Rechtsexperten *und* Rechtslaien zeigt Gefahren des Missverstehens; zugleich aber die Aufgabe sprachwissenschaftlicher Textarbeit, die interdisziplinär zu gestalten ist. Besonders die kommunikativen Problemlagen zeigen, wo die Pragmatik sich für eine verständliche Rechtskommunikation einbringen kann.

2 Was macht Rechtskommunikation schwer verständlich?

Blicken wir für die Antwort beispielhaft in den Dienstvertrag (§§ 611–630 BGB), worauf das einführende Tucholsky-Zitat Bezug nimmt. Der Dienstvertrag ist ein schuldrechtlicher Vertrag, in dem sich eine Vertragsseite verpflichtet, den versprochenen Dienst und die andere Seite die vereinbarte Vergütung zu erfüllen. Hier werden Verben vielfach nominalisiert („ohne Einhaltung einer Kündigungsfrist“[1]). Neue Wörter werden durch Präfixe und Suffixe gebildet („in Ermangelung“, „Unübertragbarkeit“ §§ 612, 613 BGB). Genitivattribute häufen sich („Die Kündigung des Arbeitsverhältnisses eines Arbeitnehmers wegen des Übergangs eines Betriebs“[2]). Sätze ohne Nennung des Handlungsträgers dominieren („Der zur Dienstleistung Verpflichtete wird des Anspruchs nicht dadurch verlustig, dass er an der Dienstleistung verhindert wird“[3]). Zudem kommen vage Ausdrücke („übliche Vergütung“, „unverzüglich“ §§ 612, 625 BGB) und obsolete Wörter („ver-

1 „Das Dienstverhältnis kann von jedem Vertragsteil aus wichtigem Grund ohne Einhaltung einer Kündigungsfrist gekündigt werden, wenn Tatsachen vorliegen, auf Grund derer dem Kündigenden unter Berücksichtigung aller Umstände des Einzelfalles und unter Abwägung der Interessen beider Vertragsteile die Fortsetzung des Dienstverhältnisses bis zum Ablauf der Kündigungsfrist oder bis zu der vereinbarten Beendigung des Dienstverhältnisses nicht zugemutet werden kann“ (§ 626 BGB).

2 „Die Kündigung des Arbeitsverhältnisses eines Arbeitnehmers durch den bisherigen Arbeitgeber oder durch den neuen Inhaber wegen des Übergangs eines Betriebs oder eines Betriebsteils ist unwirksam“ (§ 613a IV 1 BGB).

3 „Der zur Dienstleistung Verpflichtete wird des Anspruchs auf die Vergütung nicht dadurch verlustig, dass er für eine verhältnismäßig nicht erhebliche Zeit durch einen in seiner Person liegenden Grund ohne sein Verschulden an der Dienstleistung verhindert wird“ (§ 616 BGB).

lustig" § 616 BGB) vor. Nominalisierungen, Derivationen, Agensanonymisierung und Partizipialkonstruktionen sind zweifelsfrei Merkmale, die für juristische Laien die Verständlichkeit von Rechtssprache erschweren.

Hinzu tritt der Rechtssprachengebrauch, den vor allem Regeln der Rechtsdogmatik und fachwissenschaftlich-institutionelle Handlungsstrukturen prägen. Im Kontext des Schuldrechts gelten etwa für das gemeinsprachliche Lexem *leihen* verschiedene Handlungsbedingungen, wodurch sich die Schuldverhältnisse Miete, Leihe und Sachdarlehen (§§ 535, 598, 607 BGB) voneinander abgrenzen. Diese Bedeutungsabgrenzung vollzieht der gemeine Sprachgebrauch so nicht mit (Neumann 1992: 111). Beim Übergang von der Gemein- in die Rechtssprache ändert sich die lexikalische Bedeutung. Gerade der Bedeutungswandel erzeugt Missverständnisse und erschwert die Verständigung zwischen dem Gesetzgeber und den Gesetzesadressaten auf der Ebene der Wortauslegung, wie wir im Analyseteil zum Fundrecht noch sehen werden.

3 Rechtssprache als Funktionssprache?

Die Rechtssprache als homogenes Ganzes exisitiert nicht. Die allgemeine Annahme, dass es eine einheitliche juristische Fachsprache gibt, ist nicht aufrechtzuerhalten. Vielmehr sind bereichsgebunden verschiedene Ausprägungen zu unterscheiden (vgl. Eriksen 2002: 2). Pragmatisch gesehen ist die Rechtssprache eine Funktionssprache. Sie hängt von dem kommunikativen Ziel des Textproduzenten ebenso ab wie von dem Gebrauchskontext, der sich über sprachliche und außersprachliche Parameter definiert. Die drei klassischen Funktionsbereiche der Rechtssprache sind die Legislative, Exekutive und Rechtsprechung. Für die Rechtssprache bedeutet das „eine grundsätzliche Aufteilung nach der funktionellen Zielsetzung der jeweiligen Kommunikation" (Eriksen 2002: 9). Gesetze sind für den Funktionsablauf des Rechtssystems besonders bedeutsam, weil sie alle anderen juristischen Textsorten beeinflussen. Sie wenden sich an Bürger in vielen verschiedenen Lebensbereichen.

Dabei folgt die Gesetzgebung eigenen Handlungsregeln. Die Rechtssprache greift wegen der sozial-regulativen Funktion auf die Mittel der Gemeinsprache zurück und verwendet keine formelhafte Sprache wie etwa die Mathematik. Ihre Aufgabe ist, „fachliche Gegenstände besonders klar, eindeutig, genau, exakt und vollständig zu bezeichnen" (Otto 1981: 47). Die Sprache der Gesetze soll präzise und effizient sein. Die Forderungen nach Präzision und Effizienz verpflichten Textproduzenten (Gesetzesredakteure) dazu, Sprache ökonomisch und wirksam einzusetzen, d.h. „das günstigste Verhältnis zwischen dem verfolgten Zweck und den einzusetzenden Mitteln" (Otto 1981: 50) zu finden. Der Grundsatz der Transparenz gebietet bürgernahen Sprachgebrauch. Der Gesetzgeber hat die Pflicht, Vorschriftentexte sprachlich richtig und möglichst für jedermann verständlich zu formulieren (BMJ 2008: Rn. 54). Das Indefinitpronomen steht für einen Adressatenkreis, der durch „das Gesetz verpflichtet oder berechtigt werden soll" (BMJ 2008: Rn. 55; Luttermann 2010: 149).

Im Zivilrecht ist das Transparenzgebot (§ 307 Abs. 1 S. 2 BGB) eine Kernforderung.[4] Danach sind AGB-Klauseln in Verträgen unwirksam, wenn sie in einer Sprache formuliert sind, die „der juristisch nicht vorgebildete Vertragspartner" (Brox und Walker 2013: Rn. 236a) nicht verstehen kann. Der BGH beruft sich bei der Bewertung der Klarheit und Verständlichkeit auf die Erwartungen und Erkenntnismöglichkeiten eines durchschnittlichen Vertragspartners zum Zeitpunkt des Vertragsschlusses (BGH, Urt. v. 27.7.2010, Az. XII ZR 189/08; BGH, Urt. v. 19.7.2012, Az. I ZR 40/11). Der Verbraucher soll davor geschützt werden, wegen intransparenter oder fehlerhafter Informationen seine Rechte nicht durchsetzen zu können. Die Rechtsfigur des Durchschnittsbürgers als Maßstab für Transparenz sieht vor, dass Richter auf ihr eigenes Sprachwissen und auf Wörterbücher rekurrieren, aber nicht danach fragen, ob ein Bürger tatsächlich den Wortlaut erfassen kann.

Wie kann man die Verstehensleistungen „von normal gebildeten Personen" (Palandt 2013: Anh. zu § 630 BGB, Rn. 6) messen? – Das Bemühen um einen abgewogenen Ausgleich zwischen Präzision, Effizienz und Verständlichkeit im Recht ist eine Zukunftsaufgabe für die Angewandte Linguistik. Das RVM stellt sich mit dem linguistisch-pragmatischen Zugang dieser Aufgabe. In welchem Forschungskontext hat das Modell seinen Platz?

4 Rechtslinguistisches Verständlichkeitsmodell für Sprachgebrauchsanalysen

4.1 Forschungskontext

Verständlichkeit als „genuinen Forschungsbereich" (Heringer 1979) hat die Sprachwissenschaft Ende der 70er Jahre entdeckt. Zuvor behandeln andere Disziplinen Fragen der Verständlichkeit. So berechnet die Lesbarkeitsforschung die Textverständlichkeit anhand von Formeln, die von strukturalen Oberflächenmerkmalen wie Wortarten und Satzlänge abhängen (Klare 1963).[5] Mit dem Ham-

4 Der Grundsatz der Normenklarheit ist ein Rechtsstaatsprinzip und Teil der Verfassung (Art. 20 Abs. 3 GG).

5 http://projekte.linse.uni-due.de/verstaendlichkeit/index.htm [01.09.2013].

burger Verständlichkeitsmodell erfolgt eine instruktionspsychologische Ausrichtung und rückt der Rezipient als bewertende Instanz in den Mittelpunkt. Langer, Schulz von Thun und Tausch (1974) ermitteln induktiv vier Dimensionen der Verständlichkeit (u.a. Einfachheit, Kürze und Prägnanz), während Groeben (1982) in einem theoretisch-deduktiven Verfahren weitgehend analoge Kriterien für Verständlichkeit entwickelt. Kognitive Ansätze sind auf die individuelle Sprachverarbeitung zentriert und gewichten Text- und Lesermerkmale gleich (van Dijk und Kintsch 1983). Das Soziolinguistische Verständlichkeitsmodell verbindet die grundlegenden Einflussfaktoren der Textverständlichkeit und wendet sie auf die Bauordnung an (Pfeiffer, Strouhal und Wodak 1987). Allerdings stehen der juristische Wissensrahmen und die individuelle Verarbeitungskapazität der Laien teils beziehungslos nebeneinander.

4.2 Ziele

Diesen Aspekt rückt das RVM ins Blickfeld, das auf den Sprachgebrauch und die Verständlichkeit von Gesetzen abzielt. Schnittstellen und Unterschiede sollen zwischen den juristischen Äußerungen und den Verständnisleistungen von Adressaten eruiert werden. Dabei interessiert, inwieweit besonders die bei den Rechtslaien generierte mentale Repräsentation der lexikalischen Bedeutung den vom Gesetzgeber intendierten Konnotationen entspricht. Darüber hinaus ist von Interesse, wo die Gefahr besteht, die Norm fehl zu deuten oder sie gar nicht zu begreifen. Ob der Normtext ausreichend Informationen zur Verfügung stellt, damit ein Rezipient auch durch Überlegung – aufgrund der Kenntnis von Wortbedeutungen und Gebrauchskontext (Wittgenstein 2006: § 43) und konversationaler Implikatur (Grice 1993) – das Gemeinte erschließen kann, soll analysiert werden. Es geht um keine stereotype Tradierung (Warnke 2005). Das Modell pauschaliert nicht Schwerverständlichkeit, sondern will dezidiert Verständnisschwierigkeiten ermitteln und den Rechtstext optimieren.

4.3 Mehrperspektivischer Ansatz

Dem Modell liegt die Annahme zugrunde, dass Wortbedeutungen dynamisch sind und interaktiv ausgehandelt werden. In den Produktions- und Rezeptionsprozess fließen auch verschiedene textexterne, d.h. soziokulturelle, kognitive und affektive Faktoren ein, die für das Textverständnis bedeutsam sind. Den handlungsanalytischen Ansatz leitet, dass das juristische Wissen und die Eigenperspektive der Laien gleichermaßen wichtig sind und den Aushandlungsprozess bestimmen.

Über die Text- und Leservariablen hinaus besteht der Fortschritt des RVM in der Mehrperspektivität.[6] Das *Theoriemuster* bildet die Expertenperspektive und setzt den juristischen Wissensrahmen. Dazu gehören die Auslegungsmethoden, die Rechtsprechung und Literatur. Das *Empiriemuster* steht für die Befragung eines Laien zu bestimmten Rechtsbegriffen und zu einer praktischen Aufgabe und das *Ergebnismuster* für die Perspektive mehrerer Laien. Aus Gründen des Umfangs wird das Empiriemuster nicht gesondert behandelt, sondern in das Ergebnismuster integriert (Ziffer 5.2). Das *Vergleichsmuster* setzt die empirischen Ergebnisse über das Bedeutungswissen der Probanden (*Empirie-/Ergebnismuster*) zur juristischen Bedeutungskonstitution (*Theoriemuster*) und Aufgabenlösung in Beziehung und beschreibt die Schnittstellen und vor allem die Unterschiede zwischen Experten und Rechtslaien.

Mit der „empirische(n) Untermauerung der Aussagen zu den Verstehensgrundlagen" (Engberg 2011) schafft das RVM eine Verknüpfung, die bei anderen Verständlichkeitsmodellen noch fehlt (Ziffer 4.1). Das Soziolinguistische Modell zieht zwar die „institutionell(e) Norm" (Pfeiffer, Strouhal und Wodak 1987: 142) als Messlatte bei, ohne sie aber weiter zu gewichten. Das Rechtslinguistische Modell dagegen wertet die juristische Perspektive auf, indem es sie im *Theoriemuster* als eigene Größe behandelt und auch im *Vergleichsmuster* als weitere Größe zur Beurteilung der Bedeutungsexplikationen der Laien berücksichtigt. Damit wird ein Bezugsrahmen etabliert, innerhalb dessen die Verständlichkeit gemessen werden kann. In der Gegenüberstellung der vier Muster zeigen sich Problemlagen im Sprachgebrauch und Grenzen des Laienverstehens. Auf dieser Grundlage kann man interdisziplinär einen gemeinsamen Verständnishorizont ausloten.

Kommen wir nun zur praktischen Anwendung des Modells am Beispiel des Fundrechts. – Wie rechtssicher und bestimmt sind die Normen, die die Anzeigepflicht und den Eigentumserwerb des Finders begründen und die Höhe des Finderlohns definieren? Die Antwort steht in einem größeren Kontext.

6 Die Methode wurde in Luttermann 1996: 24–26 entwickelt und in Luttermann 2002: 98–99 vertieft.

5 Mehrperspektivische Sprachgebrauchsanalyse im Fundrecht

5.1 Theoriemuster: Juristischer Wissensrahmen

Unsere Rechtsordnung basiert auf der Institution des Privateigentums. Das Sachenrecht regelt den Erwerb und Verlust von Sachen und die an Sachen möglichen Befugnisse. Kernrecht an Sachen ist das Eigentum. Der Schutz des Eigentums wird durch Pflichten der anderen Personen realisiert. Im Bürgerlichen Gesetzbuch steht das Fundrecht (§§ 965–984 BGB) im dritten Buch *Sachenrecht*, im dritten Abschnitt *Eigentum*, im dritten Titel *Erwerb und Verlust des Eigentums an beweglichen Sachen* und im sechsten Untertitel *Fund*. Das Fundrecht enthält die Vorschriften über die Eigentumsverhältnisse an verlorenen Sachen und das gesetzliche Schuldverhältnis zwischen dem Eigentümer und dem Finder.

Durch Fund ist Eigentumserwerb möglich. Dafür ist Voraussetzung, dass eine Sache verloren gegangen ist. *Verloren* sind Sachen, die (vom Eigentümer gesehen) besitzlos, aber nicht herrenlos sind. Nicht besitzlos sind liegengelassene, versteckte und verlegte Sachen, deren Ort der Besitzer kennt, so dass er jederzeit die Sache zurückerhalten kann (Vorb. vor § 965 BGB; Palandt und Bassenge 2013: Rn. 1). Besitzlosigkeit bedeutet, dass objektiv „jegliche Sachherrschaft" (Vieweg und Werner 2013: 179, Rn. 30) an der Sache beendet wird. Denken wir uns zur Veranschaulichung folgenden Fall: E hat sich einen Fingerring gekauft, ist also sein Eigentümer. E trägt ihn am Ringfinger und ist insofern auch sein Besitzer. Weiß E nicht mehr, wohin er den Ring abgelegt hat, wird die Sache besitzlos, aber nicht herrenlos. Durch das Verlegen verliert E nur seinen Besitz, das Eigentum als Zuordnungsrecht bleibt ihm. F, der den Ring im Schwimmbad findet, hat zwar die tatsächliche Sachherrschaft (Besitz), aber kein Eigentum.

Die Sache ist der Anknüpfungspunkt im Fundrecht. *Sachen* des bürgerlichen Rechts sind alle körperlichen, greifbaren Gegenstände. Keine Sachen sind dagegen der lebende menschliche Körper, weil er als Rechtssubjekt nicht gleichzeitig Rechtsobjekt sein kann, und Tiere. Letztere werden rechtlich aber wie Sachen behandelt (§ 90a BGB). Denn an ihnen ist Eigentum und Besitz möglich. Tiere können einer Person verantwortlich zugeordnet werden. Gegenstand des Funds sind alle beweglichen Sachen. Bewegliche Sachen können ihre räumliche Lage ändern, sind mobil und lassen sich fortschaffen. *Anspruch auf Finderlohn* besteht, wenn sie besitzlos sind, d.h. der Eigentümer darf nicht aktuell über sie verfügen. Sie müssen seiner Verfügungsgewalt entzogen sein. Der Anspruch gilt dagegen nicht für herrenlose Sachen, die keinen Eigentümer haben.

Die Sache ist *gefunden*, wenn der Finder sie an sich nimmt, also neuen Besitz begründet. Das bloße Entdecken oder Inspizieren der Sache ist juristisch noch kein Finden. Im Rechtssinn ist Finden eine Geschäftsbesorgung für den Verlierer und kein tatsächlicher Vorgang.

Der Begriff *Besitz* bezeichnet im Sachenrecht die tatsächliche Herrschaft einer Person über eine Sache, unabhängig von der rechtlichen Beziehung zu dieser Sache (§ 854 Abs. 1 BGB). Maßgebend für die Frage, ob jemand eine Sache in Besitz hat, ist also nicht, ob sie seinem Eigentum zuzurechnen ist, sondern ob er die tatsächliche Gewalt darüber ausübt. Hinzu kommt der Besitzwille. Der Besitzer muss einen Willen zur „tatsächliche(n) Innehabung" (Vieweg und Werner 2013: 15, Rn. 2) und Gewaltausübung der Sache haben ohne Rücksicht darauf, ob ihm ein Recht, etwa das Eigentum, an der Sache zusteht oder nicht. Im Vergleich dazu ist Eigentum die Verfügungsgewalt über eine Sache auf rechtlicher Grundlage. Eigentum meint die rechtliche Herrschaft über eine Sache und setzt einen Rechtstitel voraus. Der Eigentümer hat gegen den Besitzer (den Finder) einen Herausgabeanspruch (§ 985 BGB).

Zwischen dem empfangsberechtigten Eigentümer und besitzenden Finder entsteht durch den Fund ein gesetzliches Schuldverhältnis. Der Finder hat die *Pflicht*, dem Empfangsberechtigten die Fundsache anzuzeigen und abzuliefern (§ 965 Abs. 1 BGB). Gegen die Herausgabepflicht darf er nicht verstoßen. Bei Verletzung drohen Sanktionen, strafrechtliche Konsequenzen (Palandt und Bassenge 2013: § 968 BGB, Rn. 1). Empfangsberechtigter ist, wer Besitzrecht und damit Anspruch auf Herausgabe der Sache hat (§ 985 BGB). Kennt der Finder den Berechtigten nicht oder weiß er nicht, wo dieser sich aufhält, muss er den Fund der zuständigen Behörde zur Anzeige bringen und auf Anordnung abgeben (§§ 965 Abs. 2, 967 BGB). Liegt der Wert der Sache unter zehn Euro, entfällt die gesetzliche Anzeigepflicht (§ 965 BGB).

Der Finder ist *berechtigt*, für bestimmte Aufwendungen Ersatz zu verlangen. Dazu zählen die Verwahrung der Sache oder die Ermittlung des Empfangsberechtigten (§ 970 BGB). Vor allem aber hat der Finder ein Recht auf eine Entlohnung (§ 971 Abs. 1 S. 1 BGB). Bemessungsgrundlage ist der Wert der Sache zum Zeitpunkt der Herausgabe (Palandt und Bassenge 2013: § 971 BGB, Rn. 1). Der Finderlohn beträgt von dem Wert der Sache bis zu 500 Euro fünf Prozent und von dem Mehrwert drei Prozent. Für Tiere sind stets drei Prozent zu veranschlagen. Hat der gefundene Gegenstand nur einen ideellen Wert, ermisst der Empfangsberechtigte den Wert, ohne sich dabei auf eine gesetzliche Maßgabe stützen zu können (§ 971 Abs. 1 S. 2 BGB). Kein Rechtsanspruch auf Finderlohn besteht aber, wenn der Finder die Fundsache nicht ordnungsgemäß angezeigt oder verheimlicht hat (§ 971 Abs. 2 BGB). Der Finderlohn liegt zum Beispiel für eine 1.400 Euro teure Armbanduhr bei 52 Euro.

Mit dem Ablauf von sechs Monaten nach der Anzeigenerstattung bei der zuständigen Behörde erwirbt der Finder Eigentum an der Sache (§ 973 Abs. 1

BGB). Dafür ist jedoch Bedingung, dass ihm bis dahin der Empfangsberechtigte nicht bekannt geworden ist oder seinen Anspruch bei der Behörde angemeldet hat. Ist die Fundsache weniger als zehn Euro wert, beginnt die sechsmonatige Frist bereits mit dem Tag des Fundes (§ 973 Abs. 2 BGB).

5.2 Ergebnismuster: Laien-Wissensrahmen

Das Ergebnismuster beinhaltet – aus den genannten Gründen (Ziffer 4.3) – hier auch die Einzelperspektive. An der Verständlichkeitsanalyse haben 33 Probanden teilgenommen. Es handelt sich um Masterstudierende im zweiten Semester und Lehramtsstudierende im sechsten Semester der Universität Eichstätt-Ingolstadt sowie um Berufsgruppen im Einzelhandel, in der Dienstleistung, in (Hoch-)Schulen und Wirtschaftsunternehmen wie Buchhändler, Fachverkäufer, Hotelfachfrauen, Ingenieure, Lehrer und Dozenten.[7] Sie hatten die Aufgabe, in 30 Minuten neun Fragen vor allem zur Anzeige-, Verwahrungs- und Ablieferungspflicht sowie zum Ersatz von Aufwendungen, Finderlohn und Eigentumserwerb des Finders in einem halbstandardisierten Fragebogen zu beantworten. Die Fragen thematisieren sowohl das Textverstehen und die Rezeptionsfähigkeit als auch die Umsetzung, den Finderlohn zu berechnen (Ziffer 8). Damit geht das RVM einen Schritt über die bisherigen Untersuchungen zur Ermittlung der Verstehensgrundlagen hinaus und gibt Aufschluss über eine praktisch relevante Aufgabenlösung.

Die Mehrheit der Probanden bringt *verloren* (§ 965 Abs. 1 BGB) mit *liegen lassen* oder *verlegen* in Verbindung. Die Antworten lauten etwa: *Die verlorene Sache bezeichnet einen Gegenstand (oder ein Tier), welcher vom Besitzer liegen gelassen wurde und somit momentan nicht in seinem Besitz ist* oder *Wenn man nicht weiß, wo die Sache ist, wenn man zum Beispiel die Brille an ihrem üblichen Platz nicht finden kann, weil man sie verlegt hat* oder *Was man irgendwo vergessen hat.* Für neun Probanden muss eine verlorene Sache über zehn Euro wert sein (*eine Sache, die man findet und an sich nimmt und die mehr als 10 Euro kostet*). Sechs Probanden meinen, dass *der Besitzer keine Information über die Sache hat.* Drei Probanden verstehen *verloren* im Sinne von besitzlos. Sie sagen etwa: *Eine Sache, die im Besitz eines anderen steht und unfreiwillig nicht mehr in meinem Besitz ist.*

Die zweite Frage hängt inhaltlich eng mit der ersten Frage zusammen. Die Probanden beantworten sie aber sehr unterschiedlich. Vier nehmen an, dass Finderlohn beanspruchen kann, wer eine *bewegliche, besitzlose und nicht herren-*

7 Den Probanden danke ich an dieser Stelle noch einmal ausdrücklich für Ihr Engagement.

lose Sache findet. Für die anderen begründen *herrenlose, nicht herrenlose, besitzlose und bewegliche* Sachen, *herrenlose, besitzlose, nicht besitzlose, bewegliche und unbewegliche* Sachen oder *herrenlose, besitzlose, bewegliche und unbewegliche* Sachen einen solchen Anspruch. Acht Probanden mutmaßen, dass die Sache entweder *besitzlos und beweglich* oder *besitzlos und nicht herrenlos* sein muss. Drei assoziieren ausschließlich *besitzlos*, zwei *beweglich* und einer *nicht besitzlos und herrenlos*.

Finden interpretieren die meisten Probanden als *wahrnehmen, sehen, erkennen, auffallen, bemerken* und *entdecken*. Der Sehsinn ist für 25 Probanden bedeutungsbestimmend. Sie sagen zum Beispiel: *Wenn ich etwas entdecke, was mir nicht gehört* oder *Die verlorene Sache wird von einer Person, die nicht eigentlicher Besitzer/Eigentümer ist, ohne Empfangsberechtigung gesehen*. Konkret beziehen acht Probanden *finden* auch auf einen Handlungskontext wie *Mir fällt auf, dass jemand im Restaurant seine Jacke hängen gelassen hat* oder *Eine mir unbekannte Person hat im Geschäft seine Einkaufstasche vergessen. Ich bemerke das, lasse die Tasche aber an Ort und Stelle stehen und gehe weg*. Fünf Probanden rekurrieren darauf, dass die Bedeutung des Wortes im Text nicht definiert ist und meinen, dass die Sache für die Anzeigepflicht mindestens zehn Euro wert sein muss. Zwei Probanden verstehen darunter *in den eigenen Besitz bringen* und *verwahren bis der Eigentümer bekannt ist*.

Die Frage nach der Unterscheidung zwischen *Eigentum* und *Besitz* beantworten alle Probanden. Davon allerdings fünf unvollständig, indem sie entweder nur das Eigentum (*gehört mir, rechtmäßig erworben*) oder nur den Besitz (*ist meins, gehört mir*) näher bezeichnen. Auffällig ist, dass sie die Konnotation *gehört mir* vielfach beiden Ausdrücken zuordnen. Für ein Drittel der Befragten sind die Lexeme Synonyme (*in der Bedeutung gleich, kein Unterschied*). Zehn Probanden stellen fest, dass *Eigentum* und *Besitz* im Gesetz nicht definiert (*Text sagt nichts*) und daher *Auslegungssache* sind. Über die Bedeutung wird spekuliert. So meinen 19 Probanden, dass *Besitz* zum Beispiel bedeutet: *rechtliches Eigentum, Eigentum, das man besitzt, Besitzanspruch, wenn ich eine Sache inne habe, ich muss aber nicht der rechtliche Eigentümer sein, ich verfüge darüber* oder *tatsächliche Herrschaft einer Person über eine Sache*. Auch beim *Eigentum* gehen die Meinungen weit auseinander und widersprechen sich teils. 20 Probanden verstehen darunter etwa *eine verlorene Sache darf nicht mehr als 10 Euro wert sein, das Eigentum ist mein Eigen, etwas Eigenes besitzen, alles, was ich mir aneignen kann, rechtmäßig in meinem Besitz befinden, Rechtsanspruch* oder *rechtmäßig erworben*.

Die Probanden entnehmen dem Gesetzestext die *Pflicht*, den Fund anzuzeigen. 22 Befragte rekurrieren explizit und elf indirekt auf § 965 BGB. 18 Befragte lesen heraus, dass grundsätzlich gegenüber dem Eigentümer die Pflicht zur Anzeige besteht und die Behörde erst ins Spiel kommt, wenn der Eigentümer unbekannt ist (*Die Fundsache muss man dem Empfangsberechtigten immer zuerst melden. Liegen Name und Adresse nicht vor, muss man den Fund der zuständigen Behörde melden*). Die Anzeigepflicht beim Berechtigten bzw. der Behörde verbinden 16 Probanden mit § 965 BGB. Vier ergänzen noch, dass bei einem Wert der Sache unter zehn Euro keine Anzeige erforderlich ist (*ohne Anzeige bei weniger als 10 Euro*). 12 Probanden begrenzen die Anzeige, ohne weiter ins Detail zu gehen, ausschließlich auf den Wert der Sache und beziffern den Mindestwert mit zehn Euro (*Anzeige bei mehr als 10 Euro*). Zwei Probanden beschränken die Anzeige auf die Behörde.

Die *Rechte* des Finders sehen die Probanden primär beim Anspruch auf Entlohnung. Die Mehrheit bezieht sich auf die gesetzliche Grundlage und pauschaliert *Finderlohn § 971 BGB*. Sechs Probanden differenzieren zwischen der Höhe des Finderlohns für Gegenstände und Tiere (*Finderlohn bis maximal 500 Euro und bei Tieren bis maximal 300 Euro*) und elf zwischen dem tatsächlichen und dem ideellen Wert der Sache (*Er hat einen Anspruch auf Finderlohn bis 500 Euro. Sollte die Sache nur einen Wert für den Empfänger haben, liegt der Finderlohn im eigenen Ermessen*). Sieben Befragte kombinieren den Finderlohn mit dem Ersatz von Aufwendungen für die Eruierung des Empfangsberechtigten (*Finderlohn zwischen 3% (= ideell) bis 5% (= materiell) und Aufwandsentschädigung für das Auffinden des Eigentümers*), zwei mit dem Eigentumserwerb des Finders (*Außer Finderlohn gewinnt man auch Eigentum an der Sache nach Ablauf von 6 Monaten nach der Anzeige, außer der Besitzer fordert die verlorene Sache zurück*) und vier mit den beiden Rechten (*Ich kriege Finderlohn ab einem Wert der Sache von mindestens 10 Euro oder nach Ermessen und auch meine Aufwendungen erstattet*). Ein Proband konnte die Frage nicht beantworten.

Die Frage zur *Berechnung* lassen sechs Probanden offen. Nur zwei von den 27 Probanden malen den Rechenweg exakt auf und fixieren den Finderlohn für die Armbanduhr auf *52 Euro*. Die Spannweite reicht von *36 Euro* über *70 Euro* und *500 Euro* bis hin zu *900 Euro* mit Fragezeichen. Vier antworten einfach *Mehrwert*, ohne weiter zu spezifizieren; davon setzen zwei noch ein Fragezeichen dahinter. Dreiviertel moniert, dass die *Berechnungsweise des Finderlohns unklar ausgedrückt* und *schwierig und umständlich formuliert* ist. Obwohl sie das Prozentrechnen als Grundrechenart beherrschten, seien sie verunsichert wegen der *alltagsfremden Ausdrücke, die außerordentlich schwer zu verstehen sind*. Sie fragen sich vor allem, was *von Hundert, fünf vom Hundert und drei vom Hundert* heißt und qualifizieren das Zahlenmaterial als *völlig unklar* (*Wie soll man den Wert berechnen und beweisen?*).

Nach Meinung von 24 Probanden *erwirbt* der Finder *Eigentum* an dem Gegenstand *nach Ablauf von sechs Monaten*. Generell nennen neun die sechsmonatige Frist. Die anderen 15 Probanden unterscheiden dagegen zwischen der Anzeige (*wenn die 6 Monate nach der Anzeigenerstattung vorbei sind*) und dem Fund (*nach dem Finden muss ein halbes Jahr vergangen sein*) und bringen dabei teils auch die Identität des Eigentümers (*Mit Ablauf von sechs Monaten nach der Anzeige, wenn die Identität des Empfängers unbekannt ist*) und den Wert der Fundsache (*Nach 6 Monaten nach dem Fund, wenn die Sache von geringem Wert ist*) zur Sprache. Dagegen stellen vier Befragte nicht auf den Zeitpunkt ab, sondern auf die Modalität. Sie sagen, dass die *Art der Geldübergabe nicht angegeben* ist. Stattdessen seien nur die *Fristen geregelt, aber nicht wie man den Zeitpunkt des Fundes beweisen kann und wem gegenüber überhaupt.* Ein Proband meint, dass es keine Zeitangaben gibt und einer antwortet nicht. Sieben betonen, dass bei Verheimlichung kein Eigentum an der Sache erworben werden kann (*Man darf den Fund nicht verschweigen. Damit wird man nicht automatisch Eigentümer*).

Auf die Frage nach der *Textverständlichkeit* antworten 27 Probanden. Sechs finden die Normen *insgesamt gut verständlich.* Die Mehrheit allerdings beklagt *Unverständlichkeit* und *zu wenig Alltagsbezug.* Konkret bemängeln sie im Wesentlichen die Lexik. Die Wörter seien *vage, nicht genau definiert* und *komplex.* Sie vermuten *eine Bedeutung hinter der Bedeutung* und fragen sich, was Ausdrücke wie *Mehrwert, Empfangsberechtigter* (*Empfangsberechtigter vs. Eigentümer?*), *Eigentum, Besitz* (*Text macht nicht deutlich, ob Eigentum und Besitz Synonyme sind*), *fünf vom Hundert* oder *drei vom Hundert* bedeuten. Zudem erschwerten *doppelte Verneinungen, Präpositionalstil, Nominalstil* (*Verwahrung, Erhaltung*) und *lange Sätze* (§§ 970, 973 BGB) das Textverständnis. Einige Normen seien überdies *genitivlastig* und damit *äußerst schwerfälllig* (*zum Zwecke der Ermittelung eines Empfangsberechtigten*). Fünf Probanden wollen wissen, ob die unterschiedliche Schreibweise von *Ermittlung* (§ 965 BGB) und *Ermittelung* (§ 970 BGB) im Fundrecht eine *Bedeutungsnuance* impliziert, einen *tieferen Sinn* hat. Im Recht müsse man ja auf jede Kleinigkeit achten.

5.3 Vergleichsmuster: Synopse

Laut geltendem Recht sind *verlorene* Sachen *besitzlos.* Nach außen muss die Beendigung der Sachherrschaft erkennbar sein. Es zählen objektive Gegebenheiten und nicht, was sich der Finder vorstellt. Einfach liegen gelassene oder versteckte Sachen gehören nicht dazu. Wohl aber aus Sicht der meisten Probanden. Siebzehn verstehen darunter *vergessene Sachen* und *woanders hingelegte Sachen,* wobei *man mit etwas Geschick und gutem Verstand* sie auch schnell wiederfinden könne. Lediglich drei Probanden interpretieren das Lexem im Sinne des Gesetzes als *nicht mehr die Sachherrschaft haben* und *nicht herrenlos.* Die Interpretation *der Besitzer ist nicht über die Sache informiert* oder *Sache, deren Besitzer nicht mehr bekannt ist* teilen zwar sechs Probanden. Sie trifft aber ebenso wenig den Kern der juristischen Auslegung wie die Konnotation, dass der Sachwert zehn Euro und mehr zu betragen hat.

Finderlohn kann *beanspruchen*, wer eine *nicht herrenlose*, aber *besitzlose* und *bewegliche* Sache findet. Das wissen vier von 33 Probanden. Die anderen wählen semantische Kombinationen, die den juristischen Wissensrahmen nur unvollständig beschreiben (*besitzlos und beweglich*), im krassen Gegensatz dazu stehen (*nicht besitzlos und herrenlos*) oder in sich widersprüchlich sind (*herrenlos* und *nicht herrenlos*). Ein Vergleich der Beantwortung mit der ersten Frage ergibt, dass die Befragten mehrheitlich nicht verstehen, welche Sachen verloren gehen können und welche nicht. Sie sind unsicher und schätzen einfach. Die Antworten der vierten Frage zum Eigentum unterstreichen diesen Befund.

Anders als Juristen assoziieren die Befragten zumeist keine Geschäftsbesorgung für den Verlierer und verbinden *finden* nicht mit den Vorgängen *sehen* und *verwahren*. Vielmehr stellen sie auf das Visuelle ab und vernachlässigen die Inbesitznahme. Beide Aspekte berücksichtigen allein zwei der 33 Probanden. Fünf gehen irrtümlich davon aus, dass die Sache einen Mindestwert von zehn Euro haben muss. Andernfalls handele es sich nicht um Fund. Finden könne man nur etwas mit einem bestimmten Wert. Auf dieser Linie liegt, dass Probanden für verlorene Sachen und Fundsachen einen Wert von zehn Euro voraussetzen. Der Normtext sagt das so nicht (§§ 965, 973 BGB). Der Mindestwert ist im Gebrauchskontext von Eigentumserwerb und Anzeigepflicht des Finders ein Thema (*Ist die Sache nicht mehr als zehn Euro wert*), da die Pflicht auch entfallen kann. Die Formulierung erzeugt auf Rezipientenseite aber Missverstehen. Denn hier bildet der Finderlohn den Interpretationskontext (§ 971 BGB).

Das Sachenrecht unterscheidet klar zwischen Eigentum und Besitz. *Eigentum* basiert auf rechtlichen Voraussetzungen, während *Besitz* die tatsächliche Herrschaft über eine Sache bezeichnet. Die Befragten vermischen die Begriffe und grenzen sie nicht ordnungsgemäß voneinander ab. So beziehen sie die Lexeme *Eigentum* und *Besitz* sowohl auf die rechtliche als auch auf die tatsächliche Herrschaft. Juristisch geht das aber nicht. Genau so wenig trifft es zu, dass die Lexeme synonym zu verwenden sind, wie elf Probanden meinen. Sie bedeuten nicht *das Gleiche*. Ebenso irrt, wer *Eigentum* mit einem Wert von *nicht mehr als zehn Euro* verbindet oder *Eigentumserwerb* auf Sachen mit einem *Wert unter zehn Euro* begrenzt. Und es geht auch nicht darum, *Wiederholungen zu vermeiden*, was fälschlicherweise zwei Probanden sagen. Insgesamt antworten nur vier richtig und verbinden Eigentum mit *rechtmäßig erwerben* und Besitz mit *rechtlich nicht Eigentümer*.

Gemäß § 965 BGB ist der Finder dazu *verpflichtet*, dem Empfangsberechtigten den Fund anzuzeigen. Kennt er ihn nicht, muss er bei einem Wert von mehr als zehn Euro der zuständigen Behörde die Fundsache melden. Außerdem hat er die Pflicht, dem Berechtigten den Fund zu übergeben. Ist dieser unbekannt, kann er die Sache entweder der Behörde anvertrauen oder sie selbst verwahren. Das Textverstehen bereitet den Befragten im Großen und Ganzen mehrheitlich kaum Probleme. Bei näherer Analyse fällt jedoch auf, dass keine der Antworten alle juristischen Komponenten enthält. Keiner erwähnt nämlich, dass die Sache dem Empfangsberechtigten auch ausgehändigt werden muss. Vielmehr legen die Befragten den Schwerpunkt auf die Anzeige und darauf, den einschlägigen Paragraphen zu zitieren. An wen genau die Anzeige zu adressieren ist, ist für sie nachrangig. Die Aufgabe, den Berechtigten zu informieren, sehen 18 Probanden, während zwei die Behörde als Adressaten ausmachen.

Das Gesetz attestiert dem Finder einer Fundsache einen *Rechtsanspruch* auf Ersatz von Aufwendungen und Entlohnung durch den Empfangsberechtigten (§ 971 BGB). Über die Hälfte differenziert Teile der Anspruchsgrundlage. Als verbrieftes Recht postulieren (mit einer Ausnahme) alle den Finderlohn. Uneins sind sie aber in der Ausgestaltung und legen die Bemessungsparameter unterschiedlich weit aus. Nur zwei Probanden nennen zu Recht genau fünf Prozent bei einer Fundsache bis 500 Euro und bei dem Mehrwert drei Prozent. Die Mehrheit ist kreativ: Erst ab einem Sachwert von mindestens 10 Euro sei ein Finderlohn fällig, und dies auch nur bis 500 Euro für Sachen und 300 Euro für Tiere. Für andere wiederum liegt der Finderlohn zwischen drei und fünf Prozent, wobei drei Prozent die Höchstgrenze für ideelle und fünf Prozent für materielle Wertsachen markiere.

Dementsprechend steht die Berechnung der Armbanduhr auf wackeligen Füßen. Entweder antworten sie gar nicht oder ermitteln weithin (bis auf zwei Probanden) falsche Ergebnisse.

Im Hinblick auf einen Anspruch auf *Eigentumserwerb* (§ 973 BGB) weiß mehr als Dreiviertel der Befragten, dass eine Sechs-Monats-Frist greift und knapp die Hälfte unterscheidet zwischen dem Zeitpunkt von Anzeige und Fund. Auf dem ersten Blick sieht diese Bilanz gut aus. Doch der Schein trügt. Fünf Probanden gehen irrtümlich davon aus, dass die sechsmonatige Frist mit dem Fund beginnt, wenn der Empfangsberechtigte nicht identifiziert ist. Und sieben meinen, dass nach dem Ablauf von einem halben Jahr nach der Anzeige bei der Behörde der Finder berechtigt ist, Eigentum an der Sache zu erwerben, vorausgesetzt die Sache hat keinen höheren Wert als zehn Euro. Das ist aber gerade umgekehrt der Fall. Zwar stimmt, dass – wie sieben Probanden sagen – Verheimlichung den Eigentumserwerb torpediert. Diese Verhinderungsklausel gilt allerdings grundsätzlich und nicht nur *bei weniger als 10 Euro.*

6 Resümee und Ausblick

Der handlungspragmatische Beitrag geht mit dem RVM für das Fundrecht (§§ 965–984 BGB) der Frage nach, ob juristische Laien die Normen verstehen, wo die Verstehensprobleme in der praktischen Anwendung liegen und inwieweit der Zugang zum Gesetz verbessert werden kann. Methodisch leitet der mehrperspektivische Ansatz, der durch Vergleich divergierende Wissensrahmen ermittelt. Beim *Finderlohn*-Paragraphen (§ 971 BGB) etwa, obwohl er relativ häufig im täglichen Leben relevant wird und im Einzelfall erhebliche Konsequenzen haben kann, kann die Mehrheit die Entlohnung für eine Armbanduhr nicht berechnen. Dagegen kennen die meisten die Frist von sechs Monaten, ab der ein Finder Eigentum an der Sache erwirbt (§ 973 BGB). Es wäre interessant zu untersuchen, ob das Alltagswissen daran einen entscheidenden Anteil hat. Eine entsprechende Vermutung liegt nahe, weil beim Textverstehen nur die Fristsetzung Probleme bereitet.

Die Befunde machen deutlich, dass auch die Bedeutungsexplikationen der Rezipienten systematisch für eine wirksame Kommunikationsoptimierung zu berücksichtigen sind. Die empirischen Ergebnisse sind – an einem größeren Korpus (auch Foren, Blogs, Twitter) – zu überprüfen. Dafür könnte man auch Kommunikationsforen im Internet nutzen. Linguistische Lösungsvorschläge können nur erfolgreich sein, wenn eine perspektivische Annäherung gelingt, d. h. wenn in einem Aushandlungsprozess auf der Ebene der Textstrukturen und der lexikalischen Semantik Möglichkeiten zur Ableitung des Gemeinten aus dem Gesagten bestehen, um das tatsächlich Intendierte zu ermitteln. Eine besondere Hürde besteht, wo auf die strukturell-inhaltlichen Bezüge zwischen den Normen nicht explizit verwiesen, sondern Wissen implizit vorausgesetzt wird. Bei *Fund* (3. Buch BGB) zum Beispiel ist für das Verständnis der Ausdrücke *Sachen* und *Empfangsberechtigter* der Allgemeine Teil (1. Buch BGB) grundlegend. Das RVM schafft dafür die notwendigen Voraussetzungen, indem es die Schwachstellen in der Kommunikation zwischen Experten und Laien offenlegt und fachübergreifende Lösungen anstrebt.

Der Finderlohn (§ 971 BGB) ließe sich umformulieren: „Der Finderlohn beträgt von dem Wert der gefundenen Sache bis zu 500 Euro 5 Prozent und von dem Mehrwert der Sache 3 Prozent. Bei Tieren sind es immer 3 Prozent." *Finden* könnte etwa durch einen zweiten Satz in § 965 Abs. 1 BGB präzisiert werden: „Finden meint, dass der Finder die Sache nicht nur sieht, sondern auch an sich nimmt, um sie zu verwahren oder bei der zuständigen Behörde abzugeben." Ob und inwieweit die Änderungen von Laien mit Laien-Wissensrahmen wiederum verstanden werden, ist weiter korpusgestützt zu untersuchen. Wer – wie das RVM – den Vermittlungsaspekt verfolgt und Rechtstexte verständlicher machen will, muss sich mit den tatsächlich ermittelbaren Grundlagen des Verstehens auseinandersetzen.

Literatur

Brox, Hans und Wolf-Dietrich Walker 2013: *Allgemeiner Teil des BGB*. 37. Aufl. München: Franz Vahlen.
Bundesministerium der Justiz (BMJ) 2008:*Handbuch der Rechtsförmlichkeit*. 3. Aufl. Köln: Bundesanzeiger.
Eichhoff-Cyrus, Karin, Gerd Antos und Rüdiger Schulz 2009: *Wie denken die Deutschen über die Rechts- und Verwaltungssprache?* Wiesbaden: Gesellschaft fürd eutsche Sprache.
Engberg, Jan 2011: „Rezension zu ‚Recht verstehen'". In: *ZERL* 2 (www.zerl.uni-koeln).
Eriksen, Lars 2002: Einführung in die Systematik der juristischen Fachsprache. In: Lars Eriksen und Karin Luttermann (Hg.): *Juristische Fachsprache*. Münster: Lit, S. 1–19.
Grice, Herbert Paul 1993: Logik und Konversation. In: Georg Meggle (Hg.): *Handlung, Kommunikation, Bedeutung*. Frankfurt a. M.: Suhrkamp, S. 243–265.
Groeben, Norbert 1982: *Leserpsychologie: Textverständnis – Textverständlichkeit*. Münster: Aschendorff.
Heringer, Hans Jürgen 1979: Verständlichkeit – ein genuiner Forschungsbereich der Linguistik? In: *ZGL* 7, S. 255–278.
Hoffmann, Ludger 1992: Wie verständlich können Gesetze sein? In: Günther Grewendorf (Hg.): *Rechtskultur als Sprachkultur*. Frankfurt a. M.: Suhrkamp, S. 122–154.
Klare, George 1963: *The Measurement of Readability*. Ames: Iowa State University Press.
Langer, Inghard, Friedemann Schulz von Thun und Reinhard Tausch 1974: *Verständlichkeit in Schule, Verwaltung, Politik und Wissenschaft*. München: Ernst Reinhardt (Sich verständlich ausdrücken. 2. Aufl. 1981).
Luttermann, Karin 1996: *Gesprächsanalytisches Integrationsmodell am Beispiel der Strafgerichtsbarkeit*. Münster: Lit.
Luttermann, Karin 2002: Der Diebstahlstatbestand im Verständlichkeitstest. In: Lars Eriksen und Karin Luttermann (Hg.): *Juristische Fachsprache*. Münster: Lit, S. 95–114.
Luttermann, Karin 2010: Verständliche Semantik in schriftlichen Kommunikationsformen. In: *Fachsprache* 3–4, S. 145–162.
Neumann, Ulfried 1992: Juristische Fachsprache und Umgangssprache. In: Günther Grewendorf (Hg.): *Rechtskultur als Sprachkultur*. Frankfurt a. M.: Suhrkamp, S. 110–121.
Otto, Walter 1981: Die Paradoxie einer Fachsprache. In: *Der öffentliche Sprachgebrauch*. Bearb. v. Ingulf Radtke. Stuttgart: Klett-Cotta, S. 44–57.
Palandt 2013: *Bürgerliches Gesetzbuch mit Nebengesetzen*. Bearbeitet u. a. von Peter Bassenge und Gerd Brudermüller. 72. Aufl. München: C.H. Beck.
Pfeiffer, Oskar, Ernst Strouhal und Ruth Wodak 1987: *Recht auf Sprache*. Wien: Orac.
van Dijk, Teun und Walter Kintsch 1983: Strategies of Discourse Comprehension. New York: Academic Press.
Vieweg, Klaus und Almuth Werner 2013: Sachenrecht. 6. Aufl. München: Franz Vahlen.
Warnke, Ingo 2005: Das Stereotyp vom ‚unverständlichen Gesetz'. In: Gerd Antos und Sigurd Wichter (Hg.): *Wissenstransfer durch Sprache als gesellschaftliches Problem*. Frankfurt a. M.: Peter Lang, S. 327–335.
Wittgenstein, Ludwig 2006: *Philosophische Untersuchungen*. Frankfurt a. M.: Suhrkamp.

Anhang: Gesetze und Aufgaben

§ 965 BGB *Anzeigepflicht des Finders*

(1) Wer eine verlorene Sache findet und an sich nimmt, hat dem Verlierer oder dem Eigentümer oder einem sonstigen Empfangsberechtigten unverzüglich Anzeige zu machen.

(2) [1]Kennt der Finder die Empfangsberechtigten nicht oder ist ihm ihr Aufenthalt unbekannt, so hat er den Fund und die Umstände, welche für die Ermittlung der Empfangsberechtigten erheblich sein können, unverzüglich der zuständigen Behörde anzuzeigen. [2]Ist die Sache nicht mehr als zehn Euro wert, so bedarf es der Anzeige nicht.

§ 967 BGB *Ablieferungspflicht*

Der Finder ist berechtigt und auf Anordnung der zuständigen Behörde verpflichtet, die Sache oder den Versteigerungserlös an die zuständige Behörde abzuliefern.

§ 970 BGB *Ersatz von Aufwendungen*

Macht der Finder zum Zwecke der Verwahrung oder Erhaltung der Sache oder zum Zwecke der Ermittelung eines Empfangsberechtigten Aufwendungen, die er den Umständen nach für erforderlich halten darf, so kann er von dem Empfangsberechtigten Ersatz verlangen.

§ 971 BGB *Finderlohn*

(1) [1]Der Finder kann von dem Empfangsberechtigten einen Finderlohn verlangen. [2]Der Finderlohn beträgt von dem Werte der Sache bis zu 500 Euro fünf vom Hundert, von dem Mehrwert drei vom Hundert, bei Tieren drei vom Hundert. [3]Hat die Sache nur für den Empfangsberechtigten einen Wert, so ist der Finderlohn nach billigem Ermessen zu bestimmen.

(2) Der Anspruch ist ausgeschlossen, wenn der Finder die Anzeigepflicht verletzt oder den Fund auf Nachfrage verheimlicht.

§ 973 BGB *Eigentumserwerb des Finders*

(1) [1]Mit dem Ablauf von sechs Monaten nach der Anzeige des Fundes bei der zuständigen Behörde erwirbt der Finder das Eigentum an der Sache, es sei denn, dass vorher ein Empfangsberechtigter dem Finder bekannt geworden ist oder sein Recht bei der zuständigen Behörde angemeldet hat. [2]Mit dem Erwerb des Eigentums erlöschen die sonstigen Rechte an der Sache.

(2) [1]Ist die Sache nicht mehr als zehn Euro wert, so beginnt die sechsmonatige Frist mit dem Fund. [2]Der Finder erwirbt das Eigentum nicht, wenn er den Fund

auf Nachfrage verheimlicht. [3]Die Anmeldung eines Rechts bei der zuständigen Behörde steht dem Erwerb des Eigentums nicht entgegen.

Bitte lesen Sie die Gesetzestexte aufmerksam! Die Texte stehen im Bürgerlichen Gesetzbuch, d.h. im: 3. Buch: Sachenrecht, 3. Abschnitt: Eigentum, 3. Titel: Erwerb und Verlust des Eigentums an beweglichen Sachen, 6. Untertitel: Fund. Ich bitte Sie um Beantwortung der folgenden neun Fragen:

I. Was bedeutet in § 965 Absatz 1 BGB *verlorene Sache*?

II. Für welche Sachen besteht Anspruch auf Finderlohn? Mehrfachnennungen sind möglich!
   1. Herrenlose Sachen (Sachen haben keinen Eigentümer)
   2. Nicht herrenlose Sachen (Sachen haben einen Eigentümer)
   3. Besitzlose Sachen (Besitzer verfügt nicht über die Sachen)
   4. Nicht besitzlose Sachen (Besitzer verfügt über die Sachen)
   5. Bewegliche Sachen (Sachen sind mobil und fortzuschaffen)
   6. Unbewegliche Sachen (Sachen sind immobil und nicht fortzuschaffen)

III. Was bedeutet in § 965 Absatz 1 BGB *finden*?

IV. Was bedeutet *Eigentum*? Und was bedeutet *Besitz*?
Welche Pflichten hat der Finder? Was ist die gesetzliche Grundlage?

VI. Inwieweit hat der Finder auch Rechte? Was ist die gesetzliche Grundlage?

VII. Sie finden in einem Restaurant eine Armbanduhr im Werte von 1400 Euro. Berechnen Sie den Finderlohn!

VIII. Wann erhält der Finder Finderlohn? Was ist die gesetzliche Grundlage?

IX. Sind die Gesetzestexte insgesamt verständlich? Oder gibt es Textstellen, deren Sinngehalt vergleichsweise schwer zugänglich ist? Was erschwert ggf. den Zugang (z.B. Lexik, Syntax)?

Informationen zu den Autorinnen und Autoren dieses Bandes

Baumann, Antje, Dr. phil., Referentin für Sprachberatung im Bundesministerium der Justiz und für Verbraucherschutz. Ausgewählte Publikationen: Mit gespaltener Zunge? Die deutsche Sprache nach dem Fall der Mauer (Hg. von Ruth Reiher und Antje Baumann, Berlin 2000); Das Komische begreifen, ohne es fassen zu können: Gegenwelten in „Gipshut" (In: Kerstin Hensel. Contemporary German Writers, edited by Beth Linklater and Birgit Dahlke, Cardiff 2002, 120–134); Vorwärts und nichts vergessen. Sprache in der DDR – was war, was ist, was bleibt. (Hg. von Ruth Reiher und Antje Baumann, Berlin 2004); Von Kopf bis Fuß auf Bilder eingestellt. Zur Darstellung von Marlene Dietrich und Leni Riefenstahl in deutschen Zeitungen 1946–2002. Eine linguistische Diskursanalyse (Tönning u. a. 2005); Sprachberatung in der Gesetzgebung – ein Arbeitsfeld für Pragmatiker (In: Herausforderung Sprache und Kultur. Festschrift für Matti Luukkainen zum 75. Geburtstag. Hg. von Kari Keinästö et al., Helsinki 2012, 145–157).

Busse, Dietrich, Prof. Dr. phil., Lehrstuhl für Germanistische Sprachwissenschaft am Institut für Germanistik der Heinrich-Heine-Universität Düsseldorf. Arbeitsschwerpunkte: Semantik, Sprachtheorie, Linguistische Diskursanalyse, Linguistische Epistemologie, Rechtslinguistik, Textlinguistik, Öffentlicher Sprachgebrauch. Ausgewählte Publikationen: Historische Semantik (Stuttgart 1987); Recht als Text. Linguistische Untersuchungen zur Arbeit mit Sprache in einer gesellschaftlichen Institution (Tübingen 1992); Juristische Semantik. Grundfragen der juristischen Interpretationstheorie in sprachwissenschaftlicher Sicht (Berlin 1993); Frame-Semantik. Ein Kompendium (Berlin, Boston 2012).

Felder, Ekkehard, Prof. Dr. phil., Ordentlicher Professor für Linguistik an der Ruprecht-Karls-Universität Heidelberg; Dekan der Neuphilologischen Fakultät; Direktor des Europäischen Zentrums für Sprachwissenschaften; Begründer und Koordinator des Forschungsnetzwerkes „Sprache und Wissen". Arbeitsschwerpunkte: linguistische Diskursanalyse, professionelle Kommunikation, Semantik und Pragmatik, Grammatik und Rhetorik, Sprachkritik und Sprachreflexion. Ausgewählte Publikationen: Juristische Textarbeit im Spiegel der Öffentlichkeit (Berlin, New York 2003); Semantische Kämpfe außerhalb und innerhalb des Rechts (In: Der Staat. Zeitschrift für Staatslehre und Verfassungsgeschichte, deutsches und europäisches öffentliches Recht, S. 543–572. Heft 4/2010); Faktizitätsherstellung mittels handlungsleitender Konzepte und agonaler Zentren. Der diskursive Wettkampf um Geltungsansprüche (In: Ekkehard Felder (Hg.): Faktizitätsherstellung in Diskursen. Die Macht des Deklarativen. Berlin/Boston: de Gruyter, S. 13–28, 2013); Handbuch Sprache und Recht (Hg. gemeinsam mit F. Vogel, Berlin, Boston: De Gruyter); Rechtsfindung im Spannungsverhältnis von sprachlicher Vagheit und Präzision. Der Sprachhandlungsansatz der juristischen Textarbeit (In: Bodo Pieroth, Bodo und Ralph Christensen (Hg.): Rechtstheorie in rechtspraktischer Absicht. Freundesgabe zum 70. Geburtstag von Friedrich Müller. Berlin: Duncker & Humblot, S. 73–92, 2008).

Hamann, Hanjo, Dr. iur., Gastforscher (Visiting Researcher) am Max-Planck-Institut zur Erforschung von Gemeinschaftsgütern, Bonn. Arbeitsschwerpunkte: Empirische Rechtsforschung, Rechtspolitik und interdisziplinäre Methoden, Wirtschaftsrecht. Ausgewählte Publikationen: Evidenzbasierte Jurisprudenz. Methoden empirischer Forschung und ihr Erkenntniswert für das

Recht am Beispiel des Gesellschaftsrechts (i.E., Tübingen 2014); Biometrie und Autonomie. Die Vermessung der Person zwischen Datenschutzrecht und Entscheidungsforschung (mit Y. Hermstrüwer. In: Kritische Justiz 2013, 184–197); Reflektierte Optimierung oder bloße Intuition? Ein verhaltenswissenschaftlicher Beitrag zur Auslegung von § 93 I 2 AktG (In: ZGR. Zeitschrift für Unternehmens- und Gesellschaftsrecht 2012, 817–834); Herabsetzung von Vorstandsvergütungen in der Krise. Zu einem zeitgemäßen Verständnis von § 87 Abs. 2 AktG unter Berücksichtigung von Arbeitnehmerbelangen (mit G. Wittuhn. In: ZGR 2009, 847–871).

Jäger, Ludwig, Prof. i.R. Dr. phil., Lehrstuhl für Deutsche Philologie am Institut für Sprach- und Kommunikationswissenschaft der RWTH Aachen. Arbeitsschwerpunkte: Medientheorie, Sprach- und Zeichentheorie, Gebärdensprache sowie Germanistische Fachgeschichte und Theoriegeschichte der Sprachwissenschaft. Ausgewählte Publikationen: Reihe Mediologie (Hg. seit 2002, Fink Verlag München); Zu einer historischen Rekonstruktion der authentischen Sprachidee F. de Saussures (Düsseldorf 1975); Ferdinand de Saussure. Zur Einführung (Hamburg 2010); Intermedialität – Intramedialität – Transkriptivität. Überlegungen zu einigen Prinzipien der kulturellen Semiosis (In: Arnulf Deppermann/und Angelika Linke (Hg.): Sprache intermedial: Stimme und Schrift – Bild und Ton. Jahrbuch des Instituts für Deutsche Sprache 2009. Berlin, New York, S. 301–324, 2010); Transkriptivität. Zur medialen Logik der kulturellen Semantik. (In: Jäger und Stanitzek, 19–41, 2002); Medienbewegungen. Praktiken der Bezugnahme (Hg. gememeinsam mit G. Fehrmann und M. Adam, München 2012).

Kudlich, Hans, Prof. Dr. iur., Inhaber des Lehrstuhls für Strafrecht, Strafprozessrecht und Rechtsphilosophie an der Friedrich-Alexander-Universität Erlangen-Nürnberg. Arbeitsschwerpunkte: Straf- und Strafprozessrecht sowie insb. juristische Methodenlehre. Ausgewählte Publikationen aus dem Kontext der Rechtstheorie und Rechtsmethodik: Theorie richterlichen Begründens (Berlin 2001); Gesetzesbindung – Vom vertikalen zum horizontalen Verständnis (Berlin 2008); Die Methodik des BGH in Strafsachen (Köln 2009), alle gem mit Ralph Christensen.

Kuhn, Florian, M.A., Doktorand der Computerlinguistik und bis 2012 wissenschaftlicher Mitarbeiter am Department Linguistik der Universität Potsdam. Derzeit wissenschaftliche Hilfskraft im Multilit-Projekt der Germanistik der Universität Potsdam. Arbeitsschwerpunkte: Textklassifikationsverfahren, Textlinguistik und Automaten, Maschinelle Übersetzung. Ausgewählte Publikationen: A description language for content zones of german court decisions (in: Workshop Programme LREC 2010); Framework for Graph-Based Parsing of German Private Law Decisions (in: Business Information Systems Workshops, Springer 2010, S. 292–297)

Luth, Janine, M.A., Geschäftsführerin des Europäischen Zentrums für Sprachwissenschaften. Arbeitsschwerpunkte: Rechtslinguistik, Mehrsprachigkeit, Linguistische Diskursanalyse. Ausgewählte Publikationen: Rezeption von Gerichtsentscheidungen in der Öffentlichkeit durch Medien (In: Handbuch Sprache und Recht, Hg. von E. Felder & F. Vogel. Boston/New York in Vorb.); ‚Patientenautonomie' und ‚Lebensschutz'. Eine empirische Studie zu agonalen Zentren im Rechtsdiskurs über Sterbehilfe. (eingereicht, gem. mit E. Felder und F. Vogel); Semantische Kämpfe zwischen nationalen Gerichten und dem EGMR in Fach- und Printmedientexten anhand des Sorgefalls Görgülü (Dissertation, in Vorb.).

Luttermann, Karin, Dr. phil., Privatdozentin an der Universität Eichstätt-Ingolstadt. Arbeitsschwerpunkte: Rechtslinguistik, Textlinguistik, Linguistische Gesprächsanalyse, Fachkommunikation, Wirtschaftslinguistik, Mehrsprachigkeit und Sprachenpolitik. Ausgewählte Publikationen: Gesprächsanalytisches Integrationsmodell am Beispiel der Strafgerichtsbarkeit (Münster, London 1996); Juristische Fachsprache. Hg. mit L. Eriksen (Münster, London 2002); Verständliche Semantik in schriftlichen Kommunikationsformen (In: Fachsprache, 3–4.2010, 145–162); Sprachliche Handlungsmuster und soziale Ordnungsstrukturen in der Gerichtskommunikation (In: Textsorten, Handlungsmuster, Oberflächen. Hg. von St. Habscheid. Berlin, New York 2011, 473–490); Cultures in Dialogue: Institutional and Individual Challenges for EU Institutions and EU Citizens from the Perspective of Legal Linguistics (In: Hermes, 46.2011, 25–37); Vielsprachigkeit in der Rechtskommunikation: Herausforderungen für Linguisten und Juristen (In: Mehrsprachiges Handeln im Fokus von Linguistik und Didaktik. Hg. von H. Roll und A. Schilling. Duisburg 2012, 85–100); Informationen auf Webseiten als Input für Wissenskonstruktion im Recht (In: Zeitschrift für Angewandte Linguistik i. Dr.); Multilingualität im europäischen Rechtsdiskurs (In: Handbuch Sprache im Recht. Hg. von E. Felder und F. Vogel. Boston, New York in Vorb.).

Morlok, Martin, Prof. Dr., Professor und Inhaber des Lehrstuhls „Öffentliches Recht, Rechtstheorie und Rechtssoziologie“ und stellvertretender Direktor des Instituts für Deutsches und Internationales Parteienrecht und Parteienforschung. Arbeitsschwerpunkte: Verfassungsrecht, Parlamentsrecht, Parteienrecht, Religionsrecht, Staatshaftungsrecht, Methodenlehre. Ausgewählte Publikationen: Die Folgen von Verfahrensfehlern am Beispiel von kommunalen Satzungen (Berlin 1988); Was heißt und zu welchem Ende studiert man Verfassungstheorie? (Berlin 1988); Selbstverständnis als Rechtskriterium – Vorkommen, Funktionen und dogmatische Bedeutung (Tübingen 1993); Parteienrecht als Wettbewerbsrecht (in: Festschrift für Dimitris Th. Tsatsos zum 70. Geburtstag, hg. von P. Häberle, M. Morlok und V. Skouris, Baden-Baden 2003, S.408–447); Informalisierung und Entparlamentarisierung politischer Entscheidungen als Gefährdungen der Verfassung? (in: Veröffentlichungen der Vereinigung der Deutschen Staatsrechtslehrer, 62 2003, S. 37–84); Neue Erkenntnisse und Entwicklungen aus sprach- und rechtswissenschaftlicher Sicht (in: Präjudiz und Sprache, Precendence and its Language, hg. von B. Ehrenzeller et al, Zürich, St. Gallen 2008, S. 27–74); Der Text hinter dem Text, Intertextualität im Recht (in: Verfassung im Diskurs, Liber Amicorum für Peter Häberle zum siebzigsten Geburtstag, hg. von A. Blankenagel, I. Pernice und H. Schulze-Fielitz, AöR 2004, 93–136).

Pötters, Stephan, Dr. iur., LL.M. (Cambridge), Wissenschaftlicher Mitarbeiter am Institut für Arbeitsrecht und Recht der sozialen Sicherheit (Uni Bonn, Lehrstuhl Professor Thüsing), Rechtsreferendar am LG Köln. Arbeitsschwerpunkte: individuelles und kollektives Arbeitsrecht, Europarecht, Verfassungsrecht. Ausgewählte Publikationen: Grundrechte und Beschäftigtendatenschutz, Diss. (München im Ersch.); Richtlinienkonforme Rechtsfortbildung und Wortlautgrenze, JZ 2011, S. 387–394 (gem. mit R. Christensen); Das Unionsrecht als Hybridform zwischen case law und Gesetzesrecht, JZ 2012, S. 289–297 (gem. mit R. Christensen); Spielräume der Exekutive bei Mindestlöhnen durch Rechtsverordnung, RdA 2013, S. 101–107 (gem. mit T. Stiebert).

Schuhr, Jan C., Dr. iur., Akad. Rat a.Z. am Lehrstuhl für Strafrecht, Strafprozessrecht und Rechtsphilosophie (Prof. Kudlich) an der Universität Erlangen-Nürnberg. Arbeitsschwerpunkte: Strafrecht (insb. Wirtschafts-, Medizin- und Computerstrafrecht), Strafverfahrensrecht und Rechtsphilosophie. Ausgewählte Publikationen (zur Rechtsphilosophie): Rechtsdogmatik als Wissenschaft – Rechtliche Theorien und Modelle, Berlin 2006; Zur Vertretbarkeit einer rechtlichen Aussage (in: Juristenzeitung, 12.2008, 603–611); Willensfreiheit, Roboter und Auswahlaxiom (in: S. Beck, Jenseits von Mensch und Maschine, Baden-Baden 2012, 43–75; engl. Kurzfassung unter urn:nbn:de:hebis:30:3–248952); Axiomatic method and the law (in: Neumann, Günther und Schulz: 25th IVR World Congress, Series A-38, 2012, urn:nbn:de:hebis:30:3–248968); Interdisziplinarität bei der Begründung rechtlicher Prämissen (in: S. Beck, Gehört mein Körper noch mir?, Baden-Baden 2012, 53–84). Herausgegeben (mit Hans Kudlich und Juan Pablo Montiel): Gesetzlichkeit und Strafrecht, Berlin 2012.

Thieme, Stephanie, Rechtsanwältin und Linguistin. Leiterin des Redaktionsstabs Rechtssprache beim Bundesministerium der Justiz und für Verbraucherschutz Berlin. Ausgewählte Publikationen: Was ist gutes Deutsch in der Rechts- und Verwaltungssprache? Eine Gratwanderung zwischen Fachsprache und Verständlichkeit (In: Was ist gutes Deutsch? Studien und Meinungen zum gepflegten Sprachgebrauch. Thema Deutsch Duden Band 8. Hg. von Armin Burkhardt. Mannheim u. a. 2007); Recht verständlich? Recht verstehen? Möglichkeiten und Grenzen einer sprachlichen Optimierung von Gesetzen (In: Verständlichkeit als Bürgerrecht. Die Rechts- und Verwaltungssprache in der öffentlichen Diskussion. Thema Deutsch Duden Band 9. Hg. von Karin M. Eichhoff-Cyrus und Gerd Antos. Mannheim u. a. 2008); mit Gudrun Raff und Konstantin Tacke: Möglichkeiten und Grenzen der sprachlichen Optimierung von Rechtstexten (In: Sprache und Recht in großen europäischen Sprachen. Hg. von Roswitha Fischer. Regensburg 2010); mit Elke Schade: Gesetzessprache auf dem Prüfstand. Über die Arbeit der Sprachberatung beim Bundesministerium der Justiz – Ein Bericht aus der Praxis (In: Sprachenpolitik und Rechtssprache. Deutsche Sprachwissenschaft international, Band 15. Hg. von Sandro M. Moraldo, Frankfurt a. M. 2012).

Vogel, Friedemann, Jun.-Prof. Dr. phil., Juniorprofessur für Medienlinguistik an der Universität Freiburg. Arbeitsschwerpunkte: Rechtslinguistik, Linguistische Diskurs- und Imageanalyse, Korpuslinguistik, Konfliktlinguistik und Internetkommunikation. Ausgewählte Publikationen: Linguistik rechtlicher Normgenese. Theorie der Rechtsnormdiskursivität am Beispiel der Online-Durchsuchung (Berlin, Boston 2012); Richterrecht der Arbeit – empirisch untersucht. Möglichkeiten und Grenzen computergestützter Textanalyse am Beispiel des Arbeitnehmerbegriffs (gem. mit R. Christensen und S. Pötters, Berlin 2015); Das LDA-Toolkit. Korpuslinguistisches Analyseinstrument für kontrastive Diskurs- und Imageanalysen in Forschung und Lehre (In: Zeitschrift für Angewandte Linguistik, 1.2012, 129–165); Handbuch Sprache im Recht (Hg. von E. Felder und F. Vogel. Berlin, Boston in Vorb.); Rechtslinguistik. Bestimmung einer Fachrichtung (In: Handbuch Sprache im Recht. Hg. von E. Felder und F. Vogel, Berlin, Boston im Druck).

Stichwortregister

FSC
www.fsc.org
MIX
Papier | Fördert gute Waldnutzung
FSC® C083411

Kolibri 360 GmbH
Ferdinand-Jühlke-Straße 7
99095 Erfurt, Deutschland
produktsicherheit@kolibri360.de